D1668518

# Einführung
# in die deutsche Sprache
# der Wissenschaften

## Ein Lehrbuch für Ausländer

von
Günter Schade

12., überarbeitete Auflage

ERICH SCHMIDT VERLAG

Die Deutsche Bibliothek – CIP-Einheitsaufnahme

**Schade, Günter:**
Einführung in die deutsche Sprache der Wissenschaften :
ein Lehrbuch für Ausländer / von Günter Schade. -
12., überarb. Aufl. - Berlin : Erich Schmidt, 2002
ISBN 3-503-06136-3

12. Auflage 2002
11. Auflage 1993
10. Auflage 1988
9. Auflage 1985
8. Auflage 1982
7. Auflage 1979
6. Auflage 1977
5. Auflage 1975
4. Auflage 1974
3. Auflage 1971
2. Auflage 1970
1. Auflage 1969

ISBN 3 503 06136 3

Dieses Papier erfüllt die Frankfurter Forderungen
der Deutschen Bibliothek und der Gesellschaft für das Buch
bezüglich der Alterungsbeständigkeit und entspricht
sowohl den strengen Bestimmungen der US Norm Ansi/Niso
Z 39.48-1992 als auch der ISO-Norm 9706

Druck und Bindung: Bitter, Recklinghausen

## Vorwort zur 12. Auflage

Dieses Lehrbuch ist in erster Linie für diejenigen bestimmt, die an deutschsprachigen Universitäten und Hochschulen studieren oder wissenschaftlich arbeiten wollen und die Deutsch nicht als Muttersprache erworben haben. Dabei werden Grundkenntnisse im Deutschen vorausgesetzt.

Das Buch möchte den Weg in die deutsche Sprache der Wissenschaften ebnen. Wissenschaftssprache bedeutet hier nicht die Sprache eines bestimmten Faches, sondern ist fachübergreifend gemeint. Schon Eduard Beneš hat im Jahrbuch des Instituts für deutsche Sprache 1970 auf diesen Sachverhalt hingewiesen. Auch Heinrich Erk hat in seinen Arbeiten zur Lexik wissenschaftlicher Fachtexte die fachübergreifenden Elemente der Wissenschaftssprache anhand von Frequenzuntersuchungen herausgestellt. Und in der neueren Forschung wurde von Konrad Ehlich das Phänomen einer „Alltäglichen Wissenschaftssprache" beleuchtet.

Es ist die Absicht des Verfassers, die für die Wissenschaftssprache relevanten sprachlichen Phänomene in syntaktischem Zusammenhang zu zeigen. Am Anfang jedes Kapitels steht eine eingehende Beschreibung der behandelten sprachlichen Erscheinung. In den nachfolgenden Übungen werden die Kenntnisse gefestigt. Am Schluss jedes Kapitels findet man wissenschaftliche Texte, in denen die behandelten Phänomene häufiger anzutreffen sind.

Die einzelnen Kapitel sind voneinander unabhängig und nicht progressiv geordnet. Jeder, der weiß, wie unterschiedlich die Kurse für Studenten, die in Deutschland studieren wollen, strukturiert sind und wie verschieden die Kenntnisse der Studenten sind, die diese Kurse besuchen, der erwartet keinen Lehrgang, in dem man von Lektion zu Lektion fortschreitet. Das Buch setzt auf die Kompetenz der intelligenten, erfahrenen Lehrerin und des intelligenten, erfahrenen Lehrers. Je nach dem Stand der Kenntnisse der Lerner, der von ihm angestrebten Studienrichtung und der zur Verfügung stehenden Zeit wählen die Dozenten die für ihren Kurs notwendigen Übungen und Texte aus. Dabei können die Texte natürlich auch unabhängig von dem Abschnitt, in dem sie stehen, genutzt werden. Die Texte sind im Sinne des DSH Handbuches für Prüferinnen und Prüfer mit Aufgabenstellungen versehen, so dass Stellungnahmen erleichtert werden und Anlässe zum Sprechen und Schreiben gegeben sind. Diese Fragestellungen sind Vorschläge. Viele Dozenten werden eigene Aufgabenstellungen bevorzugen.

Es wird mit Hilfe dieses Buches eine Sprachbeherrschung angestrebt, die etwa dem entspricht, was bei den Aufnahmeprüfungen an den Universitäten und Hochschulen und bei den Abschlussprüfungen an den Studienkollegs gemäß der Deutschen Sprachprüfung für den Hochschulzugang ausländischer Studienbewerber (DSH) verlangt wird. Es wird aber auch vieles geboten, was für die höheren Semester von Interesse ist, so dass die Studenten immer wieder nachschlagen können.

Seit der 11. Auflage haben die Wissenschaften auf allen Gebieten eine stürmische Entwicklung durchgemacht. Völlig neue Arbeitsgebiete (etwa Nanotechnologie, Biotechnologie) sind entstanden. In den schon bearbeiteten Bereichen gab es ganz neue Sichtweisen (Internet, Globalisierung, Mediokratie). Ein Buch über die Wissenschaftssprache kann von solchen Tendenzen nicht unbeeinflusst bleiben. Daher wurden bei der vollständigen Überarbeitung dieser Auflage zahlreiche Texte durch neue ersetzt. Auch viele Übungen mussten verändert werden.

Auch diese Auflage ist durch Hinweise von Kollegen und durch Ergebnisse der Forschung im Bereich des Deutschen als Fremdsprache gefördert worden. Allen denen, die dazu beigetragen haben, sei hier gedankt. Der Verlag und der Autor sind Frau Astrid Gruschow für die Erstellung des druckreifen Textes und des Layouts zu außerordentlichem Dank verpflichtet. Sie hat überdies wertvolle Hinweise für die Überarbeitung der 11. Auflage gegeben. Großen Dank für die ständige Anteilnahme schulde ich meiner Frau, Dr. Irene Schade. Frau Dr. Carina Lehnen, die die Philologische Abteilung des Erich Schmidt Verlages leitet und sich intensiv um diese Neuauflage bemüht hat, sei ein besonderer Dank gesagt.

Berlin, im Frühjahr 2002                                           Günter Schade

# Inhalt

# Inhalt

# 1. Die Präpositionen

Die Präpositionen dienen dazu, Beziehungen zwischen Wörtern herzustellen. Sie drücken das Verhältnis zwischen Wörtern, d. h. ihren Bedeutungsinhalten, aus (*Das Glas steht auf dem Tisch*). Man nennt sie deshalb auch Verhältniswörter. Die Präpositionen können nicht verändert werden, sie sind nicht flektierbar. Sie stehen bei einem anderen Wort, meist einem Substantiv, und sie fordern, dass dieses Substantiv einen bestimmten Kasus (Fall) hat. Man sagt daher, dass eine Präposition z. B. den Dativ nach sich hat oder den Dativ regiert (*mit dem Hammer*). Einige Präpositionen im Deutschen regieren auch mehrere Kasus. *Auf* kann den Akkusativ und den Dativ nach sich haben.

Das Wort Präposition kommt aus dem Lateinischen und heißt Voranstellung; denn die Präposition steht im allgemeinen vor dem Substantiv (*in Berlin*). Sie kann aber auch nach dem Substantiv stehen (*der Einfachheit halber*). Sie kann auch bei einem Adjektiv (*von weitem*) oder bei einem Adverb (*bis morgen*) stehen.

Die am häufigsten verwendeten Präpositionen haben meist lokale Bedeutung (*im Labor, auf dem Dach*). In vielen Fällen gehen Präpositionen mit Verben oder Substantiven feste Verbindungen ein (*antworten auf, zur Anwendung kommen, auf Raten*). Dann spielt die ursprüngliche Bedeutung keine Rolle mehr.

Viele Präpositionen sind aus Adverbien entstanden. Wenn sie zu einem Substantiv oder Adjektiv traten, dann entstand eine Präposition. Eine Präposition steht immer mit dem Wort, zu dem sie gehört, zusammen. Sie kann auch allein stehen, jedoch nur in der Verbindung mit da- (*darauf, darin*). Wenn das Adverb eine Verbindung mit einem Verb einging, dann entstand ein Verb mit einem Präfix (*aufkommen, nachforschen*).

Für den, der das Deutsche als Fremdsprache lernt, ist es wichtig, die Präpositionen von den Präfixen (Vorsilben) zu unterscheiden. Eine **Präposition** steht bei einem anderen Wort, dessen Kasus sie regiert, oder es gibt oft eine Verbindung mit *da-*:

*Ich bin nicht auf die Idee gekommen.*
*Ich bin nicht darauf gekommen.*

Ein **Präfix** steht mit dem Verb zusammen oder, wenn es ein trennbares Präfix ist, steht es allein:

*Eine neue Mode ist aufgekommen.*
*Eine neue Mode kommt auf.*

Diesen allein stehenden Teil nennt man auch Verbpartikel.

# 1. Die Präpositionen

## 1.1 Die Präpositionen und ihre Kasus

Zur Wiederholung sind in der folgenden Aufstellung noch einmal die Präpositionen und ihre Kasus zusammengestellt. Die Verbindungen mit *da* werden angegeben, da sie für den Gebrauch der Präposition im Satz wichtig sind:

*Ich habe ihn schon einmal* darauf *hingewiesen, dass das falsch ist.*
*Er hat ihn* daran *gehindert, das Zimmer zu verlassen.*

Die möglichen anderen Verbindungen mit dem Artikel (*demzufolge*) oder mit *hin* und *her* (*herbei, hinaus*) werden hier nicht aufgeführt.

a)  Präpositionen mit dem **Akkusativ:**

  *bis, durch, entlang* (nachgestellt), *für, gegen, ohne, um, wider*

Zusammensetzungen mit *da*: *dadurch, dafür, dagegen, darum.* (Wenn die Präposition mit einem Vokal anfängt, wird ein *-r-* eingeschoben: *da-r-um*). Steht die Präposition *bis* mit einer anderen Präposition zusammen, was meist der Fall ist (*bis zu, bis nach, bis an, bis unter* etc.), dann richtet sich das Substantiv im Kasus nach der zweiten Präposition. Bei den Präpositionen mit zwei Kasus steht in diesem Fall der Akkusativ.

b)  Präpositionen mit dem **Dativ**

  *ab, aus, außer, bei, binnen, entgegen, gegenüber, gemäß, laut, mit, nach, nächst, nahe, nebst, samt, seit, von, zu*

Zusammensetzungen mit *da*: *daraus, dabei, damit, danach, davon, dazu.*
*Ab* kann temporal und lokal als Präposition benutzt werden (*ab Berlin, ab Freitag*). *Binnen* kann nur für Zeiträume als Präposition verwendet werden (*binnen drei Tagen*).

Folgende Präpositionen können nachgestellt werden:

  *gegenüber, gemäß, entgegen*

Auch *zufolge* wird manchmal mit dem Dativ nachgestellt.

c) Präpositionen mit dem **Genitiv**

*abzüglich, angesichts, anstelle, anhand, anlässlich, außerhalb, einschließlich, hinsichtlich, infolge, inmitten, innerhalb, mittels, namens, oberhalb, seitens, statt, trotz, um – willen, unbeschadet, unterhalb, zuzüglich, zwecks*

Auch *diesseits, jenseits, nördlich, südlich, westlich, östlich* können einen Genitiv nach sich haben.

d) Präpositionen mit dem **Akkusativ oder Dativ**

*an, auf, hinter, in, neben, über, unter, vor, zwischen*

Alle diese Wörter können mit *da* zusammengesetzt werden: *daran, darauf, dahinter, darin, daneben, darüber, darunter, davor, dazwischen*.

Wann steht der Akkusativ und wann steht der Dativ nach diesen Präpositionen?

Der **Akkusativ** zeigt eine **Richtung** an. Eine Bewegung geht oder ein Zustand reicht über ein bestimmtes Gebiet, über einen Ort, eine Stelle, einen Bereich hinaus oder in ein bestimmtes Gebiet hinein.

> *Der Berg ragt in den Himmel hinein.*
> *Der Redner tritt vor das Publikum.*
> *Das Holz steht 20 cm über den Rand über.*
> *Wir treten jetzt in die Diskussion ein.*

Frage: *Wohin? Wie weit?*

Der **Dativ** bedeutet keine Veränderung in Beziehung auf den Raum und den Ort. Er bezeichnet einen Zustand oder die Lage an einer Stelle oder auch eine Bewegung innerhalb eines bestimmten Gebietes oder Raumes. Es fehlt die Richtungsbezogenheit.

> *Er läuft planlos im Wald umher.*
> *Sie liegt auf dem Sofa.*
> *Der Nebel steigt zwischen den Bergen auf.*

Frage: *Wo?*

Die Sprache lässt dem Sprecher oft eine gewisse Freiheit, ob er die Situation so oder so auffassen will:

> *Es klopft an der Tür.*
> *Wer hat an die Tür geklopft?*

## 1. Die Präpositionen

*Zur Wiederholung und zur Festigung der Kenntnisse:*

## Übung

*Akkusativ oder Dativ?*
*Setzen Sie die fehlenden Artikel ein!*
*Ergänzen Sie auch die fehlenden Endungen!*
*Wenn der Artikel und die Präposition zusammengezogen werden sollen, erscheint eine eckige Klammer.*

1.  Wir fahren in __ Stadt. In __ Stadt ist immer etwas los.

2.  So können Sie nicht gut sehen! Treten Sie doch an __ Fenster heran. Hier [an __ ] Fenster ist der richtige Platz.

3.  Sie trat [an __ ] Fenster und sah auf __ Straße. Auf __ Straße sah sie ihren Freund.

4.  Er bog in __ Beethovenstraße ein, wo er sich mit seinem Freunde verabredet hatte. Da er warten musste, ging er eine Weile in __ Straße auf und ab.

5.  Der Lastwagen hielt vor __ Haus. Der Sand wurde vor __ Haus geschüttet.

6.  Neben __ alt__ Kirche soll ein Hochhaus entstehen. Die Leute sind dagegen, dass neben __ historisch__ Gebäude ein modernes Haus gebaut wird.

7.  Was hinter __ Kulissen in der Politik vorgeht, ist schwer zu sagen, weil man nur wenig Gelegenheit hat, hinter __ Kulissen zu sehen.

8.  [In __ ] Vordergrund des Gemäldes sitzen zwei Personen an __ Tisch. Der Maler hat auch noch zwei Stühle in __ Vordergrund hineingesetzt.

9.  Sein Name stand auf __ Liste der Bewerber. Er war in __ Liste eingetragen worden.

10. Er geht in __ Universitätsbibliothek. Er sucht [in __ ] Katalog nach einem Titel.

11. Sie ist in __ USA gefahren. Sie will ein Jahr lang in __ USA studieren.

12. Er ist jetzt in __ wissenschaftlichen Institut als Mitarbeiter tätig. Er ist im letzten Sommer in __ Institut eingetreten.

13. Wir geben die Daten in __ Computer ein. Jetzt sind sie [in __ ] Rechner gespeichert.

14. Hacker dringen oft in fremd__ Computernetze ein. Sie richten dann in dies__ Systemen großen Schaden an.

15. Es ist ihm alles über __ Kopf gewachsen. Er hält es in sein__ Kopf nicht mehr aus.

## 1.2 Der Gebrauch der Präpositionen

Für den Fortgeschrittenen bereitet die Wahl der richtigen Präposition besondere Schwierigkeiten; denn unabhängig von ihrer ursprünglichen, meist lokalen Bedeutung sind die Präpositionen zum Teil Verbindungen mit anderen Wörtern eingegangen. Die Entscheidung, welche Präposition man verwenden muss, kann nur getroffen werden, wenn man erkennt, mit welchen anderen Teilen des Satzes ein fester Zusammenhang besteht. In diesem Buch werden solche Verbindungen in fünf Gruppen dargestellt und geübt:

1.2.1   Verben mit Präpositionen (*antworten auf*)
1.2.2   Verbindungen einer Präposition mit einem Substantiv oder Adjektiv (*unter der Bedingung, im Vergleich zu*)
1.2.3   Wendungen aus Substantiv, Verb und Präposition (Funktionsverbgefüge) (*Eindruck machen auf, zur Besinnung kommen*)
1.2.4   Adjektive mit Präposition (*fähig zu*)
1.2.5   Das präpositionale Attribut (Verbindung von Substantiven durch eine Präposition: *der Bestand an Instrumenten*).

### 1.2.1   Verben mit Präpositionen

In der folgenden Aufstellung sind Verben angegeben, die eine Präposition oder auch mehrere Präpositionen nach sich haben. Für die wichtigsten Verben mit mehreren Präpositionen finden sich gleich im Anschluss an diese Liste Übungen in alphabetischer Reihenfolge, damit die Anwendung deutlich wird.

Es wird in der Aufstellung bei der Präposition stets der Kasus angegeben (A = Akkusativ; D = Dativ; G = Genitiv).

forschen nach D

Wenn außer der Präposition beim Verb noch ein Objekt steht, so ist das durch ein vorangestelltes Zeichen angegeben:

A schützen vor D   →

*Er schützt ihn vor den Verleumdungen seiner Feinde.*

Wenn das Objekt auch ein Reflexivpronomen sein kann, dann ist das durch das Pronomen *sich* angezeigt:

sich stoßen an D   →

*Ich stoße mich an seinem unhöflichen Benehmen.*

## 1. Die Präpositionen

Es kann auch Objekt oder Reflexivpronomen möglich sein:

A / sich unterscheiden von D  →

*Er unterscheidet sich wohltuend von den anderen Anwesenden.*
*Er unterscheidet das Wesentliche vom Unwesentlichen.*

Ein (S) oder ein (P) in Klammern hinter dem Kasuszeichen heißt, dass der Kasus nur sachbezogen oder personbezogen benutzt werden kann. Dabei ist bei den Personen auch an juristische Personen und Institutionen gedacht.

A (S) erben von D (P)  →

*Er hat das Haus von seinem Vater geerbt.*

Fehlt ein solcher Hinweis, dann kann der Kasus mit Sachen oder Personen verbunden werden.

Vor den Verben stehen auch noch einige andere Hinweise: Das Wort (*etwas*) in Klammern bedeutet, dass dort ein unbestimmtes Zahlwort stehen kann, z.B. *wenig, viel, nichts* u. a.; es kann durch andere Wörter ersetzt, aber auch weggelassen werden.

Jede Präposition, bei der eine Verbindung mit *da-* möglich ist (man vergleiche hierzu die Aufstellung der Präpositionen), kann sich auf etwas schon Genanntes beziehen:

*Wir haben eine Reise nach Italien gemacht. Wir erinnern uns gern daran.*

Es besteht bei manchen Verben die Möglichkeit, das Hinweiswort (*daran*) erst in einem folgenden Dass-Satz (Objektsatz) oder einer Infinitivkonstruktion zu erläutern. Diese Möglichkeit wird in der Aufstellung durch folgende Hinweise angedeutet:

D (P) helfen bei D (S); dabei, Inf.; –, Inf.

Hier kann ein Infinitiv nachfolgen. Das *dabei* kann gesetzt werden oder wegfallen. Das Fehlen des Hinweiswortes *dabei* wird durch den Strich angedeutet:

*Ich helfe ihm dabei, seine Hausaufgaben zu machen.*
*Ich helfe ihm, seine Hausaufgaben zu machen,*

anspielen auf A; darauf, dass

Hier ist nur der Dass-Satz möglich, und das Hinweiswort *darauf* darf nicht weggelassen werden:

*Verben mit Präpositionen*

*Er spielte im Gespräch darauf an, dass er lange im Ausland war.*

Manchmal sind alle Möglichkeiten gegeben:

sich einigen auf A; darauf, dass; –, dass; darauf, Inf.; –, Inf.  →

*Sie einigten sich darauf, dass er Präsident werden sollte.*
*Sie einigten sich, dass die Produktion erhöht werden müsse.*
*Sie einigten sich darauf, ihn zum Präsidenten zu wählen.*
*Sie einigten sich, die Produktion zu erhöhen.*

Auf andere Möglichkeiten, einen Satz anzuschließen, neben dem Infinitiv und dem Dass-Satz, wird nur selten hingewiesen. Manchmal ist angemerkt, dass man einen anderen Satz mit Hilfe eines Fragewerts anschließen kann:

sich erkundigen nach D; danach, ob / Fragewort; –, ob / Fragewort  →

*Er erkundigte sich, wer an Bord sei.*
*Er erkundigte sich danach, wann die Maschine landen würde.*
*Er erkundigte sich, ob sie Verspätung habe.*

Wenn mehrere Präpositionen im gleichen Satz bei einem Verb stehen können, dann erscheint das Verb nur einmal:

| sich erkundigen | nach D |
| | bei D (P) |

Ist die Anwendung mehrerer Präpositionen bei einem Verb nur in verschiedenen Sätzen möglich, dann erscheint das Verb noch einmal:

| ausgehen | auf A (S) |
| ausgehen | von D |

Hinter dem Infinitiv des Verbs wird die Passivfähigkeit angegeben:

„W, S" bedeutet, es gibt ein Passiv mit *werden* und mit *sein*.
„W, –" bedeutet, es gibt nur ein Passiv mit *werden*.
„ –, S" bedeutet, es gibt nur ein Passiv mit *sein*.
„ –, –" bedeutet, es gibt kein Passiv.

**A**

| | A (P) | abbringen W, S | von D (S); davon, dass; davon, Inf. |
| | A (P) | abfinden W, S | mit D |
| sich | | abfinden –, – | mit D; damit, dass; damit, Inf. |

| | | | |
|---|---|---|---|
| | A (S) | abgeben W, S | an A |
| sich | | abgeben –, – | mit D; damit, dass; damit, Inf. |
| sich / | A | abgrenzen W, S | von D |
| | A (P) | abhalten W, S | von D (S); davon, dass; davon, Inf. |
| | | abhängen –, – | von D; davon, dass; davon, ob / Fragewort |
| | A (P) | abhärten W, S | gegen A (S) |
| sich | | abhärten –, S | gegen A (S) |
| sich | | abheben –, S | gegen A (S) |
| sich | | abheben –, S | in D; (Qualität, Farbe) |
| | | | von D |
| | | abkommen –, – | von D; davon, Inf. |
| | | ablegen W, S | bei D (P) (Prüfung) |
| | | ablegen W, S | in D (S) (Sache) |
| | | ableiten W, S | aus D; daraus, dass |
| | | ableiten W, S | von D |
| | A (P) | ablenken W, S | von D; davon, dass |
| | A (S) | ablenken W, S | von D |
| | A (S) | ablösen W, S | durch A |
| | | | von D |
| | | abnehmen –, – | an D |
| | D (P) | abraten W, S | von D; davon, dass; davon, Inf.; –, Inf. |
| | es | absehen W, – | auf A; darauf, Inf.; darauf, dass |
| | | absehen W, S | von D; davon, Inf.; davon, dass |
| | A (S) | absolvieren W, S | bei D (P) (Prüfung) |
| | A (P) | absolvieren | von D |
| | | abspringen –, – | von D |
| | | abstammen –, – | von D |
| | | abstechen –, – | gegen A |
| | | abstechen –, – | von D |
| | | abstrahieren W, S | von D (S) |
| | A | abtasten W, S | mit D |
| sich | | abwechseln –, – | mit D |
| | | abweichen –, – | von D (S) |
| | A | abziehen W, S | von D |
| | | abzielen W, S | auf A; darauf, dass; darauf, Inf. |
| | | achten W, – | auf A; darauf, dass; darauf, Inf. |
| | A (S) | addieren W, S | mit D (S) |
| | A (S) | addieren W, S | zu D (S) |
| | A (S) | adressieren W, S | an A |
| sich / | A (S) | ändern W, S | an D; daran, dass |
| sich / | A | ändern W, S | durch A; dadurch, dass |
| | | anfangen W, S | mit D; damit, Inf.; –, Inf.; damit, dass |
| (etwas) | | anfangen –, – | mit D |
| sich | | ängstigen –, – | um A; darum, dass; darum, Inf. |
| sich | | ängstigen –, – | vor D; davor, dass; –, dass; davor, Inf.; –, Inf. |
| | A (S) | anhalten W, S | an D |
| | A (P) | anhalten W, S | zu D (S); dazu, dass; dazu, Inf. |
| sich / | A | anhängen W, S | an A (S) |

| | | | |
|---|---|---|---|
| | | anknüpfen W, S | an A (S); daran, dass; |
| | D (P) | es kommt an –, – | auf A, darauf, dass; darauf, Inf. |
| sich / | A | anpassen W, S | an A |
| sich | | anschließen –, S | an A; daran, dass |
| | A (S) | anschließen W, S | an A |
| | | ansetzen W, – | zu D (S) |
| | | anspielen W, – | auf A; darauf, dass |
| | | anstoßen W, S | auf A; darauf, dass; darauf, Inf. |
| | | | mit D (P) |
| | | antreten W, – | gegen A |
| | | | zu D (S), dazu, dass; –, dass; dazu, Inf.; –, Inf. |
| | D | antworten W, – | auf A (S); darauf, dass; –, dass |
| | | | mit D |
| | | anwachsen –, – | auf A |
| | | anwachsen –, – | zu D (S) |
| | A (S) | anwenden W, S | auf A |
| | | | für A |
| | | | zu D |
| | | arbeiten W, – | an D (S), an D (sich); daran, dass; daran, Inf. |
| | | arbeiten W, – | bei D |
| | | arbeiten W, – | für A; dafür, dass, dafür, Inf. |
| | | arbeiten W, – | gegen A |
| | | | über A; darüber, dass; darüber, ob / Fragewort |
| | A (P) | ärgern W, – | mit D; damit, dass |
| sich | | ärgern –, – | über A; darüber, dass; –, dass; darüber, Inf.; –, Inf. |
| sich / | A (S) | aufbauen W, S | auf D |
| | | | aus D |
| | A (S) | aufdampfen W, S | auf D (S) |
| | D (P) | auffallen –, – | durch A; dadurch, dass |
| | A (P) | auffordern W, S | zu D; dazu, dass; –, dass; dazu, Inf.; –, Inf.; |
| | A (S) | auffüllen W, S | mit D |
| sich / | A (P) | aufhalten W, S | bei D |
| | | | mit D; damit, Inf. |
| | | aufhören W, S | mit D (S); damit, Inf.; –, Inf. |
| | A (P) | aufklären W, S | über A; darüber, dass; –, dass |
| | A (S) | auflösen W, S | in D (S) |
| sich | | auflösen –, S | in D (S) |
| | | aufpassen W, – | auf A; darauf, dass; –, dass |
| sich | | aufregen –, S | über A; darüber, dass; –, dass |
| sich | | aufschwingen –, – | zu D; dazu, Inf.; –, Inf. |
| | | aufspringen –, – | auf A (S) |
| | A (S) | aufwenden W, S | für A; dafür, dass; –, dass; dafür, Inf.; –, Inf. |
| | A (S) | aufziehen W, S | mit D |
| | A (P) | aufziehen W, S | mit D ( = ärgern); damit, dass |
| sich | | ausdrücken –, – | in D; darin, dass |

| sich | | auseinandersetzen –, – | mit D; damit, dass |
|---|---|---|---|
| | A | ausersehen W, S | zu D; dazu, dass; –, dass; dazu, Inf.; –, Inf. |
| | A (P) | ausfragen W, – | über A; darüber, ob / Fragewort |
| sich / | A (P) | ausgeben –, – | für A |
| | A (S) | ausgeben W, S | für A; dafür, dass; dafür, Inf.; –, Inf. |
| | | ausgehen –, – | auf A (S); darauf, dass; darauf, Inf. |
| | | ausgehen W, – | von D; davon, dass; davon, Inf. |
| | | ausholen W, S | zu D (S); dazu, Inf. |
| | | auskommen –, – | mit D; damit, dass |
| | | ausnutzen | zu D |
| sich | | ausrichten –, S | an D; daran, dass |
| | A | ausrichten W, S | auf A; darauf, dass |
| | A (S) | aussagen W, S | über A |
| | A | ausscheiden W, S | aus D |
| | | aussehen –, – | nach D; danach, dass |
| sich / | A (S) | äußern W, S | in D |
| | | | zu D |
| sich | | äußern –, – | in D |
| | | | über A |
| | A (S) | aussetzen W, – | an D; daran, dass; –, dass |
| | A (S) | austeilen W, S | an A (P) |
| | A (S) | austeilen W, S | unter A oder D (P) |
| | A (S) | ausüben W, – | auf A; darauf, dass |
| | A | auswählen W, S | aus D |
| | | | für A |
| | A (S) | ausweiten W, S | auf A; darauf, dass |
| sich | | auswirken –, – | auf A |
| | | | bei D |
| sich | | auswirken –, – | in D / für A |
| | A (P) | autorisieren W, S | zu D; dazu, Inf.; –, Inf. |

**B**

| | | bangen –, – | vor D; davor, dass; –, dass; davor, Inf.; –, Inf. |
|---|---|---|---|
| | | basieren –, – | auf D; darauf, dass; darauf, Inf. |
| | | bauen –, – | auf A; darauf, dass; darauf, Inf. |
| | A (S) | bauen W, S | auf A (S) |
| | A | beanspruchen W, – | von D |
| sich | | bedanken –, – | für A; dafür, dass; –, dass; dafür, Inf. |
| | | | bei D (P) |
| | A (P) | bedenken W, S | mit D (S), ( = beschenken) |
| | A (P) | bedrängen W, S | mit D; damit, dass; –, dass; –, Inf. |
| sich | | beeilen –, – | mit D; damit, dass; –, dass; damit, Inf.; –, Inf. |
| | A | beeinflussen W, S | durch A; dadurch, dass |
| sich | | befassen –, S | mit D; damit, Inf.; damit, dass |
| | | befinden W, S | über A; darüber, dass / ob / Fragewort |
| | A (P) | befördern W, S | zu D |
| | A | befragen W, S | nach D; danach, ob / Fragewort; –, ob / Fragewort |

| | | | |
|---|---|---|---|
| | A (P) | befragen W, S | über A; darüber, ob / Fragewort; –, ob / Fragewort |
| sich / | A | befreien W, S | von D; davon, dass; davon, Inf. |
| sich | | befreunden –, S | mit D; damit, dass; damit, Inf. |
| sich | | begeben –, – | zu D |
| sich | | begeistern –, S | für A; dafür, dass; dafür, Inf. |
| | A (S) | beginnen W, – | mit D; damit, dass; damit, Inf. |
| | | beginnen W, – | mit D; damit, dass; –, Inf.; damit, Inf. |
| | A (P) | beglückwünschen W, – | zu D; dazu, dass; –, dass; dazu, Inf.; –, Inf. |
| sich | | begnügen –, – | mit D; damit, dass; damit, Inf.; –, Inf. |
| | | beharren –, – | auf A; darauf, dass; darauf, Inf. |
| | | behaupten W, – | von D; mit folgendem Dass-Satz |
| | A (P) | behindern W, S | bei D; dabei, Inf. |
| | A (P) | behindern W, S | in D |
| sich | | beirren lassen –, – | durch A; dadurch, dass |
| sich | | beirren lassen –, – | von D |
| | | beitragen W, – | zu D (S); dazu, dass; dazu, Inf. |
| | A (S) | beitragen W, S | zu D (S); dazu, dass; dazu, Inf. |
| sich | | bekennen –, – | zu D; dazu, dass; dazu, Inf. |
| sich | | beklagen –, – | bei D (P) |
| | | | über A; darüber, dass; –, dass; darüber, Inf.; –, Inf. |
| sich / | A | bekleiden W, S | mit D |
| | A (S) | bekommen –, – | für A; dafür, dass; dafür, Inf. |
| sich | | bekümmern –, S | um A; darum, dass; darum, Inf. |
| | es | belassen W, – | bei D; dabei, dass; dabei, Inf. |
| | A | belasten W, S | durch A; dadurch, dass |
| | A | belasten W, S | mit D; damit, dass; damit, Inf. |
| sich | | belaufen –, – | auf A |
| | A (P) | belohnen W, S | für A; dafür, dass; –, dass; dafür, Inf. |
| sich | | belustigen –, – | über A; darüber, dass; darüber, Inf. |
| sich | | bemühen –, S | um A; darum, dass; –, dass; darum, Inf.; –, Inf. |
| | A | beneiden W, S | um A; darum, dass; –, dass; darum, Inf. |
| | A | benennen W, S | nach D |
| | A | benötigen W, – | für A; dafür, dass; dafür, Inf. |
| | A | benutzen W, – | als A |
| | | | zu D; dazu, Inf.; –, Inf. |
| | A (P) | beraten W, – | bei D (S), dabei, ob / Fragewort |
| sich | | beraten –, – | mit D (P) |
| | A (S) | berechnen W, S | aus D |
| | A | bereitstellen W, S | für A |
| | D (P) | berichten W, S | über A; darüber, dass; –, dass / wie / Fragewort |
| | D (P) | berichten W, S | von D; davon, dass; –, dass; davon, wie / Fragewort |
| | | berücksichtigen W, S | bei D; dabei, dass; –, dass |
| sich | | berufen –, – | auf A; darauf, dass; darauf, Inf. |
| | | beruhen –, – | auf D; darauf, dass |

| | | | |
|---|---|---|---|
| | A (P) | beschäftigen W, S | durch A; dadurch, dass |
| sich / | A (P) | beschäftigen W, S | mit D; damit, Inf.; damit, dass |
| | A (P) | beschirmen W, S | vor D; davor, dass; davor, Inf. |
| | A | beschleunigen W, S | durch A; dadurch, dass |
| | A | beschleunigen | von Null auf Hundert |
| sich | | beschränken –, S | auf A; darauf, dass; darauf, Inf. |
| | A (S) | beschränken W, S | auf A; darauf, dass; darauf, Inf. |
| | A | beschützen W, S | vor D; davor, dass; davor, Inf. |
| sich | | beschweren –, – | über A; darüber, dass; –, dass |
| sich | | besinnen –, – | auf A; darauf, dass; –, dass; darauf, Inf.; –, Inf. |
| | | bestehen W, – | auf D; darauf, dass; darauf, Inf. |
| | | bestehen –, – | aus D |
| | | bestehen –, – | in D; darin, dass; darin, Inf. |
| | | bestehen –, – | vor D |
| | A (P) | bestrafen W, S | für A; dafür, dass; –, dass; dafür, Inf. mit D; damit, dass; damit, Inf. |
| | | beten W, – | für A; dafür, dass; –, dass; dafür, Inf. um A; darum, Inf.; darum, dass; –, dass zu D |
| | A (P) | betrügen W, S | um A; darum, Inf.; darum, dass |
| | A | beurteilen W, S | nach D (S); danach, dass; danach, wie / Fragewort |
| | A | bevorzugen W, S | gegenüber D |
| | A | bewahren W, S | vor D; davor, dass; davor, Inf. |
| sich | | bewegen –, – | auf A zu |
| sich | | bewegen –, – | in D |
| sich | | bewegen –, – | um A; darum, dass; darum, Inf. |
| sich | | bewegen –, – | unter D (P) |
| | A (P) | bewegen W, S | zu D (S); dazu, dass; dazu, Inf. |
| sich | | bewerben –, – | um A (S); darum, Inf.; darum, dass |
| | A | bewerten W, S | nach D; danach, dass; danach, Fragewort |
| | A (S) | bewirken W, S | durch A; dadurch, dass |
| | A (S) | bezahlen W, S | an A für A; dafür, dass; dafür, Inf. |
| sich / | A (S) | beziehen W, S | auf A; darauf, dass; darauf, Inf. |
| | A (P) | bitten W, – | um A (S); darum, dass; –, dass; darum, Inf.; –, Inf. |
| | A (P) | bitten W, S | zu D |
| | | bleiben –, – | bei D; dabei, dass; dabei, Inf. |
| | A | brauchen W, – | zu D (S); dazu, dass; dazu, Inf.; –, Inf. |
| | A (P) | bringen W, S | auf A; darauf, dass; darauf, Inf. ( = hinweisen) |
| sich / | A (P) | bringen W, S | um A; darum, dass; darum, Inf. |
| | A (P) | bringen W, S | zu D; dazu, dass; dazu, Inf. ( = überreden) |
| A (S) | an sich | bringen –, – | |
| A (S) | hinter sich | bringen –, – | |
| A (S) | mit sich | bringen –, – | |
| | A (S) | buchen W, S | für A (S) / unter D |
| | D (P) | bürgen W, S | für A; dafür, dass |

# D

|         |         |                   |                                              |
|---------|---------|-------------------|----------------------------------------------|
|         |         | dasein –, –       | für A; dafür, dass; um – zu                  |
|         |         | dasein –, –       | zu D; dazu, dass; dazu, Inf.                 |
|         |         | debattieren W, –  | mit D (P)                                    |
|         |         |                   | über A; darüber, dass, Fragewort             |
|         | A       | degradieren W, S  | zu D; dazu, dass; dazu, Inf.                 |
|         |         | denken W, S       | an A; daran, dass; daran, Inf.               |
| sich    | (etwas) | denken –, –       | bei D; dabei, als / wie / Fragewort          |
|         |         | denken W, S       | über A; darüber, dass                        |
| gut etc.|         | denken W, –       | von D                                        |
|         |         | dienen –, –       | zu D (S); dazu, dass; dazu, Inf.             |
|         |         | differieren –, –  | in D (Qualität), darin, dass                 |
|         |         |                   | um A (Quantität)                             |
|         |         | diskutieren W, S  | mit D (P)                                    |
|         |         |                   | über A; darüber, ob; –, Fragewort            |
|         | A (P)   | dispensieren W, S | von D (S); davon, dass; davon, Inf.          |
| sich    |         | distanzieren –, S | von D; davon, dass; davon, Inf.              |
|         |         | dividieren W, S   | durch A                                      |
|         |         | drängen W, –      | auf A; darauf, dass; darauf, Inf.            |
|         |         | dringen W, –      | auf A; darauf, dass; darauf, Inf.            |
|         |         | dringen –, –      | in D (P)                                     |
| sich    |         | drücken –, –      | um A; darum, Inf.; –, Inf.                   |
| sich    |         | drücken –, –      | vor D; davor, Inf.; –, Inf.                  |
| sich /  | A (S)   | durchsetzen W, S  | gegen A; dagegen, dass                       |
| sich /  | A (S)   | durchsetzen W, S  | gegenüber D; demgegenüber, dass              |
|         |         | dürsten –, –      | nach D (S); danach, dass; –, dass; danach, Inf.; –, Inf. |

# E

|        |            |                  |                                              |
|--------|------------|------------------|----------------------------------------------|
| sich   |            | eignen –, S      | für A (S); dafür, dass; dafür, Inf.          |
| sich   |            | eignen –, S      | zu D; dazu, dass; dazu, Inf.                 |
|        |            | eilen –, –       | zu D                                         |
|        | A (S)      | einbauen W, S    | in A (S)                                     |
|        | A          | einbeziehen W, S | in A                                         |
|        |            | eindringen –, –  | in A                                         |
|        | A, D (P)   | einfallen –, –   | zu D; dazu, dass                             |
|        | A (S)      | einfügen W, S    | in A                                         |
|        | A (P)      | einführen W, S   | in A (S)                                     |
|        |            | eingehen –, –    | auf A; darauf, dass                          |
|        |            | einhergehen –, – | mit D, damit, dass                           |
| sich   |            | einigen –, –     | über A; darüber, dass; –, dass; darüber, Inf.; –, Inf. |
| sich   |            | einigen –, –     | auf A; darauf, dass; –, dass; darauf, Inf.; –, Inf. |
|        |            |                  | in D (S)                                     |
|        |            |                  | mit D (P)                                    |
|        |            | einladen W, S    | zu D; dazu, Inf.; –, Inf.                    |
| sich   |            | einlassen –, –   | auf A; darauf, dass; darauf, Inf.            |
| sich   |            | einlassen –, –   | mit D (P)                                    |

| | | | |
|---|---|---|---|
| sich | | einlassen –, – | in A (S) |
| | A (S) | einordnen W, S | in A (S) |
| | A | einordnen W, S | unter D |
| | | einreden W, – | auf A (P) |
| sich | | einschalten W, S | in A (S) |
| sich | | einschleichen –, – | in A |
| sich / | A | einschließen W, S | in D / A |
| | | einschreiten W, – | gegen A; dagegen, dass |
| sich | | einsetzen –, – | bei D |
| | | | für A; dafür, dass; dafür, Inf.; –, dass; –, Inf. |
| | A (S) | einsetzen W, S | in A |
| | | einsteigen W, – | in A (S) |
| sich | | einstellen –, S | auf A; darauf, dass; darauf, Inf. |
| | A (S) | einstellen W, S | auf A; darauf, dass; darauf, Inf. |
| | A (S) | einteilen W, S | in A (S) |
| | | eintreten W, – | bei D (P) |
| | | | für A; dafür, dass; dafür, Inf. |
| | | einwilligen –, – | in A (S); –, dass; –, Inf. |
| | | einwirken –, – | auf A |
| sich | | empören –, S | über A; darüber, dass; –, dass; darüber, Inf.; |
| | | enden –, – | für A |
| | | | mit D; damit, dass; |
| | | enden –, – | auf A (Wort) |
| | A (P) | entbinden W, S | von D; davon, Inf.; davon, dass |
| | | entfallen –, – | auf A |
| | | entfliehen –, – | aus D (S) |
| | A (P) | entlasten W, S | von D; davon, dass; davon, Inf. |
| | A (S) | entnehmen W, S | aus D; daraus, dass |
| sich | | entscheiden –, S | für A; dafür, dass; –, dass; dafür, Inf.; –, Inf. |
| sich | | entscheiden –, S | gegen A; dagegen, dass; dagegen, Inf. |
| sich | | entschließen –, S | zu D; dazu, dass; –, dass; dazu, Inf.; –, Inf. |
| sich / | A (P) | entschuldigen W, S | bei D (P) |
| | | | für A; dafür, dass; –, dass |
| | | entstehen –, – | aus D (S) |
| | | | durch A; dadurch, dass |
| sich / | A | entwickeln W, S | aus D |
| | A | entwickeln W, S | zu D |
| sich | | entzweien –, S | mit D (P) |
| sich | | erbarmen –, – | über A (P) |
| | A (S) | erben W, S | von D (P) |
| (etwas), | A (S) | erfahren (W, S) | aus D (S) |
| | | | durch A; dadurch, dass |
| | | | von D |
| | von D | erfahren –, – | aus D (S) |
| | | | durch A |
| (etwas) | | erfahren –, – | über A; darüber, dass; darüber, wie / Fragewort |
| sich | | erfreuen –, – | an D |

| | | | |
|---|---|---|---|
| sich | | ergeben –, – | aus D (S); daraus, dass; –, dass |
| | | | für A |
| sich | | ergeben –, – | in A (S) |
| sich | | erheben –, – | gegen A; dagegen, dass; dagegen, Inf. |
| | | erhöhen | auf A |
| | | | um A |
| sich | | erholen –, S | von D; davon, dass; davon, Inf. |
| sich / | A (P) | erinnern W, – | an A; daran, dass; –, dass; daran, Inf.; –, Inf. |
| | A | erkennen W, S | an D; daran, dass |
| | | erkennen W, S | auf A (Jura); darauf, dass; darauf, Inf. |
| D (P) | A (S) | erklären W, – | an D |
| D (P) | A (S) | erklären W, S | mit D (S); damit, dass |
| sich / | A (S) | erklären –, S | aus D (S); daraus, dass |
| | | erkranken –, – | an D |
| | | | durch A (S); dadurch, dass |
| sich | | erkundigen –, – | bei D (P) |
| | | | nach D; danach, ob / Fragewort; –, ob / Fragewort |
| D (P) | A (S) | erleichtern W, S | durch A; dadurch, dass |
| | A (P) | ermahnen W, S | zu A (S); –, dass; –, Inf. |
| sich / | A (P) | ernähren W, S | von D (S); davon, dass; davon, Inf. |
| | A (P) | ernennen W, S | zu D (P) |
| sich | | erregen –, S | über A; darüber, dass; –, dass; darüber, Inf. |
| | | erröten –, – | über A; darüber, dass |
| | A (S) | erschließen W, S | durch A; dadurch, dass |
| | | erschrecken –, – | vor D; davor, dass; –, dass |
| | A (P) | erschrecken W, – | bei D (S) |
| | | | mit D; damit, dass |
| | A (S) | ersehen –, – | aus D; daraus, dass |
| | | erstaunen –, – | über A; darüber, dass; –, dass |
| sich | | erstrecken –, – | auf A (S) |
| sich | | erstrecken –, – | bis zu D |
| | | | über A (S) |
| | | ersuchen W, – | um A (S); darum, Inf.; –, Inf.; darum, dass |
| | D (P) | erwachsen –, – | aus D (S); daraus, dass |
| (etwas) | | erwähnen W, S | von D; davon, dass |
| | A (S) | erwarten W, – | von D; davon, dass; davon, Inf. |
| sich | | erweisen W, S | durch A; dadurch, dass |
| | A (S) | erweitern W, S | mit D |
| (etwas) | D (P) | erzählen W, S | von D; davon, dass; davon, wie / Fragewort; –, wie / Fragewort |
| | A (P) | erziehen W, S | durch A; dadurch, dass |
| | | | in D (Güte, Strenge) |
| | | | zu D; dazu, dass; dazu, Inf. |
| | A (S) | erzielen W, S | durch A; dadurch, dass |
| | | existieren –, – | für A |
| | | experimentieren W, – | mit D |

**F**

|        |         |                  |                                                            |
|--------|---------|------------------|------------------------------------------------------------|
|        |         | fallen –, –      | auf A                                                      |
|        |         | fallen –, –      | in A                                                      |
|        |         | fallen –, –      | unter A                                                   |
|        |         | fallen –, –      | von D                                                     |
|        | es      | fehlt –, –       | an D; daran, dass; –, dass                               |
|        |         | festhalten W, –  | an D; daran, dass                                        |
|        | A (S)   | festmachen W, S  | an D; daran, dass                                        |
|        | A (S)   | feststellen W, S | durch A; dadurch, dass                                   |
|        | A (S)   | finden W, S      | an D; daran, dass; daran, Inf.                           |
|        | A (S)   | finden W, S      | für A                                                    |
|        | A (S)   | finden W, S      | zu D                                                     |
| (etwas)|         | finden –, –      | bei D (S); dabei, dass; dabei, Inf.                      |
| sich   |         | finden W, S      | in D                                                     |
|        |         | fischen W, –     | nach D                                                   |
|        |         | fliehen –, –     | aus D                                                    |
|        |         | fliehen –, –     | vor D; davor, dass                                       |
|        |         | folgen –, –      | auf A                                                    |
|        |         | folgen –, –      | aus D (S); daraus, dass                                  |
|        | es      | folgt –, –       | aus D (S); daraus, dass                                  |
|        | A (S)   | folgern W, S     | aus D; daraus, dass; –, dass                             |
|        | A       | fordern W, S     | von D                                                    |
|        |         | forschen W, –    | nach D; danach, ob / Fragewort; –, ob / Fragewort        |
|        |         | fragen W, S      | bei D                                                    |
| sich / | A (P)   | fragen W, S      | nach D; danach, ob / Fragewort; –, ob / Fragewort        |
|        | A       | freisprechen W, S| von D (S); davon, dass; davon, Inf.                      |
| sich   |         | freuen –, –      | an D (Dauer); daran, dass; daran, Inf.                   |
| sich   |         | freuen –, –      | auf A (Futur); darauf, dass; –, dass; darauf, Inf.; –, Inf.; |
| sich   |         | freuen –, –      | für A (P)                                                |
| sich   |         | freuen –, –      | mit D (P)                                                |
|        |         |                  | über (Präs., Vergangenheit), darüber, dass; –, dass; darüber, Inf.; –, Inf. |
| sich   |         | fügen –,         | in A                                                     |
|        | A       | führen W, S      | unter D                                                  |
|        |         | führen –, –      | zu D; dazu, dass; dazu, Inf.                             |
|        |         | fürchten –, –    | für A                                                    |
|        |         | fürchten –, –    | um A                                                     |
| sich   |         | fürchten –, –    | vor D; davor, dass; davor, Inf.; –, dass; –, Inf.        |
|        |         | fußen –, –       | auf A (S); darauf, dass                                  |

**G**

|        |         |                    |                                   |
|--------|---------|--------------------|-----------------------------------|
| D (P)  |         | garantieren W, S   | für A; dafür, dass; –, dass       |
| A (S)  |         | geben W, S         | für (S); dafür, dass; dafür, Inf. |
|        |         | gebieten –, –      | über A                            |
| A (S)  |         | geheimhalten W, S  | vor D                             |

|  |  | gehen –, – | an A |
|--|--|-----------|------|
| | in sich | gehen –, – | |
| | | gehen –, – | über A |
| etwas | | geht –, – | vor sich ( = etwas geschieht) |
| | es | geht –, – | bei D |
| | | | um A; darum, dass; darum, Inf. |
| | es | geht –, – | nach D |
| | | gehören –, – | zu D; dazu, dass |
| | | geizen W, – | mit D (S) |
| | | gelten –, – | für A |
| | | gelten –, – | von D |
| | | gelangen –, – | in A (S) |
| | | | zu D |
| A (P) | es | gelüstet –, – | nach D; danach, dass; danach, Inf.; –, Inf. |
| | | geradestehen –, – | für A; dafür, dass; für das, was |
| | | geraten –, – | in A (S) |
| | | geraten –, – | unter A |
| | | gewinnen –, – | an D (S) |
| | | | durch A; dadurch, dass |
| | A (S) | gewinnen W, S | aus D (S) |
| | | gewinnen W, S | bei D |
| | | | durch A; dadurch, dass |
| | | | gegen A |
| | | gewinnen W, S | in D |
| | | | mit D; damit, dass |
| | A (P) | gewinnen W, S | für A; dafür, dass; dafür, Inf. |
| | | glauben W, – | an A; daran, dass;–, dass; daran, Inf.; –, Inf. |
| (sich) | | gliedern W, S | in A |
| | | graben W, S | nach D (S) |
| | | greifen W, S | nach D |
| | | grenzen –, – | an A |
| | | grübeln W, – | über A; darüber, ob / Fragewort; –, ob / Fragewort |
| (sich) | | gründen W, S | auf A; darauf, dass |

**H**

| sich | | halten –, – | an A; daran, dass |
|------|--|------------|------------------|
| | | halten W, – | auf A; darauf, dass; darauf, Inf. |
| | A | halten W, – | für A |
| | es | halten –, – | mit D |
| (etwas) | | halten W, – | von D; davon, dass; davon, Inf. |
| gut etc. | | handeln W, – | an D (P) |
| | es | handelt sich –, – | bei D |
| | | | um A; darum, dass; darum, Inf. |
| | | handeln W, – | mit D |
| | | | um A; darum, dass |
| | | handeln W, – | über A; darüber, dass |
| | | handeln W, – | von D; davon, dass |

|        |        | hängen –, –          | an D; daran, dass; daran, wie                    |
|--------|--------|----------------------|--------------------------------------------------|
|        | D (P)  | helfen W, S          | bei D (S); dabei, Inf.; –, Inf.                  |
|        |        |                      | mit D                                            |
|        |        | herabsehen W, –      | auf A                                            |
| sich   |        | heranmachen –, –     | an A                                             |
|        |        | herauskommen –, –    | aus D (S)                                        |
|        | A (S)  | herauslesen W, S     | aus D (S)                                        |
|        | A (S)  | herauslösen W, S     | aus D (S)                                        |
|        | A (S)  | herausnehmen W, S    | aus D (S)                                        |
|        |        | hereinbrechen –, –   | über A                                           |
|        |        | hereinfallen –, –    | auf A; darauf, dass                              |
|        |        | herfallen –, –       | über A                                           |
|        | A (S)  | hergeben W, S        | für A; dafür, dass; dafür, Inf.                  |
|        |        | herkommen –, –       | von D                                            |
|        |        | herlaufen –, –       | hinter D                                         |
|        | A (S)  | herleiten W, S       | aus D (S); daraus, dass                          |
|        | A (S)  | herleiten W, S       | von D                                            |
|        |        | herrschen W, –       | mit D                                            |
|        |        |                      | über A / D                                       |
|        |        | herrühren –, –       | von D; davon, dass                               |
| sich   |        | herumschlagen –, –   | mit D; damit, dass; damit, Inf.                  |
|        |        | hervorgehen –, –     | aus D                                            |
|        |        | herziehen W, S       | über A; darüber, dass                            |
|        |        | hinausgehen W, S     | über A                                           |
|        | A (P)  | hindern W, S         | an D; daran, dass; –, dass; daran, Inf.; –, Inf. |
|        | A (P)  | hindern W, S         | bei D (S)                                        |
|        |        |                      | in D                                             |
|        |        | hingehen –, –        | zu D                                             |
|        |        | hinübersehen W, –    | zu D                                             |
|        |        | hinwegsehen W, S     | über A; darüber, dass                            |
|        |        | hinweisen W, S       | auf A; darauf, dass                              |
|        | A (P)  | hinweisen W, S       | auf A; darauf, dass; darauf, Inf.                |
| sich   |        | hinwenden –, –       | zu D hinzukommen –, – zu D; dazu, dass           |
| (etwas)|        | hinzutun W, S        | zu D                                             |
|        |        | hoffen W, –          | auf A; darauf, dass; –, dass; darauf, Inf.; –, Inf. |
|        |        | hören W, –           | an D (Geräusch); daran, wie; daran, dass         |
|        |        | hören W, –           | auf A                                            |
|        |        | hören W, –           | bei D (P) (Vorlesungen)                          |
|        |        |                      | über A                                           |
|        | A (S)  | hören W, –           | über A; darüber, dass / ob / Fragewort           |
|        | A (S)  | hören W, –           | von D; davon, dass                               |
|        |        | hungern W, –         | nach D; danach, dass; danach, Inf.               |
| sich   |        | hüten –, –           | vor D; davor, dass; –, dass; davor, Inf.; –, Inf.|

**I**

| sich / | A      | identifizieren W, S  | mit D                                            |
|--------|--------|----------------------|--------------------------------------------------|
| sich / | A (P)  | informieren W, S     | über A; darüber, dass; –, dass                   |

| | A (P) | interessieren W, S | an D; daran, dass; daran, Inf. |
| sich | | interessieren –, – | für A; dafür, dass; dafür, Inf. |
| sich | | irren –, – | in D; darin, dass |
| | | | um A (Quantität) |
| | A | isolieren W, S | von D |

**J**

| | jammern W, – | über A; darüber, dass; –, dass; darüber, Inf. |
| | jubeln W, – | über A; darüber, dass; –, dass; darüber, Inf. |

**K**

| | | kämpfen W, – | für A; dafür, dass; dafür, Inf.; um – zu |
| | | | mit D; damit, dass |
| | | kämpfen W, – | gegen A; dagegen, dass |
| | | kämpfen W, – | um A; darum, dass; darum, Inf. |
| sich / | A | kennzeichnen W, S | durch A; dadurch, dass |
| | | klagen W, – | auf A (S) |
| | | | gegen A; dagegen, dass; –, dass |
| | | klagen W, – | über A; darüber, dass; –, dass; darüber, Inf.; –, Inf. |
| | | klagen W, – | um A |
| | A (S) | knüpfen W, S | an A (S); daran, dass |
| | | kommen –, – | auf A; darauf, dass; darauf, Inf. |
| | | kommen –, – | hinter A; dahinter, dass |
| | | kommen –, – | um A |
| | | kommen –, – | von D (S); davon, dass; davon, wenn |
| | es | kommt –, – | zu D; dazu, dass |
| | | kommunizieren W, – | mit D |
| | A (P) | konfrontieren W, S | mit D; damit, dass |
| sich / | A (S) | konzentrieren W, S | auf A; darauf, dass; darauf, Inf. |
| | | korrespondieren W, – | mit D (P) |
| sich | | kümmern –, – | um A; darum, dass |
| | A (S) | kürzen W, S | auf A; bis auf A (Endergebnis) |
| | | | um A (Menge) |

**L**

| | | lachen W, – | über A; darüber, dass; –, dass |
| | A (S) | laden W, S | auf A (S) |
| A (S) | auf sich | laden –, – | |
| | A (P) | laden W, S | zu D |
| | | leben W, – | für A; dafür, dass; dafür, Inf.; um – zu |
| | | leben W, – | von D; davon, dass; von dem, was |
| | | leiden W, – | an D (S); daran, dass |
| | | leiden W, – | unter D; darunter, dass |
| | | lernen W, – | aus D (S); daraus, dass |
| | | lernen W, – | bei D |
| | | lernen W, – | durch A; dadurch, dass |
| | | lernen W, – | nach D (S) |

# 1. Die Präpositionen

|  |  |  |  |
|---|---|---|---|
| A (S) |  | lernen W, – | aus D (S); daraus, dass |
| A (S) |  | lernen W, – | über A |
| A (S) |  | lernen W, – | von D (P) |
|  |  | lesen W, – | aus D (S) |
|  |  | lesen W, – | in D (S) |
|  |  |  | über A; darüber, dass |
|  |  | lesen W, – | von D; davon, dass; –, dass |
| A (S) |  | liefern W, S | an A |
|  |  |  | durch A |
|  |  |  | mit D |
| A (S) |  | liefern W, S | für A |
| D (P) |  | liegt –, – | an D; daran, dass; daran, Inf. |
| es |  | liegt –, – | an D; daran, dass |
|  |  | liegt –, – | in D; darin, dass |
| sich |  | lohnen –, – | für A |
| sich |  | lösen W, S | aus D |
| sich |  | lösen W, S | von D; davon, dass; davon, Inf. |
| A |  | lösen W, S | in D |
|  |  |  | wegen G |
|  |  | loskommen –, – | von D; davon, dass; davon, Inf. |

## M

|  |  |  |  |
|---|---|---|---|
| sich |  | machen –, – | an A |
| A (S) |  | machen W, S | aus D |
| sich | (etwas) | machen –, – | aus D; daraus, dass; daraus, Inf. |
| A (P) |  | machen W, S | zu D |
| es |  | mangelt –, – | an D; daran, dass |
|  |  | meditieren W;– | über A; darüber, ob / wie / Fragewort |
| A |  | meinen W, S | mit D; damit, dass |
| sich |  | mischen –, – | in A (S) |
| sich |  | mischen –, – | unter A |
| A |  | missbrauchen W, S | zu D; dazu, Inf. |
|  |  | mitwirken W, – | an D; daran, Inf. |
|  |  |  | bei D; dabei, Inf. |
|  |  | multiplizieren W, S | mit D |

## N

|  |  |  |  |
|---|---|---|---|
|  |  | nachdenken W, – | über A; darüber, dass; –, wie / Fragewort; darüber, wie / Fragewort |
|  |  | nachsehen W, – | bei D (P) |
|  |  | nachsehen W, – | in D |
|  |  | nachsehen W, – | unter D |
|  |  | nachsuchen W, – | um A; darum, dass; darum, Inf. |
| A | zu sich | nehmen –, – |  |
|  |  | neigen –, S | zu D; dazu, dass; dazu, Inf. |
| A (P) |  | nötigen W, S | zu D; dazu, dass; dazu, Inf.; –, Inf. |
|  |  | nutzen W, S | als A |
| A |  | nutzen W, S | zu D (S); dazu, Inf. |

30

# O

| | | | |
|---|---|---|---|
| | | ordnen W, S | nach D; danach, Fragewort |
| sich / | A (P) | orientieren W, S | an D; daran, dass |
| sich / | A (P) | orientieren W, S | über A; darüber, dass; darüber, ob / Fragewort |

# P

| | | | |
|---|---|---|---|
| | | passen –, – | in A |
| | | passen –, – | zu D; dazu, dass |
| | | philosophieren W, – | über A (S); darüber, dass; darüber, ob / Fragewort |
| sich / | A (P) | plagen W, S | mit D (S); damit, dass; damit, Inf. |
| | | pochen W, – | auf A (S); darauf, dass; darauf, Inf. |
| | | polemisieren W, – | gegen A; dagegen, dass; dagegen, Inf. |
| | | präsidieren W, – | bei D |
| | | protestieren W, S | gegen A; dagegen, dass; –, dass; dagegen, Inf. |

# R

| | | | |
|---|---|---|---|
| sich / | A | rächen W, S | an D (P) |
| | | | für A; dafür, dass |
| | | reagieren W, – | auf A; darauf, dass |
| | | | mit D (S) |
| | | rechnen W, – | auf A ( = sich verlassen) |
| | | rechnen W, – | mit D; damit, dass; damit, Inf. |
| | | rechnen W, – | nach D |
| | A | rechnen W, – | zu D |
| sich / | A (P) | rechtfertigen W, S | mit D (S); damit, dass |
| | | | vor D |
| | | reden W, – | mit D |
| | | | von D; davon, dass |
| | | reden W, – | über A; darüber, dass |
| | mit sich | reden lassen –, – | über A; darüber, dass; darüber, ob / Fragewort |
| | | reduzieren W, S | durch A; dadurch, dass |
| | | referieren W, S | über A; darüber, Fragewort |
| | | reflektieren W, – | auf A |
| sich | | reimen W, S | auf A; darauf, dass |
| | A | reinigen W, S | von D |
| | | resultieren –, – | aus A (S), daraus, dass |
| | A (S) | richten W, S | an A |
| | A (S) | richten W, S | auf A; darauf, dass; darauf, Inf. |
| | A (S) | richten W, S | gegen A; dagegen, dass; dagegen, Inf. |
| sich | | richten –, – | nach D; danach, dass |
| | | riechen –, – | nach D |
| | | ringen W, – | um A; darum, dass; darum, Inf. |
| | | ruhen –, – | auf A (S) |

## S

| | | | |
|---|---|---|---|
| (etwas) | | sagen W, S | gegen A; dagegen, dass; dagegen, Inf. |
| (etwas) | | sagen W, S | mit D; damit, dass |
| (etwas) | | sagen W, S | über A; darüber, dass |
| (etwas) | | sagen W, S | von D |
| (etwas) | | sagen W, S | zu D; dazu, dass |
| (etwas) | zu sich / | | |
| | bei sich | sagen –, – | |
| | A (S) | sammeln W, S | für A; dafür, dass; –, dass; dafür, Inf. |
| sich / | A | säubern W, S | von D |
| sich | | schämen –, – | für A (P) |
| sich | | schämen –, – | vor D (P) |
| | | schätzen W, S | auf A |
| | | scherzen W, – | mit D |
| | | | über A; darüber, dass |
| sich | | scheiden (lassen) W, S | von D |
| | | scheitern –, – | an D; daran, dass |
| sich | | scheuen –, – | vor D; davor, dass; davor, Inf.; –, Inf. |
| | A (S) | schicken W, S | an A |
| | A (P) | schicken W, S | nach D |
| sich | | schicken –, – | in A (S) |
| sich | | schicken –, – | für A |
| | | schimpfen W, – | auf A; darauf, dass; –, dass |
| | | schimpfen W, – | über A; darüber, dass; –, dass |
| | A (S) | schließen W, – | aus D (S); daraus, dass |
| | | schließen W, – | auf A (S); darauf, dass |
| | | | aus D (S); daraus, dass |
| | | schmücken W, S | mit D |
| | A (S) | schreiben W, S | an A |
| | | schreiben W, – | an D (S) (Buch, Arbeit) |
| | | | über A |
| | | schreiben W, S | für A |
| | A (S) | schreiben W, S | gegen A; dagegen, dass; dagegen, Inf. |
| | A (S) | schreiben W, S | über A; darüber, dass; –, dass; darüber, Inf.; –, Inf. |
| (etwas) | | schreiben W, S | von D; davon, dass; davon, Inf. |
| (sich) | A | schützen W, S | durch A; dadurch, dass |
| | | | vor D; davor, dass; davor, Inf. |
| | | | mit D |
| | | schwärmen W, – | für A; dafür, dass; dafür, Inf. |
| | | schwärmen W, – | von D; davon, dass; davon, Inf. |
| | | schweigen W, – | über A; darüber, dass |
| | | schweigen W, – | von D; davon, dass |
| | ganz zu | schweigen –, – | von D; davon, dass |
| | | schweigen W, – | zu D (S); dazu, dass |
| | | schwören W, – | auf A; darauf, dass; darauf, Inf.; –, dass; –, Inf. |
| | | schwören W, – | bei D |

|  |  |  |  |
|---|---|---|---|
|  |  | sehen W, – | an D; daran, dass |
|  |  | sehen W, – | auf A; darauf, dass ( = achten) |
|  |  | sehen W, – | aus D; daraus, dass; –, dass ( = erkennen) |
|  |  | sehen W, – | nach D |
|  |  | sehen W, – | von D aus |
|  | vor sich | sehen –, – |  |
|  |  | sich sehnen –, – | nach D; danach, dass; danach, Inf. |
|  |  | sein –, – | für A; dafür, dass; dafür, Inf. |
|  |  | sein –, – | gegen A; dagegen, dass; dagegen, Inf. |
|  | es | ist etwas –, – | an A |
|  | mir | ist nicht –, – | nach D; danach, Inf. |
|  |  | setzen W, S | auf A |
| sich |  | sichern W, S | gegen A; dagegen, dass; –, dass |
| sich |  | sichern W, S | vor D; davor, dass |
|  |  | siegen –, – | bei D |
|  |  |  | in D |
|  |  |  | über A |
|  |  | sinnen –, – | auf A |
|  |  | sinnen –, – | über A |
|  |  | sitzen –, – | an D (Arbeit) |
|  |  | sitzen –, – | über D (Buch) |
|  |  | sorgen W, S | für A; dafür, dass |
| sich |  | sorgen –, – | um A |
|  |  | sparen W, – | an D |
|  |  | sparen W, – | auf A (S) |
|  |  | sparen W, – | bei D |
|  |  | sparen W, – | für A |
|  |  | sparen W, – | mit D |
|  |  | spekulieren W, – | auf A; darauf, dass; darauf, Inf. |
|  |  | sprechen W, S | aus D (S) |
|  |  | sprechen W, – | für A; dafür, dass; dafür, Inf. |
|  |  | sprechen W, – | gegen A; dagegen, dass; dagegen, Inf. |
|  |  | sprechen W, – | mit D |
|  |  | sprechen W, S | über A; darüber, dass; darüber, Inf. |
|  |  | sprechen W, S | von D; davon, dass; davon, Inf. |
|  |  | sprechen W, – | vor D |
|  |  | sprechen W, – | zu D |
|  |  | sprechen W, – | zugunsten G; zugunsten von |
|  | vor sich hin | sprechen –, – |  |
| (gut) | zu | sprechen sein –, – | auf A |
|  | zu | sprechen sein –, – | für A (P) |
|  |  | stammen –, – | aus D (S) |
|  |  | stehen –, – | auf A (S); darauf, dass (Strafe) |
|  |  | stehen –, – | hinter D |
| (gut) |  | stehen –, – | mit D (P) |
|  |  | stehen –, – | zu D; dazu, dass |
|  | es | steht (gut) –, – | um A |
|  | A | steigern W, S | um A |

|  |  |  |  |
|---|---|---|---|
|  |  | sterben (W), – | an D; daran, dass daran, Inf. |
|  |  | sterben (W), – | aus D (S) |
|  |  | sterben (W), – | für A; dafür, dass |
|  |  | sterben (W), – | mit D |
|  |  | stimmen W, – | für A; dafür, dass; dafür, Inf. |
|  |  | stimmen W, – | gegen A; dagegen, dass; dagegen, Inf. |
|  |  | stimmen –, – | zu D; zu dem, was |
|  |  | stinken –, – | nach D (S) |
|  |  | stinken –, – | vor D (S) |
| sich |  | stoßen –, – | an D; daran, dass |
|  |  | stoßen –, – | auf A; darauf, dass |
| sich |  | sträuben –, – | gegen A; dagegen, Inf.; –, Inf.; dagegen, dass |
|  |  | streben, W, – | nach D (S); danach, dass; danach, Inf. |
|  |  | streiten W, – | für A; dafür, dass; dafür, Inf. |
|  |  |  | mit D (S) |
|  |  | streiten W, – | gegen A; dagegen; dass; dagegen, Inf. |
| sich |  | streiten –, – | mit D |
| sich |  | streiten –, – | wegen G |
|  | A (S) | studieren W, S | an D / nach D |
| sich |  | stützen W, S | auf A; darauf, dass; darauf, Inf. |
|  |  | substrahieren W, S | von D (S) |
|  |  | suchen W, S | nach D; danach, ob / Fragewort |

**T**

|  |  |  |  |
|---|---|---|---|
|  |  | tadeln W, S | wegen G |
|  |  | taugen –, – | für A |
|  |  | taugen –, – | zu D (S); dazu, dass; dazu, Inf. |
|  | A (S) | tauschen W, S | mit D (P) |
| sich |  | täuschen –, S | in D; darin, dass |
|  |  | teilhaben –, – | an D (S) |
|  |  | teilen W, S | durch A (S) |
| (sich) |  | teilen W, S | in A |
|  |  | trachten –, – | nach D; danach, dass; danach, Inf. |
|  | A | transportieren W, S | nach D |
|  |  |  | zu D |
|  |  | trauern W, – | um A; darum, dass; darum, Inf. |
|  |  | träumen W, – | von D; davon, dass; davon, Inf.; –, Inf. |
|  | A (P) | treffen W, S | an D (S) |
|  | A | treffen –, – | auf A |
|  | A (P) | treffen W, S | in A (S) |
|  |  | treffen –, – | mit D (S) |
| sich |  | treffen –, – | mit D |
|  |  |  | zu D |
|  | A (P) | treiben W, S | zu D (S) |
|  |  | trinken W, – | auf A; darauf, dass; darauf, Inf. |
| (etwas) | A (S) | tun W, S | für A (P); dafür, dass |
| (etwas) | zu | tun haben –, – | mit D; damit, dass |

# U

|  |  |  |  |
|---|---|---|---|
|  |  | übereinkommen –, – | mit D (P) |
|  |  | übereinstimmen W, – | in D (S); darin, dass; –, dass |
|  |  |  | mit D |
|  |  | übergehen W, – | auf A |
|  |  | übergehen –, – | in A (S) |
|  |  | übergehen W, – | zu A; dazu, dass; dazu, Inf. |
|  |  | übergreifen W, – | auf A |
|  | A (P) | überreden W, S | zu D; dazu, dass; –, dass; dazu, Inf.; –, Inf. |
|  | A | überschütten W, S | mit D (S) |
|  | A (S) | übersétzen W, S | aus D (S) (Präfix nicht vom Verb trennbar) |
|  |  |  | in A (S) |
|  | A (S) | úbersetzen W, S | über A (S) (Präfix vom Verb trennbar) |
|  | A (S) | übertragen W, S | auf A |
|  | A (S) | übertragen W, S | in A (S) |
|  | A | übertreffen W, S | an D (ohne Artikel) |
|  | A | übertreffen W, S | durch A (S) |
|  | A | übertreffen W, S | in D (mit Artikel) |
|  | A (S) | überweisen W, S | an A |
|  |  |  | auf A (S) |
|  |  |  | durch A (S) |
|  |  | umformen W, S | durch A |
|  |  |  | zu D (S) |
|  | A (S) | umfunktionieren W, S | zu D (S) |
| sich |  | umsehen –, – | nach D |
| sich |  | unterhalten –, – | mit D; damit, dass; damit, Inf. |
|  |  |  | über A; darüber, wie / Fragewort; –, wie / Fragewort |
| sich / | A (P) | unterrichten W, S | durch A |
|  |  |  | über A; darüber, dass; –, dass; darüber, wie, Fragewort |
| sich / | A | unterscheiden W, S | durch A (S); dadurch, dass |
|  |  |  | von D |
|  | A | unterstützen W, – | bei D |
|  |  |  | durch A; dadurch, dass; dadurch, Inf. |
|  |  | urteilen W, S | nach D; danach, dass; danach, wie / Fragewort |
|  |  |  | über A; darüber, dass |

# V

|  |  |  |  |
|---|---|---|---|
| sich |  | verabreden –, S | mit D (P) |
|  |  |  | zu D (S); dazu, dass |
| sich / | A | verändern W, S | durch A; dadurch, dass |
|  |  |  | zu D |
|  | A (P) | veranlassen W, S | zu D (S); dazu, dass; dazu, Inf.; –, Inf. |
| sich |  | verantworten –, – | für A (S); dafür, dass; dafür, Inf. |
| sich / | A (S) | verantworten W, – | vor D (P) |
|  | A (S) | verbergen W, S | vor D (P) |

|  |  | | |
|---|---|---|---|
|  | A | verbinden W, S | mit D; damit, dass; damit, Inf. |
| sich |  | verbürgen –, – | für A; dafür, dass; dafür, Inf.; –, dass |
|  | es | verderben –, – | mit D (P) |
|  | A (S) | verdienen W, S | durch A dadurch, dass |
|  | A (S) | verdienen W, S | mit D (S) |
|  | A (S) | vereinbaren W, S | mit D (P) |
|  | A | vereinen W, S | mit D |
|  | A | vereinigen W, S | mit D |
|  |  | verfahren W, – | mit D |
|  |  | verfügen W, S | über A |
|  | A (P) | verführen W, S | zu D (S); dazu, dass; –, dass; dazu, Inf.; –, Inf. |
| sich |  | vergehen –, – | an D |
| D (P) | A (S) | vergelten W, S | mit D (S) |
|  | A | vergleichen W, S | mit D |
| sich |  | vergreifen –, – | an D |
| sich |  | verhalten –, – | zu D; dazu, dass |
|  |  | verhandeln W, S | mit D |
|  |  |  | über A; darüber, ob / Fragewort |
|  |  |  | wegen G |
|  | A (S) | verhängen W, S | mit D (S) |
|  | A (S) | verhängen W, S | über A |
|  |  | verharren –, – | bei D (S) / in (D) |
|  | A | verheimlichen W, S | vor D (P) |
|  | A (P) | verheiraten W, S | mit D (P) |
|  | D (P) | verhelfen W, S | zu D |
|  |  | verkehren –, – | bei D (P) |
|  |  | verkehren –, – | mit D (P) |
|  | A (S) | verknüpfen W, S | mit D; damit, dass |
|  | A (S) | verlangen W, – | für A; dafür, dass |
|  |  | verlangen W, – | nach D; danach, Inf.; –, Inf.; danach, dass; –, dass |
|  | A (S) | verlangen W, – | von D |
|  | A (S) | verlängern W, S | um A (S) |
| sich |  | verlassen –, – | auf A; darauf, dass; darauf, Inf. |
| sich |  | verlegen –, – | auf A; darauf, Inf. |
|  | A (S) | verlegen W, S | nach D |
|  |  |  | von D |
|  | A (P) | verleiten W, S | zu D (S); dazu, Inf.; –, Inf. |
| sich |  | verlieben –, S | in A |
| sich / | A (S) | verlieren –, S | an A |
| sich / | A (S) | vermehren W, S | um A |
|  |  | vermitteln W, S | in D (S) |
|  |  | vermitteln W, S | zwischen D (P) |
|  | A | verraten W, S | an A |
| sich |  | verraten –, S | durch A (S); dadurch, dass |
|  | A | versehen W, S | mit D (S) |

| | | | |
|---|---|---|---|
| sich / | A | versichern W, S | bei D |
| | | | gegen A; dagegen, dass |
| sich / | A (P) | versöhnen W, S | mit D |
| sich | (etwas) | versprechen –, – | von D; davon, dass; davon, Inf. |
| sich | | verständigen –, – | mit D (P) |
| sich / | A | verständigen W, S | über A; darüber, dass; darüber, Inf. |
| sich / | A | verstecken W, S | vor D |
| | | | bei D / in D |
| sich | | verstehen –, – | auf A |
| | A | verstehen W, S | unter D |
| (etwas) | | verstehen –, – | von D (S); davon, wie |
| | | verstoßen W, S | gegen A (S); dagegen, dass |
| sich | | versündigen –, – | an D; daran, dass |
| sich | | vertiefen –, S | in A (S) |
| sich | | vertragen –, – | mit D (P) |
| | | vertrauen –, – | auf A; darauf, dass; darauf, Inf. |
| | A (P) | verurteilen W, S | zu D (S); dazu, Inf.; –, Inf.; dazu, dass |
| sich / | A | verwandeln W, S | in A |
| sich | | verwenden –, – | für A (P); dafür, dass |
| | A (S) | verwenden W, S | für A (S) |
| sich / | A | verwickeln W, S | in A |
| | | verzichten W, S | auf A; darauf, dass; darauf, Inf. |
| | | vorbeifahren –, – | an D |
| | | vorbeigehen –, – | an D; daran, dass |
| | | vorbeikommen –, – | an D; daran, dass |
| | | vorbeilaufen –, – | an D |
| | | vorbeireden W, – | an D; daran, dass |
| sich / | A | vorbereiten W, S | auf A; darauf, dass; darauf, Inf. |
| sich / | A | vorbereiten W, S | für A; dafür, dass; dafür, Inf. |
| | A (S) | vorgehen W, S | durch A; dadurch, dass |
| | A | vorkommen –, – | bei D; dabei, dass; –, dass |
| | A (P) | vorlassen W, S | zu D (P) |
| | | vorlesen W, S | aus D (S) |
| | | | vor D (P) |
| | A (S) | vorprogrammieren W, S | durch A; dadurch, dass |
| | | vorsprechen W, – | bei D (P) |
| sich | etwas | vorstellen –, – | unter D |
| sich | | vortasten –, – | zu D |

## W

| | | | |
|---|---|---|---|
| | | wachen –, – | über A; darüber, dass |
| | A | wählen W, S | zu D |
| | A (P) | warnen W, S | vor D; davor, Inf.; –, Inf.; davor, dass |
| | | warten W, – | auf A; darauf, dass; darauf, Inf. |
| sich | | wehren –, – | gegen A; dagegen, dass; dagegen, Inf. |
| sich | | weiden –, – | an D; daran, dass; daran, Inf. |
| | | weinen (W), – | über A; darüber, dass; –, dass |
| | | weinen (W), – | um A; darum, dass; –, dass |

| | | |
|---|---|---|
| sich | wenden –, – | an A |
| sich | wenden –, – | gegen A; dagegen, dass |
| | werben W, S | für A; dafür, dass |
| | | mit D; damit, dass |
| | werben W, S | um A |
| | werden –, – | aus D |
| | | zu D |
| A (S) | werfen W, S | nach D |
| | werfen W, – | mit D |
| | | nach D |
| sich | werfen –, – | auf A; darauf, Inf. |
| | wetten W, S | mit D (P) |
| | | um A (S); darum, dass |
| sich | widerspiegeln | in D |
| | wissen –, – | aus D |
| (etwas) | wissen (W), – | über A; darüber, dass |
| | wissen (W), – | um A; darum, dass; –, dass |
| (etwas) | wissen (W), – | von D; davon, dass; –, dass |
| sich | wundern –, – | über A; darüber, dass; –, dass; darüber, Inf.; –, Inf. |

**Z**

| | | |
|---|---|---|
| | zählen W, – | auf A; darauf, dass |
| | | zu D |
| | zerbrechen –, – | an D; daran, dass; daran, Inf. |
| | | unter D |
| | zerfallen –, – | in A (S) |
| A (S) | zerlegen W, S | in A (S) |
| | zielen W, S | auf A; darauf, dass |
| A (S) | zögern W, – | in A (S) |
| | zugehen –, – | auf A |
| | zulassen W, S | zu D (S) |
| | zunehmen –, – | an D (S) |
| | zurückbleiben –, – | hinter D zurückführen W, S auf A; darauf, dass; darauf, Inf. |
| | zurückgehen W, – | auf A; darauf, dass |
| | zurückgreifen W, S | auf A |
| | zurückhalten W, – | mit D |
| | zurückkommen –, – | auf A; darauf, dass |
| | zurückschrecken W, – | vor D; davor, dass; davor, Inf.; –, Inf. |
| | zurückstehen –, – | hinter D |
| | zurücktreten –, – | gegenüber D |
| | zurücktreten –, – | hinter D / A |
| | zurücktreten –, – | von D (S) |
| | zusammenbrechen –, – | unter D |
| | zusammenbrechen –, – | vor D |
| in sich | zusammenfallen –, – | |
| sich | zusammenfinden –, – | zu D |

| | | | |
|---|---|---|---|
| | | zusammenhängen –, – | mit D; damit, dass |
| sich / | A (S) | zusammenschließen W, S | mit D |
| | | | zu D |
| sich / | A (S) | zusammensetzen W, S | aus D |
| | | zusammenstoßen –, – | mit D |
| | | zusammentreffen –, – | mit D |
| | A (S) | zuschießen W, S | zu D |
| | | zweifeln W, S | an D; daran, dass; –,dass; daran, Inf.; –, Inf. |
| | A (P) | zwingen W, S | zu D; dazu, dass; dazu, Inf.; –, Inf. |

## Übungen zu den Verben mit mehreren Präpositionen

*Setzen Sie die Präpositionen ein!*
*Setzen Sie das folgende Substantiv oder Pronomen in den richtigen Kasus!*
*In den Übungen 1–5 werden Verben mit mehreren Präpositionen geübt. Damit man leichter nachschlagen kann, werden sie in alphabetischer Reihenfolge behandelt.*

## Übung 1

1. Bei der Betrachtung dieses Romans kann __ die Lebensumstände des Dichters abgesehen werden.

   Er hatte es da__ abgesehen, Unruhe zu stiften.

2. Wir können __ diese Zustände nur da__ etwas ändern, dass wir immer wieder auf die Missstände aufmerksam machen.

3. Der Vater hält seinen Sohn da__ an, dass er jeden Tag seine Hausaufgaben macht.

   Halten Sie die Wasserwaage noch einmal __ die Messlatte an; sie steht nicht senkrecht.

4. Der Lehrer muss heute da__ anfangen, die Prüfungsarbeiten zu korrigieren.

   __ dieser Theorie kann ich nichts anfangen.

5. Wo promoviert er denn? Er arbeitet __ Prof. Müller __ die Dramen von Frisch. Er muss aber noch viel __ seine Dissertation arbeiten.

6. Diese Maschine besteht __ 25 Teile. Ihr Wert besteht __ ihre vielseitige Anwendbarkeit.

   Wer weiß, ob dieses Kunstwerk __ die Kritik bestehen wird.

   Wir bestehen __ unser Recht.

7. Der Mond bewegt sich __ die Erde.

   Ich konnte ihn nicht da__ bewegen, nach London zu fliegen.

   Sie bewegt sich __ die deutsche Sprache sehr sicher.

Sie bewegt sich __ die deutschen Studenten sehr sicher.

Die Diskussion bewegte sich ständig __ das gleiche Thema.

8. Niemand weiß, wie er das Vermögen __ sich gebracht hat.

    Sie wollte im Ausland studieren. Ich habe sie als erster da__ gebracht, dass sie in Deutschland studieren könnte. Ich habe sie aber nicht da__ bringen können, gleich in ihrem Heimatland Deutsch zu lernen.

    Das Examen hat er gut __ sich gebracht.

    Ein solches Amt bringt viel Arbeit __ sich.

    Er war nicht erfolgreich. Die politische Entwicklung hat ihn __ der Erfolg seiner Bemühungen gebracht.

9. Wie denkst du __ diese Angelegenheit? Ich denke nicht mehr da__!

    Das hätte ich nicht __ [du] gedacht. Ich habe mir gedacht, dass du dich darum kümmern würdest! Du willst die Sache vergessen? Was hast du dir denn da__ gedacht?

10. In der Arbeitsgruppe wurde __ unterschiedliche Argumente __ der methodische Ansatz diskutiert.


## Übung 2

1. Die Regierung einigte sich __ die Frage der Grenzziehung __ das Nachbarland __ eine neue Grenze.

2. Prof. Müller hat sich da__ eingesetzt, dass der Student gefördert wird.

    Die Batterie muss noch __ das Kofferradio eingesetzt werden.

3. Hast du schon etwas Genaues __ das Unglück erfahren? __ welches Unglück? Ich erfahre jetzt zum erstenmal __ ein Unglück __ [du]! Ich habe es auch nur __ die Zeitung erfahren!

4. Er erschreckte ihn sehr __ die Nachricht von der Erkrankung seines Vaters.

    Er erschrak __ die Auswirkungen dieser Bestrebungen.

5. Diebstahl fällt __ die strafbaren Handlungen.

    Der Verdacht fiel gleich __ unser Nachbar.

6. __ die Beschreibung einer Erscheinung folgt in den Naturwissenschaften der Versuch einer Erklärung.

    Es folgt __ sein Schreiben, dass er auf weitere Gespräche verzichtet.

    __ die Eröffnungsrede folgte ein Musikstück.

7. Ich freue mich __ [Sie], dass Sie das Examen bestanden haben.

    Wir haben uns sehr __ die Blumen, die Sie brachten, gefreut. Wir freuen uns noch heute __ [sie].

    Kommen Sie doch bald wieder! Wir freuen uns __ Ihr nächster Besuch.

8. Denkst du, es geht nur immer __ [du]?

   Was ist los? Was geht da __ sich?

   Das kann ich nicht, das geht __ meine Kräfte!

   Bei dieser Prüfung geht es doch __ deine Existenz!

   Geh __ die Arbeit!

9. Der Minister hat im Laufe der Jahre viel __ Sicherheit gewonnen.

   Er hat die Achtung seiner Mitarbeiter immer wieder __ seine sichere Darstellung der Tatsachen gewonnen.

   Herr Krause konnte von ihm __ das Amt eines pensionierten Mitarbeiters gewonnen werden.

   __ Kohle gewinnt die chemische Industrie viele ihrer Produkte.

   Ein junges Mädchen gewann __ unser diesjähriges Preisausschreiben eine Reise nach Amerika. Ihre Eltern gewannen __ die Lotterie.

   Der FC Nürnberg gewann __ Endspiel __ Schalke 04 __ 3:1.

   Das Institut hat __ der Ausbau sehr __ Effektivität gewonnen.

10. Was hältst du __ diese Angelegenheit?

    Ich halte mich __ das, was ich gesehen habe!

    Hältst du das __ richtig?

    Ich halte nichts da__.

    Wie hältst du es __ die Religion?

    Meine Eltern halten sehr __ gutes Benehmen.

## Übung 3

1. Der Text handelt __ die Schwierigkeiten der Abwasseraufbereitung.

   In diesem Text handelt es sich __ die Probleme der Umweltverschmutzung.

   Er unterstützt seine Freunde. Er handelt gut __ [sie].

   Dieser Kaufmann handelt __ Teppiche. Ein Kunde handelt lange __ der Preis eines kostbaren Persers.

2. Ein frommer Muslim hört __ das Wort des Propheten.

   Hast du schon __ die neuen Straßenbaupläne gehört?

   Ich höre es __ die Stimme, dass er erkältet ist.

   __ Prof. von Wiese hörte der Student eine Vorlesung __ neuere Literaturgeschichte.

3. Hast du Interesse __ eine solche Arbeit? Ich glaube, das könnte __ [du] sehr interessant sein.

Nein, ich interessiere mich nicht da__. Ich bin da__ überhaupt nicht interessiert.

4. Er hatte während seines ganzen Studiums __ finanzielle Schwierigkeiten zu kämpfen.

   Der Sohn kämpfte lange __ sein Erbe.

   Wir kämpfen __ eine bessere Zukunft.

   Die Heilsarmee kämpft __ der Alkoholismus.

5. Der Arbeiter klagt ständig __ die schlechten Arbeitsbedingungen in der neuen Firma. Er klagt __ der Verlust der alten Stellung. Er möchte __ den früheren Arbeitgeber __ Wiedereinstellung klagen.

6. Ihre ganze Bestellung kommt dann __ € 20,–.

   Ich bin erst spät da__ gekommen, dass man sein Studium methodisch aufbauen muss.

   Durch die Inflation ist er __ sein ganzes Geld gekommen.

   Du bist durchgefallen. Das kommt da__, dass du nie zum Unterricht gegangen bist.

7. Der Kranke leidet seit Jahren __ eine schwere Tuberkulose.

   Er leidet sehr da__, dass seine Eltern ihn in Europa nicht besuchen können.

8. __ dieses Buch lernen wir etwas __ die Anfertigung von schriftlichen Arbeiten.

   __ dieser Dozent lernt man am meisten. __ seine Methode kann man gut lernen.

   Er hat __ seine Fehler gelernt.

9. Der Hochschullehrer liest im Sommersemester __ die Literatur des späten Mittelalters.

   Er will einzelne Stellen __ das Werk Konrads von Würzburg vorlesen. Die Studenten lesen oft __ seine Literaturgeschichte.

   Der dritte Band ist schon erschienen. Hast du die Rezension da__ gelesen?

10. Wir liefern unsere Waren __ unsere Kunden __ eigener Wagen.

    Wir können __ diese Maschine alle Ersatzteile sofort liefern. Kleine Teile liefern wir __ unser Bote.

## Übung 4

1. __ alt mach neu!

   Sie macht sich gleich __ die Arbeit.

   Sie will heute nicht ins Theater gehen. Sie macht sich nichts __ diese Aufführung. Ihr Mann kann sie nicht __ eine begeisterte Theaterbesucherin machen.

2. Zum Parteitag der Opposition richtete die Regierungspartei eine Grußadresse __ die Oppositionspartei. Sie wolle ja __ die Absichten der Opposition nicht richten, so hieß es darin, aber ihre Bemühungen schienen ihr nicht immer __ eine Besserung der Verhältnisse gerichtet zu sein. Sie sollte sich mehr __ der Wille der Wähler richten.

3. Was sagen Sie da__, Frau Krause, dass die Studenten wieder demonstrieren? Ja, wissen Sie, die Leute hier im Hause sagen ja sehr viel da__, dass demonstriert und nicht gearbeitet wird! Aber ich habe __ [ich] gesagt, dass ich davon wenig weiß und daher schlecht urteilen kann. Aber hören Sie, __ manchen Studenten wird tatsächlich gesagt, dass sie nicht arbeiten! Da__ soll natürlich nichts gegen die Studenten gesagt werden!

4. Wir schließen __ die Ergebnisse einer Analyse __ das Entstehen einer Virusinfektion.

5. Prof. Schelsky hat __ seine Studenten ein Buch __ das Wesen der Universität geschrieben. Ein Kollege schreibt __ ein Buch __ die dort vertretenen Ansichten.

6. Man sollte nicht so sehr __ das Äußere sehen.

   Ich sehe __ Ihrer Arbeit, dass Sie das Thema noch nicht richtig erfasst haben.

   Ich sehe die Schwierigkeiten, die diese Aufgabe bereitet, schon __ mir.

   Es ist so kalt geworden. Sieh doch mal __ der Ofen.

   __ diese Hochhaus aus kann man weit über die Stadt hin sehen.

7. Ich bin da__, dass die Regierung das Wohl des ganzen Volkes im Auge hat.

   Ich bin da__, dass sie nur Politik im Sinne ihrer Partei macht.

   Manche sagen: „Was ist schon da__, wenn ein paar Scheiben kaputt gehen!"

   Mir ist aber nicht da__.

   Es muss doch etwas da__ sein, wenn es so viele Leute sagen.

8. Er spart __ die Bank __ ein Auto. Hoffentlich spart er nicht __ Essen.

9. Nachdem die Zeugen vernommen worden waren, sprach der Richter noch einmal __ der Angeklagte. Der Angeklagte dürfe hier __ Gericht frei sprechen; aber er müsse die Wahrheit sagen. Wenn er ihn darauf aufmerksam mache, spreche der Richter __ Erfahrung. Der Staatsanwalt sprach __ der Angeklagte, und der Verteidiger sprach __ sein Mandant. Der Vater des Angeklagten war nicht mehr gut zu sprechen __ seinen Sohn. Er sagte, er sei überhaupt nicht mehr zu sprechen __ sein Sohn. Dass der Angeklagte die Wahrheit sagte, spricht aber da__, dass er seine Tat bereut.

10. Wie wird er jetzt __ seine Tat stehen? __ Einbruch steht doch eine Gefängnisstrafe. Es steht nicht gut __ ihn. Er soll auch schon lange nicht mehr gut __ seine Freunde gestanden haben.

# 1. Die Präpositionen

## Übung 5

1. Hans trifft sich __ sein Freund am Donnerstag __ eine Besprechung.

   Der Schuss traf ihn __ Herz. Er wurde auch noch __ Bein getroffen.

   Man ist bei den Ausschachtungsarbeiten __ die Reste einer alten Siedlung gestoßen.

   Er hat den Nagel __ der Kopf getroffen.

2. Er hat das medizinische Handbuch __ das Französische [ __ das] Deutsche übersetzt.

   Die Fähre hat uns __ das andere Ufer übergesetzt.

3. __ seine Fachkenntnisse ist er unübertroffen; wenn andere ihn auch __ Fleiß übertreffen.

4. Der General verhandelt __ der Gegner __ die Übergabe der Stadt.

5. Ich bin __ diese Versicherung __ Diebstahl versichert.

6. Wegen eines Stipendiums wenden Sie sich bitte nicht __ der Präsident.

   Warum wenden Sie sich __ eine Verkürzung des Studiums?

7. Ich weiß nichts da__, dass sie gestern schon abgereist sein soll.

   Er weiß __ die Schwierigkeiten seines Freundes.

   Was wissen Sie __ die Entstehung der Steinkohle?

8. Wenn Sie eine Fürsprache brauchen, können Sie __ [ich] zählen.

   Der Wal zählt nicht __ die Fische.

9. __ die Last seiner zahlreichen Verpflichtungen ist er zusammengebrochen.

   Er ist __ Erschöpfung zusammengebrochen.

10. Er ist __ der Vertrag zurückgetreten.

    Diese kleinlichen Einwände sollten __ das große Ziel zurücktreten. Die Söhne Wagners traten ganz __ ihr großer Vater zurück.

## Texte

### Text 1

*Setzen Sie im folgenden Text die fehlenden Präpositionen ein, und setzen Sie das folgende Substantiv oder Personalpronomen in den richtigen Kasus!*

### Familiale Sozialisation

Der neugeborene Mensch findet sich fast überall in der Welt zunächst bei seiner Mutter. Die ihm angeborenen Greif- und Saugreflexe führen sofort __ eine Kontakt- und Nahrungsaufnahme. Der Säugling ist in den ersten Wochen der Hilfe besonders bedürftig. Er wird von seiner Mutter gesäugt, gewickelt und gekleidet. Die Bindung an die Mutter entwickelt sich in den ersten Monaten __ eine Gefühlsbindung. Die Mutter wird als die betreuende Person erkannt, die sich in erster Linie und oft fast ausschließlich __ das Baby kümmert. Diese individuelle Bindung an die Bezugsperson ist die Grundlage dafür, dass ein festes Vertrauen zu dieser Person entsteht. Dieses „Urvertrauen" ist ein entscheidender Schritt __ eine gesunde körperliche und seelische Entwicklung. Wenn diese individuelle Bindung fehlt, kommt es __ schwere Störungen in der Sozialisation.

Die Mutter und ihr Kind leben meistens nicht allein. Es gibt zwar allein erziehende Mütter, die ihr Kind ohne die Hilfe des Vaters oder einer anderen Person aufziehen, aber in der Mehrzahl der Fälle besteht die Familie __ die Mutter, der Vater und die leiblichen Kinder. Sie wird von manchen Soziologen die Kernfamilie genannt. In welcher Familie das Kind auch aufwächst, es stellt fest, dass in seiner Umgebung noch andere Menschen leben. Es lernt die zur Familie gehörenden __ andere, „fremde" Menschen zu unterscheiden.

Die Familie muss während der frühkindlichen Erziehung ein angemessener Rahmen für die Bedürfnisse des Kindes sein. Nur so können neben der Sicherstellung der lebensnotwendigen Bedingungen, wie etwa Körperpflege und Ernährung, auch grundlegende Kulturtechniken vermittelt werden. Da__ gehört vor allem der Erwerb der Sprache. Jeder Mensch verfügt von Natur aus __ die Anlage, eine Sprache zu lernen. Die Spracherwerbsforschung hat sogar festgestellt, dass sich der Prozess des Spracherwerbs bei allen Kindern in ähnlicher Weise vollzieht. Nach einer Phase des bloßen Schreiens werden einzelne Laute durch Nachahmung ausprobiert. Dar__ folgt eine Phase des Babbelns. Später artikuliert der junge Mensch die ersten Wörter, und schon nach anderthalb Jahren bildet er die ersten Sätze, die aus zwei Wörtern bestehen.

Die Anlage des Kindes, eine Sprache zu lernen, muss jedoch entwickelt werden, und das geschieht schon in den ersten Lebensmonaten. Mutter und Kind scheinen wie aufeinander abgestimmt zu sein. Von Anfang an zeigt der Säugling Lernbereitschaft und Lernfähigkeit, und die Mutter stellt sich __ die Äußerungen des Säuglings ein. Die Kinder übernehmen die Sprechweise der Bezugsperson. Je mehr die Mutter __ das Kind eingeht, umso eher macht das Kind Fortschritte, wo__ die Intonation eine wichtige Rolle spielt.

Zwischen dem ersten und dem zweiten Lebensjahr wird ein Wortschatz von 50 bis 60 Wörtern erworben. Bis zum Ende des 4. Lebensjahres verfügt das Kind schon __ eine große Menge von Wörtern. Nach dem vierten Lebensjahr flacht die Kurve etwas ab. Auch bei der weiteren Aneignung der Sprache ist das Kind besonders __ die Familie angewiesen. Da die Sprachbeherrschung in unserer Gesellschaft einen hohen Stellenwert hat, liegt hier eine der wichtigsten Aufgaben der Familie.

Unabhängig vom Spracherwerb ist Sozialisation auch immer die Erfahrung der Selbstverständlichkeiten und Besonderheiten des Umgangs in der eigenen Familie. Das beginnt __ einfache Fragen, etwa nach der Zeit, die die Familienmitglieder aufbringen, um mit den Kindern zu spielen. Kümmert man sich __ das

Kind oder ist es meist sich selbst überlassen? Aber auch über die eigene Situation hinaus erfährt das Kind vieles __ der Umgang der Familienmitglieder untereinander. Manchmal gibt es in der Familie Konflikte. Wie gehen die Eltern da__ um? Wer verfügt __ die größte Autorität in der Familie? Der Vater oder ein anderes Familienoberhaupt? Muss die Mutter sich immer fügen? Die Familienmitglieder beantworten diese Fragen durch ihr Verhalten, und das Kind erfährt auf diese Weise etwas __ die Zusammenhänge in seiner unmittelbaren Umgebung. Nicht die Vorschriften, die dem Kind gemacht werden, zählen, sondern das Verhalten der Familienmitglieder ist es, __ dem die Kinder sich orientieren.

Schon früh wirken aber auch andere Instanzen __ die Sozialisierung des Kindes ein. Da ist vor allem das Fernsehen zu erwähnen. Viele Kinder sitzen stundenlang vor dem Fernseher, auch wenn sie dem Programm gar nicht folgen können. Kindergarten und Schule erweitern den Erfahrungsbereich sehr stark, im gleichen Maße verliert die Familie __ Einfluss in der Erziehung.

1. a) *Suchen Sie die Ihnen unbekannten Wörter aus dem Wörterbuch heraus.*
   b) *Was bedeutet: „Die Kurve flacht etwas ab", „etwas hat einen hohen Stellenwert" (sechster Absatz des Textes)?*
   *Sammeln Sie solche Wendungen in einem kleinen Heft.*
2. *Fassen Sie die wichtigsten Gedanken der einzelnen Abschnitte in einigen Sätzen zusammen!*
3. *Berichten Sie über die Struktur der Familie in dem Land, in dem Sie aufgewachsen sind.*
4. *Sagen Sie etwas zur Stellung des Vaters in der Familie! Gehen Sie von den Erfahrungen Ihrer Kindheit aus.*
5. *Kennen Sie Versuche, die Familie durch andere Gemeinschaftsformen zu ersetzen? Wenn ja, machen Sie dazu ein paar Angaben in zusammenhängenden Sätzen.*

## Text 2

*Ergänzen Sie im folgenden Text die fehlenden Präpositionen!*
*Setzen Sie das folgende Substantiv oder Pronomen in den richtigen Kasus!*
*Wo eine eckige Klammer erscheint, sollen die Präposition und der Artikel zusammengezogen werden.*

### Erkenntniswege der Biologie

Erkenntnisse werden erst dann verstanden, wenn man weiß, wie sie zu Stande kommen. Die Erkenntnis der Methoden befähigt [ __ das] Urteil über ihren Wert und die damit gewonnenen Ergebnisse. Die Biologie als Naturwissenschaft erzielt ihre Ergebnisse __ Anwendung naturwissenschaftlicher Methoden. Die Naturwissenschaften bauen __ reproduzierbare Aussagen auf, von denen aus man dann Hypothesen und Theorien bildet. __ eine reproduzierbare (oder objektive) Aussage versteht man eine Feststellung, die wiederholt in unabhängiger Weise und von verschiedenen Personen getroffen werden kann. Um __ eine solche Aussage zu gelangen, muss die uneingeschränkte Gültigkeit der Logik vorausgesetzt werden. __ diese Forderung müssen noch weitere hinzukommen. Unabhängigkeit vom jeweiligen Beobachter, Unabhängigkeit von Übereinkünften, von Wertvorstellungen, von Glauben und Religion und von einer Ideologie. Diese Forderungen, die man an objektive Aussagen stellt, können letztlich nicht begründet, sondern nur verständlich gemacht werden. Sie sind die Spielregeln der Naturwissenschaft. Sie erweisen sich __ die Erfolge der Anwendung der von der Naturwissenschaft gewonnen Ergebnisse als sinnvoll und notwendig.

Objektive Aussagen werden in der Biologie vor allem __ Beobachten, Vergleichen und Experimentieren gewonnen.

Manche Teilgebiete der Biologie beschränken sich __ das Beobachten und Beschreiben, so etwa die Anatomie. Eine Beobachtung kann in Form einer verbalen Aussage (z.B. der Beschreibung eines Verhaltens), in Form einer Abbildung oder Zeichnung (z.B. eines anatomischen Tatbestandes) oder in Form einer Tabelle bzw. einer graphischen Darstellung (z.B. bei messenden Beobachtungen) niedergelegt werden.

__ die Beschreibung der Erscheinungen folgt der Versuch ihrer Erklärung. __ die gleichen Fakten lassen sich allerdings oft unterschiedliche Folgerungen ziehen.

Viele wissenschaftliche Ergebnisse lassen sich letztlich __ ein Vergleich zurückführen. Vergleichen lassen sich Gegenstände (z.B. DNA-Moleküle), Organismen (Eidechse – Salamander) oder Vorgänge (Photosynthese – Atmung). Durch den Vergleich zweier Erscheinungen wird das Unterschiedliche und das Gemeinsame herausgestellt. __ der anatomische Vergleich der Blutkreisläufe verschiedener Wirbeltiergruppen erkannte man, dass ihnen gemeinsame Grundbaupläne zugrunde liegen.

Zur Klärung von unterschiedlichen Interpretationen und Widersprüchen bedient sich die Wissenschaft oft des Experiments. Man kann da__ z.B. feststellen, wie eine bestimmte Größe (z.B. die Erregung einer Sinneszelle) durch eine andere Größe (z.B. die Reizintensität) beeinflusst wird. Ein Experiment muss so angelegt sein, dass es __ eine bestimmte Frage eine eindeutige Antwort gibt. Der Fragestellung muss immer eine Vorüberlegung vorausgehen.

Ein Experiment muss unter kontrollierbaren und reproduzierbaren Bedingungen ablaufen. Wenn möglich, werden alle einwirkenden Faktoren bis auf einen konstant gehalten. Dieser wird verändert, variiert, und die Reaktion gemessen. Werden mehrere Faktoren verändert, kann man nur schwer etwas aussagen da__, welcher Faktor __ die Messgröße einwirkt.

Um den Einfluss solcher nicht genau bestimmbaren oder nicht völlig konstant zu haltenden Faktoren auszuschalten, wird ein Experiment mehrmals wiederholt und aus den Messwerten wird ein Mittelwert gebildet.

*Beantworten Sie die folgenden Fragen zu dem Text:*
1. *Welche Forderungen werden an Methoden in der Biologie gestellt, um zu reproduzierbaren Aussagen zu gelangen?*
2. *Warum nimmt man an, dass auf diese Forderungen nicht verzichtet werden kann?*
3. *Durch welche drei Verfahren glaubt man objektive Ergebnisse zu erzielen?*
4. *Wie können Beobachtungen festgehalten werden?*
5. *Was lässt sich vergleichen?*
6. *Warum ist es wichtig, dass bei Experimenten möglichst nur ein Faktor geändert wird?*
7. *Könnten Wertvorstellungen, Glauben und Religion nicht doch eine Rolle spielen, wenn die Ziele und die Ergebnisse der Forschung gegen ein humanes Menschenbild verstoßen?*

### 1.2.2  Verbindungen einer Präposition mit einem Substantiv oder Adjektiv

In dieser Liste sind die Präpositionen zusammengestellt, die eine Bindung mit einem Substantiv oder einem Adjektiv eingegangen sind. Oft handelt es sich um feste Wendungen; jedoch ist in vielen Fällen eine Veränderung des Ausdrucks möglich. Um dem Lernenden eine Stütze zu geben, sind ein paar Hinweise in die Aufstellung eingefügt:

Runde Klammern beim Adjektiv bedeuten, dass das hinzugefügte Wort auch wegfallen oder durch ein anderes ersetzt werden kann:

  in (bestimmten) Abständen

kann also auch heißen:

  *in Abständen, in großen Abständen, in solchen Abständen* etc.

Ein bestimmter Artikel oder ein Demonstrativpronomen in Klammern bedeutet, dass diese beiden füreinander eintreten können:

  unter (den) Leuten

kann also auch heißen:

  *unter diesen, jenen, denselben Leuten*

Ein folgendes G zeigt einen folgenden Genitiv an; er kann auch durch ein Possessivpronomen ausgedrückt werden:

bis zum Ende G → 
*bis zum Ende des Lebens*
*bis zu unserem Ende*

Wenn ein solcher Ersatz des Genitivs durch das Possessivpronomen nicht möglich ist, wird das durch den Hinweis (kein Ersatz) angedeutet:

unter Ausschluss G (kein Ersatz) → 
*unter Ausschluss der Öffentlichkeit*

Ein Possessivpronomen in Klammern bedeutet, dass alle anderen Possessivpronomen möglich sind, nicht aber, dass es in jedem Fall wegfallen kann:

in (meinem) Alter

kann auch heißen:

*in unserem, meinem, eurem etc. Alter*

Der Genitiv ist dann nicht möglich! Steht nach dem Ausdruck noch eine Präposition, so ist der Kasus angegeben:

in Richtung auf A → 
*in Richtung auf eine Besserung der Verhältnisse*

Um diese Liste nicht unübersichtlich zu machen, ist auf weitere mögliche Hinweise verzichtet worden. Die Aufstellung will nicht vollständig sein, sie soll in den Anwendungsbereich einführen.

**A**
in Abänderung G / von D (kein Ersatz)
am (frühen) Abend
in dieser (gelehrten) Abhandlung
in zeitlicher Abfolge
in Abhängigkeit von D
beim Abschied G
zum Abschied
aus (böser) Absicht
mit (voller) Absicht
ohne (jede) Absicht
in (bestimmtem) Abstand von D
in (bestimmten) Abständen
in (leichter) Abwandlung G (kein Ersatz)
auf (der / die) x-Achse
auf Achse (d. h. unterwegs)
in allem

vor allem
im Allgemeinen
für (sein) Alter
im Alter
in (seinem) Alter
im Altertum
im Amt
kraft (seines) Amtes
von Amts wegen
in Analogie zu D
von Anbeginn an
in Anbetracht G / von D (kein Ersatz)
bei Anbruch des Tages
vor Anbruch des Tages
am Anfang
von Anfang an
zu Anfang

zum Anfang
auf Anfrage G
auf (ihre) Anfrage hin
nach (seiner) Angabe
nach (ungefähren) Angaben G
ein Angebot an A
in (dieser) Angelegenheit
aus Angst vor D
in großer Angst um A
vor Angst
vor Anker
in (der) Anlage G
aus Anlass G
aus (feierlichem) Anlass
auf (dringliches) Anraten G / von D
im Ansatz
im Anschluss an A
in Ansehung G / von D (kein Ersatz)
der Ansicht nach
(meiner) (unmaßgeblichen) Ansicht nach
zur Ansicht
unter (großer) Anstrengung
unter (großer) Anteilnahme
auf (seinen) Antrag hin
auf Antrag G / von D
auf (ausdrückliche) Anweisung G / von D
unter Anwendung G / von D (kein Ersatz)
ein Äquivalent für A
auf (diese) (richtige) Art
auf eine solche Art
in (dieser) Art
nach Art G / von D
außer Atem
in einem Atemzuge
ohne Aufsicht
unter (ärztlicher) Aufsicht G / von D
Aufspaltung in A
im Auftrage G / von D
mit (großem) Aufwand an D
in den Augen G / von D
mit dem bloßen Auge
mit (aufgerissenen) Augen
unter vier Augen
bis zum letzten Augenblick
für einen Augenblick
im (nächsten) Augenblick
mit (großer) Ausdauer
Ausgaben für A

im (befreundeten) Ausland
mit Ausnahme von D
mit einer Ausnahme
unter Ausschluss G / von D (kein Ersatz)
nach außen
von außen
dem Aussehen nach
nach dem Aussehen
auf der (interessanten) Ausstellung
bei der Ausübung (G)
im Auto
mit (dem) Auto

**B**

auf (dem) (neuerbauten) Bahnhof
auf (dem) (ungemütlichen) Bahnsteig
auf dem (großen) Balkon
auf der Bank
gegen Barzahlung
auf der Basis G / von D
auf freiwilliger Basis
von (dieser) Basis aus
auf (dem) Bau
im Bau
ohne Beachtung G / von D
unter Beachtung G / von D (kein Ersatz)
unter (der) (genannten) Bedingung
unter (gewissen) Bedingungen
bis zur Beendigung
auf Befehl G / von D
auf (seinen) Befehl hin
mit Begeisterung
am Beginn G
bei Beginn G
mit Beginn G
seit Beginn G
vor Beginn G
von Beginn an
zu Beginn G
unter (folgenden) Begleiterscheinungen
unter dem Begriff G / von D (kein Ersatz)
bei Begünstigung
unter Begünstigung G / von D (kein Ersatz)
bei der Behandlung G / von D
ohne Beispiel
zum Beispiel (außerhalb des Satzes oder
mit folgendem Verb)
ohne Belang

von Belang
(ganz) nach (seinem) Belieben
mit dem Bemerken
mit (der) Bemerkung
außer dem Bereich G / von D
außerhalb des Bereiches von D
im Bereich G / von D
innerhalb des Bereiches von D
in (ständiger) Bereitschaft
auf dem (hohen) Berg
in den Bergen
hinter den Bergen
unter Berücksichtigung G / von D (kein Ersatz)
in (seinem) Beruf
ohne Beruf
zur Beruhigung G / von D
in Berührung mit D
mit Beschämung
zur Beschämung G / von D
auf Beschluss G
in der Beschränkung auf A
unter (gewissen) Beschränkungen
das Besondere an D
im Besonderen
auf (ihre) Bestellung hin
auf die Bestellung G
bei Bestellung
zum Besten
zur Bestürzung G / von D
mit (großer) Bestürzung
vor Bestürzung
auf Betreiben G / von D
außer Betrieb
in Betrieb
im Betrieb
in der Bevölkerung
in der Bevölkerungspyramide
in Bewegung
als Beweis
zum Beweis
bei (vollem) Bewusstsein
im Bewusstsein G / von D
mit Bewusstsein
gegen Bezahlung
zur Bezahlung G / von D
in Beziehung zu D
in Bezug auf A

unter Bezugnahme auf A
auf (dem) (schönen) Bilde
im Bilde
auf den ersten Blick
mit einem Blick
am Boden
auf (dem) Boden
zu Boden
in hohem Bogen
an der (Londoner) Börse
an Bord
im Bösen
aus (reiner) Bosheit
mit konstanter Bosheit
in (dem) (langen) Brief
in (dem) (interessanten) Buch

**D**

in der Dämmerung
auf (dem) (neuen) Dampfer
zum Dank
in (dieser) (erhellenden) Darstellung
auf die Dauer
an Deck G (kein Ersatz)
auf Deck
an der Decke
(der) Definition nach
nach (der) Definition
im Detail
in aller Deutlichkeit
mit aller Deutlichkeit
außer Dienst
im Dienst
in Dienst
vor allen Dingen
im Dorf
durch die Drohung mit D
unter (dem) Druck
im Druck
im Durchschnitt
zur Durchsicht
vor Durst

**E**

an (der) Ecke
in (der) Ecke
in (die) Ecke
um (die) Ecke

im Eifer
aus Eifersucht
in (großer) Eile
unter (dem) Eindruck G (kein Ersatz)
zur Einführung in A
auf Einladung
auf Einladung G hin
in (der) Einsamkeit G
auf Einspruch G / von D
auf (seinen) Einspruch hin
im Einvernehmen mit D
in allen Einzelheiten
im Einzelnen
auf Empfehlung
am Ende G
bis ans Ende G
bis zum Ende G
gegen Ende G
im Entferntesten
gegen Entgelt
in Entsprechung zu D
mit Enttäuschung
zur Enttäuschung G / von D
angesichts (dieser) Entwicklung
bei dieser Entwicklung
bei der Entwicklung G / von D
zum Entsetzen aller
zum Entsetzen G / von D
mit Entsetzen
in (der) (klassischen) Epoche
in der Epoche G / von D
auf der Erde
in der Erde
unter der Erde
aus Erfahrung
zur Erholung G / von D
zur Erinnerung an A
mit Erlaubnis G / von D
ohne Erlaubnis G / von D
zur Erleichterung G / von D
in Ermangelung G / von D (kein Ersatz)
nach menschlichem Ermessen
nach (unserem) Ermessen
im Ernst
mit dem nötigen Ernst G / von D (kein
Ersatz)
mit tierischem Ernst
in (der) (ungeheuren) Erregung

zum Erstaunen G / von D
im ersten Erstaunen
mit Erstaunen
fürs Erste
zum ersten Male
wider Erwarten
in Erwartung G / von D
in Ewigkeit
bei einem (solchen) Experiment

**F**
in (seinem) Fach
mit dem Fahrrad
auf (großer) Fahrt
in (voller) Fahrt
mit voller Fahrt
während (der) Fahrt
im Fahrwasser G / von D
auf keinen Fall
für (diesen) Fall
in (diesem) Fall
von Fall zu Fall
aus der Fassung
in der Fassung G / von D
in der (verkürzten) Fassung G / von D
mit (großer) Fassung
auf der Feier
bei einer Feier
zur Feier des Tages
aus Feindschaft
in Feindschaft
auf (dem) Felde
aus (weiter) Ferne
in der Ferne
von Ferne
im Fernsehen
im Fertigungsprozess
auf (dem) Fest
beim Fest
zum Fest
bei (der) Firma
in (der) Firma
mit Fleiß
ohne Fleiß
im Flugzeug
mit (dem) Flugzeug
zur Förderung G / von D
in der Folge

im Folgenden
außer Form
in Form
in Form von D
in (abgewandelter) Form
außer Frage
ohne Frage
die Frage nach D
eine Frage zu D
im Freien
in (der herrlichen) Freiheit
aus Freude an D
mit Freuden
vor Freude
zur Freude G / von D
aus Freundschaft
in Freundschaft
im Frieden
in Friedenszeiten
in (bestimmter) Frist
zu dieser Frist
in aller Frühe
in der Frühe
in (der) Frühzeit
im Frühling
unter (der) (ruhmreichen) Führung
aus der Fülle
auf freiem Fuß
zu Fuß

**G**

im Ganzen
im Garten
auf (diesem) Gebiet
in (diesem) Gebiet
nach (der) Gebrauchsanweisung
aus dem Gedächtnis
in Gedanken
auf Gedeih und Verderb
mit Geduld
Gefahr für A
auf die Gefahr hin
außer Gefahr
bei Gefahr
in Gefahr
ohne Gefahr
im Gegensatz zu D

im Gegenteil (steht immer außerhalb des
Satzes)
im Gegenschlag zu D
in Gegenwart von D
im Gehirn
für Geld und gute Worte
bei Gelegenheit
bei (dieser) Gelegenheit
in Gemeinschaft mit D
vor Gericht
·vor (dem) Gericht
nicht im Geringsten
in (der) Geschichte
in (guter) Gesellschaft
nach (dem) Gesetz
nach (diesem) Gesichtspunkt
unter (dem) Gesichtspunkt
in Gestalt von
von gestern
mit (großer) Gewissheit
zu (seinem) Glück
zum Glück
auf Gnade und Ungnade
am Grabe
im Grabe
bis zu einem gewissen Grade
in (geringem) Grade
an der Grenze
über die Grenzen hinaus
in der Größenordnung von D
im Großen und Ganzen
auf Grund G / von D (kein Ersatz)
aus diesem Grunde
im Grunde
mit (guten) Gründen für A
von Grund auf
auf der Grundlage G / von D
auf dieser Grundlage
nach dem Grundsatz G / von D
nach (diesem) Grundsatz
nach (festen) Grundsätzen
zu Gunsten G / von D
zu (seinen) Gunsten
mit (herzlichen) Grüßen
mit (freundlichem) Gruß
nach (unserem) Gutdünken
in (seiner) Güte
im Guten

## H

zur Hälfte
an (der) Haltestelle
Hand in Hand
an der Hand
anhand von
bei der Hand
in der Hand
in (guten) Händen
mit der Hand
mit beiden Händen
von der Hand
von Hand
unter der Hand
in (größter) Hast
in der Hauptsache
aus (gutem) Hause
nach Hause
von Hause aus
von Hause weg
von Haus zu Haus
zu Hause
in der Heimat
bei der Herstellung
in der Herstellung
im Herbst
von Herzen
von ganzem Herzen
mit Hilfe G / von D
am Himmel
im Himmel
in Hinblick auf A
in Hinsicht auf A
in (dieser) Hinsicht
im Hintergrund G / von D
am Hof
auf (dem) Hof
im Hof
in der Hoffnung auf A
aus Höflichkeit
in (begrenzter) Höhe
am Horizont
zu Hunderten
vor Hunger
unter einem Hut

## I

für immer
in der Industrie
aus Interesse
im Interesse G / von D
mit Interesse
im Internet

## J

auf der Jagd
auf Jagd
im Jahre 1750
in (diesem) Jahr, in (diesen) Jahren
Jahr für Jahr
mit 19 Jahren
mit den Jahren
nach Jahren
von Jahr zu Jahr
vor Jahren
in diesem Jahrhundert
in dem Jahrhundert G / von D
unter ein / einem Joch
unter (großem) Jubel
in der Jugend G
aus der Jugendzeit

## K

in (diesem) Kapitel über A
auf der Karteikarte G / von D
im Keller
zur Kennzeichnung G / von D
auf (der) (internationalen) Konferenz für A /
G / von D
auf (dem) (internationalen) Kongress für A /
G / von D
in Konkurrenz zu D / mit D
auf (dem) Konto
zur Kontrolle G / von D
im Konzert
aus dem Kopf (auswendig)
auf (seine) Kosten
aus eigener Kraft
mit ganzer Kraft
auf Kredit
im (letzten) Krieg
in Kriegszeiten
mit (monatlicher) Kündigung
über kurz oder lang

in Kürze
in den Kulturen

**L**

mit (lautem) Lachen
unter (lautem) Lachen
bei (der) Lage G / von D
in dieser (schrecklichen) Lage
auf Lager
im Lager
an Land
auf dem Lande
vom Lande
aus Langeweile
vor Langeweile
auf der Lauer
aus einer (guten) Laune heraus
bei (guter) Laune
im Leben
im täglichen Leben
in jeder Lebenslage
am eigenen Leibe
unter der Leitung G / von D
bei (den) Leuten
unter (den) Leuten
bei (schlechtem) Licht
in (schlechtem) Licht
aus Liebe zu D
in erster Linie
auf der ganzen Linie
an der / die Luft
in der / die Luft
aus Lust an D
mit Lust und Liebe

**M**

auf einmal
mit einem Male
zu vielen Malen
zum (ersten) Male
aus Mangel an D
an dem / den Markt
auf dem / den Markt
im Maße, wie
in dem Maße, wie
mit der Maßgabe
mit Maßen
nach Maß

über die Maßen
über alle Maßen
nach der Meinung G / von D
(seiner) Meinung nach
in (großer) Menge
in (großen) Mengen
in der Mensa
auf (der) Messe von D / für A
auf die Minute
in einigen Minuten
eine Mischung aus D
aus Mitleid
in der Mitte
aus unserer, eurer, ihrer Mitte
im Mittelalter
im Mittelpunkt
am Mittag
zu Mittag
mit allen Mitteln
binnen vier Monaten
innerhalb von vier Monaten
im Monat Januar
am Morgen
gegen Morgen
im Morgengrauen
mit Mühe und Not
mit (großer) Mühe

**N**

mit Nachdruck
die Nachfrage nach D
am Nachmittag
bei Nacht
in (der) Nacht
über Nacht
die Nacht über
zum Nachteil
aus der Nähe
in der Nähe
im Namen G
in (seinem) Namen
unter (anderem) Namen
dem Namen nach
von Natur aus
in der freien Natur
aufs Neue
in der Neuzeit
aus (der) Not heraus

in (der) Not
in (großer) Not
auf den / dem Nullpunkt
im Nullpunkt
unter den / dem Nullpunkt

**O**

an der Oberfläche G
auf der Oberfläche G
unter der Oberfläche G
in der Öffentlichkeit
in der breiten Öffentlichkeit
in (guter) Ordnung
am Ort
im Ort
am angeführten Ort (a. a. O.)
am (rechten) Ort
vor Ort (d. h. im Bergwerk)
im Osten

**P**

nach (dem) Paragraphen
in einer Periode G / von D
in (der) Periode G / von D
aus (der) Perspektive von D
nach den Plänen G / von D
in der Politik
auf der Post
in der / die Praxis
um jeden, keinen Preis
unter dem Preis
zu (dem) Preis von D
aus Prinzip
nach (diesem) Prinzip G
auf (dem) Programm
in (unserem) Programm
unter (starkem) Protest G / von D
in (der) Prüfung
zur Prüfung
nach (der) Prüfung G / von D

**R**

im Rahmen von D / G
am Rande G
auf den Rat G / von D
gegen den Rat G / von D
nach dem Rat G / von D
trotz des Rates G / von D

auf Raten
auf Rechnung
mit (gutem) Recht
von Rechts wegen
in der Regel
nach (der) Regel G
im Regen
in (der) Regierung
unter (der) Regierung
außer Reichweite
in Reichweite
der Reihe nach
in (der) Reihenfolge
in Relation zu D
auf (der) Reise
auf Reisen
im Ressort G
im Restaurant
vor (den / dem) Richter
in (dieser) Richtung
in Richtung auf A
aus (der) Richtung
ein Risiko für A
mit Rücksicht auf A
ohne Rücksicht auf A
in Ruhe
in aller Ruhe
im Ruhestand

**S**

in (dieser) Sache
im Schatten
im Scherz
Schlag auf Schlag
mit einem Schlage
am Schluss G
zum Schluss G
unter Schmerzen
vor Schmerzen
im Schnee
im ersten Schrecken
vor Schreck
ein Schritt von D zu D
im Schutze von D, G
in diesem Schutz
unter (den / dem) Schutz G / von D
zum Schutz gegen A
mit (großen) Schwierigkeiten

unter (großen) Schwierigkeiten
auf See
zur See
an der Seite G / von D
auf Seite 20
auf der einen, anderen Seite
auf der Seite G / von D
auf Seiten von D
auf beiden, allen Seiten
von Seiten
zu beiden Seiten
auf dem Sektor G / von D
im Sektor
in einer Sequenz von D
im Sessel
an sich
an und für sich
mit Sicherheit
mit an Sicherheit grenzender Wahr-
scheinlichkeit
zur Sicherheit G / von D
zu (seiner) Sicherheit
zur Sicherung G / von D
auf lange Sicht
aus (der) Sicht
aus der Sicht G / von D
außer Sicht
in Sicht
in Sichtweite
außer Sichtweite
im Sinne G / von D
in (diesem) Sinne
bei Sinnen
von Sinnen
in (dieser) Situation
in einer (schwierigen) Situation
bei einer solchen Situation
im Sommer
in der Sonne
am Sonntag
aus Spaß
im Spaß
zum Spaß
Spenden an A / für A
in dieser Sprache
vom Standpunkt G / von D
von (diesem) Standpunkt aus
Start frei für A

anstelle G / von D
an der Stelle von D
an (seiner) Stelle
auf der Stelle
im Stillen
mit leiser, gedämpfter etc. Stimme
bei Strafe
zur Strafe für A
am Strand
auf der / die (breiten, breite) Straße
durch die (schmale) Straße
in der / die (dunklen, dunkle) Straße
über die (verkehrsreiche) Straße
im Straßenverkehr
im Streit
Stück für Stück
aus freien Stücken
im Stück
auf dem Stuhl
in einer Stunde
in der (folgenden) Stunde
Stunde um Stunde
zu (später) Stunde
zur selben Stunde
in dem (breiten) Strom
mit dem Strom
auf der Suche nach D

**T**
an (diesem) Tag
an dem (folgenden) Tag
auf ein paar Tage
für ein paar Tage
Tag für Tag
in drei Tagen
pro Tag
den Tag über
heute über acht Tage
einen Tag um den anderen
unter Tage
von Tag zu Tag
auf (der) Tagung
in (der) Tasche
in (seiner) Tasche
aus (seiner) Tasche
in der Tat
mit Rat und Tat
im Teamwork

zum (großen) Teil
zu gleichen Teilen
in zwei Teilen
im Traum
zwischen Tür und Angel

**U**
zu allem Übel
der Überblick über A
in Übereinstimmung mit D / zwischen D
im Überfluss
der Übergang zu D
im Übermaß
aus Übermut
im Übermut
eine Überraschung für A
mit Überraschung
zur Überraschung G / von D
im Übrigen
am (anderen) Ufer
im Umfang von D
in seinem, ihrem ganzen Umfang
in (gewissem) Umfang
in der (herrlichen) Umgebung von D
im Umriss
ohne Umstände
unter (misslichen) Umständen
auf (vielerlei) Umwegen
an der / die Universität
auf der / die Universität
in der / die Universität
zur Unterhaltung
Unterscheidung von D
im Unterschied zu D
mit Unterschieden
zum Unterschied zu D
unvereinbar mit D

**V**
auf Verabredung
auf Veranlassung G / von D
auf (unsere) Veranlassung hin
in (eigener) Verantwortung für A
in (ständiger) Verbindung mit D
beim Verbrauch
im Verbrauch
zur Verbreitung von D
auf Verdacht

auf den (bloßen) Verdacht hin
ohne jeden Verdacht
auf Vereinbarung
nach den Vereinbarungen
im Vergleich zu D / mit D
mit (äußerstem) Vergnügen
zum Vergnügen
bei der Verhandlung mit D, um A
in der Verhandlung mit D, um A
im Verhältnis zu D
im Verhältnis von D ... zu D
in (guten) Verhältnissen
über (seine) Verhältnisse
unter (ungünstigen) Verhältnissen
zur Verhütung von D
auf Verlangen von D
im Verlauf G / von D
unter Vermeidung von D
zur Vermeidung von D
unter Verschluss
aus Versehen
im Vertrauen auf A
unter Verwendung von D
zur Verwendung für A
zu (weiterer) Verwendung
in (seiner) Verwirrung
zur Verwunderung G / von D
im Voraus
unter der (stillschweigenden) Voraussetzung
unter (folgendem) Vorbehalt
im Vorbeigehen
im Vordergrund G / von D
in (der) Vorlesung
mit (besonderer) Vorliebe
am Vormittag
von vornherein
auf Vorschlag G / von D
auf (seinen) Vorschlag hin
laut Vorschrift G
nach Vorschrift von D
nach der Vorschrift G
auf Vorschuss
mit (großer) Vorsicht
nach der Vorstellung G / von D
unter einem Vorwand
unter dem Vorwand, Inf. / G

# W

auf (der) Wache
in Wahrheit
im Wald
auf dem Wasser
im Wasser
über Wasser
unter Wasser
am Weg
auf dem Wege nach D
auf diese, jede, keine Weise
in der (gewohnten) Weise
von weitem
bis auf weiteres
auf der Welt
in der Welt
mit dem Werkzeug
dem Wesen nach
(seinem) Wesen nach
im Wesentlichen
im Westen
in Widerspruch zu D
zur Wiederholung
im Wiederholungsfalle
auf der Wiese
aus freiem Willen
bei gutem Willen
gegen den Willen G / von D
mit Willen
wider Willen
bei starkem Wind
mit dem Wind
vor dem Wind
im Winter
in Wirklichkeit
eine Wirkung auf A
unter der Wirkung von D
in der Wirtschaft
mit Wissen G / von D
meines Wissens
nach meinem Wissen
meinem Wissen nach
nach bestem Wissen und Gewissen
ohne Wissen G / von D
wider besseres Wissen
in der Wissenschaft
in der (nächsten) Woche
am Wochenende

Woche für Woche
zum Wohle G / von D
bei (diesen) (schönen) Worten
Wort für Wort
in Worten
mit (diesen) (erhellenden) Worten
auf Wunsch G
aus Wut
in voller Wut
vor Wut

# Z

in (großer) Zahl
ohne Zahl
in der Zeichnung
auf Zeit (d. h. befristet)
auf (kurze) Zeit
für (kurze) Zeit
in der (kurzen) Zeit
in (kurzer) Zeit
im Laufe der Zeit
in Zeiten G
in (alter) Zeit
mit der Zeit
zur Zeit G
zu Zeiten
zu (dieser) Zeit
zu allen Zeiten
zu (seiner) Zeit
im Zeitalter G
in (diesem) Zeitalter
in (diesem) Zeitraum
über (längere) Zeiträume
auf dem Zettel
auf dem Zimmer
im Zimmer
im Zorn
vor Zorn
durch Zufall
der Zugang zu D
für die Zukunft
in Zukunft
in Zusammenhang von D, mit D
in (diesem) Zusammenhang
mit Zustimmung G / von D
unter (allgemeiner) Zustimmung
zu (diesem) Zweck

**Übungen**

*Setzen Sie die Präpositionen ein!*
*Das folgende Substantiv muss in den richtigen Kasus gesetzt werden!*
*Eine eckige Klammer bedeutet, dass etwas zusammengezogen werden soll!*

**Übung 1**

1. Er wusste schließlich __ Angst nicht mehr, was er machen sollte.
   Mein Mann ist Pilot. Ich bin ständig __ Angst __ ihn.
2. Wir schicken Ihnen __ die Anlage eine Probe __ Ansicht.
   Meiner Ansicht __ muss das anders gemacht werden.
3. Haben Sie einen ähnlichen Pullover? Nein, __ diese Art haben wir nichts mehr.
   Ich glaube nicht, dass man das __ diese Art und Weise machen kann.
   Heute empfehle ich Ihnen vor allem Filettopf __ Art des Hauses.
4. Die Bakterien sind so klein, dass man sie __ das bloße Auge nicht mehr erkennen kann.
   Ich muss mit dir einmal allein, __ vier Augen sprechen.
   __ die Augen eines Försters ist der Wald etwas ganz anderes als __ die Augen eines Dichters.
5. [ __ das] Bewusstsein seiner Macht beging er manches Unrecht.
   Er hat diese Bemerkung nicht __ Bewusstsein aufgenommen.
   Der Kranke musste __ volles Bewusstsein operiert werden.
6. Sie stehen mit Ihrem Vorschlag nicht __ der Boden der Tatsachen.
   Der Boxer ging schon in der ersten Runde __ Boden.
   __ der Boden des Meeres entsteht eine Strömung von Süden nach Norden.
7. Die Laterne steht __ die Ecke.
   Er will in die Müllerstraße einbiegen. Jetzt geht er __ die Ecke.
   Der Stuhl stört hier; stell ihn doch __ die Ecke.
8. Es sind viele Äpfel von den Bäumen gefallen. Sie liegen jetzt __ die Erde.
   Er ist vor Jahren gestorben. Er liegt schon lange __ die Erde.
   __ die Erde des Siegerlandes finden sich viele Erzadern.
9. Die Übernahme neuer Methoden ist __ Fall __ Fall zu erwägen.
   __ kein Fall sollte eine neue Methode ungeprüft übernommen werden.

10. Uns liegt der Entwurf zu einem Gesetz __ die Fassung vom 1. Juli vor.

Die Nachricht von dem Unglück, das seinen Freund getroffen haben soll, ertrug er __ Fassung. Das außergewöhnliche Ereignis brachte ihn nicht __ die Fassung.

## Übung 2

1. Der Abgeordnete Müller stellte eine Frage __ die Außenpolitik der Regierung.

Die Frage __ das Verhältnis der Nachbarstaaten wurde dabei nicht angeschnitten.

Das war __ Frage ein Fehler.

2. In der Türkei ist es billig. __ dieser Grund fahre ich dorthin.

__ Grunde ist mir das gleich.

Er hat das __ gute Gründe abgelehnt.

Das Ganze muss __ Grund __ neu gestaltet werden.

3. [ __ Hand] von Schädelfunden kann man sich von der Entwicklung des Menschen eine hinreichend genaue Vorstellung machen.

Der Chef hat die Leitung des Betriebes fest __ die Hand. Die Leitung liegt bei ihm __ gute Hände.

Ich habe leider die Akte im Augenblick nicht __ Hand.

Diese Arbeit kann keine Maschine machen. Sie muss __ Hand gemacht werden.

Im Kriege war vieles nur __ die Hand zu haben.

4. Er verfolgte die Entwicklung im Nahen Osten __ großes Interesse.

Es ist nicht __ Interesse der Regierung, die Opposition zu unterstützen.

Man kann nicht sagen, dass er das nur __ Interesse an der Sache macht. Es liegt ihm wohl mehr am Geld.

5. __ Jahre 1945 wurde die UNO gegründet.

__ Jahr __ Jahr steigt die Zahl der Hungernden in der Welt.

Jahr __ Jahr besucht er die Grüne Woche in Berlin.

Schon __ Jahre wechselte der Geschäftsführer, aber erst __ ein Jahr gehen die Geschäfte besser.

__ 20 Jahren kam er nach Deutschland.

6. __ das Land stehen nicht so viele Arbeitsplätze wie __ die Stadt zur Verfügung. Aber viele Arbeiter kommen __ Land.

Im Hafen gehen die Matrosen __ Land.

7. Der Anzug ist __ Maß geschneidert.

   Die Löhne steigen nicht immer __ das Maß wie die Preise.

   Man sollte alles __ Maßen tun.

   Diese Leistung war __ die Maßen gut.

8. Der Händler verkauft seine Ware __ Namen und __ Rechnung einer großen Handelsgesellschaft. Dem Namen __ ist er selbständig, aber __ Wirklichkeit ist er nur Pächter. Er will aber später __ anderer Name eine eigene Firma gründen.

9. Der Kaufmann wollte seine Ladenhüter __ jeder Preis loswerden. Deshalb gab er sie __ der Preis ab, [ __ der] Preis von € 1,– das Stück.

10. Diese Anmerkung steht __ Seite 235.

    __ meiner Seite __ bestehen keine Bedenken gegen diesen Plan.

    __ der einen Seite sind allerdings die Schwierigkeiten, die die Produktion bereiten wird, nicht zu übersehen, __ der anderen Seite ist der Absatz jetzt schon gesichert.

    Wir stehen fest __ die Seite unserer Bundesgenossen.

## Übung 3

1. __ die Straße, [ __ der] Straßenverkehr kann man heute nicht vorsichtig genug sein.

   Wenn ein Auto __ eine Straße einbiegt, muss der Fahrer achtgeben darauf, ob ein Fußgänger __ die Straße gehen will.

   Die Autos rasen oft rücksichtslos __ die Straßen.

2. Ich werde __ ein paar Tage nach Sylt fahren. __ drei Tagen soll es losgehen. Heute __ acht Tagen liege ich schon im weichen Sand. Den ganzen Tag __ werde ich in der Sonne liegen. Tag __ Tag wird es so sein. Ich kann es kaum erwarten. __ Tag __ Tag steigt mein Reisefieber. Es ist auch nicht teuer. Der Pensionspreis beträgt € 100,– __ Tag.

3. Heinz hat sein Abitur gemacht. Er will jetzt __ die Universität gehen. Er will __ die Freie Universität Berlin studieren. Jeden Morgen wird er __ die Universität Vorlesungen hören.

4. Der Erfolg des Unternehmens steht __ kein Verhältnis __ die eingesetzten Mittel.

   Er gibt zuviel aus. Er lebt ständig __ seine Verhältnisse.

   __ normale Verhältnisse wäre der Erfolg seines Studiums gesichert.

5. Der Minister sagte: „ __ einige Zeit häufen sich die Klagen über die Verkehrssituation. Allerdings ist die Lage __ Zeit auf diesem Gebiet unerfreu-

lich. Eine Besserung der Zustände kann aber nicht sofort, sondern nur __ die Zeit erreicht werden. Meine Verkehrsplanung erstreckt sich __ lange Zeiträume."

6. Er sagte weiter: „ __ mein Wissen wird an der Verlängerung des Autobahnnetzes sehr intensiv gearbeitet. Manche Zeitungen behaupten __ besseres Wissen das Gegenteil."

7. Er meinte schließlich: „ __ die Sicht des Kraftfahrers nimmt sich vieles natürlich sehr negativ aus. Aber __ lange Sicht kann man durchaus sagen, dass eine Verbesserung der Verkehrsverhältnisse __ Sicht ist."

## Texte

### Text 1

*Setzen Sie die fehlenden Präpositionen ein, und fügen Sie den Artikel hinzu, wenn es notwendig ist! Der richtige Kasus steht schon im Text.*

## Automation

__ Falle automatischer Fertigung sind die Beziehungen zwischen dem Einzelnen und seiner Arbeitsaufgabe besonderer Art. Bei vollautomatischer Fertigung bedient sich der Arbeitende weder der Maschine noch bedient er sie. Der Roboter steuert sich selbst, zeigt Störungen an und ist sogar weitgehend __ der Lage, Störungen zu beseitigen. Mit zunehmender Automatisierung steigt jedoch die Anfälligkeit für Störungen, insbesondere für solche, die die Anlagen nicht beheben können, __ diesem Grunde sind Menschen erforderlich, die __ Fall von Störungen bereitstehen, um die Ursachen der Störungen zu erkennen und __ ihre Abhilfe zu sorgen, __ diesem Sinne wird __ der Betriebspraxis auch __ Automatenwache gesprochen. Für diese Aufgaben sind __ der Regel nur erste Fachkräfte verwendbar. Menschen also, die komplizierte technische Prozesse zu verstehen __ der Lage sind. Gleichzeitig wird __ ihnen verlangt, dass sie sich der Verantwortung bewusst sind, die sie für die Anlage und für ihre Arbeitskollegen haben. Ihre körperliche Belastung ist __ der Regel gering, __ der störungsfreien Zeit werden sie auch geistig nicht stark beansprucht. Gleichwohl schafft die schwierige und verantwortungsvolle Arbeit, die sie __ Betrieb leisten, __ Allgemeinen günstige Voraussetzungen für eine positive Beziehung zwischen Arbeiter und Arbeitsobjekt.

*Diskutieren Sie andere Folgen und Wirkungen der Automation in Hinsicht auf den Arbeitsmarkt!*

**Text 2**

*Ergänzen Sie die fehlenden Präpositionen und setzen Sie das folgende Substantiv in den richtigen Kasus! Wo die Präposition und der Artikel zusammengezogen werden sollen, ist eine eckige Klammer gesetzt.*

**Arbeit und Freizeit**

Die Unterscheidung von Arbeit und Freizeit ist neu, sie ist kaum siebzig Jahre alt. Sie ist eine Folge des sozialen Drucks __ Seiten der Arbeiterschaft, die sich damals als Klasse bewusst geworden ist.

Gewiss gab es auch __ die vorindustrielle Gesellschaft von Arbeit freie Zeiten, die bestimmt waren durch natürliche Bedingungen, wie den Feierabend beim Einbruch der Dunkelheit, oder veranlasst waren durch gesellschaftliche Bedingungen, wie Feiertage. Aber der Übergang [ __ der] Feierabend war [ __ der] Familienbetrieb oder [ __ der] bäuerliche Betrieb fließend. Nicht nur weil der Feierabend sich [ __ das] Haus abspielte, er war auch selten ganz frei von Arbeit. Er bildete __ diese Weise einen Bestandteil des Gemeinschaftslebens. Auch war er ausgefüllt mit geregelten Formen gesellschaftlicher Beschäftigung, die wirtschaftlicher Art sein konnte, __ Beispiel Spinnen, Hausarbeit, Herstellen von Geräten. Auch andere Betätigungen wie Tanzen, Geschichtenerzählen, Musik und Gottesdienst regelten __ Wesentlichen die arbeitsfreie Zeit ziemlich streng.

Freie Zeit __ der Sinn, dass man selbst über deren Verwendung entscheiden konnte, war __ die früheren Kulturen einer kleinen Oberschicht vorbehalten. Diese Schicht bestand aus denjenigen, die von der Arbeit freigestellt worden waren, um die wichtigen Entscheidungen für alle zu treffen und die geistige Arbeit zu leisten. Diese kleine Schicht war streng geschieden von den Arbeitern, Handwerkern und Bauern, die für die Deckung des Bedarfs zu sorgen hatten.

Freizeit [ __ der] moderne Sinn kann es erst geben, seit es eine vertraglich geregelte Arbeitszeit gibt. Und die gibt es nicht für jedermann. Eine Hausfrau hat ebenso wenig garantierte Freizeit wie ein Künstler, ein Arzt, ein Journalist oder ein Politiker.

Das Verhältnis von Freizeit und Arbeitszeit hat sich __ die industrielle Gesellschaft __ die letzten hundert Jahre stark verändert. Die Arbeitszeit von 13 bis 14 Stunden __ Tag bei sechs Arbeitstagen ist [ __ der] Durchschnitt auf 37 Stunden __ die Woche zurückgegangen.

Die modernen Produktions- und Dienstleistungsbetriebe entlassen den Menschen nach Dienstschluss in eine ganz andere Welt. Fast immer sind Wohnung und Arbeitsplatz voneinander getrennt. Auch in einem anderen Punkt ergibt sich __ die heutige Gesellschaft gegenüber den Feiertagen und dem Feierabend der vorindustriellen Gesellschaft ein großer Unterschied. Zusammenhängende freie Tage und Ferien gab es früher nicht. Sie sind aber für die Entwicklung neuer Verhaltensweisen __ die Dauer mehr __ Belang als die Verkürzung der Arbeitszeit während der Werktage, da __ diese Tage der Arbeitsweg, die Körperpflege und eventuell der Einkauf und die Hausarbeit viel Zeit in Anspruch nehmen. Im Laufe der Jahre haben das freie Wochenende und die Ferienzeit sich verselbständigt, sie haben ein Eigenleben entfaltet. Da die verkürzte Arbeitszeit einhergeht mit einer größeren Produktivität, wird der Arbeitnehmer während der Arbeitszeit __ größeres Maß gefordert. Er muss __ das Wochenende seine körperlichen und geistigen Kräfte regenerieren. Er treibt Sport: Wandern, Skaten, Jogging, Fitnesstraining sind „in". Solche Verhaltensweisen zeigen, dass __ die Bevölkerung ein größeres Gesundheitsbewusstsein entstanden ist. Auch gesellschaftliche Aktivitäten werden entfaltet. __ die Sommermonate trifft man sich zum Grillen, wenn möglich im Garten, oder man geht mit Freunden zusammen essen. Man lebt seine Partnerschaft aus. Man unternimmt __ die Wochenenden Ausflüge __ das Fahrrad. Wer einen großen Drang zur Bewegung hat, der geht in die Disco. Viele begnügen sich allerdings damit, den Sport [ __ das] Fernsehen zu verfolgen. Für all diese Tätigkeiten braucht man aber besondere Kleidung und auch Geräte wie Skates, Fahrrad, Roller. So hat sich [ __ der] Umkreis der Freizeit ein ganzer Industriezweig entwickelt. Die Ausgaben für das freie Wochenende dürfen nicht zu niedrig eingeschätzt werden.

Vor allem die Ferienzeit hat das Freizeitverhalten __ die letzten Jahrzehnte völlig verändert. Viele Arbeitnehmer meinen, dass man im Jahr mindestens einmal, besser noch zwei- oder dreimal __ Reisen gehen sollte. Eine Studie hat ergeben, dass __ Durchschnitt __ Deutschland fast 30% des zur Verfügung stehenden Geldes __ Reisen ausgegeben wird. Bei manchen Menschen hat man den Eindruck, dass [ __ der] Mittelpunkt ihres Lebens das Reisen steht. Die Arbeit ist vor allem dazu da, die Reisen __ die Ferien zu finanzieren. Und viele wollen nicht in die nächste Umgebung fahren. Weit will man reisen! Das Flugzeug macht es möglich, dass Fernreisen von jedermann unternommen werden können! Australien, Thailand, die Vereinigten Staaten, die Karibik, das sind Ziele, die ins Auge gefasst werden. Man will im Urlaub etwas erleben. Die Reisebüros preisen den Erlebnisurlaub an. __ diese Weise glaubt man, andere Länder kennen zu lernen, neue Erkenntnisse zu erwerben, vor allem aber neue Freundschaften zu schließen. Langeweile kommt in der Hektik des Erlebens und Geschehens nicht auf.

Viele aber sehen, dass die gesteigerte Aktivität in Wirklichkeit nur eine innere Leere verdecken soll. Sie wenden sich einem neuen Stil des Freizeitverhaltens zu: Sie versuchen es mit Muße. Das Nichtstun wird entdeckt. Man möchte die Seele „baumeln" lassen; und da gibt es manchen, der zum Buch greift, und das nicht nur der Unterhaltung wegen, sondern vielleicht auch, um sich weiterzubilden.

1. *Stellen Sie die Aktivitäten am Wochenende in unserer Zeit zusammen und vergleichen Sie sie mit denen in der Ferienzeit.*
2. *Worin besteht der Unterschied zwischen der freien Zeit in der vorindustriellen Gesellschaft und der heutigen Freizeit?*

**Text 3**

*Ergänzen Sie die fehlenden Präpositionen!*
*Setzen Sie das folgende Substantiv in den richtigen Kasus!*

**Gesundheit und Ernährung**

Eine gesunde Ernährung ist die Voraussetzung für eine gute körperliche und geistige Leistungsfähigkeit und eine der wichtigsten Grundlagen der Gesundheit überhaupt. Die Abhängigkeit der Gesundheit von der Ernährung ist am deutlichsten dann zu erkennen, wenn ein allgemeiner Mangel __ Nahrungsmitteln besteht. In Deutschland haben wir diesen Mangel __ eigenen Leibe __ die Hungerperioden des letzten Krieges und __ die Nachkriegszeit erlebt. Wenn das auch für die Einwohner der Bundesrepublik überwundene und fast vergessene Schwierigkeiten und Nöte sind, so müssen wir uns bewusst bleiben, dass __ viele Orte der Welt noch heute eine solche Not herrscht. __ Internationale Ernährungskongresse wird immer wieder festgestellt, dass fast zwei Drittel der Bevölkerung der Welt nicht ausreichend ernährt sind. Wahrscheinlich wird die Anzahl der Hungernden noch steigen. Es müssen neue Nahrungsquellen erschlossen werden; denn zur Zeit vermehrt sich die Weltbevölkerung __ Angaben der UNO jährlich __ 100 Millionen. Hier liegen __ der Tat die lebenswichtigen Probleme für die Menschheit, und hier zeichnet sich __ die Zukunft eine Katastrophe ab, wenn es nicht gelingt, dieses Problem zu lösen.

Bei uns __ Deutschland besteht kaum noch ein Mangel __ Nahrungsmitteln, ja es herrscht __ Allgemeinen sogar Überfluss, und darin besteht die Gefährdung der Gesundheit __ unsere Tage. Der gesunde Mensch hat keine Veranlassung, bei seiner täglichen Ernährung __ Kontrolle seinen Bedarf an Nahrungsmitteln nachzurechnen. __ die Bedingung, dass er sich aus der reichlich zur Verfügung stehenden Auswahl von Nahrungsmitteln schmackhaft und abwechslungsreich ernährt, besteht keine Gefahr __ seine Gesundheit.

Allerdings muss derjenige, der heute Nahrungsmittel kauft, ganz besonders __ Qualität achten. Durch Massentierhaltung und übermäßige Verwendung von Produkten der chemischen Industrie (Düngung, Kraftfutter, Unkrautvernichtung, Schädlingsbekämpfung) sind __ den Tieren viele Krankheiten verbreitet worden. Es ist daher notwendig, beim Einkauf sehr wählerisch zu sein.

Mensch und Tier verbrennen die aufgenommene Nahrung. __ diese Weise gewinnen sie die Energie und die Kraft für ihre Leistungen. Der Nahrungsbedarf wird deshalb in Kalorien (cal) oder in Joule (J) gemessen. Er beträgt bei einem erwachsenen Menschen bei leichter körperlicher Arbeit __ Durchschnitt 2.300 Kalorien (9.630 Joule). Bei mittelschwerer Arbeit steigt der Verbrauch auf 3.000 Kalorien, und bei schwerer körperlicher Arbeit sind es etwa 4.000 Kalorien. Das sind 16.750 Joule. Dabei ist zu bedenken, dass __ die Gesellschaft von heute nur noch eine kleine Zahl von Menschen schwere körperliche Arbeit leisten müssen. Die Maschinen haben den Menschen viel von ihrer Arbeit abgenommen. Selbst

__ die Landwirtschaft kann heute ein einziger Mann sitzend die Arbeit verrichten, die früher schwere körperliche Anstrengung mehrerer Menschen verlangte. Die Arbeitsleistung hat sich __ Großen und Ganzen verringert. __ Gegensatz da__ ist die Gewohnheit reichlicher Ernährung geblieben, __ Gegenteil, die Leute essen noch mehr als früher. Ist die Nahrungsaufnahme aber größer als der Verbrauch, so nimmt der Mensch zu, er setzt Fett an. Die Fettpolster müssen durchblutet werden. Das führt zu einer zusätzlichen Belastung für Herz und Kreislauf. Besonders der linke Herzmuskel muss mehr Arbeit leisten. Er wird kräftiger, dicker, aber die Adern, die für diese Arbeit das notwendige Blut zuführen, werden __ Gegensatz da__ nicht größer. Bei vielen Menschen, insbesondere bei den dicken, lagert sich Cholesterin in den Adern ab. Das führt auch zu höherem Blutdruck und einer gesteigerten Herztätigkeit. Deshalb sagen die Ärzte zu ihren Hochdruckpatienten, sie sollten etwas abnehmen, das helfe ihrem Herzen. Denn keine Zunahme des Gewichts, wenn nicht mehr gegessen wird, als verbraucht wird. Die meisten Menschen, die zu dick sind, essen zuviel. Oft reicht das bis in die Kindheit zurück. Viele Mütter geben ihren Kindern, wenn sie schreien, etwas zu essen, um sie zu beruhigen, __ Rücksicht da__, ob sie wirklich Hunger haben. __ diese Weise wird das zu viel Essen zu einer Gewohnheit, und es ist schwer, sich das wieder abzugewöhnen. Bei den Erwachsenen spielt das Essen __ die Gesellschaft, wie wir __ Erfahrung wissen, eine große Rolle. Für den Appetit sind außer der Schmackhaftigkeit noch andere Eigenschaften der Nahrung wichtig, __ allem der Geruch und das gute Aussehen der Speisen.

Dicke Leute sagen oft: „Ich esse fast nichts! Und ich nehme doch nicht ab! Meine Meinung __ nutzt das wenig Essen nichts!" Das ist nicht wahr! Es ist eine oft __ Ernst geglaubte Selbsttäuschung. Es ist eine einfache Rechnung, dass der Mensch __ die Dauer abnehmen muss, wenn er weniger Kalorien zu sich nimmt, als er verbraucht. In einem Sanatorium nimmt man __ Aufsicht und __ die nötige Ausdauer __ jeder Fall ab! Man kann auch __ Beweis anführen, dass wir das alle __ Krieg und __ die Nachkriegsjahre erlebt haben. Selbst die Dicksten wurden schlank, wenn sie keine zusätzlichen Nahrungsmittel mehr hatten.

__ die Regel führt auch die Steigerung der körperlichen Arbeit __ eine Verminderung des Gewichts. Viele Menschen bewegen sich nämlich zu wenig. Man muss allerdings bedenken, dass ein Spaziergang __ Gelegenheit und ein bisschen Rasenmähen __ der Garten nicht ausreichen, um sein Gewicht wirklich zu verringern. Das Entscheidende bleibt der Entschluss des zu dicken Menschen, durch Einhaltung einer knappen Diät eine Gewichtsabnahme zu erzielen.

1. *Fassen Sie jeden Abschnitt in zwei oder drei Sätzen zusammen. Das ergibt den Rahmen für eine Textwiedergabe!*

2. *Der Verfasser des Artikels zeigt, dass er der Schlankheit als Schönheitsideal verpflichtet ist. Viele Menschen sind aber nicht schlank. Welche physischen und psychischen Probleme haben Dicke? Machen Sie eine Liste einschlägiger Gedanken und ordnen Sie sie für einen kurzen Vortrag!*

### 1.2.3 Wendungen aus Substantiv, Verb und Präposition (Funktionsverbgefüge)

Die folgende Liste enthält Ausdrücke, die aus Substantiv und Verb zusammengesetzt sind und eine vorangestellte oder / und eine nachgestellte Präposition haben. Unter den vorangestellten Präpositionen sind *in* und *zu* besonders häufig (*in Betrieb setzen, zur Besinnung kommen*).

Unter den Verben, die oft bei Substantiven stehen und mit ihnen zusammen einen Ausdruck bilden (sie werden Funktionsverben genannt), stehen einige mit dem Akkusativ (z. B. *bringen, setzen, stellen*) und einige ohne Akkusativ (z. B. *bleiben, haben, halten, kommen, sein, stehen*). Wie in der Liste der Verben sind auch hier Hinweise zur Benutzung dieser Ausdrücke im Satz gegeben. Die Erklärungen lese man dort nach (S. 15 f.).

Ausdrücke mit dem unbestimmten Artikel können auch im Plural verwendet werden:

eine Angabe machen zu

*Angaben machen zu*

Wenn sie schon in der Liste im Plural stehen, ist der Singular wenig gebräuchlich:

Argumente vortragen

Ist der Plural nicht üblich, wird hinzugefügt:

(kein Plural)

**A**

| A (S) | in | Abrede stellen W, S | |
|-------|-----|---------------------|---|
| | | Absatz finden –, – | bei D |
| | | | für A / in A |
| | | Abschied nehmen W, S | von D; davon, dass; davon, Inf. |
| A (S) | zum | Abschluss bringen W, S | durch A; dadurch, dass |
| A (S) | zum | Abschluss bringen W, S | mit D; damit, dass |
| | zum | Abschluss kommen –, – | durch A; dadurch, dass |
| | | Abstand nehmen W, S | von D; davon, dass; davon, Inf. |
| A (S) D | zur | Abstimmung vorlegen W, S | |
| | | ~ unterbreiten W, S | |
| A | außer | Acht lassen W, S | |
| | | Achtung haben –, – | vor D; davor, dass |
| | | Ähnlichkeit haben –, – | mit D |
| | | Ahnung haben –, – | von D; davon, wie / Fragewort; –, wie / Fragewort |
| | in ein | Amt berufen werden | durch A |
| | | Anforderungen stellen W, S | an A |

|  |  |  |  |
|---|---|---|---|
|  | eine | Anfrage richten W, S | an A |
|  |  | Angaben machen W, S | für A |
|  |  | Angaben machen W, S | über A; darüber, dass |
|  |  | Angaben machen W, S | zu D; dazu, wie / Fragewort |
| A (S) | in | Angriff nehmen W, S |  |
|  | einen | Angriff richten W, S | auf A |
|  | einen | Angriff richten W, S | gegen A; dagegen, dass |
|  |  | Angst bekommen / haben –, – | um A |
|  |  | Angst bekommen / haben –, – | vor D; davor, dass; –, dass; davor, Inf.; –, Inf. |
| D (P) |  | Angst einjagen W, S | vor D; davor, dass; davor, Inf.; –, dass; –, Inf. |
|  | einen | Anhaltspunkt geben W, S | für A; dafür, dass |
|  | einen | Anhaltspunkt haben –, – | für A; dafür, dass |
|  |  | Anklage erheben W, S | gegen A |
|  | unter | Anklage stehen –, – | Inf., G |
| A (P) | unter | Anklage stellen W, S | Inf., G |
| D (P) |  | Anlass geben W, S | zu D (S); dazu, Inf.; –, Inf.; dazu, dass; –, dass |
|  |  | Anlass haben –, – | zu D (S); dazu, Inf.; –, Inf.; dazu, dass; –, dass |
|  | zum | Anlass nehmen W, S | für A (S); dafür, dass; dafür, Inf.; –, Inf; –, dass zu D; dazu, Inf.; um zu |
|  | ein | Anliegen haben –, – | an A (P) |
|  | ein | Anrecht haben –, – | auf A; darauf, dass; –, dass; darauf, Inf.; –, Inf. |
|  |  | Anregungen erhalten / enthalten –, – | für A zu D |
| A (S) | zur | Anschauung bringen W, S |  |
|  | den | Anschluss finden W, S | an A |
|  |  | Anspruch haben –, – | auf A; darauf, dass; darauf, Inf. |
|  |  | ~ erheben W, S | auf A; darauf, dass; darauf, Inf. |
| A | in | Anspruch nehmen W, S | für A; dafür, dass; dafür, Inf. |
|  |  | Anstoß nehmen W, S | an D; daran, dass; –, dass |
|  |  | Anstoß erregen W, S | bei D (P) wegen A |
|  |  | Anteil haben –, – | an D; daran, dass |
|  |  | Anteil nehmen W, – | an D; daran, dass |
|  | einen | Antrag ablehnen W, S | wegen G |
|  | einen | Antrag stellen W, S | auf A; darauf, dass bei D |
|  | eine | Antwort geben / finden W, S | auf A (S) |
| D (P) A (S) | zur | Antwort geben W, S | auf A (S); darauf, dass |
| A (S) | zur | Anwendung bringen W, S | bei D; in D |
|  | zur | Anwendung gelangen –, – | bei D; in D |
|  | zur | Anwendung kommen –, – | bei D; in D |
|  |  | Appetit haben –, – | auf A (S); darauf, Inf.; –, Inf. |
|  | als | Äquivalent akzeptieren | für A (S); dafür, dass; dafür, Inf. |

|  |  |  |  |
|---|---|---|---|
|  | bei der | Arbeit bleiben (W nur im Imperativ) |  |
| A (S) | in | Arbeit geben W, S |  |
|  | an die | Arbeit gehen (W nur im Imperativ) |  |
|  | zur | Arbeit gehen (W nur im Imperativ) |  |
|  | (seinen) | Ärger auslassen W, S | an D |
|  |  | Argumente begründen W, S | durch A (S); dadurch, dass |
|  |  | Argumente begründen W, S | mit D; damit, dass |
|  |  | Argumente vorbringen W, S | für A; dafür, dass; dafür, Inf. |
|  |  | Argumente vorbringen W, S | gegen A; dagegen, dass; dagegen, Inf. |
|  |  | Argumente vortragen W, S | vor D / in D |
|  |  | Argumente widerlegen W, S | mit D; damit, dass |
|  | ein | Attentat planen W, S | auf A (P) |
|  |  | ~ verhindern W, S | durch A; dadurch, dass |
|  |  | ~ verüben W, S | an D (P) |
|  | zur | Aufführung kommen –, – |  |
| A (P) | mit einer | Aufgabe betrauen W, S |  |
|  | einer | Aufgabe gewachsen sein |  |
|  | eine | Aufgabe liegt –, – | in D; darin, dass |
|  | eine | Aufgabe lösen W, S | durch A; dadurch, dass |
|  | eine | Aufgabe lösen W, S | mit D |
| D (P) | eine | Aufgabe übertragen W, S |  |
| D (P) A (S) | zur | Auflage machen W, S |  |
|  | die | Aufmerksamkeit lenken W, S | auf A; darauf, dass; darauf, Inf. |
|  |  | ~ richten W, S | auf A; darauf, dass; darauf, Inf. |
|  | in | Aufregung geraten –, – | wegen G |
|  |  | ~ kommen –, – | wegen G |
|  |  | ~ sein –, – | wegen G |
| D (P) |  | Aufschluss geben W, – | über A; darüber, dass |
|  |  | Aufsehen erregen W, S | bei D |
|  |  |  | durch A; dadurch, dass |
|  | die | Aufsicht führen W, S | über A; darüber, dass |
|  |  | ~ haben –, – | bei D |
|  | unter | Aufsicht stehen –, – |  |
|  | ins | Auge fallen –, – |  |
| A | im | Auge haben –, – |  |
| A | vor | Augen haben –, – |  |
| D (P) | vor | Augen treten –, – |  |
| A (S) | zum | Ausdruck bringen W, S | mit D |
|  | (seinen) | Ausdruck finden –, – | in D; darin, dass |
| D (S) |  | Ausdruck geben W, S | durch A; dadurch, dass |
|  |  | ~ verleihen W, S | durch A; dadurch, dass |
|  | zum | Ausdruck kommen –, – | durch A / in A |
|  | einen | Ausflug machen W, S | in A (S) |
|  | einen | Ausflug machen W, S | nach D (S) |
|  | zur | Ausführung bringen W, S |  |
|  |  | Ausgaben entfallen | auf A |
| A (S) | zum | Ausgangspunkt machen W, S | für A von D |

|  |  |  |  |
|---|---|---|---|
|  |  | Ausgangspunkt sein –, – | für A |
| D (P) |  | Auskunft geben W, S | über A; darüber, dass |
|  | eine | Ausnahme machen W, S | bei D |
|  |  |  | in D; darin, dass |
|  | eine | Ausnahme machen W, S | von D |
|  |  | Ausschau halten –, – | nach D; danach, ob / Fragewort; –, ob / Fragewort |
|  | zur | Ausschüttung kommen –, – |  |
| A (S) | in | Aussicht stellen W, S | für A |
| A (S) | in | Aussicht haben –, – | für A |
|  |  | Auswirkungen haben | auf A; darauf, dass |

## B

|  |  |  |  |
|---|---|---|---|
| A (S) | zur | Bearbeitung bringen W, S |  |
| A (S) | zur | Bearbeitung geben W, S |  |
| A (S) | zur, in | Bearbeitung haben –, – |  |
|  | zur | Bearbeitung kommen –, – |  |
| A (S) | zur, in | Bearbeitung lassen –, – | bei D |
| A (S) | in | Bearbeitung nehmen W, S |  |
|  | in | Bearbeitung sein | bei D |
|  | die | Bedeutung –, – | G liegt in |
|  |  | Bedeutung bekommen –, – | für A |
|  |  | ~ erlangen –, – | für A |
|  |  | ~ haben –, – | für A |
| D |  | Bedeutung zumessen W, S | wegen G |
|  | die | Befähigung haben | zu D; dazu, dass; –, dass; dazu, Inf.; –, Inf. |
|  |  | Begeisterung aufbringen W, S | bei D |
|  |  |  | für A; dafür, Inf.; dafür, dass |
| A (S) | mit | Begeisterung aufnehmen W, S |  |
|  | in | Begeisterung geraten –, – | über A |
| A (P) | zur | Begeisterung hinreißen W, S |  |
|  | in | Begeisterung sein –, – |  |
| A (S) | aus | Begeisterung tun W, S |  |
|  |  | Begeisterung zeigen W, S | bei D |
|  |  |  | für A; dafür, Inf.; dafür, dass |
|  | am | Beginn stehen | G / zu D |
|  | im | Begriff sein –, – | –, Inf. |
| unter | einem | Begriff zusammenfassen W, S |  |
| sich | in | Behandlung begeben –, – | zu D (P) |
|  | aus der | Behandlung entlassen werden / sein |  |
|  | in | Behandlung sein –, – | bei D |
| D |  | Beifall spenden W, S | für A; dafür, dass; –, dass |
|  | als | Beispiel dienen –, – | für A; dafür, dass |
|  | ein | Beispiel geben / nennen W, S | für A (kein Plural) |
| sich | ein | Beispiel nehmen –,– | an D; daran, dass (kein Plural) |
| A (S) | an einem | Beispiel zeigen / klarmachen W, S |  |
| A (S) | durch ein | Beispiel zeigen / erhärten W, S |  |

| | ein | Bekenntnis ablegen W, S | zu D; dazu, dass |
|---|---|---|---|
| A (S) D (P) | ins | Belieben stellen W, S | |
| | eine | Bemerkung machen W, S | über A; darüber, dass |
| | eine | Bemerkung machen W, S | zu D; dazu, dass |
| | (seine) | Bemühungen richten W, S | auf A; darauf, dass; darauf, Inf. |
| D (P) | die | Berechtigung erteilen W, S | zu D (S); dazu, Inf.; –, Inf.; dazu, dass; –, dass |
| | die | Berechtigung haben –, – | zu D (S); dazu, Inf.; –, Inf.; dazu, dass; –, dass |
| | seine | Bereitschaft erklären W, S | zu D; dazu, Inf.; dazu, dass |
| A (S) | in | Bereitschaft halten W, S | zu D |
| | in | Bereitschaft sein –, – | zu D; –, Inf. |
| | einen | Bericht geben W, S | über A; darüber, ob / wie / Fragewort; –, ob / wie / Fragewort |
| | einen | Bericht geben W, S | von D |
| | in | Berührung bleiben –, – | mit D |
| A (S) | in | Berührung bringen W, S | mit D |
| | in | Berührung kommen –, – | mit D |
| | | Bescheid wissen –, – | in D (S) |
| | | Bescheid wissen –, – | mit D |
| | | Bescheid wissen –, – | über A; darüber, dass / ob / Fragewort; –, dass / ob / Fragewort |
| | einen | Beschluss fassen W, S | über A; darüber, dass; darüber, Inf. hinsichtlich G |
| | den | Beschluss fassen W, S | über A; –, dass; –, Inf. |
| | | Beschwerde einlegen / erheben W, S | bei D |
| | | | gegen A; dagegen, dass |
| | | ~ führen W, S | über A; darüber, dass; –, dass |
| | eine | Besprechung abhalten W, S | mit D |
| | | | über A; darüber, dass / ob / Fragewort |
| | eine | Besprechung aufnehmen W, S | mit D |
| | | | über A; darüber, dass / ob / Fragewort |
| | zu einer | Besprechung zusammenkommen –, – | mit D (P) |
| | | | über A; darüber, ob / Fragewort |
| | einen | Besuch machen W, S | bei D (P) |
| | außer | Betracht bleiben –, – | |
| | in | Betracht kommen –, – | |
| A | außer | Betracht lassen W, S | |
| A | in | Betracht ziehen W, S | |
| A (S) | in | Betrieb nehmen W, S | |
| A (S) | in | Betrieb setzen W, S | |
| | in | Betrieb sein –, – | |
| | außer | Betrieb sein –, – | |
| | außer | Betrieb setzen | |
| sich | in | Bewegung befinden –, – | |
| A | in | Bewegung bringen W, S | |

|  |  |  |  |  |
|---|---|---|---|---|
|  | in | Bewegung geraten –, – |  |  |
| A | in | Bewegung halten W, S |  |  |
|  | in | Bewegung kommen –, – |  |  |
|  | in | Bewegung sein –, – |  |  |
| sich | in | Bewegung setzen –, – |  |  |
| A | in | Bewegung setzen W, S |  |  |
| A | den | Beweis antreten W, S | durch A; dadurch, dass |  |
|  |  |  | für A (S); dafür, dass; –, dass |  |
|  | den | Beweis erbringen / führen / | durch A; dadurch, dass |  |
|  |  | liefern W, S | für A (S); dafür, dass; –, dass |  |
| A (S) | unter | Beweis stellen W, S | bei D / vor D |  |
|  |  | Beweise vorlegen W, S | bei D |  |
|  | eine | Bewerbung einreichen W, S | bei D |  |
|  | zu | Bewusstsein kommen –, – |  |  |
| D (P) | zum | Bewusstsein kommen –, – | dass |  |
|  | bei | Bewusstsein sein –, – |  |  |
| A (S) | ins | Bewusstsein (zurück-) rufen W, S |  |  |
| A (S) | in | Beziehung setzen W, S | zu D |  |
|  | in | Beziehung stehen –, – | zu D / mit D |  |
|  | in | Beziehung treten W, S | zu D |  |
|  |  | Beziehungen abbrechen W, S | zu D / mit D |  |
|  |  | ~ aufnehmen W, S | zu D / mit D |  |
|  |  | ~ haben –, – | zu D / mit D |  |
|  |  | ~ herstellen W, S | zu D / mit D |  |
|  |  | Bezug nehmen W, S | auf A; darauf, dass |  |
|  | ein | Bild entwerfen W, S | G / von D |  |
|  | ein (richtiges) | Bild haben –, – | von D (kein Plural) |  |
|  | im | Bilde sein –, – | über A; darüber, dass |  |
| A (S) (richtig) ins | Bild setzen W, S | (kein Plural) |  |  |
|  | eine | Bitte aussprechen W, S | bei D |  |
|  |  |  | für A |  |
|  |  |  | wegen A |  |
|  | eine | Bitte richten W, S | an A (P) |  |
|  |  |  | um A (S) |  |
|  | den / einen | Blick werfen / richten W, S | auf A; darauf, dass |  |
|  | im | Blickfeld liegen –, – |  |  |
|  | im | Blickpunkt stehen –, – |  |  |
|  | zur | Blüte kommen –, – |  |  |
|  | in | Blüte stehen –, – |  |  |
|  | in | Brand geraten –, – |  |  |
| A (S) | in | Brand setzen / stecken W, S |  |  |
|  | in | Brand stehen –, – |  |  |

**D**

|  |  |  |
|---|---|---|
| A (S) | zur | Darstellung bringen W, S |
|  | zur | Darstellung gelangen –, – |
|  |  | ~ kommen –, – |
|  | zur | Debatte stehen –, – |

|  |  |  |  |
|---|---|---|---|
|  | den | Dienst antreten W, S | bei D |
| D (P) | einen | Dienst erweisen W, S | für A; dafür, dass |
|  | einen | Dienst leisten W, S | für A; dafür, dass |
|  | in | Dienst treten –, – |  |
|  | eine | Differenz besteht –, – | in D |
|  |  |  | zwischen D |
|  | zur | Diskussion kommen –, – |  |
| A (S) | zur | Diskussion stellen W, S |  |
|  | auf | Distanz gehen –, – | zu D; dazu, dass |
|  | einen | Druck ausüben W, S | auf A; darauf, dass; darauf, Inf. |
|  | unter | Druck stehen –, – |  |
| A (S) | zur | Durchführung bringen W, S |  |
|  | zur | Durchführung gelangen –, – |  |
|  | zur | Durchführung kommen –, – |  |

## E

|  |  |  |  |
|---|---|---|---|
|  | seinen | Ehrgeiz setzen W, S | in A |
|  | einen | Eid ablegen / leisten W, S | auf A; darauf, Inf.; darauf, dass |
|  |  |  | –, Inf.; –, dass (kein Plural) |
|  |  | Eigentum erwerben W, S | an D |
|  |  | Eigentum verlieren W, S | an D |
|  |  | Einblick bekommen –, – | in A (S) |
| D (P) |  | Einblick gewähren W, S | in A (S) |
|  |  | Einblick haben –, – | in A (S) |
|  |  | Einblick nehmen W, S | in A (S) |
| sich / | D (P) | Einblick verschaffen W, S | in A (S) |
| D (P) |  | Einblick verweigern W, S | in A (S) |
|  | einen | Eindruck gewinnen –, – | von D; davon, wie / Fragewort |
|  |  | ~ haben –, – | von D; davon, wie / Fragewort |
|  |  | Eindruck machen W, S | auf A (P) |
|  |  | Einfluss ausüben W, S | auf A; darauf, dass; darauf, Inf. |
|  |  | ~ gewinnen –, – | auf A; darauf, dass; darauf, Inf. |
|  |  | ~ haben –, – | auf A; darauf, dass; darauf, Inf. |
|  |  | ~ nehmen W, S | auf A; darauf, dass; darauf, Inf. |
|  | ohne | Einfluss bleiben –, – | auf A; darauf, ob |
|  | zu | Einfluss gelangen –, – | bei D |
|  |  |  | durch A; dadurch, dass |
|  |  | Einigung erzielen W, S | in D; darin, dass; darin, Inf. |
|  | zu einer | Einigung kommen –, – | in D |
|  |  |  | mit D (P) |
| A (S) | in | Einklang bringen W, S | durch A; dadurch, dass |
|  |  |  | mit D |
|  | in | Einklang stehen –, – | mit D |
| A (P) | zur | Einsicht bringen W, S | durch A; dadurch, dass |
| A (S) | zur | Einsicht kommen –, – | durch A |
|  |  | Einsicht nehmen W, S | in A |
|  | zur | Einsicht vorlegen W, S | bei D (P) |
| A (S) | zum | Einsturz bringen W, S |  |

| | | | |
|---|---|---|---|
| | zum | Einsturz gelangen / kommen –, – | |
| | einen | Einwand erheben / machen W, S | gegen A; dagegen, dass; dagegen, Inf. |
| | | | in D |
| | | | wegen G |
| | einen | Empfang geben W, S | für A |
| | einen | Empfang geben W, S | zu Ehren G / von D (P) |
| A (P) | zum | Empfang laden W, S | |
| A (S) | in | Empfang nehmen W, S | von D (P) |
| A (S) | zu | Ende bringen W, S | |
| A (S) | bis zu | Ende denken W, S | |
| A (S) | zu | Ende führen W, S | |
| | zu | Ende gehen / kommen –, – | |
| | bis ans | Ende kommen | |
| | zur | Entfaltung kommen –, – | |
| | zur | Entscheidung anstehen –, – | |
| | | ~ gelangen –, – | |
| | | ~ kommen –, – | |
| | vor der | Entscheidung stehen –, – | ob / Fragewort |
| | zu einer | Entscheidung stehen –, – | |
| | eine | Entscheidung treffen W, S | über A; darüber, ob / Fragewort; –, ob / Fragewort |
| | eine | Entscheidung treffen W, S | zu D |
| | einen | Entschluss fassen W, S | zu D (S) |
| | zu einem | Entschluss kommen –, – | durch A |
| | | | in D |
| | zum | Entstehen kommen –, – | |
| | im | Entstehen sein –, – | |
| A (S) | zur | Entstehung bringen W, S | |
| A (S) | zur | Entwicklung bringen W, S | |
| | zur | Entwicklung gelangen –, – | |
| | | ~ kommen –, – | |
| A (S) | in | Erfahrung bringen W, S | |
| | eine / die | Erfahrung machen W, – | bei D / in D |
| | | | durch A |
| | | Erfahrungen sammeln W, S | bei D / in D |
| | | | durch A; dadurch, dass |
| A (S) | als | Erfolg buchen W, S | |
| | | Erfolg haben –, – | bei D |
| | | | in D; darin, dass; darin, Inf. |
| A (S) | in | Erinnerung behalten –, – | |
| | | ~ haben –, – | |
| | aus der | Erinnerung berichten W, S | |
| D (P) | in | Erinnerung bleiben –, – | |
| A (S) | D (P) in | Erinnerung bringen W, S | |
| | | ~ rufen W, S | |
| | in | Erinnerung kommen –, – | |
| | | ~ sein –, – | |
| | zur | Erkenntnis kommen | dass |

# 1. Die Präpositionen

| | | | |
|---|---|---|---|
| | eine | Erklärung abgeben W, S | bei D / vor D |
| | | | zu D; dazu, dass |
| | eine | Erklärung haben –, – | für A; dafür, dass |
| | die | Erlaubnis haben –, – | für A; dafür, dass; –, dass; dafür, Inf.; –, Inf. zu D |
| A (S) | zum | Erliegen bringen W, S | |
| | zum | Erliegen kommen –, – | |
| | in | Erscheinung treten –, – | bei D |
| | in | Erstaunen setzen –, – | wegen G |
| A (S) | in | Erwägung ziehen W, S | |
| | | Erwägungen anstellen W, S | zu D; dazu, wie / ob / Fragewort |
| | | Erwartungen enttäuschen W, S | durch A; dadurch, dass |

**F**

| | | | |
|---|---|---|---|
| | in | Fabrikation gehen –, – | bei D |
| A | in | Fahrt bringen W, S | |
| | in | Fahrt geraten –, – | durch A; dadurch, dass |
| | in | Fahrt kommen / sein –, – | |
| A | zu | Fall bringen W, S | durch A; dadurch, dass |
| | zu | Fall kommen –, – | durch A; dadurch, dass |
| D (P) | eine | Falle stellen W, S | mit D (S) |
| A | in eine | Falle locken W, S | |
| A (S) | mit | Fassung aufnehmen W, S | |
| | | ~ ertragen W, S | |
| | | ~ hinnehmen W, S | |
| | eine | Faszination haben | für A |
| | einen | Fehler begehen / machen W, S | bei D / in D (S) |
| D (P) | ein | Fehler unterläuft –, – | bei D / in D (S) |
| | (seinen) | Fleiß wenden –, – | an A (S); daran, Inf.; daran, dass |
| A (S) | in | Fluss bringen W, S | |
| | von | Forderungen abgehen W, S | |
| | eine | Forderung ergeht –, – | an A (P) |
| | | Formulare abholen W, S | bei D |
| | | ~ einreichen W, S | bei D |
| | | Forschungen anstellen W, S | über A; darüber, ob / wie / Fragewort |
| | einen | Fortschritt bedeuten –, – | gegenüber D (kein Plural) |
| | den | Fortschritt hindern W, S | durch A; dadurch, dass |
| | | ~ vorantreiben W, S | durch A; dadurch, dass |
| | | Fortschritte machen W, S | in D; darin, dass |
| | eine | Frage beantworten W, S | mit D; damit, dass |
| | in | Frage kommen –, – | |
| | eine | Frage richten W, S | an A (P) |
| | außer | Frage stehen –, – | |
| | eine | Frage stellen W, S | zu D |

| | | | |
|---|---|---|---|
| A (S) | in | Frage stellen W, S | |
| A (P) | mit | Fragen bedrängen W, S | |
| | | ~ bestürmen W, S | |
| | die | Freiheit haben –, – | in D |
| | die | Freiheit haben –, – | zu D; dazu, Inf. |
| | | Freude empfinden W, – | über A; darüber, dass; darüber, Inf. |
| | | Freude haben –, – | an D; daran, dass; daran, Inf. |
| | (seine) | Freundschaft befestigen W, S | mit D |
| | | Freundschaft schließen W, S | mit D |
| | für den | Frieden eintreten –, – | durch A, dadurch, dass |
| | | Frieden schließen W, S | mit D |
| | seine | Fühler ausstrecken W, S | nach D; danach; ob / Fragewort; –, ob / Fragewort |
| | zur | Führung G berechtigen –, S | |
| | in | Führung gehen –, – | |
| | die | Führung haben –, – | in D (S) |
| unter | (seiner) | Führung stehen –, – | |
| A (S) | außer | Funktion setzen W, S | |
| | in | Funktion treten / sein –, – | |
| | | Furcht empfinden W, S / haben –, – | vor D; davor, dass; –, dass; davor, Inf.; –, Inf. |
| | | Fuß fassen | in D |

## G

| | | | |
|---|---|---|---|
| sich | in | Gang befinden –, – | |
| | in | Gang bleiben –, – | |
| A (S) | in | Gang bringen / setzen W, S | |
| A (S) | in | Gang halten W, S | |
| | in | Gang kommen –, – | |
| | in | Gang sein –, – | |
| | im | 3. (2. etc.) Gang fahren W, – | |
| A (S) | in | Gebrauch haben –, – | |
| | | ~ nehmen W, S | |
| | in | Gebrauch kommen / sein –, – | |
| | | Gebrauch machen W, S | von D |
| (sparsam) im | | Gebrauch sein –, – | |
| A | im | Gedächtnis behalten / bewahren W, S | |
| A | ins | Gedächtnis (zurück-) rufen W, S | |
| A | aus dem | Gedächtnis verlieren W, S | |
| | aus dem | Gedächtnis verschwinden –, – | |
| | auf einen | Gedanken eingehen –, – | |
| | auf den | Gedanken kommen –, – | |
| | in | Gedanken sein –, – | |
| | mit dem | Gedanken spielen W, – | |
| | | ~ umgehen –, – | |
| sich | mit dem | Gedanken tragen –, – | |
| | in | Gedanken vorhanden sein –, – | |

| | | | |
|---|---|---|---|
| sich / | A | in Gefahr bringen W, S | |
| | in | Gefahr geraten / kommen –, – | |
| | | Gefahr laufen –, – | bei D |
| | in | Gefahr schweben / sein –, – | |
| | | Gefallen finden / haben –, – | an D; daran, dass; daran, Inf. |
| | ein | Gefühl haben –, – | für A; dafür, dass |
| | das | Gefühl verlieren W, S | für A; dafür, dass; dafür, Inf. |
| A | zum | Gegenstand haben –, – | |
| | | ~ machen W, S | |
| | im | Gegensatz stehen –, – | zu D; dazu, dass |
| | ein | Geheimnis machen W, S | aus D; daraus, dass; daraus, Inf. |
| | (sein) | Geld anlegen W, S | in D |
| | vom | Geld leben W, – | |
| A (S) | zu | Geld machen W, S | |
| | | Geld verdienen W, S | durch A; dadurch, dass<br>mit D; damit, dass |
| | eine | Gelegenheit bietet sich –, – | zu D; dazu, Inf. |
| | | Gelegenheit haben –, – | zu D; dazu, Inf. |
| A | zur | Geltung bringen W, S | |
| | zur | Geltung kommen –, – | |
| | | Geschmack finden –, – | an D; daran, dass; daran, Inf. |
| | | ~ gewinnen W, S | an D; daran, dass; daran, Inf. |
| | auf den | Geschmack kommen –, – | |
| D (P) | | Gesellschaft leisten W, – | bei D |
| | ein | Gesetz einbringen W, S | in D |
| | ein | Gesetz erlassen W, S | über A |
| | ein | Gesetz erlassen W, S | zu D (S) |
| A (S) | zum | Gesetz machen W, S | |
| | ein | Gespräch abbrechen W, S | wegen G |
| | in ein | Gespräch eintreten W, S | mit D |
| | ein | Gespräch führen W, S | mit D<br>über A; darüber, ob / Fragewort |
| | das | Gespräch lenken W, S | auf A |
| D (P) | | Gewähr bieten / leisten W, – | für A; dafür, dass; –, dass;<br>dafür, Inf.; –, Inf. |
| | | Gewicht legen W, S | auf A (S); darauf, dass; darauf, Inf. |
| | | Gewissheit erlangen W, S | in D; darin, dass |
| | | ~ haben –, – | in D; darin, dass |
| sich | | Gewissheit verschaffen W, S | in D; darin, dass |
| sich | im | Gleichgewicht befinden –, – | |
| A | aus dem | Gleichgewicht bringen W, S | |
| A | ins | Gleichgewicht bringen W, S | |
| A | im | Griff haben –, – | |
| | | Grund haben –, – | zu D; dazu, dass; –, dass;<br>dazu, Inf.; –, Inf. |
| | einen | Grund haben –, – | für A; dafür, dass; –, dass;<br>dafür, Inf.; –, Inf. |
| | ein | Grund sein –, – | für A; dafür, dass; –, dass;<br>dafür, Inf.; –, Inf. |

|   |   |   |   |
|---|---|---|---|
| A | zur | Grundlage machen W, S | für A; dafür, dass |
|   |   | zugrunde gehen –, – | an D; daran, dass |
|   |   | zugrunde richten W, S | durch A; dadurch, dass |
|   | einen | Gruß ausrichten W, S | von D (P) / an A (P) |
|   |   | ~ bestellen W, S | von D (P) |
|   |   | ~ übermitteln W, S | von D (P) |

**H**

|   |   |   |   |   |
|---|---|---|---|---|
| D (P) A (S) | an die | Hand geben W, S |   |
| A (S) | aus der | Hand geben / legen W, S |   |
| D (P) | zur | Hand gehen –, – |   |
| A (S) | in der | Hand haben –, – |   |
| A (S) | zur | Hand haben –, – |   |
| D (P) A (S) | aus der | Hand nehmen W, S |   |
| A (P) | bei der | Hand nehmen W, S |   |
| A (S) | in die | Hand nehmen W, S |   |
| D (P) A (S) | aus der | Hand schlagen W, S |   |
| D (P) | in die | Hände arbeiten –, – |   |
|   | mit leeren | Händen kommen –, – |   |
|   | in guten | Händen liegen –, – | bei D |
|   |   | Handel treiben W, S | mit D |
|   | seinen | Hass auslassen W, S | an D |
|   |   | Herrschaft ausüben W, S | über A |
|   |   | ~ haben –, – | über A |
|   |   | Hilfe anbieten / bieten W, S | für A |
|   |   | ~ bringen W, S |   |
|   |   | Hilfe leisten W, S | bei D |
|   |   |   | für A |
| A | zu | Hilfe nehmen W, S | für A |
| A (P) | zu | Hilfe rufen W, S |   |
|   | ein | Hindernis bilden W, S | für A (kein Plural) |
|   | einen | Hinweis geben W, S | auf A; darauf, dass; –, dass |
|   |   | Hoffnung haben –, – | auf A; darauf, dass; –, dass; darauf, Inf. –, Inf. |
| D (P) |   | Hoffnung machen W, S | auf A; darauf, dass; –, dass; darauf, Inf.; –, Inf. |
|   |   | Hoffnungen erfüllen sich W, S | in D |

**I**

|   |   |   |   |
|---|---|---|---|
|   | für eine | Idee eintreten / kämpfen W, S |   |
|   | auf eine | Idee kommen –, – |   |
|   |   | Interesse haben –, – | an D; daran, Inf.; –, Inf.; daran, dass; –, dass |
|   |   | Interesse haben –, – | für A; dafür, Inf.; dafür, dass |
|   | von | Interesse sein –, – | für A |
|   |   | Interesse zeigen W, – | für A; dafür, dass |
|   | seine | Interessen vertreten W, S | bei D |
|   |   |   | gegenüber D |

**J**

| | | | |
|---|---|---|---|
| | in die | Jahre kommen –, – | (alt werden) |

**K**

| | | | |
|---|---|---|---|
| | | Kapital schlagen W, S | aus D |
| | sein | Kapital anlegen W, S | in D (S) |
| | zur | Katastrophe führen –, – | |
| | zur | Katastrophe kommen –, – | |
| A | in | Kauf nehmen W, S | |
| | | Kenntnis erhalten –, – | von D; davon, dass; –, dass |
| | | ~ erlangen W, S | von D; davon, dass; –, dass |
| | | ~ nehmen W, S | von D; davon, dass; –, dass |
| D (P) | | Kenntnis geben W, S | von D; davon, dass |
| A (S) D (P) zur | | Kenntnis geben / bringen W, S | |
| A (S) | zur | Kenntnis nehmen W, S | |
| A | in | Kenntnis setzen W, S | |
| | | Klarheit bringen W, S | in D (S) |
| | | Klarheit erhalten W, – | in D (S) |
| | | | durch A; dadurch, dass |
| | | Klarheit herrscht –, – | über A; darüber, dass |
| sich / | D (P) | Klarheit verschaffen W, S | in D (S) |
| sich / | D (P) | Klarheit verschaffen W, S | über A; darüber, dass; darüber ob, Fragewort |
| | auf den | Knopf drücken W, S | |
| A | zum | Kochen bringen W, S | |
| | im | Kommen sein –, – | |
| | einen | Kompromiss eingehen W, – | |
| | in | Konflikt geraten –, – | mit D |
| | in | Konkurs gehen –, – | |
| | vor dem | Konkurs stehen –, – | |
| | | Konsequenzen haben –, – | für A |
| | (seine) | Konsequenzen ziehen W, S | aus D; daraus, dass; daraus, Inf. |
| | | Kontakt aufnehmen W, S | zu D |
| | | ~ haben –, – | zu D |
| | | ~ herstellen W, S | zu D |
| A (S) | in | Kontakt bringen W, S | mit D |
| | in | Kontakt stehen –, – | mit D |
| | in | Kontakt stehen –, – | zu D |
| A (S) | unter | Kontrolle bekommen –, – | durch A; dadurch, dass |
| | | ~ bringen W, S | durch A; dadurch, dass |
| | | ~ haben –, – | durch A; dadurch, dass |
| | | ~ halten W, S | durch A; dadurch, dass |
| | unter | Kontrolle stehen –, – | |
| | die | Kosten tragen W, – | für A; dafür, dass |
| | | Kraft haben –, – | zu D; dazu, Inf.; –, Inf.; dazu, dass; –, dass |
| | in | Kraft bleiben / sein –, – | |
| | | ~ setzen W, S | |

|  |  |  |  |
|---|---|---|---|
|  |  | ~ treten –, – (Verordnung, Gesetz) |  |
| A (P) | in ein | Krankenhaus aufnehmen |  |
|  |  | ~ einweisen W, S |  |
|  | eine | Krankheit hervorrufen W, S | durch A; dadurch, dass |
|  | eine | Krankheit tritt auf –, – | bei D |
|  |  | Kredit aufnehmen W, S | bei D |
|  |  |  | für A |
| A (S) | auf | Kredit kaufen W, S |  |
|  |  | Kritik üben W, S | an D; daran, dass; daran, Inf. |
|  |  | Kritik ernten W, S | mit D; damit, dass; damit, Inf. |
|  |  |  | wegen G |

**L**

|  |  |  |  |
|---|---|---|---|
| A (P) | zum | Lachen bringen W, S | mit D |
|  |  |  | über A |
| sich | in einer |  |  |
| (schwierigen) |  | Lage befinden –, – |  |
|  | in einer (guten) | Lage sein –, – |  |
| sich in (seine) |  | Lage versetzen –, – |  |
|  | zur | Landung ansetzen W, – (Flugzeug) |  |
| A (S) | zur | Landung bringen W, S (Flugzeug) |  |
| A (S) D (P) zur |  | Last legen W, S |  |
| D (P) | zur | Last werden –, – |  |
|  | am | Leben bleiben / sein –, – |  |
| A | am | Leben erhalten W, S |  |
| A (S) | ins | Leben rufen W, S |  |
| (mitten) | im |  |  |
|  | (öffentlichen) | Leben stehen –, – |  |
|  | ums | Leben kommen –, – |  |
|  |  | Licht bringen W, S | in A (S) |
| A (S) | ans | Licht bringen W, S |  |
|  | (seinen) | Lohn bekommen / erhalten –, – | für A (S); dafür, dass; dafür, Inf. |
|  | eine | Lösung finden W, S | für A (S) |
|  |  | Lust haben –, – | zu D (S); dazu, Inf.; –, Inf. |

**M**

|  |  |  |  |
|---|---|---|---|
|  |  | Macht ausüben W, – | auf A; darauf, dass |
|  | zu | Macht und Einfluss gelangen –, – |  |
|  | an die | Macht kommen –, – | durch A; dadurch, dass |
|  | in (seiner) | Macht stehen –, – |  |
|  | ein | Mangel besteht –, – | an D |
|  |  |  | in D; darin, dass |
|  | es | herrscht Mangel –, – | an D |
|  | auf den | Markt kommen –, – |  |
|  | auf dem | Markt sein –, – |  |
|  |  | Maßnahmen ergreifen / treffen W, S | für D; dafür, dass |
|  |  |  | gegen A; dagegen, dass |
|  |  |  | wegen G |

| | | | |
|---|---|---|---|
| | (seine) | Meinung äußern W, S | über A |
| | (seine) | Meinung äußern W, S | zu D; dazu, dass |
| | auf | einer Meinung bestehen W, – | |
| | eine | Meinung haben –, – | über A (kein Plural) |
| | eine | Meinung haben –, – | zu D; dazu, dass (kein Plural) |
| | eine | Meinung vertreten W, – | zu D; dazu, dass (kein Plural) |
| | in | Mitleidenschaft ziehen W, S | durch A |
| | zum | Mittelpunkt werden –, – | von D (Genitiv möglich) |
| | aus der | Mode kommen –, – | |
| | in | Mode kommen –, – | |
| | die | Möglichkeit haben –, – | zu D (S); dazu, Inf.; –, Inf. |
| sich | | Mühe geben –, – | mit D; damit, Inf.; –, Inf. |
| | | Mühe verwenden W, S | auf A; darauf, dass; –, dass |

**N**

| | | | |
|---|---|---|---|
| | eine | Nachricht bringen W, S | von D; davon, dass; –, dass |
| | | Nachricht geben W, – | an A |
| | | | von D; davon, dass |
| | | Nachricht geben W, – | über A; darüber, dass |
| | eine | Nachricht übermitteln W, S | an A (P) |
| | auf einen | Nenner bringen W, S | |
| | in | Not geraten / kommen –, – | |
| A (S) | aus | Not tun W, S | |
| A (S) | ohne | Not tun W, S | |
| | | Nutzen bringen –, – | für A |
| | von | Nutzen sein –, – | für A |
| | | Nutzen ziehen W, S | aus D; daraus, dass |

**O**

| | | | |
|---|---|---|---|
| A (S) | in | Ordnung bringen W, S | |
| | | Ordnung halten W, – | in A |
| A (P) | zur | Ordnung rufen W, S | |
| | für | Ordnung sorgen W, S | in D (S) |

**P**

| | | | |
|---|---|---|---|
| | | Parallelen ziehen W, S | zu D (S) |
| | aus einer | Partei austreten –, – | |
| | in eine | Partei eintreten –, – | |
| | | Partei ergreifen / nehmen W, S | für A; dafür, dass |
| | einen | Platz erhalten / finden / haben –, – | bei D |
| | | ben –, – | in D |
| | ein | Problem lösen W, S | durch A; dadurch, dass |
| | | | mit D |
| | vor einem | Problem stehen –, – | |
| | zum | Problem werden –, – | für A (P) |
| A (S) | zu | Protokoll geben W, S | |
| | | ~ nehmen W, S | |
| | eine | Prüfung absolvieren W, S | bei D (Prüfer), in D (Fach) |

**Q**

| | die | Quittung erhalten –, – | für A (S); dafür, dass; dafür, Inf. |

**R**

| | | Rache nehmen W, S | an D |
| | | | für A; dafür, dass |
| | einen | Rat annehmen W, S | von D (P) (kein Plural) |
| | um | Rat fragen W, S | bei D |
| sich | | Rat holen –, – | bei D / von D |
| A (S) | auf | Raten kaufen W, S | |
| | ein | Rätsel sein –, – | für A (P) |
| | vor einem | Rätsel stehen –, – | |
| | eine | Reaktion auslösen W, S | durch A; dadurch, dass |
| | | Reaktionen zeigen W, – | auf A; darauf, dass |
| | sich | Rechenschaft ablegen W, S | über A (S); darüber, dass; –, dass |
| | | ~ geben W, S | über A (S); darüber, dass; –, dass |
| | zur | Rechenschaft ziehen W, S | für A; dafür, dass; –, dass |
| D (P) | A (S) in | Rechnung stellen W, S | |
| | zu | Recht bestehen W, – | auf D; darauf, dass; darauf, Inf. |
| | ein | Recht haben –, – | auf A; darauf, dass; darauf, Inf.; –, Inf. |
| | ein | Recht haben –, – | zu D (S) |
| sich | das | Recht nehmen W, S | zu D; dazu, Inf.; –, Inf. |
| | im | Recht sein –, – | |
| | eine | Rede halten W, S | anlässlich G |
| | | | über A |
| | | | vor D |
| A (P) | zur | Rede stellen W, S | wegen G |
| A (P) | zum | Reden bringen W, S | |
| | zum | Reden kommen –, – | |
| | an die | Reihe kommen –, – | mit D |
| | an der | Reihe sein –, – | mit D; damit, dass; damit, Inf.; –, dass; –, Inf. |
| A | in eine | Reihe stellen W, S | mit D |
| | | Relationen herstellen W, S | zu D |
| | | Rendite erzielen W, S | auf A (S) / mit D (S) |
| | | Reue empfinden W, S | über A (S); darüber, dass; –, dass; darüber, Inf.; –, Inf. |
| | eine | Rolle spielen W, – | bei D |
| | | | in D (S) (kein Plural) |
| | | Rücksicht nehmen W, S | auf A; darauf, dass |
| | einen | Ruf ergehen lassen –, – | an A (P) (kein Plural) |
| | einen | Ruf erhalten –, – | nach D (kein Plural) |
| sich | aus der | Ruhe bringen lassen –, – | |
| sich | zur | Ruhe begeben –, – | |
| | | Ruhe finden –, – | |
| | zur | Ruhe kommen –, – | |
| A (P) | in | Ruhe lassen W, – | |

| | | | |
|---|---|---|---|
| sich | zur | Ruhe setzen –, S | |
| | für | Ruhe sorgen W, S | |

**S**

| | | | |
|---|---|---|---|
| | zu | Schaden kommen –, – | durch A; dadurch, dass |
| | zu dem | Schluss kommen –, – | |
| | | Schlüsse ziehen W, S | aus D (S); daraus, dass |
| | einen | Schritt in die richtige Richtung tun W, S | |
| | einen | Schuss abgeben W, S | auf A |
| | | Schutz suchen / finden / bieten W, S | bei D |
| | | | vor D |
| A | in | Schutz nehmen W, S | gegen A; dagegen, dass; dagegen, Inf. |
| | unter (seinem) | Schutz stehen –, – | |
| A (P) | unter (seinen) | Schutz stellen W, S | |
| | | Schwerpunkte bilden W, S | in D |
| | | Schwerpunkte verlagern W, S | auf A |
| | | | von D – nach D |
| | | Schwierigkeiten bereiten W, S | bei D |
| | | | durch A; dadurch, dass |
| | | Schwierigkeiten bereiten W, – | bei D |
| | | | mit D |
| | | Schwierigkeiten bereiten W, – | wegen D |
| | in | Schwierigkeiten geraten | durch A; dadurch, dass |
| | | ~ kommen –, – | durch A; dadurch, dass |
| | | Schwierigkeiten haben –, – | bei D; dabei, Inf.; –, Inf. |
| | | Schwierigkeiten machen W, S | bei D |
| | | | mit D |
| | in | Schwingung geraten –, – | |
| | | ~ kommen –, – | |
| A (S) | in | Schwingung versetzen W, S | |
| A | in | Schwung bringen W, S | |
| | in | Schwung kommen –, – | |
| | ein | Seminar abhalten W, S | über A |
| | in | Serie gehen –, – | |
| | | Sicherheit fordern W, S | für A; dafür, dass |
| | | ~ gewähren W, S | für A; dafür, dass |
| | | ~ gewährleisten W, S | für A; dafür, dass |
| A (S) | im | Sinn behalten –, – | |
| | | Sinn haben –, – | für A; dafür, dass |
| (etwas) | im | Sinn haben –, – | mit D |
| D (P) | in den | Sinn kommen –, – | |
| D (P) | steht der | Sinn | nach D; danach, dass; danach, Inf. |
| | in eine | Situation geraten –, – | |
| | | ~ kommen –, – | |
| | die | Situation retten W, S | durch A; dadurch, dass |

| | | | |
|---|---|---|---|
| | in | Sorge geraten / sein –, – | um A |
| sich | | Sorgen machen –, – | um A; darum, dass; –, dass |
| | | Sorge tragen W, S | für A; dafür, dass; dafür, Inf. |
| | | Spaß haben –, – | an D; daran, dass; daran, Inf. |
| | | Spaß haben –, – | mit D |
| | | ~ machen W, – | |
| | an der | Spitze liegen | bei D |
| A (S) | zur | Sprache bringen W, S | |
| | zur | Sprache kommen –, – | |
| A (S) | zu | Stande bringen W, S | durch A; dadurch, dass |
| A (S) | in | Stand setzen W, S | |
| | einen | Standpunkt einnehmen W, S | gegenüber D |
| | | | in D |
| A an die (richtige) | | Stelle bringen / setzen W, S | |
| | an die | Stelle treten –, – | von D |
| | ohne | Stelle sein –, – | |
| | zur | Stelle sein –, – | |
| | | Stellung nehmen W, S | zu D |
| A (S) | mit | Steuern belegen | |
| | | Steuern legen W, S | auf A |
| | | ~ liegen –, – | auf D |
| A | im | Stich lassen –, – | |
| A (S) | zum | Stillstand bringen W, S | |
| | zum | Stillstand kommen –, – | |
| | ins | Stocken kommen / geraten –, – | |
| | | Straftaten begehen W, S | gegen D |
| | auf die | Suche gehen –, – | |

**T**

| | | | |
|---|---|---|---|
| A (S) | an den | Tag bringen W, S | |
| | in den | Tag hinein leben W, – | |
| | an den | Tag kommen –, – | |
| A (S) | an den | Tag legen W, – ( = zeigen) | |

**U**

| | | | |
|---|---|---|---|
| | einen | Überblick geben W, S | über A (S) |
| | | Übereinstimmung besteht –, – | in D; darin, dass; darin, Inf. |
| A (S) | in | Übereinstimmung bringen W, S | mit D; damit, dass |
| | | Übereinstimmung erzielen W, – | in D; darin, dass; –, dass; darin, Inf.; –, Inf. |
| | | Überlegungen anstellen W, S | zu D (S); dazu, wie / Fragewort; –, wie / Fragewort |
| | eine | Überraschung bereiten W, S | für A |
| | eine | Übung abhalten W, S | über A |
| | aus der | Übung kommen –, – | |
| A (S) | in | Umlauf bringen / setzen W, S | |
| | in | Umlauf kommen /gelangen –, – | |
| | | Umstände machen W, S | wegen G |

|  |  |  |  |
|---|---|---|---|
|  | im | Unklaren bleiben –, – |  |
|  | im | Unklaren sein –, – | über A; darüber, ob / Fragewort; –, ob / Fragewort |
| A (S) | im | Unklaren lassen W, S | über A; darüber, dass; –, dass; darüber, ob / Fragewort |
|  | einen | Unterschied machen W, S | zwischen D |
|  | ein | Urteil abgeben W, S | zu D |
|  | ein | Urteil fällen / sprechen W, S | über A |
|  | zu einem | Urteil kommen –, – | durch A; dadurch, dass |

**V**

|  |  |  |  |
|---|---|---|---|
|  | eine | Verabredung treffen W, S | für A |
|  |  |  | mit D (P) |
| A (S) | zur | Verabschiedung bringen W, S | (Antrag, Gesetz) |
|  | zur | Verabschiedung gelangen –, – |  |
|  |  | ~ kommen –, – |  |
|  |  | Veränderung erfahren –, – | durch A; dadurch, dass |
| D (P) |  | Veranlassung geben W, S | zu D (S); –, Inf.; –, dass; dazu, Inf.; dazu, dass |
|  |  | Veranlassung haben –, – | zu D (S); dazu, Inf.; –, Inf. |
| D (P) | die | Verantwortung abnehmen W, S | für A; dafür, dass; –, dass |
|  | die | Verantwortung tragen W, S | für A; dafür, dass; –, dass |
|  |  | ~ übernehmen W, S | für A; dafür, dass; –, dass |
| A (P) | zur | Verantwortung ziehen W, S | für A; dafür, dass |
|  | in | Verbindung bleiben –, – | mit D |
|  |  | ~ kommen –, – | mit D |
|  |  | ~ stehen –, – | mit D |
|  |  | ~ treten –, – | mit D |
| A (S) | in | Verbindung bringen W, S | mit D |
| sich | in | Verbindung setzen –, – | mit D |
| (sparsam) im |  | Verbrauch sein –, – |  |
|  | über jeden | Verdacht erhaben sein –, – |  |
|  | über jedem | Verdacht stehen –, – |  |
|  | zur | Verdunstung bringen W, S |  |
| A (S) | zur | Verfügung haben –, – | für A; dafür, Inf.; dafür, dass |
| D (P) | zur | Verfügung stehen –, – | für A; dafür, Inf.; dafür, dass |
| sich / | A (S) zur | Verfügung stellen W, S | für A; dafür, Inf.; dafür, dass |
|  |  | Vergeltung üben W, S | an D für A; dafür, dass |
|  | einen | Vergleich aushalten W, – | mit D |
|  | einen | Vergleich eingehen W, – | mit D (P) |
|  |  | ~ schließen W, S | mit D (P) |
|  | einen | Vergleich ziehen W, S | zu D |
|  | im | Verhältnis stehen –, – | zu D |
|  |  | Verhandlungen aufnehmen W, S | mit D |
|  | in | Verhandlungen eintreten W, S | mit D |
| A (P) | in | Verlegenheit bringen W, S |  |
|  | in | Verlegenheit geraten –, – |  |
|  |  | ~ kommen –, – |  |

|  |  |  |  |
|---|---|---|---|
|  | eine | Vermutung äußern W, S | zu D |
| zu einer |  |  |  |
|  | (dauernden) | Verständigung führen –, – |  |
|  |  | Verständnis aufbringen W, S | für A; dafür, dass |
|  | zur | Verteilung gelangen –, – | durch A |
|  |  | ~ kommen –, – | durch A |
|  | einen | Vertrag abschließen W, S | mit D |
|  |  | ~ brechen W, S | mit D |
|  |  | Vertrauen entsteht –, – | zu D |
|  |  | Vertrauen haben –, – | zu D |
| A (P) | ins | Vertrauen ziehen W, S |  |
|  | in | Verwahrung bleiben / sein –, – | bei D |
| A (S) | in | Verwahrung bringen W, S |  |
| A (S) | in | Verwahrung geben W, S | bei D |
| A (S) | in | Verwahrung haben –, – | für A |
| A (S) | in | Verwahrung nehmen W, S | bei D |
|  |  |  | für A |
|  | einen | Verweis erteilen W, S | wegen G |
|  |  | Verwendung finden –, – | bei D |
|  |  |  | in D |
|  | zur | Verwendung kommen –, – | bei D |
|  |  |  | in D |
|  | zur | Verwirklichung kommen –, – |  |
| A | in | Verwirrung bringen W, S |  |
| A (P) | in | Verwunderung setzen W, S |  |
|  |  | Verzicht leisten W, S | auf A; darauf, dass; darauf, Inf. |
|  | in | Verzug geraten –, – | mit D |
|  |  | ~ kommen –, – | mit D |
|  |  | ~ sein –, – | mit D |
| A (P) | zur | Verzweiflung bringen W, S | mit D |
|  | in | Verzweiflung geraten –, – | durch A; dadurch, dass |
|  |  | ~ kommen –, – | durch A; dadurch, dass |
|  | ein | Visum beantragen W, S | bei D |
|  | ein | Visum erteilen W, S | für A (P) |
|  | von einer | Voraussetzung ausgehen W, – |  |
|  | eine | Voraussetzung darstellen –, – | für A |
|  | eine | Voraussetzung mitbringen W, S | zu D |
|  |  | Vorbereitungen treffen W, S | für A; dafür, Inf.; dafür, dass |
| A | zum | Vorbild nehmen W, S | für A |
|  | eine | Vorlesung ankündigen W, S | über A |
|  |  | ~ halten W, S | über A |
| A (S) | in | Vorschlag bringen W, S |  |
|  | auf einen | Vorschlag eingehen W, – |  |
|  | in | Vorschlag kommen –, – |  |
|  | einen | Vorschlag machen W, S | für A |
|  |  |  | zu D; dazu, wie / Fragewort; –, wie / Fragewort |
|  | eine | Vorstellung haben –, – | von D; davon, wie / Fragewort; |

| | | | |
|---|---|---|---|
| | | | –, wie / Fragewort |
| D (P) | | Vorteile bieten W, S | durch A |
| | | Vorteile mit sich bringen –, – | für A |
| | | Vorteile haben –, – | für A |
| | | Vorteile ziehen W, S | aus D |
| | einen | Vortrag halten W, S | über A |
| | | | vor D (P) |
| | einen | Vorwurf machen W, S | wegen G |
| D (P) A (S) zum | | Vorwurf machen W, S | |

## W

| | | | |
|---|---|---|---|
| A (S) | zum | Wachsen bringen W, S | |
| | die (seine) | Wahl treffen W, S | unter D |
| | vom | Weg abkommen –, – | |
| D (P) | aus dem | Weg gehen –, – | |
| sich | auf den | Weg machen –, – | |
| D (P) | im | Weg stehen –, – | |
| | | Wert legen W, S | auf A; darauf, dass; darauf, Inf. |
| | eine | Wette abschließen W, S | mit D (P) |
| | | ~ eingehen W, – | um A |
| | jede | Wette eingehen –, – | mit D (P) |
| | | | um A |
| | eine | Wette verlieren W, S | um A |
| | | Widerspruch erheben W, S | gegen A |
| | | Widerstand leisten W, S | gegen A; dagegen, dass |
| | den | Willen haben –, – | zu D; dazu, dass; –, dass; dazu, Inf.; –, Inf. |
| D (P) | zu | Willen sein –, – | |
| | eine | Wirkung ausüben W, S | auf A |
| | | ~ haben –, – | auf A |
| A (S) | zur | Wirkung bringen W, S | |
| | zur | Wirkung kommen –, – | |
| A (P) | zu | Wort kommen lassen –, – | |
| sich | zu | Wort melden –, – | |
| | kein | Wort verlieren W, S | über A; darüber, dass |
| | (keine) | Worte finden W, – | für A; dafür, dass |
| A (S) | in | Worte kleiden W, S | |
| | in | Wut bringen W, S | |

## Z

| | | | |
|---|---|---|---|
| | aus der | Zeitung erfahren W, S | |
| | in der | Zeitung stehen –, – | |
| | im | Zentrum stehen –, – | durch A |
| | ein | Ziel erreichen W, S | durch A; dadurch, dass |
| | ein | Ziel ins Auge fassen W, S | |
| A | zum | Ziel führen W, S | |
| | über das | Ziel hinausschießen W, S | |
| | ans | Ziel kommen –, – | |

|          |         |                                |                                            |
|----------|---------|--------------------------------|--------------------------------------------|
|          | seinen  | Zorn auslassen W, S            | an D                                       |
|          |         | Zugang finden W, S             | zu D                                       |
|          |         | Zurückhaltung üben W, S        | in D (S)                                   |
| A (S)    | in      | Zusammenhang bringen W, S      | mit D; damit, dass                         |
| A (S)    | in      | Zusammenhang sehen W, S        | mit D; damit, dass                         |
|          | in      | Zusammenhang stehen –, –       | mit D; damit, dass                         |
|          | (seine) | Zustimmung erteilen W, S       | für A; dafür, dass; –, dass; dafür, Inf.; –, Inf. |
|          |         | ~ geben W, S                   | zu D, dazu, dass                           |
|          |         | Zuwachs haben –, –             | an D                                       |
|          | über jeden | Zweifel erhaben sein –, –   |                                            |
|          |         | Zweifel hegen W, – / haben –, – | an D; daran, dass; daran, Inf. daran, ob  |
|          | außer   | Zweifel stehen –, –            |                                            |
| A (S)    | in      | Zweifel ziehen W, S            |                                            |

## Übungen

*Es fehlen die Präpositionen!*
*Setzen Sie das folgende Substantiv oder Pronomen in den richtigen Kasus!*
*Wo eine eckige Klammer erscheint, sollen die Präposition und der Artikel zusammengezogen werden.*

## Übung 1

1. Ich weiß schon da__ Bescheid, dass er heute nicht kommt.

   Weißt du __ der Motor Bescheid?

   Der Student weiß __ die Geschichte der Geologie nicht Bescheid.

2. Die Zuhörer ließen sich von dem Vortragenden __ Begeisterung hinreißen. Sein Konzept zur Behebung der wirtschaftlichen Schwierigkeiten wurde __ Begeisterung aufgenommen. Allerdings brachte man __ seine politischen Ansichten keine Begeisterung auf.

3. Er trug seine Argumente zunächst __ kleiner Kreis vor, ehe er sie __ ein großes Publikum darlegte. Seine Gegner versuchten, ihn __ seine eigenen Argumente zu widerlegen.

4. Der Student hatte einen Antrag __ ein Stipendium gestellt.

   Der Antrag wurde aber __ das hohe Einkommen seines Vaters abgelehnt.

5. Ich möchte diesen Vorfall __ Anlass nehmen, über die Gesetze zu sprechen, denn ich habe in letzter Zeit häufig Anlass __ Klage gehabt.

6. Der junge Wissenschaftler muss sein Können noch __ Beweis stellen. Er muss den Beweis __ seine neue Theorie noch führen.

7. Der Minister entwarf ein schiefes Bild __ die Lage; er war offenbar nicht __ Bilde.

8. Der Botschafter gewann durch seine Reisen einen umfassenden Eindruck __ das Land. Die fortschreitende Technisierung machte großen Eindruck __ [er].

9. Der Außenminister nahm den fremden Gast __ der Flugplatz __ Empfang. Er gab am Abend __ [er] einen großen Empfang. Es waren nur ausgewählte Damen und Herren __ der Empfang geladen.

10. Der Bundeskanzler will vor dem Bundestag eine Erklärung [ __ die] Lage der Nation abgeben. Er hat __ alles eine Erklärung.

**Übung 2**

1. Die Versorgung der Industrie mit Rohstoffen ist nicht __ Frage gestellt.

   Die Journalisten bedrängten den Abgeordneten __ Fragen. Sie stellten viele Fragen __ seine neue politische Einstellung. Er sagte, ein Nachgeben in diesem wichtigen Punkt komme nicht __ Frage.

2. Die verschiedenen Werke dieses Produktionszweiges sind __ die Führung einer Firma zusammengefasst worden. Diese Firmengruppe hat jetzt die Führung __ Plastikartikeln. Als Hoflieferantin ist sie __ Führung des königlichen Wappens berechtigt.

3. Anbei übersenden wir Ihnen den Herbstkatalog. Machen Sie __ unsere Angebote Gebrauch!

   Wir haben eine neue Adressiermaschine __ Gebrauch genommen.

4. Der Assistent ist nicht __ meine Gedanken eingegangen. Er war während der Unterredung sehr __ Gedanken. Er sagte, er trage sich __ der Gedanke, an eine andere Universität zu gehen.

5. Er hat seinen Landbesitz __ Geld gemacht. Und dann hat er das Geld __ Aktien angelegt. Da bekommt er soviel Dividende, dass er __ sein Geld leben kann.

6. Trotz seines Alters hat er den Betrieb noch fest __ die Hand. Er hat zwar einen Vertreter, der ihm [ __ die] Hand gehen kann; aber die Leitung will er nicht __ die Hand geben, obwohl die beiden gut zusammenarbeiten; sie arbeiten sich, wie man sagt, __ die Hände.

7. Der Fußgänger kam bei einem Verkehrsunfall beinahe [ __ das] Leben. Die Ärzte versuchen, ihn [ __ das] Leben zu erhalten.

   Der Parlamentarier steht seit Jahren [ __ das] öffentliche Leben. Er hat vor kurzem einen neuen Ausschuss [ __ das] Leben gerufen.

8. Eine durchsichtige Lohnfindung ist sehr __ Nutzen für das Arbeitsklima. Wer zieht den größten Nutzen __ eine Verbesserung des Betriebsklimas? Ein gutes Betriebsklima bringt großen Nutzen __ die ganze Firma.

9. In einem öffentlichen Gebäude muss __ Ordnung gesorgt werden. Wer keine Ordnung hält, muss [ __ die] Ordnung gerufen werden.

   Das Werkzeug muss stets __ Ordnung sein.

10. Er glaubt, er habe Recht __ eine Unterstützung. Ich glaube, er ist da nicht [ __ das] Recht. Seine Forderung besteht nicht __ Recht.

**Übung 3**

1. Obwohl er im Allgemeinen Sinn __ Humor hat, steht ihm heute nicht der Sinn __ ein Happening. Er hat etwas anderes [ __ der] Sinn.

2. Man weiß nie, ob man einen Prozess gewinnt; manchmal ist es besser __ ein Vorschlag der Gegenpartei einzugehen und einen Vergleich zu schließen.

   Diese Universität hält den Vergleich __ die Harvard-Universität nicht aus.

   In der Diskussion meldete sich ein junger Mann __ Wort. Er sagte, er wolle nicht viele Worte verlieren __ das, was schon andere gesagt hätten. Er konnte seine Gedanken schwer __ Worte kleiden. Er konnte keine Worte finden da__, dass man ihn nicht mehr __ Wort kommen ließ.

**Texte**

**Text 1**

*Fügen Sie die Präpositionen ein und setzen sie das folgende Substantiv in den richtigen Kasus!*
*Wo eine eckige Klammer gesetzt ist, sollen die Präposition und der Artikel zusammengezogen werden.*

**Anatomie im Studium der Humanmedizin**

Der Student der Humanmedizin sollte sich schon früh __ die Anatomie auseinander setzen. Schon __ die Semester vor dem Präp.-Kurs, dem Kurs, in dem präpariert wird, finden häufig Informationsveranstaltungen __ die Anatomie statt. Dort werden auch Skripten zum Kurs verteilt, die außer einigen Hinweisen __ der konkrete Ablauf des Kurses auch Anregungen __ die Erleichterung des Lernens enthalten. Die vielen anatomischen Merksprüche und Beispiele bringen __ die Studenten großen Nutzen.

Da zu Beginn des Wintersemesters der Präp.-Kurs in wenigen Tagen __ Null __ Hundert beschleunigt wird und dieses Tempo fast bis [ __ das] Ende des Kurses beibehalten wird, ist eine Vorbereitungsphase sehr zu empfehlen. Man sollte zunächst __ die einfachen Strukturen beginnen. Da__ eignet sich zum Beispiel

# 1. Die Präpositionen

__ die Semesterferien das Studium der Embryologie, indem man einen übersichtlichen Kurzlehrgang __ Hilfe nimmt. Während des Studiums der Embryologie eröffnen sich die Bauprinzipien des menschlichen Körpers, die wie ein großes Regal __ die Einzelheiten aufgefüllt werden können.

Der Präp.-Kurs selbst ist das aufwendigste Praktikum der Vorklinik. An etwa 12 Wochenstunden präparieren Gruppen __ jeweils 18 Studenten __ ein Tisch. Sie werden von __ ein Assistent und ein __ zwei Tische zuständiger Hochschullehrer betreut. Es werden zwei Untergruppen zu je neun Studenten gebildet. Bei den zu präparierenden Regionen handelt es sich um einen Teil des Rumpfes oder einer Extremität und ein Gelenkpräparat.

Für die erfolgreiche Teilnahme am Präp.-Kurs werden z.T. schriftliche Leistungskontrollen verlangt sowie das Anfertigen von anatomischen Präparaten. Zusätzlich müssen häufig Gruppengespräche und Testate mündlich abgelegt werden. Die Gruppengespräche werden __ die Regel __ die eigenen Tischdozenten absolviert. Die Prüfungsgebiete erstrecken sich u.a. __ die nicht präparierten Rumpf- und Extremitätenregionen. Die Testate legt man z.B. bei den Prüfern einer __ Beginn des Semesters ausgelosten Prüfergruppe ab. Die Testate sind mündlich und werden meist __ eine kleine Gruppe von 4-5 Studenten abgehalten.

Der Prüfungsstil ist sehr unterschiedlich. Der eine Hochschullehrer befragt die Studenten abwechselnd, ein anderer lieber der Reihe __. __ Beginn der jeweiligen Prüfungsabschnitte werden Listen am Tisch der Prüfer ausgelegt. Jeder muss sich dort __ ein Termin eintragen. Versuchen Sie ihre Testate möglichst im ersten Drittel des Kurses abzulegen. Wer [ __ der] letzte Tag erscheint, muss da__ rechnen, dass der Prüfer auch nicht mehr __ große Begeisterung die Themen zum x-ten Mal abfragt.

Man hofft natürlich, dass man __ die Kurskarte nur gute Noten hat. Wer __ das Ende des Präp.-Kurses eine Null __ die Karte hat, darf __ die letzten beiden Kurstage __ eine mündliche Kollegialprüfung teilnehmen. Bleibt der Prüfer dann wieder unzufrieden __ seine Leistung, dann kann man nicht mehr __ eine Nachprüfung teilnehmen, sondern muss die vier Testate __ nächstes Wintersemester wiederholen.

Die Verfahrensweisen, wie sie hier beschrieben wurden, werden __ manche Hochschulen vielleicht anders gehandhabt. Aber __ Wesentlichen laufen alle Präp.-Kurse ähnlich ab.

1. *Woher kommt der Ausdruck „von Null auf Hundert beschleunigen" (zweiter Absatz des Textes)? Sammeln Sie solche Wendungen und tragen Sie sie in ein Heft ein!*
2. *Lesen Sie den Text noch einmal durch und machen Sie zu folgenden Punkten Aussagen:*
   *Vorbereitung auf den Präp.-Kurs, Verteilung der Studenten auf die Tische, Leistungskontrollen, Präparate, Testate, Kurskarte.*

## Text 2

*Ergänzen Sie die fehlenden Präpositionen und setzen Sie das folgende Substantiv in den richtigen Kasus! Eine eckige Klammer bedeutet, dass die Präposition und der Artikel zusammengezogen werden sollen.*

### Der Mensch als Wirtschaftssubjekt

Menschen haben Bedürfnisse. Sie brauchen eine Reihe von Gegenständen und Dienstleistungen, ohne die sie nicht leben können. Da ist z.b. die Kleidung. Viele Tiere haben ein Fell, das verhindert, dass zu viel Körperwärme verloren geht. Sie brauchen daher keine Kleidung. Beim Menschen sind die Haare fast ganz verschwunden, die wenigen Reste bieten keinen Schutz __ die Kälte. Er bedarf daher der Kleidung. Sie gehört zu den Grundbedürfnissen, die __ jeder Fall __ welcher Art und Weise auch immer befriedigt werden müssen.

Neben der Kleidung sind es die Ernährung (das tägliche Brot) und die Wohnung (das Dach über dem Kopf) __ die Sorge getragen werden muss. Für den modernen Menschen sind wohl auch noch die medizinische Versorgung und die Möglichkeit einer Ausbildung und der Weiterbildung __ die Grundbedürfnisse zu rechnen.

Über das Notwendige hinaus gibt es aber noch das Angenehme, das Wünschenswerte, das, was man nicht unbedingt braucht, aber was man doch gern hätte, da__ zählen etwa Reisen in fremde Länder oder der Besuch eines Konzerts oder einer Theatervorstellung. Leider sind alle diese Güter, auch die unbedingt notwendigen, nicht überall und nicht __ jede Zeit __ der notwendige Umfang vorhanden. Es besteht ein Mangel __ diese Güter, sie sind knapp. Es gibt nicht genug Nahrungsmittel, nicht genug Kleidung __ alle Menschen auf dieser Welt und auch nicht genug Arbeit __ alle, die arbeiten wollen oder müssen.

Die Knappheit der Güter zwingt den Menschen [ __ das] Wirtschaften. Das Wirtschaften ist daher ein Grundbestandteil der menschlichen Existenz. Der Mensch ist ein Handelnder im Wirtschaftprozess. Wir nennen ihn deshalb genauer Wirtschaftssubjekt, weil __ diesem Zusammenhang nur ein Aspekt des menschlichen Handelns, eben der wirtschaftliche, __ Interesse ist. In der Alltagssprache hat sich der Terminus Wirtschaftssubjekt allerdings nicht durchgesetzt.

Wirtschaftssubjekte werden __ drei grundlegende Kategorien eingeteilt: Originäre (primäre) Einheiten sind die privaten Haushalte. Abgeleitete (sekundäre) Einheiten sind die privaten Unternehmen und öffentliche Wirtschaftssubjekte. Öffentliches Wirtschaftssubjekt ist vor allem der Staat als Verwalter des öffentlichen Vermögens, man spricht hier von der öffentlichen Hand, die Geld einnimmt und ausgibt. Während die privaten Haushalte meist ihre eigenen Interessen vertreten, sollen die öffentlichen Wirtschaftssubjekte die Interessen der Allgemeinheit, das Gemeinwohl [ __ das] Auge haben.

Wir wollen uns hier __ der private Haushalt befassen. Jeder Mensch lebt in einem privaten Haushalt. Er kann allein einen Haushalt bilden oder auch mit anderen zusammen. Den privaten Haushalt nennen wir __ dieser Zusammenhang kurz „Haushalt".

Der Haushalt hat drei ökonomische Grundprobleme, mit deren Nennung seine Aktivitäten im Wirtschaftsprozess gekennzeichnet sind:

1. Wie erwirbt er sein Einkommen?
2. Wie verwendet er sein Einkommen?
3. Wie legt er sein Vermögen an?

1. Das Einkommen kann auf unterschiedliche Art erzielt werden. In der überwiegenden Mehrheit der Haushalte steht nur die Arbeitskraft eines oder mehrerer Mitglieder [ __ die] Verfügung. Das Einkommen kann aber auch __ Vermögen oder __ Transferleistungen (etwa einer Rente) erwachsen. Man kann auch als Unternehmer tätig werden und ein Gewinneinkommen erwerben.

2. Bei der Frage __ die Verwendung des Einkommens spielen die oben genannten Bedürfnisse, die unbedingt befriedigt werden müssen, eine große Rolle. Der Haushalt befriedigt seine Bedürfnisse, indem er die nicht dauerhaften Konsumgüter verbraucht, etwa indem Nahrungsmittel gegessen werden, oder dauerhafte Konsumgüter wie Fahrzeuge, Kleidung und Möbel genutzt werden. Neben dem Kauf von Konsumgütern muss der Haushalt auch Transferzahlungen leisten, das sind z.B. Steuern oder Beiträge zu Sozialversicherungen. Wir nehmen an, dass jeder Haushalt in einem Konsumplan festlegt, welche Konsumgüter er __ welcher Umfang aus dem ihm zugänglichen Angebot bei Preisen, __ die er meist keinen Einfluss hat, kaufen will.

3. Einen Teil des Einkommens gibt jeder Haushalt nicht __ der gegenwärtige Konsum aus. Er muss sich da__ klar werden, wie viel er sparen möchte. Sparen bedeutet einen Verzicht __ Konsum in der Gegenwart. Als Gegenleistung erhält er da__ Zinsen, die seine Konsummöglichkeiten __ die Zukunft erhöhen. Über die Möglichkeiten, sein Geld anzulegen, wollen wir hier nicht reden.

In der Alltagssprache meint „Haushalt" nicht nur den Bereich der Einnahmen und Ausgaben, die in Geld gezahlt werden, sondern auch die Leistungen, die im Haushalt zu erledigen sind. Da__ gehören das Einkaufen, Kochen, Waschen, Saubermachen, die Kindererziehung, manchmal auch die Pflege von kranken Mitgliedern des Haushalts. Obwohl diese Tätigkeiten recht umfangreich sein können, treten sie in der volkswirtschaftlichen Gesamtrechnung nicht auf, weil sie __ die Regel unbezahlt verrichtet werden. In immer größerem Maße wird jedoch auch in der Volkswirtschaftslehre [ __ die] Kenntnis genommen, welch ein wirtschaftlicher Faktor die unbezahlte Arbeit in den Haushalten darstellt.

*Was bedeutet der Satz „... das Gemeinwohl im Auge haben" (fünfter Absatz des Textes)? Suchen Sie im Wörterbuch andere Wendungen mit dem Wort „Auge", z.B. „ins Auge fassen".*

*Beantworten Sie folgende Fragen in einigen Sätzen!*
1. *Welche Bedürfnisse der Menschen müssen unbedingt befriedigt werden?*
2. *Warum müssen Menschen wirtschaften?*
3. *Welche wirtschaftlichen Aufgaben erfüllt der private Haushalt?*
4. *Welches sind die drei grundlegenden Kategorien, in die Wirtschaftssubjekte eingeteilt weren?*
5. *Sie kennen aus Ihrer Erfahrung die Probleme eines studentischen Haushalts. Wie erzielen Sie Ihr Einkommen? Wofür geben Sie Ihr Geld aus?*

## 1.2.4 Adjektive mit Präposition

In diesem Abschnitt werden einige Adjektive zusammengestellt und geübt, die eine Präposition nach sich haben. Die Adjektive werden dann meist mit Verben zusammen gebraucht:

*verantwortlich machen für A*
*sich zufrieden geben mit D*
*sich verdient machen um A*

Am häufigsten ist die Verbindung mit *sein* oder *werden*:

*abhängig sein von D*
*misstrauisch werden gegen A*

In solchen Verbindungen setzt man die Präposition, die beim Adjektiv steht.
    In attributiver Stellung sind solche Verbindungen mit Präpositionen nicht so häufig, aber möglich:

*der von den Kosten abhängige Preis*

**A**
abgesehen von D
abhängig von D
ableitbar aus / von D (S)
ablösbar von D (S)
ähnlich in D (S)
analog zu D
angenehm für A (P)
angesehen bei D (P)
angetan von D
angewiesen auf A
ärgerlich auf A (P) / über A (S)
ärgerlich für A (P)
ärgerlich wegen G

arm an D
aufgebracht über A / wegen G
aufgeschlossen gegenüber D
aufmerksam auf A
ausersehen zu D (S)
ausfällig gegen A (P)
ausschlaggebend für A

**B**
bedacht auf A
bedeutend für A
befangen in D (S)
befreundet mit D (P)
befugt zu D (S)

begeistert von D

begierig auf A (S) / nach D (S)

behaftet mit D (S)

behilflich bei D

bekannt bei D, für A (S)

bekannt mit D, durch A

bekümmert über A

beliebt bei D (P)

bemüht um A

benommen von D

berechtigt zu D (S)

bereit für A / zu D (S)

berufen zu D (S)

berühmt für A (S)

besät mit D (S)

beschämt über A

beschlagen in D (S)

beschränkt auf A

besessen von D

besorgt um A

beständig gegen A (S)

bestimmt für A

bestimmt von D

bestrebt zu D (S)

bestürzt über A

beteiligt an D (S) / über A (S)

betroffen von D (S) / über A (S)

betrübt über A

beunruhigt über A

bewandert in D (S)

bezeichnend für A

blass vor D (S)

bleich vor D (S)

blind für A

böse auf / mit A (P)

böse über A (S)

brauchbar für A / zu D

**C**

charakteristisch für A

**D**

dankbar für A (S)

durstig nach A (S)

**E**

ehrgeizig in D (S)

ehrgeizig nach D (S)

eifersüchtig auf A

eigen in D (S)

eingebildet auf A

eingenommen für A / von D

eingeschworen auf A

eingestellt gegen A

einig mit D (P), in D (S) / über A

einsichtig aus D (S)

einverstanden mit D

empfänglich für A

empfindlich gegen A

entfernt von D (S)

entscheidend für A

entschlossen zu D

entsetzt über A

enttäuscht von D

enttäuscht über A

entzückt von D

entzückt über A

erbittert über A

erfahren in D (S)

erfolgreich in D (S) / bei D

erfreut über A

ergriffen von D

erhaben über A

erkrankt an D

erpicht auf A

erschrocken über A

ersichtlich aus D (S)

erstaunt über A

**F**

fanatisch in D (S)

fähig zu D (S)

fair in D (S) / zu D (P)

fertig mit D

fertig bis A (S) / zu D (S)

frech gegenüber / zu D (P)

frei für A

frei von D (S)

freigebig gegen A (P)

freundlich gegen A (P)

freundlich gegenüber / zu D (P)

froh über A

**G**

gebunden an A

gedeckt von D

geeignet für A / zu D (S)
gefährlich für A
gefasst auf A
gefeit gegen A
gefühllos gegen A
geneigt zu D (S)
genug von D
genug für A
geprüft von D
gerüstet für A (S) / zu D (S)
geschaffen für A
geschaffen zu D (S)
gespannt auf A
gestaffelt nach D
gewandt in D (S)
gewillt zu D (S)
gewöhnt an A
gierig nach D (S)
gleichgültig gegen A
gleichgültig gegenüber D
glücklich über A
grausam gegen A
grob gegen / gegenüber A (P) / zu D (P)
günstig für A
gut für A
gut zu D (P)

**H**

hart gegen A (P)
hart zu D (P)
hilfsbereit gegen A (P)
hungrig nach D (S) / auf A (S)

**I**

identisch mit D
immun gegen A
imstande zu D (S)
interessant für A (P)
interessiert an A

**K**

konvertierbar in A (S)
konziliant gegenüber D
krank an D (S)
krank vor D (S)

**L**

lähmend für A
lästig für A (P)
lehrreich für A (P)
lohnend für A
lukrativ für A

**M**

machtlos gegen A
maßgeblich für
mildtätig gegen A (P)
misstrauisch gegen A (P)
misstrauisch gegenüber D
mitbestimmt durch A
müde von D (S)

**N**

nachlässig in D (S)
nachsichtig gegen A (P)
nachsichtig gegenüber D (P)
nachteilig für A
neidisch auf A
nett zu D (P)
neugierig auf A
notwendig für A
notwendig zu D (S)
nützlich für A

**P**

passend für A
passend zu D (S)
problematisch für A
problematisch wegen G

**Q**

quitt mit D (P)

**R**

rechenschaftspflichtig gegenüber D (P)
reich an D
reicher um A
reif für A
relevant für A

**S**

schädlich für A
schlecht für A
schmerzlich für A (P)

schuld an D (S)
selbstverständlich für A
sicher vor D
simultan zu D
skeptisch gegenüber D
solidarisch mit D (P)
starr vor D (S)
stolz auf A
streng gegen A (P)
streng mit D (P)
streng zu D (P)
stumm vor D (S)

**T**
tätig in D (S)
taub für A / gegen A
tragbar für A
traurig über A
tüchtig in D (S)

**U**
überlegen an D
überzeugt von D
übrig für A, von D
unangenehm für A
unabhängig von D
unerbittlich gegen / gegenüber A
ungehalten über A
unvereinbar mit D (S)

**V**
verantwortlich für A
verbittert über A
verderblich für A

verdient um A
vergleichbar in D (S), mit D
vergnügt über A
verhasst bei D (P)
verheiratet mit D
verlassen von D (P)
verlegen um A
verliebt in A
verschieden von D, durch A (S)
verschwenderisch mit D (S)
verständnisvoll gegenüber D (P)
verstimmt über A
verwandt mit D
verwundert über A
verzweifelt über A
voll von D (oder: G)
voreingenommen gegen A
vorteilhaft für A

**W**
weit von D
weit bis zu D
nicht weit her mit D
wesentlich für A
wichtig für A
wild auf A
wütend auf A (P) / über A (S)

**Z**
zornig auf A (P) / über A (S)
zufrieden mit D
zurückhaltend gegenüber D
zusätzlich zu D
zuständig für A

## Übungen

*Ergänzen Sie die fehlenden Präpositionen, und setzen Sie das folgende Substantiv in den richtigen Kasus!*

### Übung 1

1. Die deutsche Industrie ist angewiesen __ Rohstoffeinfuhren; denn Deutschland ist arm __ Rohstoffe.
2. Nicht alle Arbeiter sind __ ihr Lohn zufrieden.

3.  Die politischen Parteien sind ständig da__ bedacht, die Situation des Arbeitnehmers zu verbessern.
4.  Diese Ladung ist __ Somalia bestimmt.
5.  Der Wert des Geldes ist u.a. abhängig __ die Wirtschaft eines Landes.
6.  Durch diesen Fehler sind wir __ eine Erfahrung reicher.
7.  Das Parlament ist einverstanden __ die Erhöhung der Sozialausgaben, obwohl es __ eine Einschränkung der Ausgaben entschlossen war.
8.  Die Parteien waren __ das Ergebnis der Umfrage enttäuscht.
9.  Das Innenministerium ist zuständig __ die Ausgabe von Pässen.
10. Die Vermehrung der Zahlungsmittel ist charakteristisch __ die Inflation.

## Übung 2

1.  Die Liquidität der Banken ist entscheidend __ ihre Fähigkeit, Kredite zu vergeben.
2.  Die Entwicklung der Preise wird nicht nur __ die Kosten bestimmt.
3.  Viele Politiker sind blind __ die politischen Gegebenheiten.
4.  Dieser Terrorist ist __ alles fähig.
5.  Diese Leute sind frei __ Ressentiments gegen ihre früheren Feinde.
6.  Der Plan ist ungeeignet __ die Industrie.
7.  Der Staat ist nicht sehr aufgeschlossen __ neue Tendenzen.
8.  Die Industrie ist im Augenblick nicht __ größere Investitionen geneigt.
9.  Ich bin gespannt __ die weitere politische Entwicklung in diesem Lande. Deshalb bin ich sehr __ die Nachrichten interessiert. Jede Mitteilung ist interessant __ [ich].
10. Das neue Steuergesetz ist nachteilig __ die mittleren Einkommen.

## Übung 3

1.  Die neue Flugverbindung von Hamburg nach New York ist __ alle Amerikareisenden sehr günstig.
2.  Wenn ein Unglück geschehen ist, fragen die Leute da__, wer schuld da__ ist.
3.  Zu viele Tabletten sind schädlich __ die Gesundheit.
4.  Alte Menschen sind oft skeptisch __ jede Neuerung.
5.  Der Richter war überzeugt __ die Richtigkeit seiner Entscheidung.
6.  Folgende Überlegung ist verknüpft __ eine für den Arbeiter ganz alltägliche Erscheinung: Wenn man ein Stück Eisen erhitzt, dann ist die Farbe des Eisens abhängig __ die Temperatur.

7. Jeder Minister ist verantwortlich __ sein Ressort.

8. Die Zinsen müssen __ der Schuldner tragbar sein.

9. Die Beamten sollen sparsam __ die Gelder des Staates umgehen.

10. Diese Wirtschaftskrise ist __ die von 1929 nicht vergleichbar.

**Übung 4**

1. Er hat sich __ das Vaterland verdient gemacht.

2. Der Unternehmer ist __ die Anschuldigungen in der Presse erhaben.

3. Dieser Werkmeister ist beliebt __ seine Arbeiter.

4. Die fehlende Investitionsbereitschaft ist nachteilig __ die Industrie.

5. Der Botschafter war sehr aufmerksam __ die Entwicklung in der Hauptstadt.

6. Die Banken sind jetzt __ größere Investitionen bereit.

7. Die Bürger sind entsetzt __ die Ausschreitungen bei den jüngsten Demonstrationen.

8. Dieser Staat ist sehr bemüht __ eine Entwicklung der Industrie.

9. Die Kommission ist ständig __ zahlreiche Anträge beschäftigt.

10. __ diese Übungen sind wir fertig.

**1.2.5 Das präpositionale Attribut**

In starkem Maße wird in der heutigen Sprache der Wissenschaften das präpositionale Attribut verwendet. Da es mit Hilfe von Präpositionen Beziehungen zwischen den Gegenständen herstellt, ohne dass Verben benutzt werden, vermag man auf diese Weise, lange Sätze zusammenzufassen und Platz zu sparen. In diesen Verbindungen mit Substantiven hat die Präposition manchmal noch die ursprünglich lokale Bedeutung:

*die Brücke über den Fluss*
*das Leben im Wasser*
*der Tunnel unter der Elbe*

Besonders oft wird die Präposition *von* verwendet, die schon sehr früh für den Genitiv eintrat und ihn heute in vielen Fällen ersetzt; im Genitiv Plural ohne Artikel wird regelmäßig *von* gesetzt. Steht ein Adjektiv beim Substantiv, kann auch der Genitiv verwendet werden:

*eine Reihe von Häusern*             *eine Reihe schöner Häuser*
*eine Vielzahl von Erscheinungen*     *eine Vielzahl interessanter Erscheinungen*

In der modernen wissenschaftlichen Literatur werden heute viele Präpositionen beim präpositionalen Attribut benutzt; es ist auch durchaus möglich, dass mehrere solcher Attribute, zum Teil mit Genitiven verbunden, aneinander gehängt werden:

*ein Beitrag zur Beseitigung des Gefälles zwischen Arm und Reich*
*die Tendenz zur Bildung von Monopolen in der Eisenindustrie*
*die Unsicherheit in der Frage nach dem Verbleib des Materials*

In der folgenden Liste sind einige heute übliche Verbindungen dieser Art zusammengestellt. Die meisten substantivierten Infinitive fehlen darin, denn der Infinitiv behält, wenn er zum Substantiv wird, seine Präposition bei. Man kann dann also in der Liste der Verben mit Präpositionen nachsehen:

*das Streben nach Einheit*

streben nach D

Steht **vor** dem Substantiv eine Präposition, so sehe man in der Liste der Verbindungen mit Substantiv nach:

*in Gemeinschaft mit vielen anderen Rundfunkanstalten*

in Gemeinschaft mit D

Ob der bestimmte oder der unbestimmte Artikel vor dem Ausdruck steht, das entscheidet der Satzzusammenhang.

| | | |
|---|---|---|
| die | Abgabe | von Schadstoffen an die Umwelt |
| eine | Abhandlung | über die Methodenlehre |
| die | Ableitung | von Gegebenheiten aus den historischen Zusammenhängen |
| eine | Abneigung | gegen die zu strenge staatliche Aufsicht |
| ein | Anhaltspunkt | für die Durchführung der Aufgabe |
| ein | Ansatz | zu größerer Steigerung der Sparleistung |
| der | Anschluss | an den Weltmarkt |
| eine | Anspielung | auf die letzten Äußerungen des Staatschefs |
| der | Anteil | an der Nutzung der Energievorräte |
| ein | Antrag | auf eine Unterstützung |
| eine | Antwort | auf die Herausforderung |
| die | Anwendung | von Betäubungsmitteln in der Medizin |
| ein | Anzeichen | für neue Tendenzen in der Politik |
| eine | Aufforderung | an unsere Mitglieder zur Zahlung der Beiträge |
| die | Aufklärung | über die tatsächlichen Verhältnisse |
| die | Auflösung | in übersichtliche Einzelbereiche |
| die | Aufsicht | über die Banken |
| der | Aufwand | an Arbeit |
| die | Ausrichtung | auf eine bestimmte Gesellschaftsschicht |

| | | |
|---|---|---|
| eine | Aussage | über die Struktur der Sprache |
| ein | Ausschnitt | aus den Ereignissen dieser Jahre |
| der | Ausweg | aus dieser schwierigen Lage |
| eine | Ausweitung | auf andere Gebiete |
| der | Bedarf | an Nahrungsmitteln |
| die | Begeisterung | für das Theater |
| ein | Beitrag | zur Verbesserung der Lage der Arbeitslosen |
| die | Belastung | der Umwelt durch Abfallstoffe |
| die | Belege | aus drei Jahrzehnten |
| ein | Bericht | über den Verlauf der Operation |
| die | Besinnung | auf die Grundlagen des physikalischen Denkens |
| der | Bestand | an Apparaten |
| die | Bevorzugung | gegenüber der alten Generation |
| die | Bezahlung | für die durchgeführten Arbeiten |
| eine | Bitte | um Mithilfe |
| ein | Buch | über die Finanzierungsmittel |
| ein | Dasein | aus der Kraft des Ursprungs |
| das | Eigentum | an Produktionsmitteln |
| der | Einfluss | auf die Gestaltung des Lebens |
| eine | Einführung | in die Grundprobleme dieses Fachgebietes |
| ein | Eingriff | in die Unternehmerfreiheit |
| eine | Einschaltung | von übergeordneten Stellen in die Beratungen |
| die | Einsicht | in die Akten |
| die | Einstellung | gegenüber der neu aufkommenden terroristischen Gewalt |
| die | Einteilung | in literarische Gattungen |
| die | Entdeckung Amerikas | durch Columbus |
| die | Erfindung der Glühbirne | durch Edison |
| die | Erinnerung | an die schönen Tage im Gebirge |
| ein | Essay | über Kafka |
| (die) | Folgerungen | aus den eben angestellten Überlegungen |
| ein | Fortschritt | in der medizinischen Versorgung der Bevölkerung |
| die | Frage | nach der Erhebung der Steuern |
| die | Freiheit | in der Wahl des Partners |
| die | Freundschaft | zu den Nachbarvölkern |
| die | Furcht | vor Spionage |
| die | Gebrauchsanweisung | für die Waschmaschine |
| eine | Gelegenheit | zu umfassender Kenntnisnahme |
| das | Gesetz | über Kraftfahrzeuge |
| der | Glaube | an die Zwangsläufigkeit des Ablaufs der Geschichte |
| die | Gliederung der Texte | nach unterschiedlichen Gesichtspunkten |
| die | Hinwendung | zu den Grundsätzen der staatlichen Gemeinschaft |
| eine | Hoffnung | auf Besserung der Zustände |
| das | Interesse | an einer Steigerung des Bruttosozialproduktes |
| das | Interesse | für die Notlage der Arbeitslosen |
| die | Liebe | zur Sache |
| die | Lieferung | an Besteller |
| die | Lust | zur Bewältigung außergewöhnlicher Aufgaben |
| ein | Maximum | an Intensität |

| der | Mangel | an Rohstoffen |
|---|---|---|
| ein | Mindestmaß | an Nahrung |
| ein | Minimum | an Durchsetzungsvermögen |
| die | Neigung | zu einem naturwissenschaftlichen Fach |
| die | Notwendigkeit | zur Entwicklung einer Schriftsprache |
| ein | Platz | für wilde Tiere |
| das | Recht | auf Ausbildung der Persönlichkeit |
| eine | Rede | zum hundertsten Todestag des Meisters |
| die | Relation | zwischen den Währungen |
| die | Rückführung | auf die Ursprünge |
| ein | Schema | zur Beurteilung der Fakten |
| die | Sicherheit | in der Anwendung dieser Methoden |
| die | Symptome | für Verschiebungen in den Fundamenten unseres Daseins |
| die | Teilnahme | am Unterricht |
| die | Tendenz | zur Darstellung des Unkultivierten |
| der | Unterschied | zwischen gesprochener und geschriebener Sprache |
| die | Übereinstimmung | in wesentlichen Punkten in der Frage der Grenzziehung |
| der | Übergang | zu anderen Wirtschaftsformen |
| (die) | Überlegungen | zu einer echten Diskussion um das Problem der Macht |
| die | Übertragung der Macht | auf verschiedene Träger |
| eine | Veränderung | in den modernen Produktionsmethoden |
| die | Verantwortung | für die Sicherheit der anvertrauten Arbeiter |
| die | Verfügung | über große Mittel zum Straßenbau |
| ein | Vergleich | mit den Ereignissen vergangener Zeiten |
| ein | Vorteil | für den Verfechter dieser These |
| die | Wandlungen | in den Grundlagen |
| die | Wirkung der Automation | auf die Gesellschaft |
| der | Wunsch | nach einer Verbesserung der Einkommensverhältnisse |
| der | Zugang | zur neueren Literatur |
| die | Zugehörigkeit | zu dieser Gruppe von Versuchspersonen |
| die | Zurückhaltung | in dieser Angelegenheit |
| der | Zusammenhang | mit anderen Erscheinungen des modernen Denkens |
| der | Zweifel | an der Richtigkeit des eingeschlagenen Weges |

## Übungen

### Übung 1

1. *Die angegebenen Beispiele sind nur eine kleine Auswahl aus einer unübersehbaren Zahl. Erweitern Sie die Liste durch Ausdrücke, die Sie Ihrem Fachgebiet entnehmen!*
2. *Bilden Sie Sätze mit den Ausdrücken, die in der Liste stehen, indem Sie entweder den Ausdruck verbalisieren,*

Erinnerung an → *sich erinnern an*

*oder zu dem Substantiv ein geeignetes Verb hinzufügen,*

Eigentum an     →     *Eigentum erwerben an*

*oder ein Adjektiv anstelle des Substantivs benutzen!*

Freiheit in     →     *frei sein in*

**Beispiele:**

*Wir erinnern uns gern an die schönen Tage im Gebirge.*
*Nicht in jedem Land kann man Eigentum an Produktionsmitteln erwerben.*
*Im Geschäftsleben ist man oft nicht frei in der Wahl seines Partners.*

**Übung 2**

*Unterstreichen Sie die präpositionalen Attribute!*

**Der Bau der Atome**

Der Durchmesser der Atome liegt nach Untersuchungen sehr verschiedener Art in der Größenordnung von $10^{-8}$ cm. Der Name Atom stammt aus der griechischen Naturphilosophie und bedeutet etwas Unteilbares. Doch beweist schon die Ionisierung von Atomen durch Abspaltung von Elektronen, dass sie keine letzten, unteilbaren Baustoffe der Materie sind. Im Jahre 1913 ergaben Versuche von Geiger und Masden über den Durchgang von Alphastrahlen durch Stoffe, dass der von den einzelnen Atomen eingenommene Raum fast leer ist, wie bereits Lenard aus Versuchen über den Durchgang von Elektronen durch dünne Metallfolien geschlossen hatte.

**Übung 3**

*Versuchen Sie, die kursiv gedruckten präpositionalen Attribute in einen Gliedsatz oder Relativsatz zu verwandeln! Benutzen Sie zur Hilfe die Wörter oder Wendungen, die in der eckigen Klammer stehen!*

1.   Merkblätter und Anträge *zur Erlangung einer Förderung nach dem Bundesausbildungsförderungsgesetz (Bafög)* werden vom Studentenwerk ausgegeben. [benutzen, wenn – wollen]

2.   Der Vertrag schließt Unfälle *beim Benutzen von Motorrädern und Motorrollern* aus. [entstehen, wenn]

3.   Das ist ein Punkt *von grundlegender Bedeutung.* [haben]

4. Das sind die Äußerungen des Außenministers *zu dem neuen Vertragswerk.* [betreffen]

5. Man hat mit der überwiegend positiven Reaktion *auf die Veröffentlichung der wirtschaftspolitischen Richtlinien* gerechnet. [hervorrufen]

6. Es besteht unter den jungen Leuten von heute teilweise eine Tendenz *zu unüberlegten, vom Augenblick eingegebenen Handlungen.* [führen]

7. Es wurde bei den Verhandlungen eine Übereinstimmung *in allen wesentlichen Punkten* erreicht. [betreffen]

8. Die Vorstellung *von der Zweiteilung des deutschen Handelsraumes im 15. Jahrhundert* kann nicht aufrechterhalten werden. [man, sich machen]

9. Die Aufwendungen *für die Instandhaltung der Straßen* steigen von Jahr zu Jahr. [machen]

10. Es fehlt den meisten Leuten der Maßstab *für die Beurteilung eines so komplizierten Prozesses.* [notwendig sein, um – zu]

## Übung 4

In dieser Übung geht es um die Gemeinde. Eine Gemeinde ist die kleinste politische Einheit. Sie hat ein in den einzelnen Ländern unterschiedlich geregeltes Recht auf Selbstverwaltung.

*Bilden Sie aus dem kursiv gedruckten Nebensatz ein präpositionales Attribut, indem Sie aus dem Vollverb ein Substantiv mit „-ung" machen oder das Substantiv, das in eckigen Klammern steht, benutzen!*

**Beispiel:**

Der Vortragende lenkte die Aufmerksamkeit seiner Zuhörer darauf, *dass die Gemeinden sich selbst verwalten.* →

*Der Vortragende lenkte die Aufmerksamkeit seiner Zuhörer auf die Selbstverwaltung der Gemeinden.*

1. Er legte ein Bekenntnis dazu ab, *dass diese relative Unabhängigkeit erhalten bleiben müsse.*

2. Er werde seine Bemühungen darauf richten, *die Selbstverwaltung zu erweitern.*

3. Er hoffe Erfolg (darin) zu haben, *den Einfluss der Gemeinden zu verstärken.*

4. Er wies darauf hin, dass andere mehr Gewicht darauf gelegt haben, *die Finanzlage der Gemeinden zu verbessern.*

5. Man sollte einen Beschluss darüber fassen, *dass die Straßen innerhalb der Gemeinden auf Kosten des Staates ausgebaut würden.* [der Ausbau]

6. Man findet aufseiten der Gemeinden manchmal Gefallen daran, *die eigenen Angelegenheiten zu überschätzen.*

7. Deshalb haben die Landesbehörden oft Grund dazu, *an den Gemeinden Kritik zu üben.* [Verb weglassen]

8. Man kann sich aber trotzdem Hoffnung machen (darauf), *dass die Zusammenarbeit mit den Ländern und auch mit dem Staat reibungsloser verläuft.* [der Verlauf]

9. Manche Kommunalpolitiker müssen die Konsequenzen daraus ziehen, *dass die Gemeinde in wichtigen Punkten untergeordnet ist.*

10. Es wurden auch schon viele Vorschläge gemacht, *wie man zu einem Ausgleich der Interessen kommen könnte.* [Verb weglassen]

## Übung 5

*Wandeln Sie das präpositionale Objekt (kursiv gedruckt) in einen Nebensatz mit* dass *oder / und in einen Infinitiv um!*

*Das Substantiv nach der Präposition müssen Sie dabei zum Verb oder zu einem Ausdruck mit einem Verb umformen. Sagen Sie, ob man die hinweisende Verbindung der Präposition mit „da-" („damit", „dadurch" etc.) weglassen darf oder nicht!*

### Beispiel:

Er hatte die Möglichkeit *zu eingehender Kenntnisnahme in dieser Sache.* →

*Er hatte die Möglichkeit dazu, in dieser Sache eingehend Kenntnis zu nehmen (dazu kann weggelasssen werden).*

1. Der Minister gab seine Zustimmung *zum Bau der neuen Autobahn.*

2. Die Geldknappheit steht im Zusammenhang *mit der Heraufsetzung des Diskontsatzes.*

3. Der Berichterstatter legte Wert *auf eine Verbreitung dieser Nachricht.*

4. Die Hotels trafen Vorbereitungen *für die Unterbringung der Touristen in unserer Stadt.*

5. Einige Studenten bringen die Voraussetzungen *zu einem erfolgreichen Studium* nicht mit. [absolvieren]

6. Der Innenminister macht sich Sorgen *um die ständig steigende Kriminalität.*

7. Er hatte keine Veranlassung *zu einem aggressiven Verhalten.* [zeigen]

8. Der Kommentator nahm zur Veränderung *in der politischen Lage* nicht Stellung.

9. Die Veranstalter müssen die *Verantwortung für den ordnungsmäßigen Verlauf einer Demonstration* tragen.

10. Nach dem Grundgesetz hat jeder das Recht *auf freie Meinungsäußerung.*

## Übung 6

*Setzen Sie die fehlenden Präpositionen ein!*

### Aus deutschen Gesetzbüchern

**1.    Aus dem Bürgerlichen Gesetzbuch (BGB)**

**§ 903**   Der Eigentümer einer Sache kann, soweit nicht das Gesetz oder Rechte Dritter entgegenstehen, __ der Sache __ Belieben verfahren und andere __ jeder Einwirkung ausschließen. Der Eigentümer eines Tieres hat __ der Ausübung seiner Befugnisse die besonderen Vorschriften __ Schutz der Tiere zu beachten.

**§ 1297**   (1) Aus einem Verlöbnisse kann nicht __ Eingehung der Ehe geklagt werden.

(2) Das Versprechen einer Strafe __ den Fall, dass die Eingehung der Ehe unterbleibt, ist nichtig.

**§ 1298**   (1) Tritt ein Verlobter __ dem Verlöbnisse zurück, so hat er dem anderen Verlobten und dessen Eltern sowie dritten Personen, welche __ Stelle der Eltern gehandelt haben, den Schaden zu ersetzen, der da__ entstanden ist, dass sie __ Erwartung der Ehe Aufwendungen gemacht haben oder Verbindlichkeiten eingegangen sind. Dem anderen Verlobten hat er auch den Schaden zu ersetzen, den dieser da__ erleidet, dass er __ Erwartung der Ehe sonstige sein Vermögen oder seine Erwerbsstellung berührende Maßnahmen getroffen hat.

**§ 1356**   (1) Die Ehegatten regeln die Haushaltsführung __ gegenseitigem Einvernehmen. Ist die Haushaltsführung einem Ehegatten überlassen, so leitet dieser die Haushaltsführung __ eigener Verantwortung.
Beide Ehegatten sind berechtigt, erwerbstätig zu sein. __ der Wahl und Ausübung der Erwerbstätigkeit haben sie __ die Belange des anderen Ehegatten und der Familie die gebotene Rücksicht zu nehmen.

**2.** **Aus dem Strafgesetzbuch (StGB)**

**§ 129 a Bildung terroristischer Vereinigungen**

(1) Wer eine Vereinigung gründet, deren Zwecke oder deren Tätigkeit dar__ gerichtet sind,

1. Mord, Totschlag oder Völkermord (§§ 211, 212 oder 220a),

2. Straftaten __ die persönliche Freiheit __ den Fällen des § 239a (Erpresserischer Menschenraub) oder des § 239 b (Geiselnahme) oder

3. Straftaten nach § 305a (Zerstörung wichtiger Arbeitsmittel) oder gemeingefährliche Straftaten __ den Fällen der §§ 306 bis 306c (Brandstiftung) oder 307 Abs. 1-3 (Herbeiführen einer Explosion durch Kernenergie), des § 308 Abs. 1-4 (Herbeiführen einer Sprengstoffexplosion), des § 309 Abs. 1-5 (Missbrauch ionisierender Strahlen), der §§ 313 (Herbeiführen einer Überschwemmung), 314 (Gemeingefährliche Vergiftung) oder 315 Abs. 1, 3 oder 4 (Gefährliche Eingriffe __ den Bahn-, Schiffs-, und Luftverkehr), des § 316 Abs. 1 oder 3 (Störung öffentlicher Betriebe) oder des § 316c Abs. 1 bis 3 (Angriffe auf den Luft- und Seeverkehr)

zu begehen oder wer sich __ einer solchen Vereinigung als Mitglied beteiligt, wird __ Freiheitsstrafe von einem Jahr bis __ zehn Jahren bestraft.

(2) Gehört der Täter __ den Rädelsführern oder Hintermännern, so ist __ Freiheitsstrafe nicht unter drei Jahren zu erkennen.

(3) Wer eine __ Absatz (1) bezeichnete Vereinigung unterstützt oder für sie wirbt, wird __ Freiheitsstrafe von 6 Monaten bis __ fünf Jahren bestraft.

**§ 239 b Geiselnahme**

(1) Wer einen anderen entführt oder sich eines anderen bemächtigt, um ihn oder einen Dritten __ die Drohung __ dem Tod oder einer schweren Körperverletzung des Opfers oder mit dessen Freiheitsentziehung von über einer Woche Dauer __ einer Handlung, Duldung oder Unterlassung zu nötigen, oder wer die __ ihm durch eine solche Handlung geschaffene Lage eines anderen __ einer solchen Nötigung ausnutzt, wird __ Freiheitsstrafe nicht unter fünf Jahren bestraft.

**§ 263 a Computerbetrug**

(1) Wer __ der Absicht, sich oder einem Dritten einen rechtswidrigen Vermögensvorteil zu verschaffen, das Vermögen eines anderen da__ beschädigt, dass er das Ergebnis eines Datenverarbeitungsvorgangs __ unrichtige Gestaltung des Programms, __ Verwendung unrichtiger oder unvollständiger Daten, __ unbefugte Verwendung von Daten, oder sonst __ unbefugte Einwirkung __ den Ablauf beeinflusst, wird __ Freiheitsstrafe bis __ fünf Jahren oder __ Geldstrafe bestraft.

## 1.2.6    Texte zur Erarbeitung der Präpositionen

**Text 1**

*Setzen Sie die fehlenden Präpositionen ein! Wo eine eckige Klammer gesetzt ist, sollen die Präposition und der Artikel zusammengezogen werden!*

### Elektronische Datenverarbeitung (EDV)

Wenn wir unsere Umwelt aufmerksam betrachten, können wir eine permanente Integration neuer Methoden, Verfahren und Produkte erkennen. Der Einsatz immer schnellerer und leistungsfähigerer Computer ist nicht mehr zu übersehen. Die Datenverarbeitung hat sich __ den letzten Jahren so dynamisch entwickelt, dass __ ihr nahezu alle Lebensbereiche beeinflusst werden. In viele Arbeitsgebiete hat der Computer seinen Einzug gehalten. Es gibt kaum einen Beruf, __ dem nicht Kenntnisse __ dem Gebiet der Datenverarbeitung unerlässlich sind.

Nur einige Beispiele sollen hier __ die Anwendungsbereiche, die der Computer erobert hat, genannt werden:

Die Ampeln __ Straßenverkehr werden elektronisch gesteuert. Die Gehaltsabrechnung ist __ fast allen Betrieben und Behörden automatisiert, __ der Medizin leistet der Computer oft große Dienste __ der Erstellung der Diagnose und der Durchführung von Operationen. Die Datenverarbeitung gewinnt auch in der industriellen Produktionstechnik ständig __ Bedeutung. Von Computern gesteuerte Roboter treten __ die Stelle der Arbeitskräfte. Nicht einmal der private Bereich bleibt verschont. Das wird uns deutlich, wenn wir __ Küchengeräte, Fotoapparate, Fernseher und Videos denken. Und wir sollten auch nicht vergessen, dass unsere persönlichen Daten __ vielen Stellen gespeichert sind. Trotz dieser Tendenzen ist das Wissen __ die EDV bei Benutzern und Betroffenen zunächst relativ gering geblieben.

Es sollen deshalb [ __ der] Einführung einige Grundtatbestände erläutert werden. In der Datenverarbeitung werden, wie schon der Name sagt, Daten verarbeitet. Was sind Daten, oder was ist ein Datum? So heißt nämlich der fast nie gebrauchte Singular von Daten. __ der Alltagssprache heißt Datum Terminangabe oder Tagesangabe. __ der Fachsprache der Datenverarbeitung sind Daten Informationen, die durch Zeichen dargestellt werden. Das uns am besten vertraute Zeichensystem ist die Sprache, __ ihrer Hilfe verständigen wir uns, tauschen Mitteilungen aus, kommunizieren, __ den Computer sind vor allem die schriftlichen Zeichen wichtig: das Alphabet. Neben den alphabetischen Zeichen, den Buchstaben, sind die arabischen Ziffern unerlässlich. Da__ kommen noch einige Sonderzeichen, wie etwa Punkt und Komma.

Soviel zu den Daten. Was heißt nun Daten verarbeiten? Und __ welchem Zweck werden Daten verarbeitet? Wir vergegenwärtigen uns, dass __ unserem Berufs- und Privatleben uns ständig Aufgaben gestellt werden, die wir lösen müssen. Als Beispiel wählen wir eine Betriebsbuchhaltung, __ der Löhne für Arbeiter berechnet werden müssen. Da werden viele Daten berücksichtigt: der Name des Arbeiters, die Arbeitszeit, der Stundenlohn, die Überstunden und andere mehr. Diese Daten müssen __ Buchhalter erfasst, geordnet und __ dem Aspekt der Lohnabrechnung neu zusammengestellt werden. Dann muss der Lohn berechnet werden; der Buchhalter verarbeitet die Daten. Bei der Lösung solcher Aufgaben treten immer wieder Fehler auf. Man kann falsch abschreiben, die Daten nicht richtig ordnen, sich verrechnen. Hier greift die EDV ein! Sie befreit den Menschen __ dieser langweiligen, sich immer wiederholenden Tätigkeit und erledigt Routinearbeiten zuverlässig.

Die Datenverarbeitungsanlagen bestehen __ Gerätesystemen, der so genannten Hardware (und hier reicht die Produktpalette vom Microcomputer, Microprozessor bis [ __ dem] Großrechner). Zweitens gehören [ __ der] Datenverarbeitung die Programmsysteme, die sogenannte Software. Ein Programm besteht __ einer endlichen, zur Lösung einer Aufgabe vollständigen Folge __ Anweisungen mit allen erforderlichen Vereinbarungen. Hardware und Software zusammen ermöglichen erst die Verarbeitung von Daten. Sie bilden eine Funktionseinheit __ der Datenverarbeitung.

Im Laufe der 70er- und 80er-Jahre des zwanzigsten Jahrhunderts arbeitete man an der Vernetzung der Computer. Heute ist das Internet (*international network*) ein weltumspannendes Computernetzwerk. Von und an jeden Ort der Welt können Nachrichten, persönliche Botschaften, Wissen, Anfragen und auch Kauforders in Sekundenschnelle gesandt werden.

1. *Fassen Sie den Abschnitt zu EDV und Buchhaltung in einigen Sätzen zusammen.*
2. *Geben Sie einige Beispiele für die Anwendungsbereiche der Computer. Sie wissen zweifellos weit mehr, als im Text steht.*

**Text 2**

*Setzen Sie die fehlenden Präpositionen ein! Wo eine eckige Klammer gesetzt ist, sollen die Präposition und der Artikel zusammengezogen werden!*

**Nanotechnologie**

1.000 Millimeter sind ein Meter. 1.000 Mikrometer sind ein Millimeter. 1.000 Nanometer sind ein Mikrometer; ein Nanometer ist also der milliardste Teil eines Meters. Oder anders gesagt: eine Milliarde Nanometer sind ein Meter. Mathematisch ausgedrückt: ein Nanometer ist $10^{-9}$ Meter.

Noch __ den 50er-Jahren des 20. Jahrhunderts waren viele Wissenschaftler da__ überzeugt, dass einzelne Atome und Elektronen nicht beobachtet werden können, geschweige denn, dass mit ihnen experimentiert werden könnte. Heute können Forscher Strukturen herstellen, die nur noch wenige Nanometer groß sind. Es hat allerdings einige Zeit gedauert, bis der Mensch in dieser Nanowelt

Fuß gefasst hat. Die Natur ist jedoch schon seit Jahrmillionen ein erfolgreicher „Nanotechnologe".

Diese winzigen Welten werden __ die Rastersondenmikroskopie erschlossen. Vor allem durch das Rastertunnelmikroskop werden Moleküle und Atome der diskreten Beobachtung zugänglich gemacht. Licht- und Elektronenmikroskope sind __ optische Linsensysteme angewiesen. Beim Rastertunnelmikroskop wird die Oberfläche, die untersucht werden soll, __ einer feinen Nadel berührungsfrei abgetastet. Zwischen Nadelspitze und Objekt fließt dann ein „Tunnelstrom". Führt man die Nadelspitze Zeile für Zeile über eine Oberfläche, dann entsteht ein genaues Abbild.

In jüngster Zeit wird die Rastersondenmikroskopie nicht mehr nur [ __ der] Beobachtung verwendet, sie dient auch als wichtiges Werkzeug, __ dem sich Atome und Moleküle einzeln herausgreifen, verschieben und neu positionieren lassen. Die Spitze des Tunnelmikroskops ist die Hand des „Nanoarchitekten", __ der sich Strukturen von nahezu beliebiger Form und Zusammensetzung auf atomarer Skala herstellen lassen. In der Praxis werden zunächst die gewünschten Atome __ eine Oberfläche aufgedampft. Das Substrat wird stark gekühlt, so dass jegliche Bewegung der Atome einfriert. Dann lassen sich die Atome einzeln mit der Spitze des Rastertunnelmikroskops herauspicken und präzise __ die gewünschten Plätze transportieren.

Man kann auch selbst organisierte Nanostrukturen entstehen lassen. Es ist möglich, so genannte Kohlenstoff-Nanoröhrchen __ bestimmten Stellen auf Siliziumsubstraten aufwachsen zu lassen. Nanoröhrchen aus Kohlenstoff werden wegen ihrer ungewöhnlichen elektrischen und mechanischen Eigenschaften __ die Wissenschaft zunehmend interessanter. Einerseits sind die winzigen zylindrischen Moleküle außerordentlich fest. Gleichzeitig sind sie aber auch enorm flexibel. Die Moleküle bestehen __ mehreren zu Zylindern gerollten Graphitschichten. Man kann die einzelnen Kohlenstofflagen fast ohne Reibung auseinander ziehen.

Bemerkenswert ist auch, dass die Röhrchen je nach Graphitwindung metallisches oder halbleitendes Verhalten zeigen. Es ist sogar möglich durch einen Knick in einem Nanoröhrchen einen Wechsel zwischen diesen Eigenschaften herbeizuführen. So wird derzeit versucht __ Hilfe von Raster- und Tunnelmikroskopen eine elektronische Nanoschaltung allein __ Biegen und Strecken von Nanoröhrchen herzustellen.

Die Kohlenstoffnanoröhrchen zeichnen sich aber auch __ anderen Bereichen als vielversprechende Materialien aus. Als Elektronenquelle sind sie unschlagbar. Aus der Spitze eines einzelnen Nanoröhrchens lassen sich bereits bei Spannungen von einigen Volt Ströme bis zu einem Milliampere gewinnen.

Bei der Nanotechnologie handelt es sich __ weit mehr als nur die immer weiter fortschreitende Miniaturisierung, __ der die rasante Entwicklung der Informationstechnologie der vergangenen Jahrzehnte beruhte. Tatsächlich ist der Nanometerbereich der natürliche Treffpunkt von Biologie, Chemie und Physik. Und wir stehen in diesem Forschungsbereich erst __ Anfang einer außerordentlichen Entwicklung.

1. *Was bedeutet „Fuß fassen in" (zweiter Absatz des Textes)? Was heißt „etwas ist unschlagbar" (vorletzter Absatz)? Tragen Sie die Erläuterungen in ein Heft für besondere Wendungen ein!*
2. *Suchen Sie für jeden Abschnitt eine Überschrift. Und versuchen Sie dann eine Textwiedergabe!*

**Text 3**

*Ergänzen Sie im folgenden Text die Präpositionen!*
*Setzen Sie das folgende Substantiv in den richtigen Kasus!*
*Wo eine eckige Klammer gesetzt ist, sollen die Präposition und der Artikel zusammengezogen werden!*

**Geld**

Schon __ drittes Jahrtausend vor Christus entstanden städtische Kulturen und Siedlungen von mehreren tausend, ja zehntausend Einwohnern. Diese Zivilisationen waren __ hohes Maß abhängig __ die Erträge der Landwirtschaft. Mangel __ wichtige Rohstoffe, wie Holz, Metallen und Steinen zwangen sie da__, Handel zu treiben. Man lieferte das, was man anzubieten hatte, und tauschte es gegen das ein, was man haben wollte. Dieser Tauschhandel bereitete jedoch Schwierigkeiten. Einerseits musste man jemanden finden, der das haben wollte, was man anbot. Andererseits musste man jemanden suchen, der das anbot, was man selber haben wollte. Es kommt noch hin__, dass man sich über den Wert der zu tauschenden Gegenstände einigen musste, das heißt, man musste sich __ der Preis einig werden. Wer Real-Tauschwirtschaft betreibt, muss sich nämlich zur gleichen Zeit entscheiden, welches Gut er __ welche Menge __ welche Bedingungen abgeben will und wie viel er dafür von welchem Gut erwerben will.

Diese für die Tauschwirtschaft charakteristische Gleichzeitigkeit von Angebot und Nachfrage wird durch das Dazwischentreten des Geldes aufgehoben. Die Aufspaltung des Tausches in Kauf und Verkauf erleichtert den Prozess der Entscheidung; denn das Geld in seiner Tauschmittelfunktion ermöglicht dem Verkäufer, die zufließende Kaufkraft nur dem Betrag nach zu betrachten, er muss sich nicht auf seine Verwendung festlegen. So ermöglicht die Existenz des Geldes, die beim Tausch zusammenfallenden Entscheidungen voneinander zu trennen. Die Tauschfunktion halten viele Ökonomen __ das zentrale Merkmal des Geldes.

Das Geld ist jedoch nicht nur Tauschmedium, es ist auch Recheneinheit. Durch Geld wird es möglich, ungleiche Güter, z.B. Lastwagen, Bananen oder Computer, auf einen Nenner zu bringen. Der Wert aller Waren lässt sich in Geld ausdrücken, so ist ein Vergleich der Güter möglich. Darüber hinaus liegt ein großer Vorteil des Geldes als Recheneinheit darin, dass die große Zahl der möglichen Preise, wie sie in der Tauschwirtschaft zwangsläufig entstehen, erheblich reduziert wird.

__ Hilfe des Geldes lässt sicht auch Vermögen bilden. Das ist seine dritte Funktion. Vermögensbildung bedeutet nichts anderes als ein zeitliches Hinausschieben der Verausgabung von Geld. Geld ist damit ein Wertspeicher. Es stellt einen Anspruch __ ein Sozialprodukt für heute und künftige Zeiten dar. Allerdings wird der andere das Geld für eine verkaufte Leistung als Äquivalent nur dann akzeptieren, wenn er __ Sicherheit da__ ausgehen kann, dass er __ einem späteren Zeitpunkt der Nachfrage nach Leistungen ungefähr noch genauso viele Güter erhält. Der Konsumverzicht kann auch da__ führen, dass sich das Geld vermehrt, denn es kann auch angelegt werden in Wertpapieren verschiedener Art, z.B. Anleihen, Aktien, Sparbriefen etc.

Die früher __ wichtig gehaltene Frage, welche Gegenstände als Geld verwendet werden, spielt keine so bedeutende Rolle, wie man glaubte. Sehr unterschiedliche Güter erfüllten und erfüllen die Funktion des Geldes: seltene Steine, Muscheln, Zähne von Tieren. Später waren es vor allem Metalle, Gold und Silber. Schon früh kam es zur Prägung von Münzen. Bei allen diesen Gegenständen beruht der Geldcharakter __ die Konvention, die Übereinstimmung innerhalb einer Gesellschaft, etwas als Geld gelten zu lassen, es als Geld zu akzeptieren. In unserer Zeit wird das Geld, die Währung, die innerhalb eines Landes, eines Staates oder Gebietes gültig ist, meist von einer Zentralbank ausgegeben. Es sind Geldscheine und Münzen, die umlaufen. Das meiste Geld besteht jedoch nur __ die Eintragungen in den Büchern der Banken. Sie führen für ihre Kunden Girokonten; dieses Giralgeld ist an keine Materie gebunden, es steht nur __ das Papier.

Der Wert des Geldes hängt da__ ab, dass das Geldangebot und das Angebot von Waren und Dienstleistungen sich [ __ das] Gleichgewicht befinden. Die Begrenzung des Geldangebots ist eine notwendige Bedingung da__, dass das Geld seinen Wert behält. Geld darf nicht in unbegrenzter Menge [ __ die] Verfügung stehen. Das würde zu einer Steigerung der Preise ins Unermessliche führen. Wenn die Ausgabe neuen Geldes nicht kontrolliert wird und Kredite in unbeschränkter Menge vergeben werden, kommt es __ eine Inflation. __ eine Inflation versteht man den Anstieg der Preise in einem Währungsgebiet, der da__ führen kann, dass die Kaufkraft des Geldes der Einkommen immer mehr abnimmt. Daher muss die Geldausgabe unter strenger Kontrolle stehen. Da__ sind die Zentralbanken zuständig.

Geld ist in Form von Währungen verfügbar. Das sind z.B. der Dollar, der Euro, der Schweizer Franken, das Englische Pfund, der Yen. Es gibt Währungen, die sehr gefragt sind. Sie sind wegen der großen Nachfrage teuer, wie etwa der Dollar oder der Schweizer Franken. Man nennt sie harte Währungen. Wo die Nachfrage gering ist, haben sie keinen großen Wert. Das gilt z.B. __ Währungen von wirtschaftlich schwachen Ländern, die nur geringfügig [ __ der] Welthandel beteiligt sind. Auch der Preis einer Währung richtet sich __ Angebot und Nachfrage.

## 1. Die Präpositionen

*Beantworten Sie die Fragen in einigen Sätzen:*
1. *Welche Schwierigkeiten bereitet die Realtauschwirtschaft?*
2. *Nennen und beschreiben Sie die drei Funktionen des Geldes!*
3. *Warum muss das Geldangebot in einer Volkswirtschaft gering gehalten werden?*
4. *Welche Aufgaben haben die Zentralbanken? Sie können bei der Antwort auch über das im Text Gesagte hinausgehen.*
5. *Stellen Sie einige Überlegungen dazu an, warum in einigen Ländern die Währung hart, in anderen schwach ist.*
6. *Was heißt „auf einen Nenner bringen" (dritter Absatz des Textes)? Tragen Sie solche Wendungen in ein Heft ein!*

**Text 4**

*Setzen Sie die fehlenden Präpositionen ein!*
*Als Hilfe steht das folgende Substantiv bereits im richtigen Kasus.*

**Der Mensch steht nur noch sich selbst gegenüber**

Es war schon da__ die Rede, dass die Wandlungen __ den Grundlagen der modernen Naturwissenschaft vielleicht als Symptom angesehen werden können __ Verschiebungen __ den Fundamenten unseres Daseins, die sich dann __ vielen Stellen gleichzeitig äußern, sei es __ Veränderungen unserer Lebensweise und unserer Denkgewohnheiten, sei es __ äußeren Katastrophen, Kriegen oder Revolutionen. Wenn man versucht, von der Situation in der modernen Naturwissenschaft ausgehend, sich __ den __ Bewegung geratenen Fundamenten vorzutasten, so hat man den Eindruck, dass man die Verhältnisse nicht allzu grob vereinfacht, wenn man sagt, dass __ ersten Mal __ Laufe der Geschichte der Mensch __ dieser Erde nur noch sich selbst gegenübersteht, dass er keinen anderen Partner oder Gegner mehr findet.

Das gilt zunächst __ einer ganz banalen Weise __ Kampf des Menschen __ äußeren Gefahren. Früher war der Mensch __ wilde Tiere, __ Krankheiten, Hunger, Kälte und andere Naturgewalten bedroht, und __ diesem Streit bedeutete jede Ausweitung der Technik eine Stärkung der Stellung des Menschen, also einen Fortschritt. __ unserer Zeit, __ der die Erde immer dichter besiedelt wird, kommt die Einschränkung der Lebensmöglichkeit und damit die Bedrohung __ erster Linie __ anderen Menschen, die auch ihr Recht __ die Güter der Erde geltend machen. __ dieser Auseinandersetzung braucht die Erweiterung der Technik kein Fortschritt mehr zu sein.

Der Satz, dass der Mensch nur noch sich selbst gegenüberstehe, gilt aber __ Zeitalter der Technik noch __ einem viel weiteren Sinne. __ früheren Epochen sah sich der Mensch der Natur gegenüber; die __ Lebewesen aller Art bewohnte Natur war ein Reich, das __ seinen eigenen Gesetzen lebte und __ das er sich ir-

gendwie einzuordnen hatte. __ unserer Zeit aber leben wir __ einer __ Menschen
so völlig verwandelten Welt, dass wir überall, ob wir nun __ den Apparaten des
täglichen Lebens umgehen, ob wir eine __ Maschinen zubereitete Nahrung __
uns nehmen oder die __ Menschen verwandelte Landschaft durchschreiten, immer wieder __ die __ Menschen hervorgerufenen Strukturen stoßen, dass wir
gewissermaßen immer nur uns selbst begegnen. Sicher gibt es Teile dieser Erde,
wo dieser Prozess noch lange nicht __ Abschluss gekommen ist, aber früher oder
später dürfte __ dieser Hinsicht die Herrschaft des Menschen vollständig sein.

Am schärfsten tritt uns diese neue Situation eben __ der modernen Naturwissenschaft __ Augen, __ der sich herausstellt, dass wir die Bausteine der Materie,
die ursprünglich als die letzte Realität gedacht waren, überhaupt nicht mehr „ __
sich" betrachten können, dass sie sich irgendeiner objektiven Festlegung __
Raum und Zeit entziehen und dass wir __ Grunde immer nur unsere Kenntnis
dieser Teilchen __ Gegenstand der Wissenschaft machen können. Das Ziel der
Forschung ist also nicht mehr die Erkenntnis der Atome und ihrer Bewegung
„ __ sich", d. h. abgelöst __ unserer experimentellen Fragestellung; vielmehr stehen wir __ Anfang an __ der Mitte der Auseinandersetzung __ Natur und Mensch,
__ der die Naturwissenschaft ja nur ein Teil ist, so dass die landläufigen Einteilungen der Welt __ Subjekt und Objekt, Innenwelt und Außenwelt, Körper und
Seele nicht mehr passen wollen und __ Schwierigkeiten führen. Auch __ der Naturwissenschaft ist also der Gegenstand der Forschung nicht mehr die Natur __
sich, sondern die der menschlichen Fragestellung ausgesetzte Natur und insofern
begegnet der Mensch auch hier wieder sich selbst.

Vielleicht aber gibt es doch ein Entrinnen aus diesem von Heisenberg gesehenen Käfig: Möglicherweise kommen wir da__, mit Hilfe der Computer eine
neue „virtuelle Welt" zu errichten, in der wir uns bewegen können. Sie wird
wohl aber nicht die Wirklichkeit des Realen haben.

*Worin besteht die von Heisenberg angesprochene Isolierung des Menschen?*
*Skizzieren Sie zwei seiner Vorstellungen im Zusammenhang!*

## Text 5

*Setzen Sie die fehlenden Präpositionen ein!*
*Als Hilfe steht das folgende Substantiv bereits im geforderten Kasus.*

## Ökosysteme und Bevölkerungsentwicklung

Organismen, einschließlich der Menschen, sind __ Versorgung __ Stoffen und
Energien aus ihrer Umwelt und __ die Abgabe __ Abfallstoffen und Abwärme __
die Umwelt angewiesen. Ökosysteme haben eine gewisse „Tragfähigkeit", um
Nutzungsbelastungen dieser Art __ begrenzter Höhe dank ihrer regenerativen
Fähigkeiten zu verkraften. Wird diese Grenze allerdings __ einer Stelle über-

schritten, so kann es __ einem Zusammenbruch regionaler Ökosysteme kommen. Die __ die Funktionsfähigkeit dieser Ökosysteme angewiesenen Populationen von Organismen, einschließlich der menschlichen Bevölkerung, brechen dann __ dem Zusammenbruch der ökologischen Ver- und Entsorgungsbasis ebenfalls zusammen.

Die Belastung der Umwelt __ Ressourcennutzung und Abfallstoffe setzt sich __ zwei Faktoren zusammen:

1. der spezifischen Umweltbelastung pro Kopf, die eine Funktion der verwendeten Technik, der Kultur und der Siedlungsform ist, und
2. der absoluten Bevölkerungszahl einer Region.

Selbst bei gleichbleibenden Nutzungsbedingungen bedeutet eine Bevölkerungszunahme auch gleichzeitig eine Zunahme der Umweltbelastungen und sie kann, wie oben gesagt, __ Überschreiten einer kritischen Grenze zum Zusammenbruch führen.

Die Analyse der Bevölkerungsentwicklung gehört somit unausweichlich __ einer problemorientierten Umweltwissenschaft. Die Weltbevölkerung des Jahres 2000 ist mehr als viermal größer als die des Jahres 1900. Obwohl die relative Zuwachsrate __ den letzten Jahren ziemlich konstant geblieben ist (etwa 1,8 % __ Jahr), bedeutet dies doch einen ständig wachsenden absoluten Zuwachs __ Menschen. Es handelt sich __ fast 100 Mill. Menschen zusätzlich __ Jahr.

__ einigen Industriestaaten stabilisiert sich die Bevölkerungszahl, ja sie geht sogar zurück. Hier ist das Problem, dass die Bevölkerung über einem gewissen Minimalbestand gehalten werden muss und das kann nicht allein __ Zuwanderung geschehen. Wobei das Minimum sich __ der Zahl ergibt, die notwendig wäre, um die Gesellschaft als eine menschliche Organisation mit all den Qualitäten, die vorhanden sind und entwickelt werden sollten, funktionsfähig zu erhalten.

In den meisten Entwicklungsregionen dagegen wächst die Bevölkerungszahl weiter an. Eine jährliche Wachstumsrate __ drei Prozent bedeutet eine Verdoppelung der Bevölkerung __ 24 Jahren. In vielen Entwicklungsländern ist wegen des hohen Kinderanteils und der großen Fertilität ein weiteres Entwicklungswachstum vorprogrammiert. Selbst bei starker Geburtenkontrolle würde die Bevölkerungszahl wegen einer breiten Kinderbasis __ der Bevölkerungspyramide noch lange stark weiterwachsen. Wegen des hohen Anteils der jungen Bevölkerung __ der Gesamtbevölkerung ist die Sterberate z. T. sehr niedrig, selbst wenn man außergewöhnliche Ereignisse wie Kriege, Seuchen, Naturkatastrophen mit einbezieht. Geburtenkontrolle greift erst __ einer Generation, da sich erst dann die Auswirkungen einer kleineren Zahl von Eltern bemerkbar machen.

Nun muss aber bedacht werden, dass unseren Vorstellungen [ __ dem] Menschen nicht nur das Recht __ ein lebenswertes Leben einschließt. Die Entfaltungsfähigkeit des Einzelnen bedeutet auch sein Recht __ Kinder. Ihre Zahl muss jedoch __ voller Verantwortung __ die zukünftigen Generationen begrenzt werden.

Die ganze Problematik des Wachstums der Weltbevölkerung zeigt sich erst, wenn man die Nahrungs-, Energie- und Rohstoffbedarfe __ eine ausreichende Versorgung und Entsorgung ermittelt. Die Versorgung der zukünftigen Weltbevölkerung __ dem heutigen verschwenderischen Konsum der Industrienationen ist, __ dass der ökologische Zusammenbruch vorprogrammiert ist, nicht möglich. Der exzessive Verbrauch der Ressourcen muss gestoppt werden. Die Technikentwicklung sollte da__ gerichtet sein, notwendige Dienstleistungen __ minimaler Umwelt- und Ressourcenbelastung bereitzustellen. __ fast allen dieser Dienstleistungen (Raumheizung, Beleuchtung, Transport, Produktion) lassen sich Energie- und Rohstoffeinsatz __ intelligente technische Lösungen noch erheblich reduzieren. So lässt sich auch eine mäßig wachsende Bevölkerung durchaus __ Dienstleistungen versorgen. Ein übermäßiges Wachstum wird allerdings alle diese Bemühungen zunichte machen.

*1. Erstellen Sie eine Gliederung und fassen Sie den Text zusammen!*
*2. Möglichkeiten und Probleme, das Bevölkerungswachstum zu reduzieren, unter Berücksichtigung der Verhältnisse in Ihrem Heimatland. Sammeln Sie Gedanken zu diesem Thema und tragen Sie sie in einem kurzen Referat vor!*

**Text 6**

*Setzen Sie die fehlenden Präpositionen ein!*
*Als Hilfe ist das folgende Substantiv in den richtigen Kasus gesetzt.*
*Ziehen Sie „an dem", „in dem" usw. zu , „am", „im" usw. zusammen!*

**Zur Aufgabe von Grammatiken**

Eine Grammatik als Gebrauchsbuch soll Auskunft dar__ geben, was richtig und was falsch ist. Eine deutsche Grammatik stellt fest, was __ dem Deutschen gehört und was nicht. Das Richtige seinerseits ist für eine Gebrauchsgrammatik nicht einfach richtig, es kann „kaum noch gebräuchlich" oder „sogar schon möglich" sein, „unschön" oder „gewählt", „geziert" oder „schwerfällig".

Diese und viele andere wertende Prädikate verwendet die Dudengrammatik __ Kennzeichnung __ Ausdrücken, die __ die große Mehrheit der Sprecher des Deutschen selbstverständlich sind, die sie gebrauchen, ohne sich je um die Meinung einer Grammatik zu kümmern. Fängt jemand erst an, eine Grammatik zu konsultieren, hat sich sein Verhältnis __ der Sprache schon entscheidend geändert: Er ist __ ihr __ Distanz gegangen und dabei, seine Sprache __ dem Deutschen zu vergleichen. Dieses Deutsche wird __ der Regel „die deutsche Standardsprache" genannt, oder auch „deutsche Literatursprache" oder einfach „Hochdeutsch". Die Existenz einer bestimmten Sprachausprägung, z. B. des Hochdeutschen, ist als weitgehend unabhängig __ den Sprechern anerkannt. Die erste Aufgabenstellung der Grammatik besteht also dar__, zu erläutern, was richtig und was falsch ist.

Die zweite Aufgabenstellung ist dar__ gerichtet, Aussagen __ die Struktur einer Sprache zu machen. Diese Aufgabe widerspricht der ersten nicht, sie geht aber wesentlich __ sie hinaus. Das Problem von richtig und falsch stellt sich __ den an der grammatischen Struktur Interessierten ganz anders dar als __ den, der __ allem ein Interesse __ der Norm hat.

Man stelle sich vor, jemand wird gefragt: „Warum kommst du so spät?" Er antwortet: „Ich komme erst jetzt, weil ich habe noch gearbeitet." Ausdrücke dieser Art kommen __ dem gesprochenen Deutsch __ einiger Zeit ziemlich häufig vor, aber sie sind falsch. Dem Sprachnormer fällt da__ genau eines ein: „Richtig muss es heißen ... weil ich noch gearbeitet habe." Diese Aussage sagt dem Belehrten nichts, solange sie nicht begründet ist. Fängt man an, diese Aussage zu begründen, dann redet man __ die Struktur des Satzes. Das beginnt __ der Feststellung, dass hier „fälschlicherweise" die Nebensatzstellung (finites Verb __ Schluss) durch die Hauptsatzstellung (finites Verb __ zweiter Stelle) ersetzt wurde. Es gibt ja tatsächlich neben *weil* eine andere Konjunktion, die den Hauptsatz verlangt, nämlich *denn*. Dass *denn* und *weil* beinahe dasselbe bedeuten, könnte ein Grund __ die Verwechslung sein. Gehen wir dem weiter nach, stellen wir fest, dass wir noch eine andere kausale Konjunktion haben, nämlich *da*. Hier gibt es keine Hauptsatzstellung. Und es ist vielleicht interessant festzustellen, dass der Satz __ *da* oder *weil* vorangestellt werden kann. Aber in der Voranstellung kommt die oben gezeigte Hauptsatzstellung nicht vor. Vielleicht liegt es __ dem Bedeutungsunterschied. Vielleicht ist man sich des Grundes __ *weil* nicht so sicher wie __ *da*. Vielleicht verwendet der Sprecher *weil* dann, wenn er eine Begründung eher zögerlich vorbringt, oder gar erst sucht, so dass __ dem Satz nach *weil* eine Pause entsteht. Man könnte noch viele andere Überlegungen __ diesem Satz anstellen, aber immer muss man etwas __ die Struktur des falsch gebildeten Satzes wissen und den Fehler systematisch einordnen. Die eigentlich wichtige und interessante Aufgabe einer Grammatik ist also, etwas __ die Struktur der Ausdrücke einer Sprache mitzuteilen.

Solche Beschreibungen der Struktur einer Sprache nennt man deskriptiv, während oben, bei der Feststellung von „richtig" und „falsch" über normative Grammatik gesprochen wurde. Die strikte Unterscheidung __ deskriptiv und normativ hat sich jedoch als problematisch erwiesen. Sind die Regularitäten einer Sprache erst einmal formuliert, dann ist der Schritt __ dem Beschreiben des Systems (deskriptiv) __ dem Vorschreiben (normativ) nur gering. Denn die von der Deskription erfassten normativen Festlegungen bleiben __ der Regel innerhalb dessen, was __ dem System gedeckt ist. So sind die Begriffe System und Norm durchaus aufeinander beziehbar.

Was aber umfasst die strukturelle Beschreibung einer Sprache, wo__ erstreckt sie sich? Für eine Grammatik um 1900 war es selbstverständlich, __ der Beschreibung des Deutschen die Beschreibung seiner Geschichte zu verstehen. Neuere Grammatiken konzentrieren sich __ das Gegenwartsdeutsch. Auch __ anderer Hinsicht sind sie weniger umfassend als viele ältere.

Als Kerngebiete gelten ___ Allgemeinen die Formenlehre (Flexionsmorphologie) und die Satzlehre (Syntax), danach die Wortbildung. Nur selten findet sich eine Lautlehre (Phonologie) und noch seltener eine Orthographie. Manchmal jedoch geht man ___ den Satz als größte zu beschreibende Einheit hinaus. Dann wird ein Abschnitt zur Textgrammatik einbezogen. Mitunter wird das Funktionieren von Sätzen in Texten ___ der Grundlage der Beschreibung überhaupt gemacht.

1. *Versuchen Sie den Unterschied zwischen normativer und deskriptiver Grammatik in ein paar Sätzen deutlich zu machen!*
2. *Welche der im letzten Abschnitt aufgeführten Kerngebiete werden in der von Ihnen benutzten Grammatik abgehandelt?*

## 2.  Die Deklination des Adjektivs

Das Adjektiv wird dekliniert, wenn es als Attribut vor einem Substantiv steht (*die verschiedenen Einnahmen*). Das gilt auch für Partizipien in attributiver Stellung (*die verbrauchte Energie*). Treten mehrere Adjektive vor ein Substantiv, dann werden sie in gleicher Weise dekliniert (*neue automatische Werkzeugmaschinen*). Wenn ein Adjektiv sich als Adverb auf ein anderes Adjektiv bezieht, dann wird es nicht dekliniert (*eine stark anwachsende Bevölkerung*).

Wird das Adjektiv dem Substantiv nachgestellt, dann bleibt es unverändert (*Henkell trocken, Aal blau*). Manchmal sind dem Substantiv mehrere Adjektive als Attribute angefügt (*die neue Rechnergeneration, effektiv und preiswert*). Diese Adjektive werden auch nicht dekliniert. Wenn es sich um Partizipien handelt, dann ist der Übergang vom nachgestellten Attribut zu den Partizipialsätzen fließend (*Dieses System, in sich geordnet und abgeschlossen, ist ein Sonderfall*). Siehe dazu auch Abschnitt 4.6 (S. 164 ff.).

Das Adjektiv wird auch nicht dekliniert, wenn es zum Prädikat gehört:

*Die Teilnahme an dem Kurs ist schwach.*
*Sein Auftreten wirkt unsicher.*
*Der Aktienkurs bleibt stabil.*

Dieses Adjektiv wird aber doch dekliniert, wenn man es sich als Attribut zu einem Substantiv vorstellen kann:

*Diese Fragestellung ist eine politische (Fragestellung).*

Es muss dann vor dem Adjektiv ein Artikel, ein Pronomen oder das Wort kein stehen.

*Das angesprochene Verfahren ist genau dieses erprobte.*

Adjektive werden stark oder schwach dekliniert. Die Deklination des Adjektivs richtet sich im Genus (Maskulinum, Femininum, Neutrum), im Kasus (Nominativ, Genitiv, Dativ, Akkusativ) und im Numerus (Singular, Plural) nach dem Substantiv, zu dem es gehört.

## 2.1 Die starke Deklination

Sie wird auch die *pronominale Deklination* genannt, weil die Endungen an den Adjektiven hier die gleichen sind wie die Endungen des Demonstrativpronomens. In einigen Grammatiken wird die Deklination auch die *Artikeldeklination* genannt.

Eine Ausnahme bildet der Genitiv Singular Maskulinum und Neutrum, der die Endung *-en* haben kann und sie immer dann haben muss, wenn der Genitiv des Substantivs auf *-s* endet (*guten Mutes*).

| Singular | Maskulinum | Femininum | Neutrum |
|---|---|---|---|
| Nominativ: | gleicher Lohn | neue Form | gutes Recht |
| Genitiv: | gleichen Lohnes | neuer Form | guten Rechtes |
| Dativ: | gleichem Lohn | neuer Form | gutem Recht |
| Akkusativ: | gleichen Lohn | neue Form | gutes Recht |

| Plural | für Maskulinum, Femininum, Neutrum |
|---|---|
| Nominativ: | andere Methoden |
| Genitiv: | anderer Methoden |
| Dativ: | anderen Methoden |
| Akkusativ: | andere Methoden |

## 2.2 Die schwache Deklination

Hier haben fünf Formen die Endung *-e*, alle anderen *-en*

| Singular | Maskulinum | Femininum | Neutrum |
|---|---|---|---|
| Nominativ: | der seltene Fall | die kleine Menge | das große Angebot |
| Genitiv: | des seltenen Falles | der kleinen Menge | des großen Angebots |
| Dativ: | dem seltenen Fall | der kleinen Menge | dem großen Angebot |
| Akkusativ: | den seltenen Fall | die kleine Menge | das große Angebot |

| Plural | für Maskulinum, Femininum, Neutrum |
|---|---|
| Nominativ: | die produktiven Kräfte |
| Genitiv: | der produktiven Kräfte |
| Dativ: | den produktiven Kräften |
| Akkusativ: | die produktiven Kräfte |

## 2. Die Deklination des Adjektivs

Um zu wissen, nach welcher Deklination sich das Adjektiv richtet, muss man die Adjektive (*jedes* **neue** *Gesetz*) von den anderen begleitenden Wörtern des Substantivs (Artikel, Pronomen) unterscheiden (**jedes** *neue Gesetz*) Dann gilt folgende Regel:

> 1. Wenn das begleitende Wort, das selbst kein Adjektiv ist, die starke Endung hat, dann muss das Adjektiv schwach dekliniert werden (*dieses herrliche Obst*).
> 2. Wenn kein begleitendes Wort vorhanden ist (*reifes Obst*) oder wenn das begleitende Wort keine Endung hat (*kein reifes Obst*), dann muss das Adjektiv die starke Endung haben.

Die starke Endung kann also nur entweder beim Begleitwort oder beim Adjektiv stehen.

Die Schwierigkeit liegt darin, zu erkennen, was als Adjektiv und was als begleitendes Wort des Substantivs gilt.

a) Als Begleiter gelten der bestimmte und der unbestimmte Artikel, das Demonstrativpronomen (*dieser, jener, derjenige, dergleiche, derselbe, jeglicher, jedweder*), das Possessivpronomen, *kein*, das Wort *all-*.

b) Der vorangehende Genitiv gilt nicht als Begleiter des Substantivs, das Adjektiv wird also stark dekliniert (*wessen goldenes Armband, dessen großes Haus, Schillers dramatisches Werk*)!

c) Das Zahlwort hat keinen Einfluss auf die Deklination, auch wenn es selbst dekliniert ist (*zweier / dreier*). Die Adjektive haben die starke Endung (*Die Früchte zweier kräftiger Bäume*; *zwei große Firmen*).

d) Nach dem Personalpronomen steht im Singular die starke Endung beim Adjektiv und im Plural die schwache (*du lieber Himmel, ihr lieben Freunde*).

e) Besondere Schwierigkeiten machen einige Wörter, die manchmal als Adjektive gelten, manchmal aber auch nicht. Man nennt diese Gruppe die Pronominaladjektive. Wir geben hier nur einen kurzen Überblick über die wichtigsten:

  - *Anderer* und *mehrere* sind Adjektive.

  - *Solch, manch* und *welch* können ohne Endung stehen, dann wird das folgende Adjektiv stark dekliniert (*welch herrlicher Tag*). Sie können aber auch selbst die starke Endung haben, dann ist das Adjektiv schwach (*solche fruchtbaren Gedanken*).
    Nur im Genitiv Plural gelten diese Wörter als Adjektive und haben die gleiche Endung wie das Adjektiv (*trotz mancher kluger Gedanken*).

- *Folgende* ist im Singular ohne Artikel kein Adjektiv (*folgender wichtige Hinweis*),

  im Plural gilt es als Adjektiv (*folgende wichtige Hinweise, die folgenden wichtigen Hinweise*).

- *Beide* ist ohne Artikel kein Adjektiv (*die Hallen beider großen Firmen*). Mit Artikel ist es ein Adjektiv (*die beiden großen Hallen*).

- *Viel* und *wenig* können ohne Endung stehen, dann hat das folgende Adjektiv die starke Endung (*viel trockenes Holz*).

  Im Plural werden sie als Adjektive angesehen (*viele schöne Hölzer*).

  Nach einem Pronomen oder Artikel gelten sie ebenfalls als Adjektive (*das viele trockene Holz*).

  Man achte auf den Bedeutungsunterschied, den die Deklination mit sich bringt:

  *wenig große Taten* (= keine großen Taten)

  *wenige große Taten* (= nicht viele, aber große Taten).

**Hinweise auf Besonderheiten:**

a) Adjektive auf *-el* und *-er* verlieren das *e* in der Deklination (*der dunkle Wald*).

b) Einige Adjektive werden nicht dekliniert: *beige, lila, orange, rosa, oliv*.

c) Komparative und Superlative werden genau wie die Grundform als Attribute dekliniert (*der größte Turm, das kleinere Übel*).

d) Das *-er* von *unser* und *euer* ist keine Endung, deshalb muss das folgende Adjektiv stark sein (*unser guter Freund*).

e) In *derselbe* werden beide Teile des Wortes dekliniert (*desselben, demselben, denselben* etc.).

f) Adjektive und Partizipien, die zu Substantiven werden, gelten in der Deklination als Adjektive:

  *der Angestellte*
  *ein Angestellter*

  Das gilt auch, wenn ein anderes Adjektiv noch hinzukommt:

  *der nahe Bekannte*
  *ein naher Bekannter*

# 2. Die Deklination des Adjektivs

## 2.3 Übungen zur Deklination des Adjektivs

### Übung 1

*Ergänzen Sie die Endungen!*

1. Menschlich__ Recht, das ewig__ Recht, gleich__ Recht für alle, mit voll__ Recht, sein gut__ Recht, wessen gut__ Recht.

2. Der fest__ Entschluss, welch ein fest__ Entschluss, trotz des fest__ Entschlusses, Martins fest__ Entschluss, die viel__ fest__ Entschlüsse, ein fest__ Entschluss, fest__ Entschlüsse.

3. Eine reich__ Ernte, zwei jährlich__ Ernten, nach der zweiten schlecht__ Ernte, trotz zweier gut__ Ernten, gut__ Ernten, keine gut__ Ernte, jede schlecht__ Ernte.

4. Ein gut__ Gedanke, der neu__ Gedanke, vernünftig__ Gedanken, trotz manch__ klug__ Gedanken, solch klug__ Gedanken, folgender neu__ Gedanke, ein ander__ vernünftig__ Gedanke, wessen klug__ Gedanke, wegen dieses klug__ Gedankens.

5. Ein hübsch__ Kind, das hübsch__ Kind, hübsch__ Kind, mit einem hübsch__ Kind, mit hübsch__ Kind, mit hübsch__ Kindern, du hübsch__ Kind, ein ander__ hübsch__ Kind, einige hübsch__ Kinder, manch ein hübsch__ Kind, manches hübsch__ Kind, wessen hübsch__ Kind, viele hübsch__ Kinder.

6. Eine Periode lang anhaltend__ Arbeitslosigkeit, die lang anhaltend__ Arbeitslosigkeit, infolge der lang anhaltend__ Arbeitslosigkeit, bei lang anhaltend__ Arbeitslosigkeit, wegen dieser lang anhaltend__ Arbeitslosigkeit.

7. Ein reißend__ Fluss, dieser reißend__ Fluss, viele reißend__ Flüsse, solch reißend__ Fluss, an dem breit__ Fluss, mehrere breit__ Flüsse, an den Ufern reißend__ Flüsse, unser breit__ Fluss.

8. Ein froh__ Ereignis, das aufregend__ Ereignis, wegen des bedeutend__ Ereignisses, wegen bedeutend__ Ereignisse, irgendein ander__ froh__ Ereignis, welch glücklich__ Ereignis, bei sämtlich__ bedeutend__ Ereignissen.

9. Die recht__ Freude, mit groß__ Freude, des Lebens ungemischt__ Freude, geteilt__ Freude ist doppelt__ Freude, zur ewig__ Freude eingehen, welch groß__ Freude, die viel__ Freuden.

10. Der klein__ Finger, ein klein__ Finger, mit spitz__ Fingern, lang__ Finger machen, mein klein__ Finger, an all__ fünf Fingern.

### Übung 2

*Ergänzen Sie die Endungen; aber nur, wenn es notwendig ist!*

*Übungen zur Deklination des Adjektivs*

1. Dieser trostlos__, kalt__ Morgen, ein recht__ trüb__, kalt__ Morgen, eines kalt__ Morgens, an einem kalt__ Morgen.

2. Auf der schön__ Erde, er erfreute sich an dieser schön__ Erde, zu eben__ Erde, selten__ Erden, die fruchtbar__ Erde.

3. Der medizinisch__ Fortschritt, wegen des medizinisch__ Fortschritts, trotz all__ medizinisch__ Fortschritte.

4. Ein ordentlich__ Professor, derselbe ordentlich__ Professor, bei diesem ordentlich__ Professor, die Versammlung der ordentlich__ Professoren, eine Versammlung ordentlich__ Professoren.

5. Ein wirksam__ Mittel, keine wirksam__ Mittel, keinerlei wirksam__ Mittel, die ander__ wirksam__ Mittel.

6. Ein besonders verlockend__ und reichhaltig__ Nahrungsangebot, bei einem solch reichhaltig__ Nahrungsangebot, wegen des reichhaltig__ Nahrungsangebots.

7. Sehr pünktlich__ abgeschickt__ Briefe, ein sehr pünktlich__ Bote, ein pünktlich__ und zuverlässig__ Bote.

8. Ein schnell__ Wagen, überaus schnell__ durchgeführt__ Aktionen, eine Versammlung mehrer__ ausgezeichnet__ Männer, eine so unerhört__ stark anwachsend__ Bevölkerung.

9. Der zu erwartend__ reichlich__ Lohn, wessen dürftig__ Lohn, unser verdient__ Lohn.

10. Die gedanklich__ Bewältigung der unmittelbar__ als Erfahrung gegeben__ Welt.


## Übung 3

*Ergänzen Sie die Endungen! Unterscheiden Sie die Deklination der Adjektive als Substantive und die Substantive mit eigener Deklination!*

1. ein nah__ Bekannt__                   eines nah__ Bekannt__
   ein bekannt__ Schriftstell__          eines bekannt__ Schriftstell__

2. ein jung__ Mann                       eines jung__ Mann__
   ein klein__ Jung__                    eines klein__ Jung__

3. ein Gläubig__, der ein Gebet spricht   eines Gläubig__
   ein Gläubig__, der auf sein Geld wartet eines Gläubig__

4. ein vorbestraft__ Angeklagt__         eines vorbestraft__ Angeklagt__
   ein aufrichtig__ Zeug__               eines aufrichtig__ Zeug__

5. ein entfernt__ Verwandt__             eines entfernt__ Verwandt__
   eine gutmütig__ Tant__                einer gutmütig__ Tant__

6. der unsere Interessen vertretend__ Abgeordnet__
   des unsere Interessen vertretend__ Abgeordnet__

der von der Firma geschickt__ Vertreter
des von der Firma geschickt__ Vertreter__

7.  ein verlässlich__ Beamter      wegen eines verlässlich__ Beamten
    eine verlässlich__ Beamtin      wegen einer verlässlich__ Beamtin
    für das Femininum auch möglich, aber ungewöhnlich:
    eine verlässlich__ Beamte      wegen einer verlässlich__ Beamten

**Übung 4**

Auch Partizipien werden dekliniert, wenn es sich um Attribute handelt.

1.  *Setzen Sie die in den folgenden Ausdrücken fehlenden Endungen ein!*
2.  *Setzen Sie die in eckigen Klammern stehende Präposition vor den Ausdruck und fügen Sie nun wieder die richtigen Endungen an!*

1.  Die aufgenommen__ Nahrung [mit]
2.  Eine unzureichend__ Ernährung [statt]
3.  Die noch heute verwendet__ Typen der Flugzeuge des letzt__ Krieges [unter]
4.  Die einem bestimmt__ Zweck dienend__ Zusammenstellung von Fakten [trotz]
5.  Ein das Herz schonend__ Mittel [durch]
6.  Der im Reagenzglas sich bildend__ Niederschlag [von]
7.  Das auf einer Autorität beruhend__ Recht [wegen]
8.  Die für die Volkswirtschaft entscheidend__ Wirkung [zu]
9.  Die in der Natur selten vorkommend__ Elemente [bei]
10. Die gegen den Widerstand der Kirche sich endgültig durchsetzend__ Benutzung der arabisch__ Zahlen [infolge]

## 2.4     Texte zur Deklination des Adjektivs

**Text 1**

*Ergänzen Sie die Endungen, aber nur, wenn es notwendig ist!*

**Der Student aus Paris**

Ein arm__, aus der Fremde herzugereist__ Student ging einmal durch ein einsam__, klein__ Dorf: Dieser jung__ Mann hatte nur wenig__ Geld in der Tasche seiner durchlöchert__ Hose. Deshalb klopfte er an die eichen__ Tür des größt__ Hauses, wo der reichst__ Mann des Dorfes wohnen musste. Anfangs tat er es vergeblich. Dann aber wurde ihm geöffnet. Eine nicht sehr klug__ aussehend__ Frau fragte ihn mit schlecht__ gespielt__ Zorn, warum er sie störe. „Ich komme aus dem herrlich__ Paris", so wurde ihr geantwortet, „und hoffe, dass ich nicht umsonst__ geklopft habe." Unsere verwundert__ und erstaunt__ Frau erwiderte fragend__: „Aus dem Paradies?" Ihr müd__ Gesicht erhellte sich. „Mein gut__ Freund! So manch__ lang__ Jahr wartete ich auf eine solch__ schön__ Nachricht. Mein lieb__ erst__ Mann muss nämlich dort sein, im herrlich__ Paradies. Kommt herein, teuer__ Freund, habt keine Sorge! Mein jetzig__ Mann, der elend__ Kerl, arbeitet gerade auf einem weit__ entfernt__ Felde.

Ich arm__ Frau! Bitter__ Kummer bereitet er mir, den viel__ Ärger nicht zu rechnen! Aber mein erst__ Mann, jen__ lieb__, herzensgut__ Mensch, Franz Dummkopf hieß er; habt Ihr ihn im Paradies gesehen?" – „Oh ja!" antwortete der listig__ Student, der viel__ in der Welt herumgekommen war und gleich erkannt hatte, mit welch__ wirr__ Kopf er es zu tun hatte. „Es ist leider nichts Gut__, was ich zu berichten habe. Ich traf im Paradies einen alt__ Mann, dessen grau__ Anzug ganz zerrissen war. Er hieß wie euer lieb__ erst__ Gemahl. Er brauchte Geld, der Arm__! Und auch neu__ Kleidung tut ihm not! Wessen hart__ Herz würde nicht weich bei dies__ Anblick! Welch ein Unglücklich__! Ich werde nächstens wieder ins Paradies reisen müssen; ich kann ein gut__ Bote sein!" Als die töricht__ Bäuerin das gehört hatte, rief sie: „Wartet nur einen kurz__ Augenblick!" und eilte die Treppe hinauf, um in Franzens alt__ Schrank nach Kleidern zu suchen. Sie nahm etlich__ Hemden, alle lang__ Hosen, zwei Paar gefüttert__ Handschuhe, einen abgetragen__ Rock, packte alles zusammen, damit der hilfbereit__ Bote es gut__ tragen könne. Unser gut__ Freund hatte inzwischen dasjenige herumliegend__ Zeug, das er für mitnehmenswert hielt, eingesteckt. Er nahm auch noch das schwer__ Bündel mit Franzens sämtlich__ Kleidern, das ihm die Frau aufdrängte, bekam auch noch einige von den gespart__ Goldtalern und schritt pfeifend__ von dannen.

Mittags kam der Bauer, müde von der schwer__ Feldarbeit heim. Die einfältig__ Frau lief ihm mit strahlend__ Augen entgegen und sagte lachend: „Mein lieb__ Herr! Ein jung__ Mann ist bei mir gewesen! Er kennt den selig__ Franz. Er sagte, der Arm__ leide groß__ Mangel im Paradies. Da habe ich dem freundlich__ Manne alle seine Kleider gegeben, samt etlich__ ungarisch__ Gulden. Welch ein groß__ Wunder ist das!"

Da wurde der Bauer zornig__ und rief: „Du dumm__ Weib!" Er stieg schnell__ auf sein__ best__ Pferd und eilte dem wunderbar__ Manne aus dem Paradies nach. Unser__ gerissen__ Student, dessen schlecht__ Gewissen zur Vorsicht mahnte, bemerkte den reitend__ Bauern schon, als er noch weit entfernt__ war. Er warf sein kostbar__ Bündel in den mit Sträuchern zugewachsen__ Graben und sah nun wie ein harmlos__ Wanderer aus. Schon war der Bauer herangekommen. „Hallo, edel__ Meister, habt Ihr nicht einen jung__ Mann gesehen, der ein Bündel trug?" „Oh ja!" rief der Student eifrig__, „hier, durch dieses dicht__ Gebüsch zwängte er sich. Lassen Sie Ihr ermüdet__ Pferd hier. Ich werde es gut__ festhalten. Gehen Sie in diese Richtung, und viel__ Glück bei der Suche, und alles Gut__!" Der Bauer übergab ihm ein wenig zögernd__ sein Pferd und verschwand hinter der Hecke. Der Student schwang sich auf das kräftig__ Pferd und ritt eilig fort.

Spät__ am Abend kehrte der Bauer heim. Auf die vorsichtig__ Frage seiner ungeduldig__ wartend__ Frau, wo denn ihr best__ Pferd sei, antwortete er unfreundlich__: „Ich habe es ihm überlassen, deinem verdammt__ Boten, damit er schneller ins Paradies kommt."

## Text 2

*Ergänzen Sie die Endungen, wenn es notwendig ist!*

### Massengesellschaft, Berufswelt und Gesundheit

Viele schwer__ Krankheiten, die seit der Jahrhundertwende trotz all__ Fortschritte der Medizin zugenommen haben, insbesondere Arteriosklerose, Herzinfarkt und Bluthochdruck, kommen im Allgemein__ in der frei__ Natur nicht oder nur selten vor. Sie sind spezifisch__ menschlich__ Krankheiten. Durch bestimmt__ Versuchsanordnungen lassen sich aber auch bei Tieren vergleichbar__ Krankheiten hervorrufen. Wenn man Ratten in Lauftrommeln sperrt, in denen sie stundenlang__ laufen müssen, wenn man sie in kalt__ Wasser wirft, in dem sie, um nicht zu ertrinken, stundenlang__ ununterbrochen__ schwimmen müssen, so treten auch bei diesen Tieren Blutdrucksteigerungen auf. Eine solch__ Wirkung tritt also ein, wenn man den Tieren künstlich__ eine Hölle schafft, mit übermäßig__ Unruhe und Anstrengung. Das ist nun die gleich__ Hölle, in welche sich der Mensch in der modern__ Massengesellschaft gebracht hat mit ihrer dauernd__ Unrast, mit ihrer ständig__ Reizüberflutung durch Lärm, Lichtreize und die modern__ Vergnügungsindustrie. Durch die schädlich__ Reizwirkungen treten nicht nur Krankheiten des Herzgefäßsystems auf, sondern sie sind auch schwer__ Belastungen für das Nervensystem. Eine weiter__ Dauerreizung geht von der Massengesellschaft an sich aus. Schon Hufeland schrieb: „Eines der größte__ Verkürzungsmittel des menschlich__ Lebens ist das Zusammenwohnen in groß__ Städten."

Dass das Zusammenleben einer groß__ Zahl von Individuen, die dabei häufig__ in ein Spannungsverhältnis geraten, Krankheiten hervorrufen kann, ist interessanterweise auch bei Tierversuchen ablesbar. Während, wie schon gesagt, bei Tieren in der frei__ Natur Arteriosklerose selten ist, tritt sie in den zoologisch__ Gärten häufig auf. Die Häufigkeit der Erkrankung erwies sich als abhängig von der Zahl der Tiere, die in einem relativ__ klein__ Gehege zusammen leben mussten. Auch die vergleichbar__ Verhältnisse in der menschlich__ Massengesellschaft verursachen seelisch__ Spannungen, die oft in eine Aggression übergehen können. Wer als Arzt in die vielfältig__ seelisch__ Ursachen Einblick gewonnen hat, die in der Krankheitsentwicklung eine Rolle spielen, wird der Aggression dabei eine groß__ Rolle zubilligen. Sie tritt zum Beispiel in viel__ Konfliktsituationen zwischen Eltern und Kindern, zwischen Lehrern und Schülern, zwischen den Geschlechtern, zwischen Vorgesetzten und Untergebenen und zwischen den Konkurrenten auf zahlreichen Lebensgebieten auf. Alle diese schädlich__ Faktoren, die

Hast und Unrast der modern__ Welt, die Reizüberflutung in jed__ möglich__ Form, die zwischenmenschlich__ Spannungen, stellen dauernd__ Belastungen des Nervensystems dar, ja oft sogar eine Überforderung. Zu diesen allgemein__ Schäden, die in der heutig__ Welt die Gesundheit bedrohen, kommt nun noch eine groß__ Anzahl von speziell__ Schäden hinzu, die mit der Arbeitsweise und den modern__ Methoden der Industriegesellschaft zusammenhängen. Der natürlich__ Rhythmus von Tag und Nacht ist zum Beispiel in der modern__ Welt schwer__ Störungen ausgesetzt, er ist vielfach aufgehoben. An die Stelle der natürlich__ Tag__ und Nachteinteilung ist der Schichtwechsel getreten. Die Nachtarbeit ist eine häufig__ Zeiterscheinung. Stark__ Lichtquellen in den Arbeitsräumen und in den Straßen der Städte machen die Nacht zum Tage. Der Verkehrslärm verschont die Menschen nicht einmal mitten in der Nacht.

Diese Störungen des natürlich__ Rhythmus sind gesundheitsschädlich__, so dass zum Beispiel Herzinfarkte bei den Nachtarbeitern doppelt so häufig__ auftreten wie bei ander__ Menschen. Auch gegen den natürlich__ Wechsel zwischen Arbeit und Ruhepause wird heute in der Arbeitswelt oft verstoßen. Die richtig__ Ausnutzung der Erholungsphasen, der abendlich__ Ruhepause am Feierabend, des frei__ Wochenendes und des groß__ Urlaubs ist eine der wichtigst__ Aufgaben der gesund__ Lebensführung. Viele Menschen machen aber den Fehler, dass sie sich in den unbedingt__ notwendig__ Ruhepausen erneut__ in den Wirbel stürzen. Statt sich wirklich__ auszuruhen, suchen sie wieder Massenansammlungen in laut__ Vergnügungslokalen auf, wobei das viel__ Rauchen und der Alkohol erneut__ Schäden bringen.

*Welche Verhaltensweisen in der modernen Gesellschaft schädigen unsere Gesundheit?*
*Stellen Sie die vom Verfasser genannten Vorgänge zusammen!*
*Fügen Sie andere Verhaltensweisen aus Ihrer persönlichen Erfahrung hinzu!*
*Erarbeiten Sie aus diesem Material eine Gliederung für einen kurzen Vortrag!*

## Text 3

*Ergänzen Sie die Endungen, wenn es notwendig ist!*

### Einsamkeit und Freiheit

Für Humboldt stellt das Leben an einer Universität eine grundsätzlich__ gleichberechtigt__ Gelehrtengesellschaft von Professoren und Studenten dar, die auf der selbständig__ und einsam__ Lern__ und Forschungstätigkeit beider beruht. Im Prinzip kann die wissenschaftliche Tätigkeit des Professors und des Studenten nicht unterschieden werden: Beid__ werden als selbständig__ Individuen in sittlich__ und geistig__ Vervollkommnung vorgestellt, die durch ihr wissenschaftlich__ Suchen sich selbst immer mehr zur Individualität steigern. Daher kommt es Humboldt gar nicht auf das Maß an Wissen an, das jemand beherrscht, sondern auf diese Einstellung des wissenschaftlichen Suchens, auf den Drang zum Wissen, zur Erkenntnis, zur Wahrheit, darauf eben, dass man die Wissenschaft immer als ein noch nicht ganz__ aufgelöst__ Problem behandeln und daher immer im Forschen bleiben müsse. Dieser Erkenntnisdrang aber kann und soll grundsätzlich bei Professoren und Studenten gleichmäßig__ vorhanden sein; er soll das sie auch sozial__ Verbindend__ darstellen, und diese Einheit und Gleichheit des Erkenntnisstrebens muss auch institutionell__ die Grundlage der Universitätsorganisation bilden. Man muss Humboldt ernst nehmen, wenn er sagt, dass bei der Organisation der höher__ wissenschaftlich__ Anstalten alles darauf beruht, das Prinzip zu erhalten, die Wissenschaft als etwas noch nicht Gefunden__ und nie ganz Aufzufinden__ zu betrachten und unablässig__ sie als solche zu suchen. Dieser Wissenschaftsbegriff führt zu der Konsequenz, dass in der Universität die Professoren und Studenten organisatorisch und sozial grundsätzlich__ als gleichrangig__ zu behandeln sind, d. h. ihnen institutionell die gleich__ Lebensform zu bieten und zu sichern ist.

Damit vollzieht Humboldt auch im Organisatorisch__ der Universität die Abkehr von einem alt__ Wissenschaftsbegriff, der in irgendein__ Form von dem „Besitz der Wahrheit" bei den Lehrend__ ausging und diese damit den Lernend__ gegenüber in eine grundsätzlich__ sozial__ und organisatorisch__ Vorrangstellung brachte. Was in den verschieden__ traditionell__ Formen der Wissensvermittlung den Priester vom Laien, den Lehrer vom Schüler, den Meister vom Lehrling, den Gebend__ in der Tradition vom Nehmend__, den Anerkannt__ und Besitzend__ vom Anfänger und „Armen" in der Wahrheit schied, wird in dieser Universitätsorganisation grundsätzlich aufgehoben: die Vorrangstellung und die unmittelbar__ Funktion des Lehrers. Humboldt begreift die Universität als die Emanzipation vom eigentlich__ Lehren, da der Universitätslehrer nur von fern das eigen__ Lernen der Studenten leitet.

Diese Forderung der „Emanzipation vom eigentlich__ Lehren" setzt die Universität natürlich vor all__ von der Schule ab, ist aber bei Humboldt sehr rigoros gemeint: Jede Art der Verschulung der Universität verstößt für ihn fundamental gegen den Geist der Wissenschaft und gegen die grundsätzlich__ bei Professoren und Studenten gleichartig__ Lebensform des einsam und selbständig Lernend__. Die Lernfreiheit, nicht die Lehrfreiheit, ist daher das primär__, Professoren und Studenten in sozial__ Gleichheit vereinende, sozial__ Grundgesetz der Humboldtschen Universität. Während die Lehrfreiheit der Universität zumeist nur von außen bedroht werden kann, ist die Lernfreiheit also ein Grundrecht der Universität, das von innen her dauernd__ gefährdet__ ist und von Professoren und Studenten sozusagen gegenseitig verteidigt werden muss.

*Als die den Professoren und Studenten gemeinsame Lebensform, aus der auch zugleich die ganze äußere Organisation der Universitäten fließen müsse, hat Humboldt eine Existenz in „Einsamkeit und Freiheit" genannt.*
*1. Wie sieht Humboldt das Verhältnis von Hochschullehrer und Student?*
*2. Was bedeutet „Emanzipation vom eigentlichen Lehren" (zweiter Absatz)?*
*3. Haben die Gedanken Humboldts heute noch ihre Gültigkeit? Erörtern Sie diese Frage, indem Sie eine Reihe von Fächern daraufhin betrachten!*

**Text 4**

*Ergänzen Sie die Endungen, wenn es notwendig ist!*

**Globalisierung**

Weltweit__ Handel gab es zwischen einigen Ländern schon in sehr früh__ Zeit. Die mit dem Terminus der Globalisierung bezeichnete Ausweitung der wirtschaftlich__ Aktivitäten geht jedoch weit darüber hinaus und ist von ander__ Qualität. Der international__ Handel überzieht heute die ganze Welt. Die Möglichkeiten des Transportes und des Verkehrs überhaupt sind außerordentlich gewachsen. Zahlreiche Transportmittel stehen dem Handel zur Verfügung: riesige Schiffe, ein Heer von Lastwagen, umfangreiche Eisenbahnnetze, hunderte von Flugzeugen stehen für den Transport von Gütern all__ Art in all__ Länder bereit.

Die Niederlassungs- und Handelsfreiheit führt dazu, dass sich Produktionsstätten aus den alt__ Industrieländern in ander__ Regionen verlagern. Vor hundert Jahren baute man Schiffe vor allem in England und in Deutschland. Heute werden die meist__ Schiffe in Asien gebaut, vor allem in Korea. Die Produktion geht dorthin, wo billig__ Arbeitskräfte zur Verfügung stehen.

Unter solch__ Bedingungen sind der Handel und vor allem die Produktion gewaltig__ angestiegen. Es gibt kaum noch eine Region der Erde, wo nicht die unterschiedlichst__ Industriezweige Fuß gefasst haben. Auf diese Weise sind in viel__ Ländern neu__ Arbeitsplätze geschaffen worden.

Ohne die Hilfe der Computer, deren weltweite Vernetzung so weit vorangekommen ist, dass Informationen sekundenschnell an jeden Ort der Welt geleitet werden können, hätte die Entwicklung von Handel und Industrie in diesem groß__ Umfang nicht stattfinden können. Entscheidend__ Fragen (Was wird wo gebraucht? Wo kann man unter günstigen Bedingungen wie produzieren?) können nur mit den international__ Kommunikationssystemen befriedigend beantwortet werden.

Diese Entwicklung der Weltwirtschaft in den letzt__ Jahrzehnten beruht vor allem auf der Liberalisierung des Geld__ und Kapitalverkehrs. Die Internationalisierung der Finanzmärkte ist ein nicht zu unterschätzend__ Faktor. Weltweit werden Aktien gekauft, Kredite aufgenommen, Währungen getauscht, ganze Unternehmen wechseln ihre Eigentümer, oft gegen den Willen des Managements und der Belegschaft.

Die Kapitalströme entscheiden über das Wohlergehen ganz__ Länder. Wenn größer__ Mengen des Kapitals, aus welchem Grunde auch immer, abgezogen werden, können Volkswirtschaft und Währung zusammenbrechen.

Man geht mit sein__ Geld dahin, wo es am aussichtsreichsten__ ist, Gewinne zu machen und wo es am billigsten ist zu produzieren. Die Billiglohnländer mit den schlechtest__ Arbeitsbedingungen konkurrieren untereinander, um das international__ Kapital in ihre Gebiete zu lenken. Vor allem die groß__ Wirtschaftsbosse und die Finanzmärkte halten die Herrschaft im Rahmen der Globalisierung in der Hand.

Die aufgezeigt__ Entwicklung ist jedoch kein ständig ansteigend__ Weg zu größer__ Wohlstand und allseitig__ Zufriedenheit. Schon in den zwanzig__ Jahren des vorigen Jahrhunderts erschütterten Krisen die Weltwirtschaft mit gewaltig__ Auswirkungen auf die Kapitalmärkte. In den achtzig__ Jahren des zwanzigsten Jahrhunderts waren die asiatisch__ Märkte von Krisen besonders betroffen. Noch jetzt, Anfang des 21. Jahrhunderts, zeigen sich in Japan mit seinen ständigen Auf und Ab der Börsenkurse und der schwächelnd__ Wirtschaft die Nachwirkungen dieser Krise. Der Terrorüberfall auf das World Trade Center in New York im September 2001 machte wiederum deutlich, wie empfindlich die Weltfinanzen sind. Nicht nur der Dow Jones brach ein, sondern all__ Weltbörsen taten es ihm gleich, obwohl entfernt liegend__ Länder von den Auswirkungen des Unglücks kaum betroffen waren. Die Abhängigkeit von der New Yorker Börse ist nicht zu übersehen. Die USA haben nun einmal die größt__ Finanzkraft und damit auch den größt__ Einfluss, dem sich weltweit niemand entziehen kann.

Die Wirtschaftstheorie der global__ Wirtschaft könnte man neoliberal nennen. Der Leistungswettbewerb ist das oberste Prinzip. Der Staat sollte sich aus dem Wirtschaftsgeschehen weitgehend__ zurückziehen. Das Kapital lässt in den Ländern produzieren, in denen möglichst wenig Sozialabgaben zu leisten sind. Dabei sollte aber bedacht werden, dass nicht nur Gewinne und zu berücksichtigend__ Kosten zu beachten sind. Auch Fragen der Gerechtigkeit und der sozialen Absicherung dürfen nicht missachtet werden. Und schließlich sollten die Produktionsstandorte nicht danach ausgewählt werden, wo man nur wenig__ Rücksicht auf die Umwelt zu nehmen braucht.

In Deutschland hat man sich nach dem Zweiten Weltkrieg in der Bundesrepublik für die soziale Marktwirtschaft entschieden. Auch hier herrscht der freie Wettbewerb, aber ein Teil der wirtschaftlichen Gewinne wird in größer__ Umfange in Solidarkassen umgeleitet zur Finanzierung der Krankenversicherung, der Rentenkassen, der Arbeitslosenunterstützung und der Pflegeversicherung. Nur so, meinte man, könne ein stabil__ Arbeitsklima geschaffen werden.

Je mehr wir auf eine Globalisierung der Weltwirtschaft zusteuern, umso weniger greifen jedoch die Kontrollmechanismen der einzeln__ Staaten; da man jedoch auf eine solche Eingriffsmöglichkeit nicht verzichten darf, müssen Wege gefunden werden, das Primat der Politik, vor allem im Sozial__ und Umweltbereich, gegenüber dem Primat der Wirtschaft durchzusetzen.

1. *Was heißt: „der Dow Jones bricht ein" (achter Absatz des Textes)?*
2. *Welche Entwicklungen in der neueren Weltwirtschaft begünstigen die Globalisierung?*
3. *Stellen Sie die Kritik an der Globalisierung, wie sie sich in dem Text äußert, zusammen.*

# 3. Der Relativsatz

Ein Relativsatz wird durch ein Relativpronomen oder durch ein Relativadverb eingeleitet. Sie stehen meist an der Spitze des Relativsatzes; davor kann nur noch eine Präposition stehen. Im Relativsatz hat das konjugierte Verb Endstellung.

## 3.1 Der Relativsatz als Attributsatz

Wir kennen zwei Relativpronomen, die an der Spitze des Attributsatzes stehen:

a)

| Singular   | Maskulinum | Femininum | Neutrum |
|------------|------------|-----------|---------|
| Nominativ: | der        | die       | das     |
| Genitiv:   | **dessen** | **deren** | **dessen** |
| Dativ:     | dem        | der       | dem     |
| Akkusativ: | den        | die       | das     |

| Plural     | für Maskulinum, Femininum, Neutrum |
|------------|------------------------------------|
| Nominativ: | die       |
| Genitiv:   | **deren** |
| Dativ:     | **denen** |
| Akkusativ: | die       |

b)

| Singular   | Maskulinum | Femininum | Neutrum  |
|------------|------------|-----------|----------|
| Nominativ: | welcher    | welche    | welches  |
| Genitiv:   | –          | –         | –        |
| Dativ:     | welchem    | welcher   | welchem  |
| Akkusativ: | welchen    | welche    | welches  |

(Genitiv nicht vorhanden, Formen von **a** benutzen)

| Plural     | für Maskulinum, Femininum, Neutrum |
|------------|------------------------------------|
| Nominativ: | welche   |
| Genitiv:   | –        |
| Dativ:     | welchen  |
| Akkusativ: | welche   |

## 3. Der Relativsatz

Das Relativpronomen *welcher* ist in der Umgangssprache nicht mehr häufig, in der Literatur jedoch durchaus gebräuchlich.

Genus und Numerus des Relativpronomens richten sich nach dem Beziehungswort (Bezugswort). Der Kasus entspricht dem Kasus des Satzteils, den das Relativpronomen im Nebensatz einnimmt.

> *Das Gesetz, dem solche Bewegungen unterworfen sind, hat ein bekannter Physiker entdeckt.*

In diesem Satz heißt das Relativpronomen *dem.* Das ist der Dativ Singular des Neutrums. Neutrum und Singular werden deshalb gesetzt, weil das Bezugswort (Beziehungswort) *das Gesetz* ein Neutrum im Singular ist. Den Dativ wählen wir, weil das Relativpronomen im Relativsatz den Dativ vertritt:

> *Solche Bewegungen sind* dem *Gesetz unterworfen.*

Das Relativpronomen soll möglichst unmittelbar hinter dem Bezugswort stehen. Allerdings setzt man auch oft das Partizip oder einen Infinitiv des Hauptsatzes zwischen Bezugswort und Relativpronomen, damit sie nicht allein am Ende des Satzes stehen:

> *Wir wollen jetzt das Gesetz betrachten, dem solche Bewegungen unterworfen sind.*

Das Relativpronomen kann nicht weggelassen werden, auch dann nicht, wenn das Bezugswort keinen oder den unbestimmten Artikel hat. Nach *dessen* und *deren* steht kein Artikel; diese beiden dürfen aber deshalb nicht etwa dekliniert werden! Da der Artikel fehlt, muss nach *dessen* und *deren* das Adjektiv stark dekliniert werden.

> *Der Minister, von dessen neuem Plan viel gesprochen wurde, wurde entlassen.*

Mit der Präposition *wegen* verbinden sich *dessen* und *deren* zu *dessentwegen* und *derentwegen.* Die Präposition kann aber auch den Relativpronomen vorausgehen:

> *Die Angelegenheit, derentwegen er gekommen war, hatte sich bereits erledigt.*
> *Die Angelegenheit, wegen der er gekommen war, hatte sich bereits erledigt.*

Der Genitiv des Relativpronomens kann auch für ein Possessiv-Verhältnis stehen.

> *Der Wissenschaftler lebt in München. Seine Erfindung ist in der ganzen Welt bekannt.*
> *Der Wissenschaftler, dessen Erfindung in der ganzen Welt bekannt ist, lebt in München.*

Manchmal zieht man den demonstrativen Satz mit Grundstellung dem Relativsatz mit Endstellung vor:

*Es handelt sich um die Herstellung von Karosserieteilen, die wird heute weitgehend digital gesteuert.*

*Die* ist hier kein Relativ-, sondern ein Demonstrativpronomen.

Wenn sich ein Relativpronomen auf ein Personalpronomen in der 1. und 2. Person, und nicht (wie gewöhnlich) in der 3. Person, bezieht, so kann das Personalpronomen im Relativsatz wiederholt werden. Entweder: *Ich, der einen Brief schreibt,* ... oder häufiger: *Ich, der ich einen Brief schreibe,* ... In der 3. Person Pl. als Anrede muss das Personalpronomen wiederholt werden: *Sie, der Sie einen Brief schreiben.*

Nach dem Gleichsetzungsnominativ *es* als Bezugswort steht das Relativpronomen ohne Wiederholung des Personalpronomens: *Du bist es, der mich ärgert!*

## Übungen

### Übung 1

*Fügen Sie die Sätze a, b, c, d usw. als Relativsätze in die Lücke im voranstehenden Hauptsatz ein!*

1. Mehrere Zeitungen, __ , wurden von einem Mann in der U-Bahn gelesen.
   a) Die Leitartikel der Zeitungen waren interessant.
   b) In den Zeitungen wurde die Aufführung des „Faust" von Goethe im Stadttheater kritisiert.
   c) Die Zeitungen waren von gestern.
   d) Er hatte die Zeitungen am Kiosk gekauft.

2. Der Reisende, __ , stieg in den Schnellzug ein.
   a) Er hatte es eilig.
   b) In seinem Koffer waren außer seinen Anzügen noch wichtige Papiere.
   c) Ein Bahnbeamter suchte den Reisenden.
   d) Für den Reisenden war ein Brief abgegeben worden.
   e) Der Reisende fuhr erster Klasse.
   f) Aus seiner Tasche fiel ein Notizbuch.
   g) Ein junger Mann hob das Notizbuch des Reisenden auf.

3. Der Student, __ , arbeitet jeden Tag in der Bibliothek.
   a) Sein Bildungswille ist groß.

b) Am Ende des Semesters prüft ihn der Professor.

c) Es gelingt ihm, ein gutes Examen zu machen.

d) Ich treffe ihn jeden Morgen pünktlich um 9 Uhr im Hörsaal.

e) Ich habe von seinem Freund ein Buch bekommen.

4. Die Gewerkschaften, __ , können auf eine lange Tradition zurückblicken.

a) Sie haben sich im 19. Jahrhundert entwickelt.

b) Zahlreiche Arbeitnehmer sind Mitglieder der Gewerkschaften.

c) Den Gewerkschaften kommt eine bedeutende Rolle bei der Erhaltung des Arbeitsfriedens zu.

d) Ihre Aufgabe ist es, die Tarifverhandlungen mit den Arbeitgebern zu führen.

e) Streik ist für die Gewerkschaften das äußerste Mittel in der Tarifauseinandersetzung.

## Übung 2

*Bilden Sie Relativsätze, indem Sie die Sätze a, b, c, d etc. an den voranstehenden Hauptsatz anfügen!*

1. Auch für den unvoreingenommenen Beobachter stellt sich hier eine Frage, __

a) Man muss der Frage nachgehen.

b) Sie kann in ihrer Tragweite noch nicht abgeschätzt werden.

c) Es lohnt sich, darüber zu reden.

d) Auf diese Frage muss eingegangen werden.

e) Die Beantwortung der Frage ist von Wichtigkeit.

f) Auch wir sollten uns diese Frage vorlegen.

2. In diesem Artikel finden sich Argumente, __

a) Es wird den Argumenten eine weitreichende Wirkung unterstellt.

b) Man müsste in dieser Diskussion auf diese Argumente zurückgreifen.

c) Die Wirkung dieser Argumente auf den Leser empfindet mancher als diffamierend.

d) Diese Argumente stehen auch dem Demagogen zur Verfügung.

e) Diese Argumente könnten den Verfasser in Schwierigkeiten bringen.

3. Der Professor sprach in seiner Vorlesung über eine Krankheit, __

a) Sie wird in den Handbüchern nur kurz erwähnt.

b) Der Professor hat über diese Krankheit viele Aufsätze geschrieben.

c) Von ihren Ursachen weiß man noch nicht viel.

d) Die Heilungschancen sind bei dieser Krankheit ungewiss.

e) Die Krankheit ist Gegenstand eines Forschungsprojektes.

4. Er trat in die Bank ein, __

a) In der Schalterhalle der Bank waren viele Kunden.

b) Die Bank handelt besonders mit Pfandbriefen.

c) Die Spareinlagen der Kunden helfen der Bank.

d) Die Arbeit dieser Bank ist für die Bauindustrie von Nutzen.

e) Die Kunden der Bank werden freundlich bedient.

f) Viele Leute haben ein Konto auf dieser Bank.

g) Von der Bank werden die Kunden in allen schwierigen Fragen beraten.

5. Bei dem Verkauf dieser Erzeugnisse entsteht eine Reihe von Vertriebskosten, __

a) Man muss mit ihnen rechnen.

b) Ihre Höhe ist in diesem Falle unverhältnismäßig groß.

c) Die Firma versucht diese Kosten zu senken.

d) Sie sind von den Fertigungskosten schwer abzugrenzen.

e) Die Kosten der Versandpackungen rechnen zu den Vertriebskosten.

## 3.2    Der Relativsatz als Subjekt- und Objektsatz

Wenn der Relativsatz von den beiden Pronomen *der* und *welcher* eingeleitet wird, so kann er nur für ein Attribut stehen. Bei den folgenden Einleitwörtern kann der Relativsatz außerdem noch für einen anderen Satzteil, etwa ein Objekt oder ein Subjekt, stehen.

*Wer, wessen, wem, wen* und *was* sind Relativpronomen, die verallgemeinernden Charakter haben, und nicht auf etwas Bestimmtes Bezug nehmen. Sie lassen sich oft durch *jeder, der* oder *alles, was* ersetzen.

### 3.2.1    Die Relativpronomen *wer, wessen, wem, wen*

*Wer, wessen, wem* und *wen* beziehen sich auf Personen.

*Wer einmal lügt, dem glaubt man nicht.*
*Wessen Brot ich esse, dessen Lied ich singe.*

*Wem man hilft, der wird dankbar sein.*
*Wen ich gut kenne, dem vertraue ich.*

Der Kasus des Relativpronomens richtet sich nach dem vertretenen Satzglied im Relativsatz, der Kasus des Demonstrativpronomens nach dem Kasus im Hauptsatz. Der verallgemeinernde Sinn kann durch eine Hinzufügung (*auch, auch immer*) verstärkt werden.

*Wer auch immer durch den Schwarzwald wandert, der wird von der herrlichen Natur beeindruckt sein.*

Das Demonstrativpronomen muss im Hauptsatz stehen, wenn es nicht den gleichen Kasus hat wie das Relativpronomen. Bei gleichem Kasus kann das Demonstrativpronomen ausfallen, jedoch nicht im Genitiv. Es wird aber häufig doch gesetzt.

*Wer sich über kleine Dinge freuen kann, ist glücklich.*
*Wem ich einen Rat gebe, helfe ich damit.*
*Wen wir kennen, unterstützen wir.*

### 3.2.2  Das Relativpronomen *was*

*Was* bezieht sich immer auf Sachen und Zustände.

a)  *Was* kann sich auf ein Verb beziehen. Der Relativsatz steht dann für ein Subjekt oder ein Objekt.

> *Was dort geleistet wird, ist von großer Bedeutung.*
> *Er ahnte, was noch alles zu tun war.*

Will man einen Relativsatz an ein Verb mit Präposition anschließen, so darf man die Präposition nicht mit *da-* verbinden, sondern muss ein *das* einfügen:

Bescheid wissen über

> *Er wusste Bescheid über das, was die anderen gesagt hatten.*

Das demonstrative *das* kann auch dekliniert werden:

> *Er hatte schon lange vor dem gewarnt, was uns alle bedrohte.*

Nicht nur nach *das*, sondern auch nach *dasselbe* und *dasjenige* steht *was*:

> *Es ist genau dasselbe, was wir schon einmal gehört haben.*

Der Übergang von den Relativsätzen zu den indirekten Frage- und Aussagesätzen ist hier fließend:

*Nimm dir das, was du brauchst.* (Relativsatz)
*Ich frage mich, was nun geschehen soll.* (Fragesatz)

b) Das Relativpronomen kann sich auf den ganzen Satz beziehen:

*Er erfuhr jedoch, was sich später noch oft bestätigen sollte, dass nur die Armen die Noblen sind.*

c) *Was* muss nach folgenden unbestimmten Bezugswörtern (Korrelativen) stehen: *allerhand, allerlei, alles, einiges, etwas, folgendes, mancherlei, manches, vielerlei, vieles*:

*Es gibt da manches, was zu ändern ist.*

d) *Was* steht nach einem Superlativ, dem kein Substantiv folgt:

*Das Aufregendste, was wir erlebten, war jene Wanderung zum Gipfel des Berges.*

e) *Was* wird auch anstelle von *das* gesetzt, wenn das Bezugswort ein Adjektiv ist, das etwas Allgemeines oder Unbestimmtes, Sachbezogenes ausdrückt; besonders häufig findet das bei abstrakten Substantiven statt. Der Gebrauch ist jedoch nicht ganz festgelegt.

*Das Gute, dieser Satz steht fest, ist stets das Böse, was man lässt.*

### 3.2.3  Die Relativadverbien

Außer den Relativpronomen können auch Relativadverbien einen Relativsatz einleiten.

- *wo, wohin, woher*
- *wo* in Verbindung mit einer Präposition:
  *woran, woraus, wobei, wodurch, womit, worunter, wovon, wovor*

Alle Verbindungen mit *da-* (siehe S. 11 ff.) sind auch mit *wo-* möglich.

Die Relativadverbien können auf ein Substantiv bezogen sein:

*Die Stelle, wo wir den Schlüssel verloren hatten, fanden wir nicht wieder.*
*Das Problem, worüber wir sprachen, war schwer lösbar.*

Sie können sich aber auch auf einen Satz bzw. ein Verb beziehen:

> *Wir erfuhren nicht, wo er sich aufhielt.*
> *Ich erkannte sofort, worum es ging.*

Wenn das Relativadverb auf ein Substantiv bezogen ist, dann kann man es durch ein Relativpronomen mit einer Präposition ersetzen.

> *Die Stelle, an der wir den Schlüssel verloren hatten, ...*
> *Das Problem, über das wir sprachen, ...*

Das gilt als besseres Deutsch, ist aber nicht möglich, wenn das Relativadverb an einen Satz oder ein Verb anschließt.

Das Relativadverb *wo* (*wohin, woher*) kann nur auf Ort oder Zeit bezogen sein.

Die Relativadverbien, die aus Verbindungen mit Präpositionen entstehen (*wovor, woraus* etc.), können nur sachbezogen sein.

### 3.3    Übungen zu den Relativsätzen

**Übung 1**

*Setzen Sie in die Lücken die fehlenden Relativpronomen oder Relativadverbien ein!*

1.  __ die meisten Stimmen erhält, hat die Wahl gewonnen.
2.  Das sind die Wege, auf __ die Lösung des Problems erreicht werden kann.
3.  __ man mit Hilfe eines Computers bewältigt, ist auch nicht immer einwandfrei.
4.  Es ist eine große Kunst, nicht zu trennen, __ die Natur vereinigt hat.
5.  Im Gegensatz zu dem, __ sich während der ersten Welle der Industrialisierung ereignete, sind es heute die Hilfsarbeiter, __ von den Technikern verdrängt werden.
6.  __ er erfuhr, war streng geheim.
7.  Das ist eine Kurve, __ die Lebenserwartung des modernen Menschen repräsentiert.
8.  Er sollte verleugnen, __ er als richtig erkannt hatte.
9.  Im Ganzen hat sich das Gewicht zugunsten der Konfliktbetrachtung verschoben, __ [über] schon oben einiges gesagt wurde.
10. Da geschah genau das, __ die Regierung vermeiden wollte.

11. Die Industrie hat Speicher entwickelt, in __ zahlreiche Informationen aufbewahrt werden können.

12. Wir wollen dem Leser unsere Position darlegen, von __ sich alle weiteren Ausführungen ableiten.

13. Im Laufe der Zeit verliert jede Währung an Wert, __ für die Schuldner einen Vorteil bedeutet.

14. Es war insbesondere im Bereich der Theoriebildung, __ eine gewisse Skepsis sich schon früh bemerkbar machte.

15. Oft ändern sich auch die Kriterien, an __ man sich orientiert.

## Übung 2

*Setzen Sie in die Lücken die fehlenden Relativpronomen und Relativadverbien ein!*

1. Im Labor muss jedes Gefäß dort stehen, __ es hingehört.

2. Wir verlassen jetzt die Darstellung dessen, __ durch Experiment und Beobachtung gesichert ist.

3. Die Produktion ist weit hinter dem zurückgeblieben, __ man erwartet hatte.

4. Wir halten uns durch das, __ wir äußerlich gewinnen, schadlos für das, __ wir innerlich entbehren.

5. Termini, __ der Logik und Grammatik gemeinsam sind, haben nicht immer dieselbe Bedeutung.

6. Meine eigene Position, __ nur in Form von Thesen dargelegt werden kann, ist wie folgt zu umreißen.

7. Innerhalb dieser Institution ist nicht erkennbar, __ seinen Einfluß bei wichtigen Entscheidungen geltend machen kann.

8. Der Rechtsanwalt erwarb das Vertrauen seiner Klienten, für __ er arbeitete und in __ Namen er Prozesse führte.

9. __ auch immer das Gesetz, nach __ der Mensch lebt, erkannt hat, __ kämpft nicht mehr gegen die Natur.

10. Diese Fabriken erzeugen Kunstdünger, __ wir unser tägliches Brot verdanken.

11. __ die Grenzen der Anwendbarkeit der mathematischen Verfahren kennt, wird von ihnen bedenkenlos Gebrauch machen können.

12. Das sind Waren, bei __ die Handelsspannen festliegen.

13. Sie mussten ein ganzes Jahr dort verbringen, __ unter solchen Umständen nur schwer auszuhalten war.

14. Er legte sich niemals Rechenschaft ab über das, __ er tat.

15. Ein gewisser Wandel zeigt sich in den Bereichen, in __ die Theoriediskussion intensiv geführt wird.

# 3. Der Relativsatz

## Übung 3

*Setzen Sie die fehlenden Relativpronomen und Relativadverbien ein!*

1. Man hat verschiedene Methoden entwickelt, mit __ prähistorische Funde datiert werden können.

2. Es sind Fälle denkbar, in __ es zu einer Preissteigerung kommt.

3. Das Unternehmen verliert bei Preiserhöhungen die Kunden, __ die Erzeugnisse zu teuer sind.

4. Es bleibt unklar, __ unter diesem Begriff zu verstehen ist.

5. Zu dieser geschichtlichen Darstellung, __ erster Band allein schon über tausend Seiten umfasst, werden alle greifbaren Quellen herangezogen.

6. Bauflucht ist die Linie, an __ Bauten an einer Straße errichtet werden müssen.

7. Wesentlich sind die methodischen Grundlagen, auf __ Klärung diese Untersuchung gerichtet ist.

8. In Ländern, in __ Bier ein Volksgetränk ist, macht die Biersteuer einen wesentlichen Anteil an dem Steueraufkommen aus.

9. Durch diese Vereinbarung wird ein Gebiet geschaffen, in __ Grenzen der Warenverkehr ungehindert fließt.

10. Bevölkerungspolitik ist der Inbegriff der Maßnahmen, durch __ eine Bevölkerung zahlenmäßig oder in ihrer Zusammensetzung beeinflusst werden soll.

11. Eine breit angelegte Werbung, mit __ Hilfe man den Absatz steigern will, wird immer mehr für selbstverständlich gehalten.

12. Bei der starken Verschiedenheit der Ausgangslage, bei __ die Reformen einsetzen, ist eine Aufgliederung der Maßnahmen nach bestimmten Typen schwierig.

13. Schon nach wenigen Semestern kommt der Tag, an __ sich der Student zur ärztlichen Vorprüfung meldet.

14. Für die meisten klinischen Fächer wird neuerdings eine propädeutische Vorlesung gehalten, __ Besuch dringend zu empfehlen ist.

15. Es ist wichtig, eine zeitliche Ordnung festzulegen, in __ sich der Produktionsfluss vollziehen soll.

## Übung 4

*Setzen Sie in die Lücken Relativpronomen und Relativadverbien ein!*

1. Er ging an den Schreibtisch und trug den Besuch, __ er der Frau Biber abgestattet hatte, in sein Krankenbuch ein und kramte ein wenig in den Schubladen, __ [bei] ihm eins von seinen Tagebüchern in die Hände fiel. (Carossa)

2. Wegen der Unvollkommenheit des Naturaltausches haben die Menschen ein Zwischending nötig, __ zunächst allgemein gern genommen wird und __ man dann bei einem weiteren Tausch verwenden kann, um das zu erlangen, __ man braucht. (Meinhold)

3. Die Versorgung der Menschen mit Konsumgütern erfolgt heute in einem komplizierten, arbeitsteiligen Prozess, __ vom einzelnen nicht ohne weiteres zu übersehen ist. Dem einzelnen ist nur das kleine Stück des Gesamtprozesses bekannt, an __ er selbst durch seine Mitwirkung teil hat. (Schneider)

4. Wenn man bei Merseburg aussteigt, sieht man, wie mörderisch der Kampf ist, __ die Technik gegen das Land führt. Ein alter Mann erzählte mir, dass im Frühling die Vögel nicht mehr sängen. Er war kein Poet, der Mann, __ es mir sagte, er wusste, dass ihn bald die Erde des Friedhofs decken würde, __ er betreut. Ich glaube ihm alles, __ er sagte. Man kann den Lerchen nicht zumuten, in dieser Gegend zu singen. (Roth)

5. Bestimmte Werte bekommen beim mündigen Menschen eine besondere Bedeutung: die Zuverlässigkeit in dem, __ man übernommen hat; die Treue gegenüber dem, __ Vertrauen man angenommen hat; die Ehre, als das unbeirrbare Gefühl für das, __ recht und __ unrecht, __ vornehm und __ gemein ist. Es ist die Zeit, in __ entdeckt wird, __ Dauer heißt. Jetzt entsteht das, __ man den Mann nennt, die Frau. Die charaktervolle männliche und weibliche Persönlichkeit, auf __ das Leben sich verlassen kann, weil sie aus der Unmittelbarkeit der Impulse und dem Fließen der Gefühle in das durchgedrungen ist, __ dauert. (Guardini)

6. Roboterwagen, __ von Menschenhand gesteuerte Materialtransporte ersetzen, demonstrieren in diesem Werk den Wandel, __ in der industriellen Produktion stattgefunden hat. In den Hallen, in __ die elektronischen Produkte hergestellt werden, sind kaum noch Menschen zu finden. Die Entlassenen, __ Arbeitsplätze die Automaten übernommen haben, können nicht verstehen, __ da vor sich geht. Der Unternehmer sagte, die Konkurrenz im Außenhandelsgeschäft sei es, __ ihn zur Modernisierung gezwungen habe. (Balkhausen)

## 3.4 Texte zu den Relativsätzen

### Text 1

*Setzen Sie die Relativpronomen ein!*

### Veränderungen in der Arbeitswelt

Die Möglichkeiten und die Grenzen des Einsatzes der Datenverarbeitung geben die Bereiche vor, __ zuerst von der neuen Technologie erfasst und radikal umstrukturiert werden. An dem Arbeitsplatz, an __ ein Arbeitsvorgang vorwiegend unverändert wiederholt wird, können der Arbeitsplatz oder die ganze Branche von der Mikroelektronik umgestaltet werden. Es sind also gerade die Tätigkeits-felder, __ die vorangegangene industrielle Revolution erst geschaffen hat, __ jetzt als erste von der Revolution der elektronischen Datenverarbeitung erfasst werden. Andere Tätigkeiten, von __ man meint, dass sie eher altmodisch er-scheinen, haben gute Aussichten, dem Sturm der Mikrochips zu widerstehen, __ bedeutet, dass sie auch in Zukunft ihre Frau oder ihren Mann ernähren können. Tätigkeiten, __ stark handwerklich geprägt sind, und auch solche, __ Ausübung durch das persönliche Gespräch bestimmt ist oder __ dem Bereich der Dienst-leistungen zuzuordnen sind, erscheinen auf mittlere Sicht ebenso krisenfest wie die notwendige Organisationstätigkeit.

Allerdings wächst in dem Maße, in __ sich die Informationsverarbeitung mit Hilfe der Mikroelektronik auf alle nur denkbaren Lebensbereiche ausbreitet, auch das Unbehagen, das dieser Entwicklung entgegengebracht wird. Man hat auf die Gefahren hingewiesen, __ die Gesellschaft bedrohen, wenn die elektronische Datenverarbeitung in immer neue Bereiche des Lebens eindringt.

*Auf welche Gefahren wird Ihrer Meinung nach im letzten Abschnitt hingewiesen?*


**Text 2**

*Setzen Sie die Relativpronomen ein!*


**Wahrnehmen, Erinnern, Vergessen**

**Über Nutzen und Vorteil der Hirnforschung für die Geschichtswissenschaft**

Was ist das Besondere an der Geschichtswissenschaft, __ die Einmischung der Hirnforschung rechtfertigen könnte? Man kann vermuten, dass es in den Quellen zu suchen ist, aus __ die Geschichtswissenschaft schöpft. Dabei sind nicht die di-rekt fassbaren Spuren gemeint, __ die Geschichte hinterlässt, z.B. Bauwerke, Ruinen, Kulturlandschaften, Schlachtfelder. Gemeint sind vielmehr die Zeug-nisse, __ ihrerseits Ergebnisse menschlicher Wahrnehmung, Erinnerung und Deutung sind. Es sind die in Bild- und Schriftsprache formulierten Berichte über Vorgefallenes, die Protokolle der Dabeigewesenen, die in Schriften und Bildern festgehaltenen Erinnerungen von Augenzeugen und schließlich die zunächst mündlich überlieferten und dann irgendwann festgehaltenen Berichte. In der Ge-schichtswissenschaft geht es jedoch nicht um diese Berichte selbst, sondern um das Geschehen, über __ berichtet wird, um eine möglichst zutreffende Rekon-struktion zurückliegender Vorgänge zu erzielen.

Damit ein Dokument von einer Wirklichkeit Zeugnis gibt, muss zunächst der Berichterstatter selbst in der Lage sein, das von ihm Wahrgenommene möglichst zutreffend auszudrücken. Und hier gibt es ein Übertragungsproblem: Was in zeitlicher Abfolge erfahren wurde, liegt meist als gebündelter Gesamteindruck vor, in __ verschiedene Komponenten aufs Innigste verbunden sind. Es erweist sich als schwierig, dieses Wissen in eine Sequenz von logischen Aussagen zu übersetzen. Damit stellt sich die Frage nach der Verlässlichkeit unserer Wahrnehmungen.

Unsere Sinnessysteme wählen aus dem breiten Spektrum der Signale aus der Umwelt ganz wenige aus, __ für das Überleben in einer komplexen Welt besonders dienlich sind. Und wir als Berichterstatter glauben, dass das so entstehende Bild der Welt eine stimmige, in sich geschlossene Interpretation dieser Welt in ihrer Gesamtheit sei. Dabei bleibt unbeachtet, dass viele Signale der Umwelt gar nicht in unser Bewusstsein gelangen. Weil der Zugang zum Bewusstsein beschränkt ist, haben alle höher entwickelten Mechanismen zur Steuerung der so genannten selektiven Aufmerksamkeit, mit __ sie aus der Fülle der ständig verfügbaren Signale jene auswählen können, __ zu bewusster Verarbeitung gelangen sollen. Man stellt sich in der Hirnforschung Wahrnehmung als einen hochaktiven, hypothesengesteuerten Interpretationsprozess vor, __ das Durcheinander der Sinnessignale nach ganz bestimmten Gesetzen ordnet und auf diese Weise die Objekte der Wahrnehmung definiert.

Wie verhält es sich mit unserer Fähigkeit, Wahrgenommenes zu erinnern? Von den vielen Speicherfunktionen, __ unser Gehirn erfüllt, interessieren uns vor allem zwei: Im Kurzzeitspeicher, __ im Frontalhirn verwaltet wird, halten wir vorübergehend fest, __ gerade ansteht, etwas die eben nachgeschlagene Telefonnummer bis zur Beendigung des Wahlvorgangs. Alle Ereignisse, __ noch nach Tagen oder Jahren erinnerlich sein sollen, müssen in den Langzeitspeicher überschrieben werden. Die Festschreibung, die Konsolidierung, das Abspeichern im Langzeitgedächtnis geschieht offenbar sehr langsam, über Monate hinweg. Das hat zur Folge, das Gedächtnisspuren fast vollständig gelöscht werden können, wenn innerhalb von Stunden nach dem Lernprozess der Konsolidierungsvorgang gestört wird. Das hat weitreichende Konsequenzen für die Beurteilung der Authenzität von Erinnerungen. Da Erinnern immer auch einhergeht mit Neueinschreiben, muss die Möglichkeit in Betracht gezogen werden, dass bei diesem erneuten Konsolidierungsprozess auch der Kontext, __ dem das Erinnern stattfand, mitgeschrieben und der ursprünglichen Erinnerung beigefügt wird. Erinnern wäre dann auch immer mit der Aktualisierung der ursprünglichen Perspektive verbunden, __ überformt und verändert wird. Was schon für die Mechanismen der Wahrnehmung zutraf, scheint also in noch weit stärkerem Maße für die Mechanismen des Erinnerns zu gelten. Sie sind offensichtlich nicht daraufhin ausgelegt worden, ein möglichst getreues Abbild dessen zu liefern, __ ist, und dies möglichst authentisch erinnerbar zu halten.

Noch ein Wort zum Vergessen. Die Natur der Sprachprozesse im Gehirn stützt die Vermutung, dass einmal Gespeichertes nicht spurlos verschwinden kann. Das liegt daran, dass neuronale Speicher als Assoziationsspeicher angelegt sind, in __ Inhalte als dynamische Zustände untereinander vernetzter Nervenzellverbände definiert sind, und nicht wie in Computern einen adressierbaren Speicherplatz belegen. Was aber bei Assoziationsprozessen zum Problem wird, ist das Überschreiben des Alten durch Neues. Die gleichen Nervenzellen beteiligen sich also an der Repräsentation sehr vieler verschiedener Inhalte. Da wird es immer schwieriger, die einzelnen Inhalte zu trennen. Erinnerungen sind dann nur noch bruchstückhaft abrufbar und verschwinden im Unklaren.

Kehren wir zum Phänomen der Geschichtsschreibung zurück. Geschichte hat den Charakter eines Prozesses, in __ alles untrennbar verbunden ist: Nicht nur die Vorfälle, die Phänomene selbst, sondern auch die Erinnerungen, die Schlussfolgerungen und die Bewertungen. Ein Prozess also, in __ es eine sinnvolle Trennung zwischen Akteuren und Beobachtern nicht gibt, weil die Beobachtung den Prozess beeinflusst. Und so scheint es so zu sein, dass es weder eine Außenperspektive noch den idealen Beobachter geben kann, die beide erforderlich wären, um so etwas wie die wirkliche, die tatsächliche Geschichte zu rekonstruieren. Wir können daher wohl nicht wissen, welcher Rekonstruktionsversuch der vermeintlichen wahren Geschichte am nächsten kommt.

*Sehen Sie den Text nach Wörtern durch, die Sie nicht kennen, die Sie aber wissen müssen, um den Text zu verstehen!*

*Lesen Sie den Text nochmal genau durch und antworten Sie auf die folgenden Fragen jeweils mit einigen Sätzen!*

1. *Welche Schwierigkeiten hat ein Beobachter, der über ein Ereignis berichtet, eine objektive, zutreffende Aussage zu machen?*
2. *Was wird in dem Text über den Prozess des „Einschreibens ins Langzeitgedächtnis" gesagt?*
3. *Warum können wir nach der Meinung des Textautors nicht erkennen, welcher Versuch einer Geschichtsschreibung der vermuteten „wahren" Geschichte am nächsten kommt?*
4. *Was muss man nach Lesen des Textes zur Frage der Objektivität der Geschichtsschreibung feststellen?*

# 4.  Das Partizip

## 4.1  Die Formen des Partizips

Wir haben zwei Partizipien im Deutschen: das Partizip I oder Partizip Präsens und das Partizip II oder Partizip Perfekt. Die Bezeichnungen Partizip I und II sollten bevorzugt werden, weil es sich hier nicht um einen Tempusunterschied handelt. Das Partizip kann nominal und verbal gebraucht werden. Man nennt es deshalb auch Mittelwort.

Das **Partizip I** wird gebildet, indem man dem Infinitiv ein -*d* anfügt:

> *brennend, laufend, segelnd*
> Ausnahme: *wohltuend*

Das **Partizip II** wird bei den starken und den schwachen Verben verschieden gebildet. Die **starken Verben** haben einen besonderen Stammvokal (Ablaut) und die Endung -*en*:

> *gefunden*

Die **schwachen Verben** haben ein -*t* als Endung:

> *gesagt*

Wenn der Stamm bei den schwachen Verben auf -*d*, -*t* oder auf -*m* oder -*n* nach Konsonant endet, wird ein -*e*- eingefügt:

> *geredet, gearbeitet, gerechnet, gewidmet*

Das **Präfix ge-** steht vor betonter Silbe. Es wird gesetzt:

a)  bei den Verben, die kein anderes Präfix haben:

> *gelaufen*

b)  bei den Verben, deren Präfix in der Konjugation getrennt wird. Das *ge-* steht dann zwischen Präfix und Stamm:

> *eingestiegen*

147

c)    bei den von Substantiven abgeleiteten Verben, deren Präfix betont wird, aber bei der Konjugation nicht getrennt wird:

*geantwortet, gewirtschaftet*

Das **Präfix ge-** steht nicht vor unbetonter Silbe. Es wird **nicht** gesetzt:

a)    bei Verben, deren Präfix nicht betont ist und die in der Konjugation nicht vom Stamm getrennt wird:

*verlassen*

b)    bei Verben mit mehreren Präfixen:

*anberaumt, vorbereitet, zuverdient*

c)    bei Verben, die am Ende betont werden, besonders bei denen auf *-ieren* und *-eien*:

*radiert, prophezeit*

Einige Verben bilden die Formen des Partizips II unregelmäßig:

| | | | | | |
|---|---|---|---|---|---|
| sein | – | gewesen | schneiden | – | geschnitten |
| tun | – | getan | leiden | – | gelitten |
| essen | – | gegessen | sieden | – | gesotten |
| gehen | – | gegangen | brennen | – | gebrannt |
| stehen | – | gestanden | rennen | – | gerannt |
| wissen | – | gewusst | nennen | – | genannt |
| denken | – | gedacht | kennen | – | gekannt |
| bringen | – | gebracht | wenden | – | gewendet / gewandt |
| sitzen | – | gesessen | senden | – | gesendet / gesandt |

## Übungen

### Übung 1

*Bilden Sie von den folgenden Verben das Partizip I und II!*

1.    gehen, bieten, bitten, tun, rechnen
2.    essen, heißen, liegen, legen, können
3.    kennen, ordnen, entwerfen, einsteigen, öffnen

4. studieren, einstudieren, bekommen, anfangen, besuchen
5. vorbereiten, entschuldigen, atmen, landen, wirtschaften
6. ausradieren, erklären, erkennen, anerkennen, leisten
7. lassen, verlassen, veranlassen, misslingen, einbürgern
8. abbrennen, anbelangen, lenken, veranschaulichen, frühstücken
9. rufen, berufen, beantragen, gelingen, umgestalten
10. trompeten, handhaben, misstrauen, vertrauen, ausbilden
11. einquartieren, verallgemeinern, schlagen, anschlagen, veranschlagen
12. beinhalten, bevorzugen, prophezeien, widmen, zugestehen
13. ziehen, vorziehen, entziehen, einbeziehen, aufziehen

## Übung 2

*Bilden Sie von den folgenden Verben das Partizip I und je zwei Partizipien II!*
*Machen Sie sich die unterschiedliche Bedeutung klar!*

1. erschrecken, hängen, pflegen, schleifen, bewegen
2. schaffen, bleichen, weichen, wenden, senden

## Übung 3

*Bilden Sie von den folgenden Verben zwei Partizipien I und zwei Partizipien II.*
*Einmal soll das Präfix betont (zu trennen!) und einmal unbetont (untrennbar!)*
*sein.*
*Machen Sie sich die unterschiedliche Bedeutung klar!*

1. übersetzen, umfahren, umlagern, übertragen, untergraben
2. umkleiden, durchbrechen, überstehen, umstellen, unterstellen
3. durchziehen, umschreiben, überziehen, durchbrechen, umpflanzen
4. durchschauen, umreißen, umgehen

### 4.2    Das Partizip als adjektivisches Attribut beim Substantiv

a)   Das **Partizip I** kann immer als Adjektiv benutzt werden. Es bezeichnet einen
     mit dem Verb oder der Temporalbestimmung gleichzeitigen, nicht abge-
     schlossenen Vorgang und ist stets aktivisch:

> *der einfahrende Zug*
> *die damals herrschenden Zustände*

Auch von reflexiven Verben wird das Partizip I so verwendet:

*die sich bekämpfenden Gruppen*

Nur in festen Wendungen kann das Partizip I passivische Bedeutung haben:

*die stillschweigende Voraussetzung*

b) Das **Partizip II** folgender Verben kann attributiv verwendet werden:
   - Das Partizip II der transitiven Verben:

     *die gestrichene Wand*

     Die Bedeutung dieser Partizipien ist passivisch:

     *die Wand, die gestrichen wurde*
     *die Wand, die gestrichen ist*

   - Das Partizip II der **intransitiven** Verben, die mit *sein* konjugiert werden und **perfektiv** sind. Perfektive Verben sind Verben, die ein Geschehen ausdrücken, das zeitlich begrenzt ist (*verblühen*). Die perfektive Bedeutung kann auch durch eine Erweiterung des Verbs erreicht werden:

     *der zu dem Kranken geeilte Arzt*

     Die Bedeutung dieser Partizipien ist immer aktivisch:

     *das untergegangene Schiff*

   Nicht verwendet werden als Attribute die Partizipien der folgenden Verben:
   - Das Partizip II der **intransitiven** Verben, die mit *haben* konjugiert werden (*schlafen*).
   - Das Partizip II der **intransitiven** Verben, die mit *sein* konjugiert werden, die aber nicht perfektiv, sondern **durativ** sind. Durative Verben drücken einen nicht abgeschlossenen Vorgang aus (*gehen*).

c) Beim **Partizip II** in attributer Stellung steht kein Reflexivpronomen:

   *der bemühte Schüler*

   Die Anwendung ist allerdings nicht häufig. Sie kommt bei folgenden Partizipien reflexiver Verben vor:

*bedacht, bemüht, beschäftigt, besonnen, bestrebt, betrunken, eingelebt,
eingewöhnt, entschlossen, ergeben, erhitzt, erkältet, geeignet, gefasst,
rasiert, verliebt, vermessen, verwirrt, verwundert*

Man kann der Auffassung sein, dass auch diese Partizipien sich selbständig
gemacht haben und vom Verb unabhängige Adjektive sind (vgl. dazu auch
das folgende Kapitel).

d) Die als attributive Adjektive verwendeten Partizipien müssen dekliniert werden. Solche Partizipien können auch zu Substantiven werden. Sie behalten
dann die Deklination des Adjektivs, auch dann, wenn noch ein anderes Adjektiv dabeisteht:

  *der Angestellte, ein Angestellter*
  *ein verlässlicher Angestellter, der verlässliche Angestellte*

e) In der modernen Sprache der Wissenschaften wird das Attribut gern in er-
weiterter Form verwendet. Man spart auf diese Weise den Attributsatz, der
sonst dem Substantiv angefügt wird, und kann die Erläuterung voranstellen,
so dass der Inhalt des Wortes schon erklärt ist, wenn es ausgesprochen wird.
Man sagt also nicht:

  *Die Antwort auf die Fragen, die eben gestellt worden sind,*

sondern:

  *Die Antwort auf die eben gestellten Fragen.*

f) Wenn man ein partizipiales Attribut bilden will, muss man zwischen dem
Partizip I und dem Partizip II wählen. Bei den intransitiven Verben, die mit
*sein* konjugiert werden, wählt man das Partizip I, wenn der Vorgang gleichzeitig ist, und das Partizip II, wenn der Vorgang vorzeitig ist, d.h. wenn er
zeitlich vor dem Satz liegt. Bei den transitiven Verben ist das Partizip I aktivisch und das Partizip II passivisch. Wenn man unsicher ist, muss man vom
Relativsatz ausgehen und das Relativpronomen in den Nominativ setzen:

  ▪ *Die Mitarbeit, die große Kenntnisse voraussetzt.*

Da das Relativpronomen im Nominativ steht und das Verb aktiv ist,
setzt man das Partizip I:

  → *Die große Kenntnisse voraussetzende Mitarbeit.*

- *Die Mitarbeit, die wir voraussetzen.*

Das Relativpronomen steht im Akkusativ; der Satz muss ins Passiv gesetzt werden: *Die Mitarbeit, die von uns vorausgesetzt wird.* Aus der konjugierten Form entnehmen wir das Partizip II für das Attribut:

→ *Die von uns vorausgesetzte Mitarbeit.*

## Übungen zum Partizip als adjektivischem Attribut

### Übung 1

*Bilden Sie aus den Relativsätzen partizipiale Ausdrücke!*

1. Eine Lösung, die alle Seiten befriedigt.
2. Die Statistiken, die die verschiedenen Phänomene vergleichen.
3. Die Krankheiten, die ich in diesem Zusammenhang wiederholt angeführt habe.
4. Die Erhebungen, die man in letzter Zeit oft zitiert hat.
5. Die Krankheiten, die bei solcher Arbeit häufig auftreten.
6. Die Nahrungsmittel, die nur in wenigen Ländern reichlich zur Verfügung stehen.
7. Die stärkere Nahrungsaufnahme, die auf das freie Wochenende fällt.
8. Die Nahrungsaufnahme, die der gesunden Konstitution und dem dazugehörigen Körpergewicht angemessen ist.
9. Die Gefäßkrankheiten, die ständig zunehmen.
10. Eine Therapie, die vorher nicht durchdacht worden ist.

### Übung 2

*Bilden Sie partizipiale Ausdrücke!*

1. Die Illustrierten, die rein optisch orientiert sind.
2. Eine Tätigkeit, die den Menschen innerlich befriedigt.
3. Eine Berufswahl, die den Anlagen, die vorhanden sind, entspricht und zu einem glücklichen Ergebnis führt.
4. Das Sicherheitsbedürfnis, das zu weit getrieben wurde.
5. Eine Tatsache, die man wissenschaftlich erwiesen hat.
6. Die Zahl der Streitfälle, die aus einem Arbeitsverhältnis resultieren.
7. Der Wagen, der in der Werkstatt überholt worden ist.

8. Der enge Zusammenhang, der offen zutage getreten ist.
9. Die Möglichkeiten, die in uns ruhen.
10. Die organischen Verbindungen, die im Organismus vorkommen.

## Übung 3

*Verwandeln Sie den Relativsatz in einen partizipialen Ausdruck!*

1. Die Medikamente, die dem Kranken helfen, sind teuer.
2. Die Grabungen, die im Vorderen Orient durchgeführt wurden, gaben uns Einblicke in die alten Kulturen.
3. Nicht nur die Tätigkeiten, die direkt zur Herstellung von Gütern führen, sind produktiv.
4. Diese Aufgabe, die von den Forschern noch nicht gelöst wurde, muss in Angriff genommen werden.
5. Die Wahrheit, die in diesem Ausspruch enthalten ist, darf nicht unterschätzt werden.
6. Die Theorie der rationalen Zahlen, die wir in diesem Buche als bekannt voraussetzen, ist nicht neu.
7. Die Differenzierung, die mit der Spezialisierung einer Zelle einhergeht, führt bei den Pflanzen, die höher entwickelt sind, zur Arbeitsteilung.
8. Das Individuelle, das beim Menschen stets hervortritt, will man durch eine Gesetzesforschung, die auf das Allgemeine zielt, erhellen.
9. Diese Tatsachen, die bei einem ersten Überblick besonders ins Auge fallen, können nicht unbeachtet bleiben.
10. Der Mensch, der religiöse Symbole erfasst und verehrt, hat auch Verständnis für andere religiöse Symbole.

## Übung 4

*Versuchen Sie, ob es möglich ist, aus den folgenden Partizipien I Partizipien II zu machen! Beachten Sie den Wandel der Bedeutung!*

1. Der abgehende Knopf, das auf dem Tisch liegende Brot, der sich beeilende Mann.
2. Die vergehende Zeit, der schwimmende Fisch, das aussterbende Tier.
3. Das sich für den Versuch eignende Element, das sich schämende Kind, das an der Ecke stehende Haus.
4. Die sich sorgende Mutter, der entlaufende Hund, das untergehende Reich.

5. Die welkenden Blätter, die verwelkenden Blätter, der im zweiten Stock wohnende Freund.
6. Das schlafende Tier, die andauernden Schwierigkeiten, das aufbrechende Geschwür.
7. Die abbrennenden Hütten, die singenden Kinder, das zusammenstürzende Haus.
8. Die herbeieilenden Eltern, das schnell laufende Mädchen, der zur Unfallstelle eilende Arzt.
9. Der überholende Wagen, das liegende Kind, der arbeitende Student.
10. Die hervortretenden Symptome, die aufblühende Wirtschaft, der lügende Junge.
11. Der suchende Freund, der sich schnell entschließende Chef, die sich fassenden Leidtragenden.

## Übung 5

*Verwandeln Sie den partizipialen Ausdruck in einen Relativsatz!*

1. Die von den vorangehenden Äußerungen neu aufgeworfenen Fragen.
2. Eine über das Besprochene hinausgehende Strukturerscheinung.
3. Die Vorstellung von einem über die Gegenstände gespannten Netz.
4. Die ihm von Rechts wegen zustehende Vergünstigung.
5. Die Beziehungen des Fetthaushalts zu den hier in Frage stehenden Krankheiten.
6. Der Vergleich mit einer altersmäßig gleich zusammengesetzten Kontrollgruppe.
7. Die von einem Unternehmen erstellten Leistungen.
8. Die Einsicht in die zugrunde liegenden Mechanismen.
9. Der Wunsch nach Teilnahme an der Gestaltung der bisher von den Herrschenden allein bestimmten Lebensformen.
10. Der Wille zu einem die ganze Breite des Lebens durchdringenden Bildungsgedanken.
11. Die auf die einzelne Ware entfallenden Kosten.
12. Das Ergebnis der mitunter stürmisch verlaufenen Parlamentssitzung.
13. Ein aus einem einheitlichen Stoff bestehender Körper.

## Übung 6

*Verwandeln Sie den partizipialen Ausdruck in einen Relativsatz!*

1. Das ist eine Übersicht über das jetzt schon vorliegende und sich noch weiter ansammelnde Material.

2. Die in der Definition genannten elementaren Vorgänge dürfen nicht aus dem Auge verloren werden.

3. Es gibt einige an bestimmte Strukturen gebundene Grundphänomene des Lebens.

4. Die von der Darbietung überraschten Zuschauer klatschten lange Beifall.

5. Die weite, mit großen Steinfliesen gepflasterte Diele war im Sommer stets kühl.

6. Die den an Tuberkulose erkrankten Menschen helfenden Medikamente werden ständig weiterentwickelt.

7. Die den ganzen Winter über andauernden Schwierigkeiten im Absatz lähmten die Produktion.

8. Der von der Rätselhaftigkeit seines Daseins bedrängte Mensch ist auf die Deutung seiner Existenz angewiesen.

9. Die an den Devisenmärkten kursierenden Spekulationen sind oft frei erfunden.

10. Der im Dienste der Verfügbarmachung von Mitteln für die Bedürfnisbefriedigung in Gang gebrachte und ständig in Bewegung gehaltene Prozess umgreift nicht nur die Erstellung, sondern auch die Bereitstellung von Gütern.

## Übung 7

*Verwandeln Sie den partizipialen Ausdruck in einen Relativsatz!*

In einer Universitätsordnung steht:

1. Der durch die Immatrikulation in die Universität aufgenommene Student ist verpflichtet, sich auf Weisung ärztlich untersuchen zu lassen.

2. Die Studenten müssen die von ihnen gewählten Veranstaltungen belegen.

3. Jeder an der Universität immatrikulierte Student muss sich innerhalb einer bestimmten Zeit zurückmelden.

4. Die Höhe der nach der Ordnung über die Erhebung von Wohlfahrtsgebühren und -beiträgen festgesetzten und vom Senator bestätigten Wohlfahrtsgebühren wird durch den Kanzler bekanntgegeben.

5. Nicht ordnungsgemäß belegte und testierte Lehrveranstaltungen werden bei der Exmatrikulation gestrichen.

6. Die Zulassung erfolgt im Rahmen der den Fachbereichen zur Verfügung stehenden Studienplätze.

7. Voraussetzung für die Zulassung eines Ausländers ist der Nachweis einer der deutschen Hochschulreife entsprechenden Vorbildung.

8. Die von der Deutschen Sprachprüfung für den Hochschulzugang ausländischer Studienbewerberinnen und Studienbewerber (DSH) geforderte sprachliche Befähigung erwirbt man durch die Ablegung der Prüfung.

9. Die im Rahmen des Zulassungsverfahrens vorgebrachten Befreiungsgründe müssen einige Zeit vor dem Prüfungstermin geltend gemacht werden.

10. Die zur Ablegung akademischer Abschlussprüfungen geforderten Führungszeugnisse können im Immatrikulationsbüro beantragt werden.

## Übung 8

*Verwandeln Sie den partizipialen Ausdruck in einen Relativsatz!*

1. Die Wiedergutmachung des durch sein Vergehen angerichteten Schadens kann dem Schuldigen auferlegt werden.

2. Die gerade in industriellen Großbetrieben und großen Handelsgesellschaften in diesem Bereich anfallenden Arbeiten könnten durch einen Computer erheblich beschleunigt werden.

3. Ein wegen Tabuverstoßes aus der Gemeinschaft ausgeschlossener Mensch gerät in völlige Hoffnungslosigkeit und stirbt.

4. Eine mit wissenschaftlichen Methoden durchgeführte scharfe Trennung zwischen Lebewesen und Nicht-Lebewesen ist nicht möglich.

5. Diese im ganzen negativ wirkenden Bedingungen müssen ausgeschaltet werden.

6. Eine dem Begabten angemessene Förderung wird angestrebt.

7. Das aus dem Atmen der Pflanze stammende Kohlendioxyd wird bei diesem Versuch in ein Glas geleitet.

8. Ein mit magnetischen Stahlspänen gefülltes Probierglas wird erhitzt.

9. Diese herrlichen, die Decke tragenden Säulen sind aus dem 2. Jh. vor Christus.

10. Die Zahl der noch heute gesprochenen Sprachen Afrikas ist sehr groß.

## Übung 9

*Verwandeln Sie das partizipiale Attribut in einen Relativsatz!*

1. Die auf alle gesellschaftlichen Abläufe und Strukturen einwirkenden Medien sind aus unserem Leben nicht mehr wegzudenken.

2. Die sich in der Digitalisierung von Daten und den immer neuen Generationen von Endgeräten und Datenverarbeitungsmaschinen niederschlagende technische Entwicklung wird vieles möglich machen.

3. Die von der Politik anerkannten und verinnerlichten Spielregeln der Medien werden von ihr konsequent zur Beeinflussung der öffentlichen Meinung eingesetzt.

4. Man kann eine verstärkte Hinwendung zu einer soziologisch fundierten und einem erklärenden Ansatz verpflichteten Forschung beobachten.

5. Viele der heute als Indikatoren für den Zerfall der Familie herangezogene Phänomene sind keineswegs neu.

6. Die Zahl der in einem Haushalt zusammen lebenden Personen lässt sich nicht festlegen.

7. Die gravierende, von der Statistik zu beachtende Einkommensentwicklung gilt für fast alle Bevölkerungsteile des Landes.

8. Die aus dem Einkommen resultierenden steuerlichen Belastungen sind nicht unbeträchtlich.

9. Die an die Krankenkassen zu zahlenden Beiträge sind wegen der Altersstruktur der Bevölkerung immer höher ausgefallen.

10. Da die Zulassung zum Medizinstudium vorrangig nach Maßgabe der Qualität des Abgangszeugnis erfolgt, wird ein vorzugsweise kognitiv begabter Student bevorzugt.

## 4.3    Das Partizip als unabhängiges Adjektiv

a)   Eine Reihe von Partizipien hat sich vom Verb gelöst und hat sich selbständig gemacht. Das sind nun unabhängige Adjektive mit eigener, besonderer Bedeutung geworden. Sie fallen nicht unter die oben genannten Regeln. Das Partizip *gelegen* kann nicht adjektivisches Attribut sein, weil *liegen* ein intransitives Verb ist, das mit *haben* konjugiert wird. Unabhängig davon gibt es ein Adjektiv *gelegen*, mit der Bedeutung *eine Lage haben*:

   *der am Rande der Stadt gelegene Park*

Solche Partizipien mit besonderer Bedeutung sind z. B.:

   *anziehend, bekannt, besessen, dringend, drückend, einleuchtend, entscheidend, entzückend, gelehrt, gewohnt, treffend, verlegen, verschwiegen, vertraut, verwandt, vorwiegend, wütend, zurückhaltend*

Diese Partizipien können alle auch in attributiver Stellung verwendet werden. Einige Partizipien unter den genannten können auch prädikativ verwendet werden:

   *Es ist dringend.*
   *Er ist verlegen.*

Das ist im Allgemeinen bei den Partizipien I nicht der Fall, wenn man von einigen Ausnahmen absieht:

   *Das ist beherrschend.*
   *Das ist beruhigend.*

4. *Das Partizip*

b) Manchmal bestehen beide Formen, das partizipiale Adjektiv und das Partizip des Verbs, nebeneinander. Sie haben dann verschiedene Bedeutungen:

*Der gebildete Mensch* (ein Mensch, der Bildung hat)
*Der von mir gebildete Satz* (ein Satz, den ich gebildet / geformt habe)

Von den Modalverben werden *gewollt* und *gekonnt* als unabhängige Adjektive mit besonderer Bedeutung benutzt.

c) Von einigen Verben sind nur noch die Partizipien gebräuchlich:

*abwesend, anwesend, berühmt, entlegen, entgeistert, befangen, verhasst, vollkommen, willkommen*

Nur noch im Prädikat, nicht attributiv, benutzt werden kann:

*einverstanden*

d) Außerdem werden von einigen Substantiven Partizipien schwach gebildet, auch ohne dass es jemals ein Verb gegeben hat:

*beheimatet, geblümt, zerfurcht, eingefleischt, maßgebend*

Hierher gehören viele Zusammensetzungen mit dem Präfix *un-*:

*unbeholfen, unentwegt, ungebraucht, ungehalten, ungenutzt, ungezogen, unumschränkt, unumwunden, unverhofft, unversehens.*

## Übung

*Stellen Sie fest, welches von den beiden das unabhängige Adjektiv mit besonderer Bedeutung ist!*
*Erläutern Sie den Bedeutungsunterschied und bilden Sie Sätze mit den beiden Formen!*

1. die verschlossene Tür
   der verschlossene Mensch
2. die von mir gestern in der Stadt besorgten Lebensmittel
   ein besorgtes Gesicht
3. die mit der Post geschickten Pakete
   die geschickten Hände des Arztes
4. das durch harte Arbeit verdiente Geld
   unser verdienter Chef

5. ein aufgeweckter junger Mann
   ein durch den Lärm aufgewecktes Kind

6. die von dem Schüler gelernte Regel
   der gelernte Maurer

7. das von uns allen mit angesehene Unglück
   ein sehr angesehener Beruf

8. mit gemessenem Schritt
   die tatsächlich gemessene Strecke

9. ein außerordentlich spannender Film
   die sich über den Fluss spannende Brücke

10. die getragenen Kleider
    das getragene Musikstück

11. der erfahrene Kapitän
    die gestern erfahrene Neuigkeit

12. mit der Hand geschlagene Sahne
    ein schlagender Beweis

13. die gelassene Ruhe des angegriffenen Ministers
    das in der Wohnung allein gelassene Kind

14. der angehende Mediziner
    der die vielen Probleme angehende Betriebsrat

15. das treffende Beispiel
    der den Flüchtenden treffende Schuss

16. eine wenig vermögende Methode
    ein vermögender Mann

17. der dem feindlichen Vorstoß zuvorkommende Angriff
    ein zuvorkommender Mensch

18. das gestern vermessene Grundstück
    eine vermessene Tat

19. die uns alle betreffende Steuererhöhung
    die betreffenden Seiten des Buches

20. der über diesen Antrag entscheidende Beamte
    ein entscheidendes Ereignis

## 4.4 Das Gerundiv
### Ein nicht leicht zu fassendes Problem

*Eine solche Handlung ist zu rechtfertigen.*

Diese Konstruktion mit *sein* und dem Infinitiv mit *zu* bedeutet, dass etwas getan werden muss oder getan werden kann:

( = Eine solche Handlung muss gerechtfertigt werden.)
( = Eine solche Handlung kann gerechtfertigt werden.)

Oder aktivisch ausgedrückt:

( = Man muss eine solche Handlung rechtfertigen.)
( = Man kann eine solche Handlung rechtfertigen.)

Welches Modalverb einzusetzen ist, ergibt sich aus dem Kontext. In der gesprochenen Sprache spielt die Betonung des Satzes eine Rolle. Manchmal hilft auch ein modales Adverb die Bedeutung klarzumachen:

*Die Handlung ist **wohl** zu rechtfertigen* ( = man kann es).
*Die Handlung ist **unbedingt** zu rechtfertigen* ( = man muss es).

Ein solcher Ausdruck kann auch attributiv verwendet werden, dann muss aus dem **Infinitiv** ein **Partizip I** (Präsens) werden:

*diese unbedingt zu rechtfertigende Handlung*

Diese Wendung ist ebenso wie das Partizip I tempusneutral. Bei einem solchen Attribut stehen auch häufig Erweiterungen:

*ein nicht zu überschauender Tatbestand*
*eine nach dem Gesetzbuch schwer zu bestrafende Tat*
*eine von uns allen ernst zu nehmende Sache*

Wenn ein Verb im Partizip II das *ge-* zwischen Präfix und Stamm hat, dann steht beim Infinitiv das *zu* auch dort:

*eingestiegen / einzusteigen*

Sonst steht es vor dem Verb:

*zu vermitteln*

## Übungen

### Übung 1

*Verwandeln Sie den Relativsatz:*
*a)   in einen Satz mit* sein *und dem Infinitiv,*
*b)   in ein Attribut mit* zu *und dem Partizip I!*

**Beispiel:**

Ein Phänomen, das immer wieder beobachtet werden kann. →

a)   *Ein Phänomen, das immer wieder zu beobachten ist.*
b)   *Ein immer wieder zu beobachtendes Phänomen.*

1.   Die Folgen, die noch nicht abgesehen werden können.
2.   Eine Sendung, die nicht beanstandet zu werden braucht.
3.   Äußerungen, die nicht auf die leichte Schulter genommen werden können.
4.   Ein Angebot, das nicht verachtet werden darf.
5.   Bakterien, die mit dem bloßen Auge nicht gesehen werden können.
6.   Ein Problem, das nicht einfach erkannt werden kann.
7.   Ein Ergebnis, das auch graphisch dargestellt werden kann.
8.   Faktoren, die gegeneinander abgewogen werden müssen.
9.   Eine Diät, die konsequent durchgeführt werden muss.
10.  Eine Tat, die nicht verstanden werden kann.

**Übung 2**

*Verwandeln Sie den partizipialen Ausdruck:*
a)   *in einen Infinitiv mit* zu *und dem Hilfsverb* sein,
b)   *in einen Relativsatz mit* man *und Modalverb,*
c)   *in einen Relativsatz mit Modalverb und Passiv!*

**Beispiel:**

Eine anzuerkennende Leistung. →

a)   *Eine Leistung, die anzuerkennen ist.*
b)   *Eine Leistung, die man anerkennen muss.*
c)   *Eine Leistung, die anerkannt werden muss.*

1.   Die zu analysierende Flüssigkeit.
2.   Ein noch zu entladender Kühlwagen.
3.   Die nur unter Opfern zu erringende Unabhängigkeit.
4.   Eine gleich zu beziehende Wohnung.
5.   Ein nicht zu rechtfertigender Eingriff in die Belange des Mieters.
6.   Die hier zu verzeichnenden Besonderheiten.

7. Die sofort zu erledigende Aufgabe.

8. Ein zu unterzeichnender Antrag.

9. Der in kurzer Zeit zu ersetzende Schaden.

10. Die zu fördernde Produktivität der Industrie.

11. Die bei diesem Vorgang zu beobachtende Reaktion.

12. Die auf diese Weise durchzuführenden Versuche.

13. Die in einer Abhandlung zusammenzufassenden Forschungsergebnisse.

14. Die bei diesem Versuch zuzusetzende Schwefelsäure.

15. Die nach dieser Gleichung zu berechnende Steigung.


**4.5    Das Partizip beim Verb und beim Adjektiv**

a)  Das Partizip, besonders das Partizip I, kann auch beim Verb stehen. Es erläutert dann das Geschehen, das durch das Verb dargestellt wird und erklärt, auf welche Weise die Handlung geschieht:

> *Er griff ordnend in das Geschehen ein.*

Die Frage nach der Art des Tuns heißt dann: Wie griff er ein? Manchmal werden dadurch zwei Handlungen nebeneinander ausgedrückt. Dann ist eine Umformung in einen Satz mit zwei Prädikaten möglich, die durch *und* verbunden sind:

> *Wir standen schweigend vor dem Kunstwerk.*
> ( = Wir standen vor dem Kunstwerk und schwiegen.)

Häufig lässt sich auch ein Satz mit *indem* bilden:

> *Er fügte das entschuldigend hinzu.*
> ( = Er entschuldigte sich, indem er das hinzufügte.)

Auch ein kausaler Gedanke kann mit dem Partizip I ausgedrückt werden:

> *Nach außen wird das Innengewebe von der Haut schützend umhüllt.*
> ( = Es wird durch die Umhüllung geschützt.)

Selten ist die konsekutive Bedeutung:

> *Er lachte schallend.*
> ( = Er lachte so, dass es schallte.)

b) Einige besondere Verbindungen mit dem Partizip sollen noch vermerkt werden:

- Mit dem Verb *kommen* kann ein Partizip der Bewegungsart verbunden werden:

  *Er kommt gelaufen / gerannt / geschwommen / geflogen / gefahren.*
  *Es kommt mir gelegen* ( = Es passt mir gut).

- *verloren gehen*
- Häufig sind Verbindungen mit *wirken*:

  *Das wirkt belebend / anregend / erheiternd / stabilisierend.*

- (Rechte / Ansprüche) *geltend machen* ( = vorbringen, versuchen zu erlangen)

- *sich versteckt halten, sich betrogen fühlen, sich betrogen sehen.*

c) Partizipien werden oft nur zur Steigerung vor das Adjektiv oder Adverb gestellt:

   *rührend bemüht*
   *erschütternd hart*
   *brennend gern*
   *übertrieben anstrengend*
   *unerhört groß*
   *ausgesucht schön*
   *hinreißend gut*
   *zunehmend komplexer*

## Übung

*Formen Sie die folgenden Sätze so um, dass sie kein adverbiales Partizip mehr enthalten!*

1. Ein System aus annähernd konzentrisch angeordneten Kreisen.
2. Dieses Kreditsystem ist weitgehend elastisch.
3. Anschließend wird der Versuch von ihnen wiederholt.
4. Die Zahl der Arbeitslosen ist in diesem Lande erschreckend hoch.
5. Das Haar wächst fortwährend nach.
6. Diese Vorgänge unterscheiden sich grundlegend.
7. Die Aufnahmen müssen ausreichend belichtet sein.
8. Sein Handeln ist weitgehend bestimmt von seinen Anlagen.
9. Der Professor hat sich aber dahingehend geäußert.

10. Man findet vorwiegend diesen Typus vor.
11. Diese Umstellung auf die neue Methode kommt überraschend.
12. Das Buch liegt ungenutzt im Regal.
13. Der Lehrer sah sich suchend um.
14. Wir lernen den Text eingehend kennen.
15. Das Modell steht verstaubt auf dem Schrank.
16. In diesem Tal liegen die Häuser sehr verstreut.
17. Er stellte das Buch kopfschüttelnd ins Regal zurück.
18. Der Student sah gelangweilt aus dem Fenster.
19. Der Student erklärte es hastig sprechend dem Assistenten.
20. Der Assistent nickte zustimmend.

### 4.6    Der Partizipialsatz

a)    Wenn das erweiterte Partizip dem Substantiv nicht vorangestellt, sondern nachgestellt wird, dann wird aus dem Attribut ein partizipialer Satz, der einen Relativsatz ersetzt:

> *Der von allen Freunden verlassene Mann wanderte nach Amerika aus.*
> (Attribut)
> *Der Mann, von allen Freunden verlassen, wanderte nach Amerika aus.*
> (Partizipialsatz)

Beide Sätze können verwandelt werden in den Satz:

> *Der Mann, der von allen Freunden verlassen worden war, wanderte nach Amerika aus.*

Im partizipialen Satz steht das Partizip für das Verb, es hat deshalb auch keine Deklinationsendung.

b)    Der Partizipialsatz kann auch an anderer Stelle in den Satz eingefügt werden:

> *Von allen Freunden verlassen, wanderte der Mann aus.*
> *Der Mann wanderte, von allen Freunden verlassen, aus.*

Der Partizipialsatz ist hier kein Attributsatz. Da dem Partizipialsatz die Konjunktion, das Subjekt und die konjugierte Verbform fehlen, ist er nicht ganz eindeutig festgelegt. Er kann verschieden aufgefaßt werden, z. B. **kausal**:

> *Der Mann wanderte aus, weil er von allen Freunden verlassen worden war.*

Oder auch **temporal**:

> *Der Mann wanderte aus, nachdem er von allen Freunden verlassen worden war.*

Auch ein **konditionaler** Sinn ist möglich:

> *Wenn man von Einzelheiten absieht, ... →*
> *Von Einzelheiten abgesehen, ...*

Manchmal ist die Bedeutung auch konzessiv:

> *Obwohl er seine Mittel nicht voll einsetzte, schlug er doch alle Konkurrenten. →*
> *Seine Mittel nicht voll einsetzend, schlug er doch alle Konkurrenten.*

Auch ein Vergleichssatz ist möglich. Die vergleichende Konjunktion darf jedoch nicht wegfallen:

> *Es ereignete sich alles so, wie es vorausgesagt wurde. →*
> *Es ereignete sich alles so, wie vorausgesagt.*

c) Auch das Partizip, das beim Verb als Adverb steht, lässt sich zum Partizipialsatz erweitern:

> *Zitternd öffnete er die Tür.*
> *Am ganzen Körper zitternd, öffnete er die Tür.*
> ( = Er öffnete die Tür, während er am ganzen Körper zitterte.)

d) Bei der Bildung von Partizipialsätzen und bei der **Umwandlung von Nebensätzen in Partizipialsätze** ist folgendes zu beachten:

- Das Subjekt des Partizipialsatzes ist fast immer das Subjekt des Hauptsatzes. Nur wenn eine Verwechslung unmöglich ist, kann auch an einen anderen Teil des Satzes angeknüpft werden:

> *Nicht darauf vorbereitet, traf mich sein Tod besonders hart.*

- Der Satz mit *man* als Subjekt hat als Partizipialsatz immer das Partizip II!

> *Wenn man es offen gesteht, muss wirklich einiges geändert werden. →*
> *Offen gestanden, muss wirklich einiges geändert werden.*

# 4. Das Partizip

- Das Partizip II der transitiven Verben ist passivisch, das Partizip II der intransitiven Verben ist aktivisch:

  *Nachdem der Gast vom Präsidenten am Flugplatz persönlich begrüßt worden war, stellte er sich sogleich der Presse.* →
  *Vom Präsidenten am Flugplatz persönlich begrüßt, stellte sich der Gast sogleich der Presse.*
  *Nachdem er gerade erst angekommen war, sprach der Gast sogleich zur Presse.* →
  *Gerade erst angekommen, sprach der Gast sogleich zur Presse.*

- Das Partizip I (Präsens) aller Verben und das Partizip II (Perfekt) **der imperfektiven transitiven Verben** bedeutet, dass das im Partizipialsatz Gesagte mit dem Hauptsatz gleichzeitig ist.

  **Imperfektive** Verben sind Verben, deren Bedeutung etwas Unabgeschlossenes, nicht auf ein Ende Zielendes meint; sie heißen, weil sie einen dauernden Zustand oder eine dauernde Handlung bezeichnen, auch **durative** Verben, z. B.: *ziehen, pflegen, rauchen.*

  *Auf Rollen bewegt, wird das Werkstück von einem Arbeiter zum anderen transportiert.*
  *Eine Zigarette rauchend, wartet er auf den Bus.*

  Alle anderen Partizipien II (Perfekt) bedeuten, dass das Gesagte vergangen ist, wenn auch oft noch eine Wirkung auf die Gegenwart vorhanden ist.

  *Nachdem sich die Studenten erholt und gut vorbereitet hatten, begannen sie das neue Semester.* →
  *Erholt und gut vorbereitet, begannen die Studenten das neue Semester.*

- Bei Infinitiven mit *zu* und Modalverben mit dem Infinitiv Passiv ist auf das beim Gerundiv (4.4) Gesagte zu achten:

  *Weil der Raum schlecht beleuchtet ist und nicht gelüftet werden kann, ist er für Unterrichtszwecke nicht geeignet.* →
  *Weil der Raum schlecht beleuchtet ist und nicht zu lüften ist, ist er für Unterrichtszwecke nicht geeignet.* →
  *Schlecht beleuchtet und nicht zu lüften, ist der Raum für Unterrichtszwecke nicht geeignet.*

# Übungen

## Übung 1

*Bilden Sie aus den Nebensätzen Partizipialsätze!*

1. Wenn man von den Sprachschwierigkeiten der Teilnehmer absieht, kann die Reise ein Erfolg genannt werden.

2. Der Mann ging zum Gericht, weil er von seinem Recht überzeugt war.

3. Indem er andere von seinem Recht überzeugte, gewann er den Prozess.

4. Wenn man von Ausnahmefällen absieht, handelt es sich um eine unwesentliche Erscheinung.

5. Er hatte sich noch nicht an die neue Umgebung gewöhnt, weil er erst einige Tage zuvor angekommen war.

6. Indem wir diese Gedanken weiter verfolgen, gewinnen wir eine tiefere Einsicht in das Problem.

7. Wenn man es so sieht, müssen viele Reformen durchgeführt werden.

8. Indem er sich an die Küstenvorsprünge anlehnt, baut sich der Strandwall in die See hinaus.

9. Wenn man ihn graphisch darstellt, sieht der Vorgang so aus.

10. Nachdem er sich von der Welt zurückgezogen hatte, lebte er dort viele Jahre sehr glücklich.

## Übung 2

*Bilden Sie aus den Nebensätzen Partizipialsätze!*

1. Jeder fängt, wenn man es genau nimmt, immer wieder von vorn an.

2. Indem sich die Kirche auf die Worte des Paulus stützte, schuf sie den Stand der Mönche.

3. Wenn der Prozess einmal in Gang gesetzt worden ist, lässt er sich kaum mehr aufhalten.

4. Weil er von seinen Freunden in dieser Haltung bestärkt wurde, verfolgte er ohne Zögern sein Ziel.

5. Es handelt sich hier, auch wenn man es vom rein privaten Standpunkt her betrachtet, um nichts Nebensächliches.

6. Weil die Vorstandsmitglieder an der Spitze der Unternehmung stehen, haben sie großen Einfluss auf die Aktiengesellschaft.

7. Dieses Problem, das schon von vielen nicht bewältigt worden ist, bewegt seit Jahren die Denker.

8. Dieses Problem, das von vielen nicht bewältigt werden kann, müssen einzelne Köpfe erst erneut durchdenken.

9. Als man das Wesen dieses Vorgangs erst einmal erkannt hatte, war seine technische Auswertung nicht mehr schwierig.

10. Wir wollen versuchen, auf diese Frage, indem wir von den Erfahrungen der historischen Geologie ausgehen, eine Antwort zu finden.

## Übung 3

*Bilden Sie aus den partizipialen Ausdrücken Sätze!*

1. Auf sein enormes Arbeitspensum angesprochen, antwortete er, solange er gesund sei, gehe es noch.

2. Es geschah dennoch, dass ich, vom Anblick der Sterne betroffen, am Fenster meines Zimmers stehend, mir meiner Einsamkeit bewusst wurde.

3. Diese Maschine, von einem Einzelnen sitzend gesteuert, leistet die Arbeit vieler Menschen.

4. Die Gepäckträger, die Mützen ins Genick geschoben, die Ellbogen auf die Schenkel gestützt, die behaarten Hände gefaltet, saßen, weit nach vorn gebeugt, auf der Bank.

5. Bis in alle Einzelheiten abgestimmt, erreichte die Aktion schnell ihr Ziel.

6. Ihren vielseitigen Aufgaben entsprechend, ist die Haut ein vielseitig gegliedertes Gewebe.

7. Durch Vorstellungskraft und Planungsvermögen und durch organisatorische Leistungsfähigkeit ausgezeichnet, besitzen manche Unternehmer starke Widerstandskraft in schweren Zeiten.

8. Durch das Klima und die allgemeinen Lebensverhältnisse der Bevölkerung begünstigt, verursachen Bakterien in warmen Ländern zahlreiche Infektionen.

9. Durch die Anophelesmücke übertragen, gelangt der Erreger der Malaria ins Blut des Menschen.

10. Warum das Lebendige, aus dem Staube kommend, zum Staube zurückkehrend, bloß Staub zu formen vermag und dennoch damit das Leben schafft?

## 4.7     Texte zu den partizipialen Ausdrücken

### Text 1

### Der Bürger, die Medien und die Politiker

Die Massenmedien sind allgegenwärtig. Die Wucht, mit der der Nutzer fortlaufend angesprochen wird, ist enorm. Ein Jugendlicher verbringt heute innerhalb der ersten 18 Jahre seines Lebens mehr Zeit vor dem Fernseher als in der Schule. Die Informationsfülle aus den Massenmedien lässt bei den meisten Menschen den Umfang der Informationen, *die er von Verwandten oder aus anderen persönlichen Beziehungen erhalten hat*, als gering erscheinen. Die Angebote der Medien sind zu einem fast vollständigen Ersatz für die eigenen Erfahrungen geworden. Von allem, was ein Einzelner weiß, beruhen heute noch höchstens 20 % auf eigener Erfahrung. 80 % davon sind Kenntnisse, *die ihm über die Medien vermittelt wurden*. Dazu zählen auch die Bücher; aber es ist fraglich, wie groß der Prozentsatz der Leser ist, vor allem bei älteren und jüngeren Leuten.

Wenn die Medien in so hohem Maße das Realitätsbild des Menschen bestimmen und die Rezipienten diese Angebote in ihrem Gedächtnis z.T. als eigene Erfahrungen speichern, dann kann kein Zweifel daran bestehen, dass die Medien eine steuernde Funktion in unserer Gesellschaft ausüben. Die zahlreichen Entscheidungen, *die täglich von Menschen gefällt werden müssen*, können nur mit Rückgriff auf Kenntnisse und Erfahrungen getroffen werden. Hier wird deutlich, welcher Einfluss, ja welche Macht von den Medien ausgeht, da auf das Realitätsbild, *das von ihnen vermittelt wird*, ständig zurückgegriffen werden muss. Von der Berufswahl bis zu Entscheidungen, *die die Wirtschaft betreffen*, von politischen Wahlen bis zur Frage, welche Lebensmittel und Haushaltsgüter man kaufen will, ist der Bürger auf Informationen, *die ihn über die Medien erreichen*, angewiesen. Bei Aktienkäufen, politischen Wahlen oder dem Verhalten gegenüber medizinischen Risiken erweisen sich Medienberichte manchmal als unmittelbar verhaltenswirksam.

Mit anderen Worten, wer die Medien beherrscht, kann auf den einzelnen Bürger und sein Verhalten entscheidenden Einfluss nehmen. Daher versuchen Parteien, Verbände und Unternehmen immer wieder Akteure, *die ihre Meinung vertreten, die in ihrem Sinne berichten*, in möglichst viele wichtige Stellen bei den Medien zu bringen, damit sie dort als PR-Leute, Journalisten, Redakteure und Abteilungsleiter die gewünschten Einsichten verbreiten. Für die Elite-Rekrutierung der Parteien gewinnt daher die Medienkompetenz ständig an Bedeutung gegenüber Gremienerfahrung, Sachkompetenz und Organisationstreue.

Allerdings können die Parteien und Organisationen auf Pressekonferenzen, zu denen sie regelmäßig vor die Öffentlichkeit treten, ihre Ansichten unverfälscht vortragen lassen. Sie greifen dabei auf das Wissen, *das in ihren Institutionen vorhanden ist*, zurück. Diejenigen, die diesen Ausführungen folgen, sind Journalisten, *die meist bei Zeitungen und Zeitschriften angestellt sind*, aber auch Redakteure der Fernsehanstalten, die Ausschnitte für die Nachrichtensendungen zusammenstellen. Journalisten sind jedoch nicht immer ganz frei in ihren Äußerungen, sie gehören vielleicht Redaktionen mit anderen politischen Tendenzen an. Sie berichten über die Informationen, *die ihnen angeboten werden*, nicht immer im Sinne derer, die eine Pressekonferenz abhalten, denn sie sind ihrerseits von den Verlagsleitern und den Chefredakteuren ihrer Zeitungen und Zeitschriften und von den Abteilungsleitern der Fernsehstationen abhängig. Und wer möchte schon seinen Job aufs Spiel setzen!

Seit einigen Jahrzehnten hat das Fernsehen unter allen Medien am meisten Einfluss gewonnen. Deshalb bemühen sich insbesondere die politischen Parteien um Sendezeit, da ihrer Meinung nach im Fernsehen am wirkungsvollsten für die Verbreitung ihrer Ansichten gesorgt wird. Das hat auch damit zu tun, dass für das Fernsehen andere Gesetze gelten als für die Printmedien und das Radio. Das geschriebene und das gesprochene Wort treten hinter das Bild zurück. Das Bild überzeugt unmittelbar von der Wahrheit des Gesehenen. Es muss nicht aus einer schriftlichen oder mündlichen Nachricht umgesetzt werden. Da fast alle Leute fernsehen, erreichen diese Bilder viele Menschen. Die Wirkung ist fast unbegrenzt. Man kann sagen, dass eine neue Kultur der Visualität entstanden ist. Kein Wunder, dass Politiker, Verbände, Vereine und Organisationen um die Sendezeit im Fernsehen kämpfen.

Allerdings muss dafür ein Preis, *der nicht unbedeutend ist*, gezahlt werden. Das Fernsehen ist nicht nur auf Information, sondern auch auf Unterhaltung und Werbung programmiert. Es herrscht die Einschaltquote! Was der Zuschauer nicht sehen will, wird abgesetzt; was er sehen will, wird gesendet, unabhängig von der Qualität, *die darin zum Ausdruck kommt*. Die größtmögliche Zahl von Menschen muss vor dem Fernseher versammelt werden. Auch die Politiker, *die im Fernseher auftreten*, müssen sich den Verfahrensweisen dieses Mediums anpassen. Es geht um die Person des Auftretenden. Er muss fotogen sein! Sympathisch erscheinen! Sein Auftritt wird inszeniert: Der bedeutende Politiker zeigt Tatkraft, Energie und Entschlossenheit, er ist mit den Wirtschaftsbossen vertraut, er sorgt sich um Alte und Gebrechliche. Natürlich hat der Politiker auch ein Programm, *das etwa auf eine Verbesserung der wirtschaftlichen Situation zielt*, es steht aber nicht im Mittelpunkt der Fernsehauftritte. Die früher wichtige Auseinandersetzung um Sachfragen tritt in den Hintergrund und das schwächt die Parteien und die Fraktionen. Denn der Fernseh-Politiker muss nicht einmal um ihre Zustimmung ringen, allerdings nur, solange sein medialer Glanz ungebrochen ist.

Man muss sich aber die Frage stellen, ob der Bürger, der auf die Informationen der Medien angewiesen ist, tatsächlich auf diese Weise ins rechte Bild gesetzt wird.

1. *Was bedeutet im letzten Satz „ins rechte Bild setzen"? Suchen Sie andere Wendungen mit „Bild", z.B. „sich ein Bild machen von". Tragen Sie sie in ein Heft für solche Ausdrücke ein!*
2. *Wandeln Sie die kursiv gesetzten Sätze in partizipiale Attribute um!*
3. *Fassen Sie die wichtigen Gedanken jedes Abschnitts in zwei oder drei Sätzen zusammen. Das kann die Grundlage für eine Textwiedergabe sein.*
4. *Stellen Sie aus dem Text einige Gedanken zu der Frage zusammen: Warum sind die Medien in unserer Zeit so mächtig? Halten Sie ein kurzes Referat.*

**Text 2**

*Verwandeln Sie die kursiv gedruckten partizipialen Ausdrücke in Relativsätze, wenn das möglich ist!*

## Moderne Ernährung

Die dem menschlichen Körper *durch die Ernährung zugeführten* Stoffe sind optimal zusammengestellt, wenn sie seinen Bedarf zwar jederzeit decken, aber auch nicht unnötig darüber hinausgehen. Der *hier angesprochene* Nahrungsbedarf ist einerseits ein Energiebedarf, denn alle körperlichen und geistigen Funktionen können nur aufrecht erhalten werden, wenn die *mit der Nahrung aufgenommenen Nährstoffe* die hierfür notwendige Energieversorgung gewährleisten. Andererseits ist der Körper auf eine *ausreichende* Zufuhr der Stoffe angewiesen, die er nicht selbst produzieren kann, aber für bestimmte physiologische Prozesse, etwa das Wachstum und die Erneuerung von Körpergewebe, benötigt.

Die *letztlich meist auf ethisch-religiöse Motive, persönliche Vorlieben oder regionale Traditionen zurückzuführende* Rechtfertigung einer fleischhaltigen oder aber einer vegetarischen Ernährungsweise war lange Zeit hindurch immer wieder Gegenstand argumentreicher Erörterungen. Inzwischen weiß man jedoch, dass sich der Mensch sowohl auf der Basis tierischer Produkte als auch durch ausschließlich pflanzliche Kost so ernähren kann, wie es seinen physiologischen Bedürfnissen entspricht. Diese *kaum noch zu widerlegende* These stützt sich auf zahlreiche Untersuchungen zu den *in verschiedenen Kulturkreisen bevorzugten* Ernährungsformen.

So unterschiedlich die in Europa und Amerika, Afrika und Asien gebräuchlichen Nahrungsmittel auch sein mögen, sie enthalten in erster Linie die *Energie liefernden* Nährstoffe Kohlenhydrate, Fette und Proteine. Kohlenhydrate, die 50-60 % zu der gesamten Energieaufnahme beisteuern sollten, kommen in tierischen Produkten nur in relativ geringen Mengen vor und müssen daher vorwiegend mit pflanzlichen Produkten aufgenommen werden. Oft bestimmen die landwirtschaftlichen Gegebenheiten, ob Weizen oder Roggen, Mais oder Reis, Kartoffeln, Hirse oder Maniok bevorzugt werden. Während der *in den Industrieländern immer mehr ansteigende* Zuckerkonsum 10 % der täglichen Energieaufnahme nicht überschreiten sollte, ist die Aufnahme an zunächst unverdaulichen Faserstoffen wie Zellulose, Pektin und Lignin hier oft zu niedrig. Derartige „Ballaststoffe" können durch Darmbakterien zwar nur teilweise aufgeschlossen und damit für den Körper verwertbar gemacht werden, sie vergrößern jedoch das Volumen des Darminhalts, regen dadurch die Verdauungstätigkeit an und verhindern so die *bei faserarmer Ernährung häufig auftretenden* Verdauungsstörungen.

Ca. 30 % der gesamten Nahrungsenergie dürfen in Form von Fetten aufgenommen werden. Zur Verfügung stehen einerseits tierische Produkte wie Butter und Schmalz, andererseits fettreiche Pflanzenteile wie Nüsse und Samen, Oliven und Avokado sowie die *daraus gepressten* Öle. Ein Vorteil pflanzlicher Fette besteht darin, dass sie weitgehend cholesterinfrei sind. Auch für sie gilt jedoch, dass in einem übermäßigen Konsum die wichtigste Ursache für Übergewicht und *dadurch begünstigte* Folgeerkrankungen zu sehen ist.

Beim erwachsenen Menschen sollte der Protein-Anteil 12-15 % der gesamten Energiezufuhr darstellen, das entspricht beim Mann ca. 60 g, bei der Frau ca. 50 g Protein pro Tag; diese Werte werden in den hoch industriealisierten Ländern oft weit überschritten, was langfristig zu einer Überlastung der Nieren führen kann. Neben der Quantität ist jedoch auch die Qualität der aufgenommenen Proteine von *nicht zu unterschätzender* Bedeutung. Die menschlichen Proteine bestehen aus 22 verschiedenen Aminosäuren, von denen der Körper acht nicht selbst herstellen kann. Diese essentiellen Aminosäuren müssen gleichzeitig und im richtigen Verhältnis zugeführt werden, um die Protein-Synthese im Körper zu ermöglichen. Während Kuhmilch diese Forderung annähernd erfüllt, das Hühnerei sogar in fast idealer Weise, besetzt Rindfleisch in Bezug auf die Verwertbarkeit seiner Proteine nur einen mittleren Rang, knapp unter dem von Käse und Reis, etwas über dem von Soja- und Weizenprodukten. Die *früher oft als Argument angeführte* Minderwertigkeit pflanzlichen Proteins ist in der Praxis völlig unproblematisch, wenn verschiedene, *sich gegenseitig ergänzende* Proteinquellen zusammen verzehrt werden, etwa Bohnen und Mais, Kartoffeln und Ei, Weizen- und Milchprodukte, Soja und Sesam.

Um ein Kilogramm tierische Nahrungsmittel für den Menschen zu erzeugen, müssen etwa zehn Kilogramm pflanzliche Futtermittel eingesetzt werden, so dass auf einer Ackerfläche konstanter Größe mittels pflanzlicher Kost weitaus mehr Menschen ernährt werden können als durch tierische Produkte. Wenn man außerdem berücksichtigt, dass die *in der Tierhaltung entstehenden* Methangase am Treibhauseffekt beteiligt sind, stellt sich zwangsläufig die Frage, wie lange die westlichen Industrienationen sich den Luxus ihres überreichlichen Fleischkonsums noch werden leisten können.

*An welchen Richtlinien sollte sich eine moderne Ernährung orientieren? Stellen sie die wichtigsten Überlegungen aus dem Text zusammen.*
*Halten Sie einen kurzen Vortrag über die Ernährungsweise in Deutschland und in Ihrem Heimatland!*

## Text 3

*Wandeln Sie die kursiv gedruckten Sätze in partizipiale Konstruktionen um!*

### Frühsumerische Epoche

Um 3500 erlebte die vorderasiatische Hochkultur im südlichen Zweistromland einen gewaltigen Aufschwung. In wenigen Jahrhunderten wird nun nicht nur die sumerische Bilderschrift entwickelt, sondern auch Architektur und Bildkunst haben ihre erste große Blütezeit. So ist diese Epoche für viele Zweige der vorderasiatischen Altertumskunde von grundlegender Bedeutung. *Indem er durch die verschiedenartigsten Denkmäler erhellt wird,* tritt uns der Mensch dieser Epoche erheblich näher als zuvor. Seine gewaltigen Tempelbauten erwuchsen sicher auf theokratischer Grundlage. In diesem Staatswesen, dessen ordnende Macht beim Stadtgott bzw. dessen priesterlichem Stellvertreter lag, lebte der Mensch in ständigem Gottesdienst ein vielleicht eben deshalb idyllisches Dasein. Er erscheint in der bildenden Kunst gelegentlich als Handwerker, meist auf dem Weg zum Tempel, wohin er die Früchte seines Fleißes bringt. Im Heiligtum tritt ihm der Priester entgegen, *der alles in Empfang nimmt und den dort gesammelten Staatsschatz verwaltet.* Unklar ist im Rahmen dieses Staatswesens die Rolle des „Fürsten", doch ist er wohl sicher als Träger eines recht aktiven Imperialismus anzusehen. *Wenn er bildlich dargestellt wird,* begegnet er uns bei der Vorführung von Gefangenen und auf der Löwenjagd.

Der wichtigste Bildträger dieser Epoche ist das Rollsiegel, *das wahrscheinlich in Protoelam erfunden wurde.* Es besteht aus einem zylindrischen Stein, *der in seiner Längsachse durchbohrt ist.* Er kann auf eine Schnur aufgezogen oder auf einen Metallstift gesteckt werden. Der gesamte Zylindermantel wurde mit Darstellungen, *die sich beim Abrollen in weichem Ton in endloser Folge markieren,* versehen. Es entsteht dadurch kein allseitig abgeschlossenes Bild wie beim Stempelsiegel, sondern ein Band, *das man beliebig verlängern kann und das nur oben wie unten fest begrenzt ist.*

Eine Stele aus dieser Zeit, die eine fürstliche Löwenjagd mit Speer und Bogen schildert, zeigt, wie sich der Künstler auf die wesentlichen Züge beschränkt, die er aber plastisch herausarbeitet. Der Basaltblock, der nur stellenweise geglättet ist, bietet keine begrenzte Bildfläche, sondern setzt zwei Szenen einfach ganz beziehungslos übereinander.

Der Dekor der bemalten Keramik besteht ebenso wie derjenige eingelegter Steingefäße aus Ornamentstreifen. Bei Töpfen, *die mehrfarbig rot und schwarz auf hellem Grund bemalt sind,* verlaufen die Streifen, *die vom Hals ausgehen,* immer strahlenförmig.

Neben den Statuen, die den Menschen darstellen, ist die Tierplastik, *die innerhalb Vorderasiens wirklich einmalig dasteht,* zu erwähnen. Diese kleineren und größeren Tierbilder sind von überraschender Lebendigkeit und können neben der Frauenmaske aus Uruk durchaus bestehen.

Die Tempel erhalten in dieser Zeit monumentale Ausmaße und ausgewogene Proportionen. Durch den Wegfall der Eckvorsprünge gewinnen die Tempel einen Umriss, *der in sich geschlossen ist.* Sehr reichhaltig sind die Schmuckformen, die die Wände gliedern. Vielfach verkleidete man den unteren Teil des Lehmziegelmauerwerks mit Mosaiken aus Tonstiften, *die rot, weiß und schwarz gefärbt waren.* Diese Mosaiken bildeten meist Flächenmuster, *die aus Rauten und Zickzacklinien zusammengesetzt waren.* Die Meisterschaft der frühsumerischen Architekten erweist sich nicht nur am einzelnen Tempelgebäude, sondern auch in großen planvollen Anlagen.

*Fassen Sie den Inhalt jedes Abschnitts in ein oder zwei Sätzen zusammen! Das ergibt ein Gerüst für Ihre Textwiedergabe!*

**Text 4**

*Formen Sie die kursiv gedruckten partizipialen Ausdrücke in Relativsätze um!*
*Achten Sie darauf, dass ein Genitiv-Attribut nicht vom zugehörigen Substantiv getrennt werden darf!*

**Konstruieren**

Die *durch die Technik bewusst eingeleitete und ausgeführte* Wandlung unseres Lebensraumes basiert auf schöpferischer Gestaltungskraft. Diese versetzt uns in die Lage, zur Befriedigung des *sich jeweils stellenden* Bedarfs funktionelle Lösungen zu finden. Dieser kreative Vorgang des Erfindens zeigt eine gewisse Verwandtschaft zum künstlerischen Gestalten wie auch zum analytischen Denken. Bei komplexen Gebilden geschieht die Funktionslösung in Einzelschritten. Dieser *schrittweise ablaufende, nach Funktionsprinzipien geordnete* schöpferische Prozess führt zur Schaffung von Einzellösungen, orientiert sich aber an der Funktion des Ganzen. Dieser Prozess kann als Konstruieren bezeichnet werden.

Unter einer Konstruktion wird sowohl die Zusammensetzung einzelner Teile zu einem Ganzen als auch die Gestaltung der einzelnen Teile verstanden. Eine Konstruktion ist ein *nach vorgegebenen Regeln zusammengesetztes und aus Funktionselementen aufgebautes* Funktionssystem. Das Wort Konstruktion kommt aus dem Lateinischen. Unter „constructio" ist „Bauen durch Zusammenfügen" zu verstehen. Konstruieren ist somit ein zielorientierter, darstellender Prozess der Gestaltung von Teilfunktionen und der Zusammensetzung zur Gesamtfunktion.

Das Darstellen einer Konstruktion deutet auf eine Realisierung durch materielles Erzeugen hin, also auf das, was wir Bauen, Herstellen, Fertigen oder Produzieren nennen. Konstruieren umfasst in diesem Sinne auch die fertigungstechnische Planung eines Produktes. Dies kommt auch durch die Entwicklung rechnerunterstützter Programmiersysteme für numerisch gesteuerte Maschinen zum Ausdruck, die die Möglichkeit *der von uns schon oben aufgezeigten* Integration von Konstruktion und Arbeitsplanung mit sich bringt.

# 5. Kausalsätze und Kausalangaben

In diesen Sätzen und freien Angaben werden Tatsachen und Gedanken so miteinander verbunden, dass sie im Verhältnis von Ursache und Wirkung, Grund und Folge, Zweck und Ziel stehen. Da solche kausalen Verhältnisse in den Wissenschaften häufig sind, werden diese Sätze hier gründlich behandelt. Meist wird das Kausalverhältnis zwischen zwei Sätzen durch eine Konjunktion ausgedrückt. Unter dem Begriff Konjunktion werden hier auch die Adverbien und Partikeln verstanden, die die Funktion von Konjunktionen ausüben. Für diese Gruppe von Bindewörtern findet man manchmal auch den Terminus *Konnektoren*. Um diese Wörter richtig anzuwenden, müssen für den Deutsch Lernenden drei Fragen beantwortet werden:

a) **Welche Wirkung hat die Konjunktion auf die Wortstellung?**
Sie kann vor dem Satz stehen und keine Wirkung auf die Wortstellung haben wie *denn, aber, allein, sondern, und, oder.*

*Viele Bauherrn müssen Kredite aufnehmen; denn sie können den Bau nicht mit eigenen Mitteln finanzieren.*

Die Konjunktion kann aber auch ein Teil des Satzes sein; dann muss das Verb folgen, wenn sie am Anfang steht:

*Es ist nicht leicht, sich als Anfänger in gesellschafts- und geisteswissenschaftlichen Fachbereichen zurechtzufinden, deshalb muss man sich von Tutoren beraten lassen.*

Manche Konjunktionen, besonders Adverbien, werden oft nachgestellt, d. h. sie folgen dem Verb und dem zum Verb gehörenden Pronomen:

*Man muss sich von Tutoren beraten lassen; es ist nämlich nicht leicht sich als Anfänger in den gesellschafts- und geisteswissenschaftlichen Fachbereichen zurechtzufinden.*

Eine große Zahl von Konjunktionen verlangt die Endstellung des Verbs:

*In dieser Provinz werden wenig Maschinen eingesetzt, weil menschliche Arbeitskräfte reichlich vorhanden sind.*

b) Durch Konjunktionen werden meist zwei Sätze verbunden.
**In welchem Satz steht die Konjunktion?**

Sie kann in dem Satz stehen, der der Kausalsatz ist:

*Weil die Flussläufe begradigt wurden, fließt das Wasser in diesem Gebiet zu schnell ab.*

Sie kann aber auch in dem anderen Satz, der nicht der Kausalsatz ist, stehen:

*In diesem Gebiet wurden die Flussläufe begradigt; aus diesem Grunde fließt das Wasser zu schnell ab.*

c) **Welcher Satz kommt zuerst?**
Kann man mit jedem der beiden Sätze anfangen, oder gibt es eine bestimmte Reihenfolge?
    Die Reihenfolge der Sätze ist besonders bei den Konjunktionen, die die Endstellung des Verbs verlangen, meist nicht festgelegt:

*Weil elektrische Leitungen leicht heiß werden, dürfen sie nicht überlastet werden.*
*Elektrische Leitungen dürfen nicht überlastet werden, weil sie leicht heiß werden.*

Bei den Konjunktionen, die nicht die Endstellung des Verbs verlangen, ist die Reihenfolge der Sätze meist festgelegt:

*Elektrische Leitungen dürfen nicht überlastet werden, denn sie werden leicht heiß.*

In der folgenden Beschreibung der kausalen Konjunktionen wird immer wieder auf diese drei Fragen zurückgegriffen werden müssen. Auf die Begriffe *subordiniert* und *koordiniert* ist bewusst verzichtet worden.
    Mit dem Begriff *Kausalsatz und Kausalangabe* werden meist zwei verschiedene Dinge gemeint. Einmal meint man damit, wie in der Überschrift dieses Abschnittes, Sätze und kausale Angaben, die die oben genannten Verhältnisse zum Ausdruck bringen, also auch konditionale, konzessive, finale und konsekutive Sätze und Angaben. Zum anderen meint man, wie im folgenden Abschnitt, nur die Sätze und Angaben des wirklichen Grundes, die Kausalsätze im engeren Sinne.

## 5.1 Kausalsätze und Kausalangaben im engeren Sinne
   **Der wirkliche Grund**

a ) Der Kausalsatz kann durch folgende Konjunktionen, die die Endstellung des Verbs erfordern, eingeleitet werden:

- *weil*
  Der so eingeleitete Satz steht oft nach dem Hauptsatz. Für einen bekannten Sachverhalt wird ein dem Leser oft neuer und wichtiger Grund angegeben. In den Sätzen mit *weil* wird in der gesprochenen Sprache das Verb häufig nicht ans Ende des Satzes, sondern nach der Konjunktion gesetzt.

  *Ich komme erst jetzt, weil ich habe noch gearbeitet.*

  Das gilt aber nicht als richtiges Deutsch. In der Schriftsprache wird ausschließlich die korrekte Satzstellung verwendet:

  *Ich komme erst jetzt, weil ich noch gearbeitet habe.*

- *da*, verstärkt: *da doch, da ja*
  Der Kausalsatz steht hier im Allgemeinen vor dem Hauptsatz. Es wird ein oft schon bekannter Grund genannt, aus dem dann Folgerungen gezogen werden.

  *Da mein Vater in dieser Stadt keine Arbeit mehr finden konnte, mussten wir in eine andere Stadt ziehen.*

- *nun da*
  Es handelt sich um eine Verbindung einer temporalen mit einer kausalen Konjunktion.

  *Nun da der Arzt gekommen war, fühlte sich die Kranke gleich besser.*

- *umso mehr als*, *zumal (da)*
  Sie geben einen zusätzlichen, aber sehr wichtigen, meist entscheidenden Grund an. *Zumal* kann ohne *da* benutzt werden; das Verb hat auch dann Endstellung. Der Satz mit *zumal (da)* oder *umso mehr als* folgt dem Satz, den er begründet.

  *Sein Verhalten ist enttäuschend, umso mehr, als wir ihn sehr gefördert hatten.*
  *Die Preise dieser Waren mussten in letzter Zeit stark heraufgesetzt werden, zumal (da) sich auch die Kosten erhöht hatten.*

- *dadurch, dass*
  Eine kausale Beziehung kann auch durch einen Dass-Satz ausgedrückt werden. Im Hauptsatz muss dann ein Wort stehen, das auf den kausalen Sinn hinweist. Zum Beispiel *darum, daran, aus dem Grunde* usw. Bei *daher, darum* und *deshalb* kann *dass* auch durch *weil* ersetzt werden.

  *Ihre Unzufriedenheit lag allein daran, dass sie keine Möglichkeit hatten, ihre Fähigkeiten zu entwickeln.*

b) Kausalsätze können auch durch folgende Elemente gekennzeichnet sein:

- **denn**

Diese Konjunktion hat keine Wirkung auf die Wortstellung. Sie steht außerhalb des Satzes. Der Satz mit *denn* hat die Satzstellung, die er auch ohne Konjunktion hätte. Der Kausalsatz folgt der Darstellung des Zustandes oder der Handlung, die er begründen soll. Zwischen den beiden Sätzen steht meist ein Semikolon.

> *Der Boden ist knapp; denn er kann kaum vermehrt werden.*

- **nämlich, ja, doch, eben**

Diese Wörter werden nachgestellt. Sie folgen dem Verb und dem Subjekt. *Eben* hat resignierende Bedeutung. Man kann nichts an dem dargestellten Zustand ändern. *Eben* und *doch* können auch als zusätzliche Modaladverbien gebraucht werden. Der Satz mit *nämlich, ja, doch, eben* folgt der Darstellung des Zustandes oder der Handlung, die er begründen soll.

> *Das Studium dieses Studenten wird lange dauern; jeden Tag schläft er nämlich bis 11 Uhr.*
> *Das Gemüse wird immer teurer. Die Ernte war eben in diesem Jahr schlecht.*
> *Das Gemüse wird immer teurer, weil die Ernte eben in diesem Jahr schlecht war.*

- **darum, deshalb, deswegen, daher, aus diesem Grunde, also**

In den Sätzen, die mit diesen Ausdrücken eingeleitet werden, sind Zustände und Handlungen dargestellt, die in dem vorangehenden Satz begründet sind und aus ihm hervorgehen. Will man einen Satz mit den vorher behandelten Konjunktionen (*weil, da, denn* usw.) umwandeln, indem man diese oben genannten Ausdrücke benutzt, dann muss man die Sätze vertauschen:

> *Der junge Mann möchte später die Firma seines Vaters übernehmen; deshalb studiert er Volkswirtschaft.*
> *Der junge Mann studiert Volkswirtschaft, weil er später die Firma seines Vaters übernehmen möchte.*

Hier ist der Übergang zu den Konjunktionen der Konsekutivsätze unmittelbar gegeben; über *weshalb* und *weswegen* lese man dort nach (S. 193).

- **wo – doch**

Ein Kausalsatz kann auch mit *wo – doch* gebildet werden.

> *Man sollte den Betrieb nicht in dieser Stadt ansiedeln, wo es doch dort so wenig qualifizierte Arbeitskräfte gibt.*

c)   Korrelate (verstärkende Füllwörter, Modalpartikeln)
Wenn es sich um einen einzigen Grund handelt, dann können die Konjunktionen *weil, darum, deswegen, deshalb, daher, aus diesem Grunde* und auch die Dass–Sätze durch folgende Ausdrücke verstärkt werden:

*nur, bloß, einzig und allein, allein*

Um die Konjunktion *weil* zu verstärken, kann man in den Hauptsatz folgende Wörter einfügen: *auch, darum, deswegen, gerade, ebendeshalb.*

*Er hatte gerade darum in der Politik so großen Erfolg, weil er es sich leisten konnte, die rechte Zeit abzuwarten.*

d)   Die Kausalangabe (Umstandsbestimmung des Grundes, Kausalbestimmung) wird mit einer Präposition ausgedrückt, ohne dass ein Satz gebildet wird. Folgende Präpositionen können eine kausale Bedeutung haben:

*Auf Wunsch* haben wir Ihnen diesen Katalog geschickt.
*Angesichts der neu entstehenden Schwierigkeiten* wollte er sein Ziel nicht weiter verfolgen.
*Aus Liebe zur Sache* war er zu manchem Opfer bereit.
*Bei der ungünstigen Lage der Stadt* war die Versorgung mit Lebensmitteln nicht leicht.
*Dank des guten Wetters* konnten wir das Ziel auf der Höhe des Berges schnell erreichen.
*Durch die Unaufmerksamkeit eines Arbeiters* entstand ein Unfall.
*Besonderer Umstände halber* wurde das Haus verkauft.
*Kraft Gesetzes* übt er dieses Amt aus.
*Mangels besserer Einsicht in die wahren Verhältnisse* hat er so gehandelt.
*Nur mit seiner Hilfe* haben wir es geschafft.
*Unter solchen politischen Verhältnissen* war eine kontinuierliche Aufbauarbeit unmöglich.
*Vermöge (vermittels / auf Grund) seines Geldes* hatte er großen Einfluss.
*Wegen des schlechten Wetters* ist eine Missernte zu befürchten.

Nur kausale Bedeutung haben *dank, mangels, kraft* und vor allem *wegen*. Die anderen Präpositionen haben noch andere Bedeutungen. *Vermöge, vermittels* und *auf Grund* bezeichnen mehr das Mittel als den Grund.
     Die Präpositionen *auf* und *mit*, manchmal auch *bei*, sind konditional, wenn der Satz im Präsens steht.

e)   Nach dem wirklichen Grund fragt man: *Warum? Weshalb? Weswegen? Aus welchem Grunde?* In der Umgangssprache auch mit: *Wieso?*

## Übungen

### Übung 1

*Bilden Sie Kausalsätze mit den Konjunktionen, die in eckigen Klammern stehen!*

1. Im Sommer geht es mir gesundheitlich nicht gut, weil ich das Klima in Deutschland nicht vertrage. [zumal, da, denn, eben]

2. Ich musste unbedingt mit ihm persönlich sprechen; daher fuhr ich nach Heidelberg. [da, deswegen, weil]

3. Dieser Ausländer studiert Medizin; denn er will später seinen Landsleuten helfen. [aus diesem Grund, nämlich, darum]

4. Die Fragenfolge ist beim Interview von entscheidender Bedeutung, weil die einzelnen Fragen sich gegenseitig beeinflussen. [da, denn, deshalb]

5. In diesem Gebiet benutzt man wenig Maschinen, weil die menschliche Arbeitskraft sehr billig ist. [wo – doch; ja; deswegen; nämlich]

6. Da die Industrie viel Strom braucht, werden in vielen Ländern große Kraftwerke errichtet. [denn, daher, deshalb]

7. Der Apotheker hat mir das Medikament nur gegeben, weil ich ein Rezept hatte. [allein deshalb, nur deswegen]

8. Der Künstler hat diese Figuren nur locker neben- und übereinandergesetzt, denn ihn interessierte der Inhalt mehr als ein formales Prinzip. [da, daher, eben]

9. Der Mensch ist zum Wirtschaften gezwungen, weil die Mittel zur Bedürfnisbefriedigung knapp sind. [nämlich, daher, denn, eben]

10. Da die Möglichkeit zur Befriedigung immaterieller Bedürfnisse vielfach an das Vorhandensein materieller Dinge geknüpft ist, wäre es falsch, die Volkswirtschaft auf die Beschäftigung mit rein wirtschaftlichen Bedürfnissen zu beschränken. [denn, deswegen, ja, weil]

### Übung 2

*Verbinden Sie die beiden zusammengehörigen Sätze durch die Konjunktionen, die in eckigen Klammern stehen!*

1. Nehmen Sie eine Flugreise! Das ist so bequem! [denn, wo – doch]

2. Der Angestellte will noch im August seinen Urlaub nehmen. Er ist von der anstrengenden Arbeit der letzten Monate sehr erschöpft. [da, umso mehr als]

3. Der Unternehmer war zu leichtsinnig. Er hat viel verloren. [weil, deshalb]

4. Ich gebe Ihnen dieses Stück billiger ab. Es hat kleine Mängel. [darum, nämlich]

5. Der Kaufmann muss sich eine Anstellung suchen. Sein Geschäft musste geschlossen werden. [aus diesem Grunde, denn]

6. Der Arbeiter hat seine Stelle gewechselt. Er hofft, bessere Arbeitsbedingungen zu erhalten. [daher, zumal]

7. Der Student hat gute Kenntnisse in der Literatur. Er hat viel gelesen. [deshalb, eben]

8. Er hat heute noch nichts gegessen. Er wurde gestern erst operiert. [denn, nämlich]

9. Das Stahlwerk wird in diesem Jahr noch fertiggestellt. Die Produktion wird gesteigert. [dadurch, dass; weil]

10. Die Bauernhöfe, die zu klein sind, müssen zusammengelegt werden. Sie sind nicht wirtschaftlich. [deswegen, da, eben]

**Übung 3**

*Formen Sie die oben gegebenen Beispiele für Kausalangaben (S. 179) in Kausalsätze um!*

**Beispiel:**

Auf Wunsch haben wir Ihnen diesen Katalog geschickt. →

*Wir haben Ihnen diesen Katalog geschickt, weil Sie es gewünscht haben.*
*Da Sie es wünschten, haben wir Ihnen diesen Katalog geschickt.*
*Sie haben es gewünscht; deshalb haben wir Ihnen diesen Katalog geschickt.*

**5.2    Konditionalsätze und Konditionalangaben**
**Der mögliche Grund**

Konditionalsätze nennen die Bedingung, unter der ein Zustand eintritt oder eine Handlung geschieht. Sie sind daher auf die Zukunft bezogen.

a)    *wenn*; *falls*; *sofern*;
*gesetzt den Fall, dass*; *unter der Bedingung, dass*; *im Falle, dass*; *für den Fall, dass*; *angenommen, dass*; *vorausgesetzt, dass*; *nehmen wir an, dass*
Diese Konjunktionen und Ausdrücke verlangen die Endstellung des Verbs; die Sätze mit diesen Konjunktionen gehen meist voran.

*Wenn es nicht besser wird, dann müssen Sie in ein Krankenhaus eingewiesen werden.*

Der Konditionalsatz mit *wenn*; *falls*; *unter der Bedingung, dass*; *sofern*; kann auch dem Hauptsatz folgen:

181

> *Sie müssen in ein Krankenhaus eingewiesen werden, falls es nicht besser wird.*

*Nur* und *bloß* können der Konjunktion oder dem Ausdruck vorangestellt werden, um zu unterstreichen, dass die Bedingung unerlässlich ist:

> *Nur sofern der Arzt richtig ausgebildet ist, kann er seinem Patienten wirklich helfen.*

b) **gesetzt den Fall, angenommen**
Nach diesen Ausdrücken ohne *dass* hat der Satz die Grundstellung:

> *Angenommen, er erhält die Approbation, dann kann er sich als Arzt für Allgemeinmedizin niederlassen.*

Diese Konditionalsätze stehen im Allgemeinen vor dem Hauptsatz.

c) ohne Konjunktion
Ein Konditionalsatz kann auch ohne Konjunktion gebildet werden. Das Verb steht dann am Anfang, und der Hauptsatz beginnt mit *so* oder *dann*.

> *Fragt man nach dem Grunderlebnis dieses Buches, so enthüllt sich der religiöse Antrieb als das entscheidende Kennzeichen.*

d) **bevor**
Auch die temporale Konjunktion *bevor* kann einen konditionalen Sinn haben. In beiden Sätzen muss jedoch eine Negation stehen.

> *Bevor die Schuldfrage nicht geklärt ist, kann das Urteil nicht gefällt werden.*
> *Das Urteil kann nicht gefällt werden, bevor die Schuldfrage nicht geklärt ist.*

( = Erst wenn die Schuldfrage geklärt ist, kann das Urteil gefällt werden.)

e) **sonst, andernfalls**
Sie können auch als Konjunktionen verwendet werden. Sie bedeuten, dass das im vorangehenden Satz Gesagte eine Bedingung ist. Wenn sie nicht erfüllt wird, dann geschieht das im folgenden Satz Gesagte. Sie entsprechen also dem Ausdruck *wenn nicht, dann*. Das Verb steht gleich nach *sonst* und *andernfalls*. Der Satz mit *sonst* oder *andernfalls* folgt nach.

> *Moderne Methoden müssen in der Landwirtschaft angewendet werden, sonst können die Erträge nicht gesteigert werden.*

( = Nur wenn moderne Methoden in der Landwirtschaft angewendet werden, können die Erträge gesteigert werden.)

( = Wenn keine modernen Methoden angewendet werden, können auch die Erträge nicht gesteigert werden.)

f) **es sei denn**; **es sei denn, dass**
Dieser Ausdruck bedeutet, dass das im vorangegangenen Gesagte nicht eintritt, wenn das im folgenden Satz Gesagte geschieht. Man kann dafür sagen *dann nicht, wenn* oder *außer, wenn*. Mit *dass* hat der folgende Satz Endstellung, ohne *dass* hat er Grundstellung. *Es sei denn* steht immer zwischen den beiden Sätzen.

*Die Güter werden morgen noch verladen, es sei denn, dass ein Streik ausbricht.*
*Die Güter werden morgen noch verladen, es sei denn, ein Streik bricht aus.*
( = Wenn kein Streik ausbricht, werden die Güter verladen. Wenn ein Streik ausbricht, werden die Güter nicht verladen.)

g) **je – desto**; **je – umso**
Diese Konjunktionen bedeuten, dass die Handlungen in den beiden Sätzen voneinander abhängig sind; deshalb nennen sie einige Grammatiker Proportionalsätze. In der wissenschaftlichen Literatur wird nach dem *je* meist eine Bedingung genannt, und in dem Satz mit *umso, desto* steht der davon abhängige Zustand.
Auf diese Konjunktionen folgt in beiden Sätzen ein Komparativ. Nach dem *je* hat das Verb Endstellung, nach *umso / desto* folgt das Verb nach dem Komparativ. Die Sätze können im Allgemeinen nicht vertauscht werden.

*Je schneller das Geld umläuft, umso geringer wird sein Wert.*

h) Konditionalangaben werden mit Präpositionen gebildet.

*Auf Wunsch* werden wir Ihnen diesen Katalog schicken.
*Bei gutem Wetter* gehen wir hinaus.
*Nur mit seiner Hilfe* werden wir es schaffen.
*Unter schlechten wirtschaftlichen Verhältnissen* wird ein solches Projekt nicht durchführbar sein.
*Im Falle eines Rückschlages* muss der Arzt gerufen werden.

i) Adverbien
Die Bedingung kann auch durch ein Adverb (*gegebenenfalls, schlimmstenfalls, nötigenfalls, günstigenfalls, andernfalls, sonst*) ausgedrückt werden: Der Satz mit dem Adverb folgt immer nach:

*Dem Kranken wird es morgen schon besser gehen; nötigenfalls rufen Sie mich noch einmal an.*

j) **und**
   Auch dieses Wort kann konditionale Bedeutung haben:

   *Drucken Sie möglichst viel neues Geld, und die Inflation wird nicht auf sich warten lassen!*

k) Nach dem möglichen Grund fragt man:

   *Unter welcher Bedingung? Unter welchen Umständen?*

Zum Konjunktiv im Konditionalsatz siehe S. 225 ff.

**Übungen**

**Übung 1**

*Bilden Sie Konditionalsätze mit den Konjunktionen, die in eckigen Klammern stehen! Manchmal müssen Sie wegen der Umstellung der Sätze ein Modalverb hinzufügen.*

1. Wenn der praktische Arzt größere Einnahmen haben will, muss er so viel arbeiten, dass seine Familie ihn nur selten sieht. [ohne Konjunktion; sofern]

2. Wenn ein Buch einen großen Leserkreis findet, sind der Verleger und der Autor zufrieden. [gesetzt den Fall, dass; bevor – nicht]

3. Wenn Atome eine Struktur haben, dann können sie nicht unteilbar sein. [angenommen, dass; ohne Konjunktion]

4. Wenn der Staat die Armen unterstützen will, muss ein Teil der Steuern dafür aufgewendet werden. [sofern, es sei denn]

5. Wenn nicht genug investiert wird, kann die Industrie sich nicht entwickeln. [sonst; im Falle, dass]

6. Wenn die Zähne nicht täglich geputzt werden, werden sie krank. [sonst, falls, andernfalls]

7. Wenn der Arzt Ihnen eine Spritze gibt, wird es besser werden. [es sei denn, dass; vorausgesetzt, dass; andernfalls]

8. Nur wenn eine Frage an ihn gerichtet wird, gibt er Antwort. [ohne Konjunktion; sonst]

9. Wenn man das Physikum bestanden hat, kann man die klinischen Vorlesungen und Übungen besuchen. [ohne Konjunktion; vorausgesetzt, dass]

10. Falls ich verhindert sein sollte, werde ich Sie es sofort wissen lassen. [sofern; ohne Konjunktion)

## Übung 2

*Bilden Sie Konditionalsätze wie in Übung 1!*

1. Der Anspruch ist nicht übertragbar, es sei denn, er ist durch Vertrag anerkannt worden. [nur sofern, bloß wenn]

2. Wenn wir durch die Nachrichten nicht getäuscht werden, so muss man annehmen, dass eine militärische Aktion vorbereitet wird. [falls, vorausgesetzt, dass]

3. Wenn das Vertrauen in die offiziellen Zahlungsmittel erschüttert wird, entsteht für die Wirtschaft großer Schaden. [gesetzt den Fall; sonst]

4. Wenn eine bestimmte Menge Geld häufiger umläuft, dann wird ihr Wert vermindert. [ohne Konjunktion; falls; je – desto mehr]

5. Wenn der Zusammenschluss dieser Industriezweige zustande kommt, wird dieser Konzern eine bedeutende Rolle im Wirtschaftsleben spielen. [angenommen; gesetzt den Fall, dass]

6. Wenn ein Arzt lange praktiziert hat, weiß er, dass eine gute Allgemeinbildung das ärztliche Handeln und den Umgang mit den Kranken erleichtert. [nur wenn; ohne Konjunktion; es sei denn]

7. Wenn eine Maschine in ihren einzelnen Teilen nicht ganz genau durchkonstruiert ist, arbeitet sie zu unrentabel. [sofern, sonst]

8. Wenn es die Umstände erfordern, gehen viele Tiere zu einer anderen Kost über. [bevor, ohne Konjunktion]

9. Manche Tiere, die auf eine ganz bestimmte Kost eingestellt sind, müssen verhungern, wenn sie diese Nahrung nicht finden. [sofern, für den Fall, dass]

10. Wenn die Ware preiswert ist, wird sie ihren Käufer finden. [nehmen wir an, dass, – dann; ohne Konjunktion]

## Übung 3

*Bilden Sie aus den unter h) genannten Konditionalangaben (S. 183) Konditionalsätze!*

### 5.3 Konzessive und adversative Sätze und Angaben
### Der unwirksame Grund und die Entgegensetzung

In diesem Abschnitt werden Konjunktionen behandelt, deren Bedeutung nicht leicht auseinanderzuhalten ist. Da sie sich in ihrem Anwendungsbereich nur zum Teil überschneiden, können sie nicht ohne weiteres ausgetauscht werden. Der Übergang von den Konjunktionen des bloßen Gegensatzes (*dagegen, hingegen,*

*während*) zu den nur konzessiven (*obwohl, obgleich, dennoch, trotzdem*) ist gleitend.
Konzessivsätze sind Sätze des unzureichenden Grundes. Sie bezeichnen einen Grund oder Umstand, der das in dem vorangehenden oder folgenden Satz Gesagte beeinträchtigen oder verhindern könnte, der aber nicht stark genug ist, das wirklich zu tun.

a) Eine ganze Reihe von Konjunktionen verlangt die Endstellung des Verbs:

- *obwohl, obgleich, obschon* (selten: *obzwar*)
  Der Satz, der mit diesen Konjunktionen eingeleitet wird, kann vor oder nach dem Hauptsatz stehen. Der Folgesatz beginnt dann mit dem Verb:

  *Obwohl es noch sehr früh am Morgen war, fühlte er sich ausgeschlafen.*

  *Er fühlte sich ausgeschlafen, obwohl es noch sehr früh am Morgen war.*

- *und wenn, selbst wenn, auch wenn*
  Hier wird eine Bedingung angenommen; aber auch wenn sie erfüllt wird, kommt es doch nicht zu dem erwarteten Zustand; es handelt sich um eine Verbindung von konditionalem und konzessivem Sinn:

  *Selbst wenn die verfassungstreuen Parteien der Mitte das Wahlgesetz zu ihrem Vorteil ändern, so gefährden sie gerade dadurch das System, das sie zu retten hoffen.*

- *wenn auch, wenngleich, wennschon* (selten: *wiewohl, ob auch*)
  Auch diese Konjunktionen verlangen die Endstellung des Verbs; der Folgesatz kann mit dem Verb beginnen oder mit *so*:

  *Wenngleich er gern durch die Straßen dieser orientalischen Stadt ging, so war ihm doch immer etwas unheimlich dabei zumute.*

Soll die adversative, den Gegensatz verstärkende Bedeutung des Konzessivsatzes hervorgehoben werden, so kann der Hauptsatz die Grundstellung haben:

*Wenn er auch im Unrecht war, ich konnte ihm doch meine Achtung nicht versagen.*

Mit *wenn auch* lassen sich adversative Sätze bilden, die nicht konzessiv sind, also keinen unwirksamen Grund angeben, sondern nur einen Gegensatz feststellen:

*Wenn auch heute noch Dunkel über der Zukunft liegt, in Kürze werden wir erfahren, welche Entwicklungen sich auf diesem Gebiet abzeichnen.*

Die Pronomen stehen bei *wenn auch* zwischen den beiden Teilen, das Substantiv kann nachfolgen. *Wenn gleich* und *wenn schon* lässt man gern zusammen stehen, weil *gleich* und *schon* noch andere Bedeutungen haben, so dass leicht ein konditionaler Sinn entsteht:

*Wenn er schon kommt, dann sollte er wenigstens pünktlich sein.*

b) *so – auch, so* (seltener: *wie – auch, so*)
Nach dem Wort *so* oder *wie* steht ein steigerungsfähiges Adjektiv oder das Wort *sehr*. *Auch* folgt später im Satz. Im Folgesatz steht nach *so* das Verb. Die Sätze dürfen nicht vertauscht werden. *So* kann wegfallen, der Folgesatz beginnt dann nicht mit dem Verb.

*So dürftig die Lebensumstände damals auch waren, so hinderten sie den Dichter nicht, sein gewaltiges Werk zu vollenden.*
*So dürftig die Lebensumstände damals auch waren, sie hinderten den Dichter nicht, sein gewaltiges Werk zu vollenden.*

c) Auch ohne Konjunktion kann ein Konzessivsatz gebildet werden. Das Verb hat dann Spitzenstellung. Auf *auch* oder *auch noch so* folgt ein steigerungsfähiges Adjektiv:

*War die Aussicht auf Rettung auch gering, man ließ nichts unversucht, den Verunglückten zu bergen.*

In dieser Spitzenstellung finden wir manchmal das Modalverb *mögen*:

*Mag es auch Schwierigkeiten geben, wir werden uns zu behaupten wissen.*

Der Satz mit dem Modalverb *mögen* kann auch die Grundstellung haben:

*Der Außenhandel mag im nächsten Jahr noch weiter zurückgehen. Der Kapitalrückfluss wird jedoch das Defizit ausgleichen.*

d) *zwar, wohl, freilich – aber, doch, jedoch*
*Zwar, wohl* und manchmal auch *freilich* stehen beim Konzessivsatz; *aber, doch* und *jedoch* vor dem Folgesatz. Die Sätze dürfen nicht vertauscht werden. Nach *zwar, freilich* und *wohl* folgt das Verb unmittelbar. Der Satz mit *aber* hat Grundstellung, d. h. es folgt erst ein anderer Satzteil und dann das Verb. Nach *doch* und *jedoch* steht das Verb. Nur selten steht nach *doch* die-

selbe Satzstellung wie nach *aber*. Alle diese Konjunktionen, außer *wohl*, können auch nachgestellt werden:

> *Zwar wurde bei dem Unfall niemand verletzt, aber es entstand größerer Sachschaden.*
> *Bei dem Unfall wurde zwar niemand verletzt, es entstand jedoch größerer Sachschaden.*
> *Wohl wurde bei dem Unfall niemand verletzt, es entstand aber größerer Sachschaden.*
> *Es wurde bei dem Unfall zwar niemand verletzt, doch es entstand größerer Sachschaden.*

Als Korrelative zu a) bis d) werden folgende Worte benutzt:

> *so, doch, jedoch, dennoch, trotzdem, allerdings*

e) **dennoch, trotzdem, gleichwohl**
Auf diese Wörter folgt das Verb. Das im vorangehenden Satz Gesagte hat keinen Einfluss auf das, was nach diesen Konjunktionen steht.

> *Dieses Verfahren ist umständlicher und kostspieliger; dennoch wird es meist angewandt.*

*Nichtsdestoweniger* und *dessenungeachtet* können wie *trotzdem* benutzt werden, sind aber kaum noch üblich. Alle hier genannten Ausdrücke können auch nachgestellt werden.

f) **allerdings, freilich, immerhin, jedoch**
Diese Wörter leiten einen Satz ein, der zu einer vorangehenden Feststellung im Gegensatz steht und sie einschränkt:

> *Wir haben uns in Bayern gut erholt; allerdings hatten wir schlechtes Wetter.* Nachgestellt: *Wir hatten allerdings schlechtes Wetter.*
> *Ich komme, allerdings muss ich eine Bedingung stellen.*

*Immerhin* verlangt eine positive Wendung. Es hat die Bedeutung von *doch* oder *doch noch*:

> *Diese Wirtschaftsordnung mag manche Schwächen haben; immerhin hat sie die notwendigen Bedarfsgüter in ausreichender Menge bereitgestellt.*

*Allerdings* und *freilich* können auch Korrelative sein, dann muss noch eine andere konzessive Konjunktion in den Folgesatz treten.

*Den Unternehmen am Neuen Markt fehlt es allerdings meist an Kapital, aber ihre Innovationen können dies zum Teil wettmachen.*

g) Folgende Präpositionen haben konzessiven Sinn:

*Trotz seiner guten Beziehungen* konnte er nichts erreichen.
*Ungeachtet der großen Erfolge* wurde diese Methode nicht allgemein anerkannt.
*Bei allem Entgegenkommen* war er doch in vielen Punkten unnachgiebig.

Einige Adverbien haben ebenfalls konzessiven Sinn:

*jedenfalls, zumindest, wenigstens*

Wenn der unveränderliche Zustand bedauert wird, benutzt man auch *leider.*

h) Die Frage nach den konzessiven Sätzen und Satzteilen heißt:

*Trotz welcher Gründe? Trotz welcher Umstände?*

i) **indessen**
Mit diesem Wort kommen wir in den Grenzbereich zwischen den adversativen und den konzessiven Konjunktionen. Die Bedeutung entspricht ungefähr der von *allerdings.* Wie dieses Wort kann *indessen* konzessiven Sinn haben: *Indessen* steht immer im Folgesatz. Es kann am Anfang des Satzes stehen und hat dann das Verb nach sich. Es kann aber auch nachgestellt werden:

*Es wurden zahlreiche Vorsichtsmaßnahmen getroffen; mehrere Unfälle konnten indessen nicht verhindert werden.*

Oft wird *indessen* auch rein adversativ ohne konzessive Bedeutung gebraucht.

*Der Stoff ist schon den alten Griechen bekannt gewesen. Der Dichter hat ihn indessen völlig neu bearbeitet.*

k) **aber, allein, nur**
Diese adversativen Konjunktionen können konzessiven Sinn haben. Der unwirksame Grund steht in dem vorangehenden Satz. *Aber* und *allein* stehen außerhalb des Satzes, der dann in Grundstellung folgt. *Nur* ist ein Teil des Satzes, das Verb folgt.

*Er hatte ausgezeichnete Beziehungen zu den Abgeordneten, aber er war doch nicht in der Lage, auf den Wortlaut des Gesetzes Einfluss zu nehmen.*

*Aber* und *nur* können dem Verb auch folgen. *Allein* darf nicht nachgestellt werden, weil es dann nicht mehr als Konjunktion angesehen wird. Stehen *aber* und *allein* mit einer anderen Konjunktion zusammen, so richtet sich die Wortstellung nach dieser Konjunktion:

*Aber obgleich er nichts davon wusste, handelte er wie einer, der in das Geheimnis eingeweiht war.*

*Aber* und *allein* können aber auch nur adversativ, ohne konzessive Bedeutung, angewendet werden:

*Dort werden die Fahrgestelle zusammengesetzt, aber hier sind wir bei der Endmontage.*

1) **dagegen, hingegen, während**
Dies sind rein adversative Konjunktionen. Sie drücken oft nur das Nebeneinander von Vorgängen und Sachverhalten aus. *Während* verlangt Endstellung des Verbs, *hingegen* und *dagegen* haben das Verb nach sich. Diese beiden können auch nachgestellt werden.

*Man kann unterstellen, dass im Allgemeinen die Empfänger hoher Einkommen große Teile ihres Einkommens sparen, während die niedrigeren Einkommen eine hohe Konsumquote besitzen.*

Der Satz mit *dagegen* oder *hingegen* muss nachfolgen.

## Übungen

### Übung 1

*Bilden Sie Sätze mit den Konjunktionen, die in Klammern stehen!*

1. Wenn wir die Tätigkeit der Hausfrau auch nicht in unseren Begriff von Produktion aufnehmen, so muss uns ihre wirtschaftliche Bedeutung doch bewusst bleiben. [immerhin; obgleich; zwar – aber]
2. Obwohl er Schwierigkeiten hatte, sich an das Klima zu gewöhnen, besuchte er doch regelmäßig die Vorlesungen. [dennoch; freilich – doch]
3. So sehr auch dafür zu sorgen ist, dass das Krankenzimmer warm ist, so darf doch die Luft auch nicht zu trocken sein. [allerdings – aber, wohl – jedoch]
4. Wenn auch die militärische Macht ein gewisses Gewicht in der Politik hat, so ist sie doch nicht allein entscheidend. [zwar – jedoch; selbst wenn – so doch]
5. Die Technik macht den Menschen zum Herrn der Erde, aber sie macht ihn auch zum Sklaven der Maschine. [wenn auch – so doch; wohl – indessen]

6. Wenn man auch oft versucht hat, die Berufe in eine gewisse Rangordnung zu bringen, so ist es doch immer wieder zu neuen Einteilungen gekommen. [wohl – jedoch; wenngleich]

7. Versuchspersonen gelangten in einer Gruppensituation zu recht wenig voneinander abweichenden Urteilen, obwohl sie allein sehr unterschiedlich geurteilt hatten. [während; gleichwohl]

8. Innerhalb von Ansammlungen von Tieren bestehen oft kaum Beziehungen. Bei vielen Tieren kann man jedoch ein ausgesprochen geselliges Verhalten feststellen. [dagegen; auch wenn]

9. Auf die Einhaltung der Normen wird oft streng von den Arbeitskollegen geachtet, obwohl die sachliche Berechtigung dieser Normen keineswegs erwiesen ist. [trotzdem; wenngleich]

10. Obgleich der Künstler längere Zeit untätig war, gelang ihm schließlich ein bedeutendes Werk. [allein; indessen]

## Übung 2

*Bilden Sie Sätze mit den Konjunktionen, die in Klammern stehen!*

1. Obwohl er darüber lachte, war ihm die Sache doch ernst. [so sehr auch; mögen – Tempus!]

2. Obgleich die Technik immer weiterentwickelt wird, wird es doch nicht möglich sein, alle Bedürfnisse zu befriedigen. [auch wenn – so; dennoch]

3. Wenn Hugo Ball auch die letzten Werke Hermann Hesses nicht mehr kennen gelernt hat, so überzeugt seine Darstellung des Dichters auch heute noch. [wohl – immerhin; dennoch]

4. Obwohl ihm der Beruf viel Kraft und Zeit raubte, scheint ihn Kafka sehr ernst genommen zu haben. [wie sehr auch – doch; trotzdem]

5. Eine Beförderung per Flugzeug ist zwar für fast alle Güter durchführbar, doch ergeben sich im Wirtschaftsverkehr Einschränkungen durch die im Vergleich zu den Erdtransportmitteln teilweise hohen Frachtkosten. [allerdings; auch wenn – so doch]

6. Während sich das Horten von Geld in der bloßen Aufbewahrung erschöpft, ist das Sparen darüber hinaus mit einer Nutzbarmachung für produktive Zwecke verknüpft. [dagegen, aber]

7. Im Inlandverkehr hat die Beförderung von Gütern mit dem Flugzeug nur geringe Bedeutung, dagegen bedient sich der Außenhandel in steigendem Maße des Luftfrachtverkehrs. [wenn auch – so; indessen]

8. So unterschiedlich die Versicherungsformen auch sein mögen, so haben sie doch ein Merkmal gemeinsam, dass sie die Abdeckung eines Eventualbedarfs anstreben. [wenn auch; gleichwohl]

9.  Wenn der junge Schiller auch noch aus dem Geist einer bürgerlich gesehenen, von Vernunft und Tugend bestimmten Aufklärung heraus dichtet, so sprengt doch das Wissen um die unberechenbare Dynamik der Seelenvorgänge die Gleichung von Vernunft, Tugend, Glück und Gesellschaft. [allerdings – allein; obschon – so]

10. So fragwürdig auch das Dasein des Menschen in Hebbels Werk erscheint, das Göttliche ist nicht minder fragwürdig. [allerdings – aber; wenngleich – so]

## 5.4 Finalsätze und Finalangaben
## Ziel und Zweck

Der Finalsatz gibt Zweck, Absicht oder Ziel an.

a)  *damit, dass* (veraltet: *auf dass*)
Diese Konjunktionen verlangen die Endstellung des Verbs.

> *Die Ausfuhr muss verstärkt werden, damit die Handelsbilanz ausgeglichen wird.*

Mögliche Korrelative sind: *deshalb, darum, in der Absicht, zu dem Zweck.*

Wenn das Subjekt des Hauptsatzes und das Subjekt des Nebensatzes gleich sind, kann ein Infinitivsatz mit *um zu* gebildet werden:

> *Jedes Land treibt Handel, um seine Produkte zu verkaufen.*

b)  *dazu, dafür, (darum), zu diesem Zweck*
Der Hauptsatz kann mit *dazu, dafür* und manchmal auch mit *darum* eingeleitet werden. Diese Konjunktionen stehen den kausalen des wirklichen Grundes sehr nahe.

> *Er soll unsere Interessen vertreten; dazu ist er gewählt.*

c)  Präpositionen mit finaler Bedeutung sind: *zu, zum Zwecke, um – willen, zwecks, für.*

> *Zur Nutzung* wird das Land den Bauern übergeben.
> *Um eines besseren Lohnes willen* machte er manche Überstunde.
> *Zum Zwecke einer schnellen Beendigung des* Krieges wurden Verhandlungen geführt.
> *Für die Durchführung dieses Planes* opferte er sein Vermögen.

d)  Nach Finalbestimmungen und Finalsätzen fragt man:

*Mit welcher Absicht? Zu welchem Zweck? Wozu?*

**Übung**

*Verbinden Sie die folgenden Sätze mit „damit, dass" und, wo es in Klammern steht, auch mit „dazu" oder „dafür"! Achten Sie auf die Modalverben! Wenn es möglich ist, bilden Sie einen Infinitivsatz mit „um zu"!*

1.  Man produziert in diesem Lande mehr Nahrungsmittel. Man will den Bedarf selbst decken. [dazu]
2.  Ich bringe meinem Freund Obst ins Krankenzimmer. Er soll schnell wieder gesund werden.
3.  Er wiederholt den ganzen Wissensstoff. Er will ein gutes Examen machen. [dafür]
4.  Sie machten eine Stadtrundfahrt. Sie wollten die berühmten Bauwerke kennen lernen.
5.  Die Industrie braucht den Handel. Sie muss ihre Produkte verkaufen. [dazu]
6.  Der Musikstudent geht in die Generalprobe. Er will sich mit der Arbeit des Dirigenten bekannt machen.
7.  Um 19.30 Uhr mussten die Besucher das Krankenhaus verlassen. Die Kranken sollten ihre Ruhe haben.
8.  Er will sich über die Augendiagnostik informieren. Er hat sich zahlreiche Bücher gekauft. [dazu]
9.  Machen Sie die Tür zu! Es soll nicht ziehen.
10. Der Student wird diese Arbeit seinem Professor vorlegen. Er soll sie begutachten.

**5.5    Konsekutivsätze und konsekutive Angaben**
**Schlussfolgerung und Folge**

Konsekutive Angaben und Sätze nennen die Folgen, die Wirkung einer Handlung oder eines Geschehens. Sie werden häufig zur Darstellung logischer Schlussfolgerungen angewendet. Sie hängen deshalb eng mit den Kausalsätzen zusammen. Die Konsekutivsätze sind stets Nachsätze.

a)  ***dass, so dass, weshalb, weswegen***
    Diese Konjunktionen verlangen die Endstellung des Verbs.

*Das Feuer richtete so großen Schaden an, dass viele Familien ihren gesamten Besitz verloren.*

Das *so* steht im allgemeinen vor dem *dass*. Es kann auch vor einem Adjektiv im Hauptsatz stehen, aber nur wenn das Adjektiv gesteigert werden kann. Im folgenden Beispiel ist das allerdings nicht der Fall:

*Ich habe es schriftlich, so dass ein Irrtum unmöglich ist.*

Der Konsekutivsatz kann nicht voranstehen.

b) Für die nicht eintretende Folge setzt man *ohne dass*. Tritt sie wider Erwarten nicht ein, wird das Verb in den Konjunktiv gesetzt.

*Er trat ein, ohne dass er gegrüßt hätte.*

Bei gleichem Subjekt ist der Infinitiv mit *ohne zu* vorzuziehen. *Ohne dass* und *ohne zu* benutzt man auch, wenn zwei Handlungen, die eigentlich zusammengehören, getrennt sind oder unabhängig voneinander geschehen. Ein fehlender Begleitumstand wird *so* gekennzeichnet.

*Er sprach mit ihm, ohne ihm ins Gesicht zu sehen.*

c) **als dass**
Diese Konjunktion bedeutet, dass eine Folge nicht eintreten kann. Im voranstehenden Satz muss *zu* vor ein Adjektiv oder Adverb gestellt werden, das man steigern kann. Meist steht nach *als dass* der Konjunktiv II.

*Er hat zu geringe Kenntnisse, als dass er Erfolg haben könnte.*
( = Er hat so geringe Kenntnisse, dass er keinen Erfolg haben kann.)

In der gleichen Bedeutung kann man auch den Infinitiv mit *um zu* benutzen:

*Es ist zu heiß, um in der Sonne zu liegen.*

d) **also, demnach, demzufolge, folglich, infolgedessen, mithin, somit, so, daraus folgt, dass führt dazu, dass**
Mit diesen Worten wird die logische Folgerung aus einem vorangehenden Satz gezogen. Nach diesen Konjunktionen steht das Verb, wenn sie am Anfang des Folgesatzes stehen. Sie können jedoch auch nachgestellt werden:

*Diese Betrachtung wird auf Prozesse in Werkstätten eingeengt, die auf materielle Objekte bezogen sind. Die Büroprozesse bleiben somit unberücksichtigt.*

e) **daher**
Hier ist der Übergang zu den kausalen Konjunktionen im engeren Sinne (vgl. S. 176 ff., insbesondere S. 178). Die im vorangehenden Satz genannten

Zustände oder Handlungen begründen den folgenden Satz oder, anders gesagt, sie ergeben sich aus ihm, sie folgen aus ihm:

*Der privatwirtschaftliche Güterverkehr befährt nur Strecken, die Gewinn bringen; die Bahn muss sich aber auch an gemeinnützigen Gesichtspunkten orientieren. Daher ist es nicht erstaunlich, dass der Güterkraftverkehr sich zu einer ernstlichen Konkurrenz für den Schienenweg entwickelt hat.*

f) *infolge*
Mit *infolge* werden konsekutive Angaben eingeleitet. Das Substantiv danach steht im Genitiv.

*Infolge der schlechten Wirtschaftslage mussten zahlreiche Arbeitnehmer entlassen werden.*

g) *so, so sehr, derart, dergestalt, dermaßen, solchermaßen*
Diese Ausdrücke können als Korrelate bei konsekutiven Konjunktionen verwendet werden. Vor Adjektiven steht *ein solcher, ein derartiger* oder *solch ein*.

## Übungen

### Übung 1

*Verbinden Sie die folgenden Sätze mit den Konjunktionen, die in eckigen Klammern stehen, und benutzen Sie auch die angegebenen Korrelate!*

1. Das Rad kannten diese Völker noch nicht; den Flaschenzug auch nicht. [mithin, also]

2. Diesen Künstler interessierte der Inhalt mehr als ein formales Prinzip. Weshalb er die Figuren locker übereinandersetzte. [daher, weswegen]

3. Die Zahlungsmittel der heutigen Wirtschaft sind ein Geschöpf des Kredits. Charakter und Wesen unserer heutigen Zahlungsmittel sind ohne Eindringen in das Wesen der Kreditwirtschaft nicht zu verstehen. [mithin, infolgedessen]

4. Die Arbeitsbedingungen in diesem Betrieb waren schlecht. Der Arbeitnehmer kündigte. [dermaßen, dass; daher]

5. Manche Firmen, die sich mit dieser schwer absetzbaren Ware eingedeckt hatten, erlitten schwere Verluste. Sie mussten ihre Zahlungsunfähigkeit erklären. [derart, dass; infolgedessen]

6. Die Prozesse im modernen Wirtschaftsleben sind kompliziert. Sie lassen sich nicht an einem einfachen Modell erläutern. [zu, als dass; dermaßen, dass]

7. Die Sichtguthaben der Bank können jederzeit in Banknoten umgetauscht werden. Sie haben den Charakter von potentiellen Banknoten. [also; somit]

8. Immerhin gab es in diesem Dorf Strom. Man konnte elektrische Maschinen verwenden. [so dass; mithin]

9. In der Wüste ist es am Tage unerträglich heiß. Schon die geringste Bewegung versetzt den Menschen in Schweiß. [dermaßen, dass; daher]

10. Wenn die Wunde noch blutet, so legt man vor dem Verbinden eine dicke Lage Verbandgaze auf die Wunde; es liegt so ein richtiges Polster darüber. [so dass; somit]

## Übung 2

*Drücken Sie die fehlende Folge durch „ohne dass" und den Konjunktiv aus! Dabei entspricht ein Präsens im Text einem Konjunktiv II und ein Präteritum im Text der Vergangenheit des Konjunktivs II (vgl. S. 217 f.).*
*Wenn möglich bilden Sie auch einen Infinitiv mit „ohne zu"! Beachten Sie den Wegfall der Negation!*

1. Er erzählte eine lange Geschichte. Niemand hörte ihm zu.
2. Der Soldat verlässt die Kaserne. Er hat keinen Urlaub.
3. Er versäumte den Unterricht. Er hatte sich nicht entschuldigt.
4. Er legte sich früh ins Bett. Er fand keinen Schlaf.
5. Der Unternehmer investierte viel in seinem Betrieb. Die Produktion erhöhte sich dadurch nicht.
6. Das Präparat wird seit langer Zeit als Heilmittel verordnet. Es haben sich keine gefährlichen Nebenwirkungen gezeigt.
7. Die Delegationen verhandelten mehrere Monate. Es wurde kein Ergebnis erzielt.
8. Es brachen zahlreiche Unruhen aus. Es kam nicht zu einer Veränderung der Staatsform.
9. Die Archäologen führten Grabungen im Irak durch. Es wurde nichts Bedeutendes gefunden.
10. Er studierte Architektur. Er hatte keine Lust zu diesem Studium.

## 5.6    Übungen zu den behandelten Konjunktionen

## Übung 1

*Beantworten Sie die folgenden Fragen! Benutzen Sie nicht nur kausale Präpositionen und Konjunktionen, sondern auch Formulierungen anderer Art.*

**Beispiel:**

Warum lernen viele Menschen Fremdsprachen?

*Damit sie sich im Urlaub verständigen können.*

*Weil sie Kontakte mit den Menschen des fremden Landes aufnehmen wollen.*

*Man kann nur so in einem fremden Land studieren oder eine andere Ausbildung erhalten.* usw.

1. Warum ziehen es junge Leute vor, in der Stadt zu leben statt auf dem Lande?
2. Warum fördert der Staat den Wohnungsbau?
3. Warum wollen Sie gerade Medizin (Volkswirtschaft, Politik etc.) studieren?
4. Warum ist das Wetter in Deutschland so wechselhaft?
5. Warum werden in vielen Ländern Staudämme gebaut?
6. Warum werden in vielen Fächern von den Studenten Praktika verlangt?
7. Warum sollte ein Student auch auf dem Gebiet der Politik Bescheid wissen?
8. Warum versucht man, die alten Kulturen des Orients auszugraben?
9. Warum wird von einem Studenten der Medizin verlangt, dass er völlig gesund ist?

*Bilden Sie andere Fragen aus Ihrem Fachgebiet!*

**Übung 2**

*Verwandeln Sie den kursiv gedruckten Teil des Satzes in einen Nebensatz!*

1. *Auf Grund der Klage des Geschädigten* wurde das Verfahren eingeleitet.
2. *Zur weiteren Behandlung* muss dieser Patient ins Krankenhaus eingeliefert werden.
3. *Wegen der umfangreichen Bauarbeiten* muss diese Straße für längere Zeit gesperrt werden.
4. Diesen Antrag hatte der Student *auf Anraten der Universitätsverwaltung eingereicht.*
5. Vieles in seiner Haltung erklärt sich *aus seiner Unsicherheit.*
6. *Dank der Einführung neuer Methoden* konnte die Produktion gesteigert werden.
7. *Trotz der Einführung neuer Methoden* konnte die Produktion nicht gesteigert werden.
8. *Zur Beendigung des Krieges* muss eine Konferenz einberufen werden.

9. *Um eines besseren Lebensstandards willen* nehmen viele Menschen große Unbequemlichkeiten auf sich.
10. *Bei Gefahr* soll man nicht die Nerven verlieren.

## Übung 3

*Verwandeln Sie den kursiv gedruckten Teil des Satzes in einen Nebensatz!*

1. *Mit einer verstärkten Kreditaufnahme* wird der Ausbau der Fabrik möglich sein.
2. *Ungeachtet der Schwierigkeiten, die die Verwirklichung des Planes bereitete,* machte er sich sogleich an die Arbeit.
3. *Bei allem Wohlwollen, das man den Studenten entgegenbringt,* muss man eine solche Handlung missbilligen.
4. *Trotz der wachsenden Bevölkerung* konnten in jenem Lande Lebensmittel in ausreichender Menge bereitgestellt werden.
5. *Infolge der Vermehrung des in Umlauf befindlichen Geldes* kam es zu einer Inflation.
6. *Aus Mangel an Interessenten* musste das Seminar abgesagt werden.
7. In manchen Gegenden der Welt sind die Leute *vor Hunger* nicht in der Lage, ihre Arbeit zu tun.
8. *Unter den ungewöhnlich harten Bedingungen der Wüste* mussten die Straßenbauarbeiter das Äußerste leisten.
9. *Angesichts der Ausweglosigkeit der Situation* gab er auf.
10. *Durch dieses Konzert* wurde mir die Größe Beethovens erst klar.

## 5.7 Texte zu den behandelten Konjuktionen

### Text 1

*Setzen Sie die fehlenden Konjunktionen ein!*

### Warum Medizin studieren?

__ man die Studienanfänger der Medizin fragt, warum sie dieses Fach studieren und den Beruf des Arztes ergreifen wollen, dann wird eine Reihe von Gründen immer wieder genannt. Wir wollen einige der häufig genannten zusammentragen und auflisten und dabei bedenken, ob diese Vorstellungen von der Realität noch gedeckt sind oder ob es nur Ansichten sind, die man immer wieder hört und die von einer Studentengeneration an die andere weitergegeben werden.

Es wird häufig angeführt, dass der Beruf des Arztes __ gewählt wird, __ es sich um einen angesehenen Beruf handele. In einer Studie eines Instituts für Demoskopie wird das bestätigt. Über 50 % der befragten Bürger in Deutschland sprechen den Ärzten das größte Ansehen unter allen Berufen zu. Ja, ein Arzt ist nicht nur angesehen, __ es wird ihm sogar Ehrfurcht entgegengebracht. Und das ist nicht erstaunlich, __ jeder Mensch muss irgendwann einmal zum Arzt. Er ist auf seine Dienste angewiesen, von seiner Hilfeleistung abhängig. __ ist das große Ansehen des Arztes durchaus verständlich, und ist __ in der Bevölkerung weit verbreitet.

Andere junge Leute geben finanzielle Aspekte und einen sicheren Arbeitsplatz als Hauptgrund für die Wahl des Medizinstudiums an. Früher war es __ selbstverständlich, nach dem Studium der Medizin einer sicheren, guten und lohnenden Tätigkeit entgegenzusehen, heute kann man __ nicht mehr davon ausgehen, dass man nach der Ausbildung sofort als Arzt arbeiten kann. Die Lage auf dem Arbeitsmarkt für Mediziner muss als ungünstig bezeichnet werden, __ die Zahl der arbeitslosen Ärzte steigt. __ sich die meisten jungen Ärzte nach ihrem Examen um eine Stelle als Assistenzarzt im Krankenhaus oder um eine Weiterbildungsstelle zum Facharzt bemühen, bekommen sie diese Stellen an den Krankenhäusern selten, __ dort werden solche Stellen nicht vermehrt, __ sogar abgebaut. Zusammenfassend kann man sagen, dass das Studium der Medizin keine Garantie mehr für einen gut bezahlten und sicheren Arbeitsplatz bietet. Wer diesen Aspekt bei seiner Berufswahl im Auge hat, sollte nicht unbedingt Arzt werden wollen.

Sehr viele junge Leute lassen sich bei ihren Erwägungen, ob sie ein Medizinstudium aufnehmen sollen, von dem Gedanken leiten, dass der Arzt besonders intensiven Kontakt zu seinen Mitmenschen hat. Für die Medizin steht ja der Mensch im Mittelpunkt, und das geschieht mit dem Ziel, ihm helfen und ihn heilen zu wollen. Es gibt kaum einen anderen Beruf, der so viel Hilfeleistung für den Mitmenschen bringt. Die Arbeit mit dem Patienten ist allerdings eine große Kunst; __ hier zeigt sich, worum es in der Medizin geht: Wissen, Erfahrung, verbunden mit einem großen Einfühlungsvermögen und einer gewissen praktischen Begabung, das ist es, was man für diesen Beruf mitbringen muss. Viele Mediziner fordern __, dass der angehende Arzt über eine möglichst breite Allgemeinbildung verfügen müsse. Der bloße Idealismus allein führt nicht zu dem Ziel, ein guter Arzt zu werden; er muss natürlich vorhanden sein, __ ohne die nötige Qualifikation geht es nicht. Wir denken doch alle, dass die, die Medizin studieren wollen, sich von solchen Grundüberzeugungen leiten lassen, __ würden sie dieses Fach wohl nicht gewählt haben. Und eine solche Vorstellung ist voll von der Realität in unserem Dasein gedeckt.

Ein anderes Motiv für das Studium der Medizin ist die Lust an der Naturwissenschaft. Der Mensch ist nun einmal ein Teil der Natur und unterliegt __ auch ihren Gesetzen. __ der menschliche Körper nach biologischen Prinzipien funktioniert, gibt es einen wichtigen Zugang auf diesem Wege. __ auch in anderer Hinsicht ist die Beschäftigungn mit den Naturwissenschaften wichtig. Das immer größer werdende Gebiet des Gesundheitswesens bietet dem Mediziner vielfältige Arbeitsmöglichkeiten, an die man normalerweise gar nicht denkt. Da ist der öffentliche Gesundheitsdienst, da gibt es zahlreiche Institute, die sich mit der Prüfung von Arzneimitteln beschäftigen, da sind viele medizinische Sachverständige in unterschiedlichen Bereichen tätig, z.b. in der Arbeitsmedizin, in der Lebensmittelüberwachung oder in der Gewerbeaufsicht. Auch die Neigung zur Naturwissenschaft ist zweifellos einer der wichtigen Gründe, ein Medizinstudium aufzunehmen.

Schließlich wollen wir noch darauf hinweisen, dass ein nicht geringer Teil der Medizinstudenten aus akademischen Elternhäusern kommt. Manche werden in einem Arzthaushalt groß. Die Kinder aus diesen Familien werden schon früh mit dem Beruf des Arztes vertraut. Dazu gehören auch die Töchter und Söhne von Eltern, die in Krankenhäusern tätig sind oder als Arzthelferinnen oder Arzthelfer arbeiten. __ kann man sagen, dass ein Teil der Studenten ihre Wahl für das Studium der Medizin treffen, weil sie schon in ihrer Kindheit und Schulzeit mit ärztlichem Handeln und dem Umgang mit Patienten bekannt geworden sind.

Das sind einige Gründe, die einen jungen Menschen dazu bewegen können, das Studium der Medizin aufzunehmen. Die hier genannten Aspekte erheben __ nicht den Anspruch auf Vollständigkeit. Es gibt natürlich noch viele andere Motive, die zur Aufnahme eines Medizinstudiums führen können.

*Dieser Text kann zu einer Textwiedergabe genutzt werden!*
*Hören Sie den Text an!*
*Halten Sie in Stichpunkten fest, was Ihnen wichtig erscheint.*
*Ordnen Sie die Gedanken des Textes in sechs Abschnitten: eine Einleitung und fünf Hauptgesichtspunkte. Daraus entsteht eine Gliederung:*

*0. Einleitung*
*0.1 Thema des Textes: Warum wird Medizin studiert?*
*0.2 Sind die Gründe, die angeführt werden, von der Realität gedeckt?*

*1. Ansehen des Arztes ist groß*
*1.1 Durch Demoskopie gestützt.*
*1.2 Jeder irgendwann auf die Hilfe des Arztes angewiesen.*
*1.3 ....*

*Aufgrund dieser Gliederung lässt sich eine Textwiedergabe schreiben.*
*Weitere Fragen zum Text:*
*Sammeln Sie andere Gründe, warum junge Leute Medizin studieren wollen. Denken sie dabei an das Land, aus dem Sie kommen, in dem Sie aufgewachsen sind.*
*Welche Charaktereigenschaften und Fähigkeiten sollte ein angehender Mediziner mitbringen? Einige sind schon im Text genannt: Einfühlungsvermögen, ...*

## Text 2

*Setzen Sie die fehlenden Konjunktionen ein!*

### Das Ethos des Glücks

Am Anfang der materialistischen Philosophie steht der Satz Epikurs: „Die Lust ist Anfang und Ziel des glücklichen Lebens, __ in ihr erkenne ich das erste und unserer Natur gemäße Gut." Dieser Satz bedarf keines Beweises, __ er sich unmittelbar aus der Erfahrung ergibt, __ alle Lebewesen streben von Geburt an nach Lust und Genuss und fliehen den Schmerz und die Unlust. Ein Glücksgefühl gewähren die Güter des Leibes, die Gesundheit, die Kraft, das Wohlsein bei der Befriedigung unserer Triebe. Lust und Glück versprechen die äußeren Lebensgüter, der Reichtum, die Macht, die Ehre. Lust und Glück __ erwachsen auch aus den Gütern der Seele und den Freuden des geistigen Genusses. Der Geist ist dem Menschen gegeben, __ er die körperlichen Genüsse im Gedächtnis bewahre, er ermöglicht ein Schwelgen in der Phantasie, und er trifft unter den uns zur Verfügung stehenden Genüssen die Auswahl, um sich die wertvollsten zu sichern.

Von der Antike bis zur Gegenwart lebt in dieser Glücksethik der Glaube, dass äußerer Fortschritt, Wohlstand, Komfort, Steigerung der Wirtschaft und Technik das Glück schlechthin bedeuten.

Was diesem Lebensideal feindlich gegenübersteht, das ist schon für die alten Materialisten jede tiefere Lebens- und Weltdeutung, besonders die Religion, die Furcht vor den Göttern und die Furcht vor dem Tode. Von ihr gilt es __, die Menschheit zu befreien, und hierzu soll die Naturwissenschaft dienen, die den Menschen die Welt verstehen lehrt als einen aus dem Wirbel der Atome nach in ihnen selbst liegenden Gesetzen entstandenen Mechanismus, den der Mensch __ in seinen Dienst stellen, an dessen ewig gültigen Naturgesetzen __ kein Mensch und kein Gott etwas ändern kann. Vor allem die Religion wird verantwortlich gemacht für alles, was den Fortschritt hemmt und hindert. Sie verheißt den Menschen eine Seligkeit, die nicht von dieser Welt ist, und zieht ihn dadurch von der Aufgabe ab, auf dieser Erde an dem Glück der Menschheit zu arbeiten und das Leben zu genießen, __ sich vor den Göttern, vor dem Tode und einer Vergeltung im Jenseits fürchten zu müssen.

Jeder, der sich noch ein wenig selbständiges Denken bewahrt hat, weiß, dass hier mit den Wörtern Glück und Fortschritt ein grober Missbrauch getrieben wird.

Ein Fortschritt auf einem Gebiet muss nicht den Fortschritt der ganzen Kultur bedeuten. Die Erfindung des Telefons war gewiss ein ungeheurer Fortschritt auf dem Gebiet des Verkehrs und der Nachrichtenvermittlung. Damit ist aber nicht gesagt, dass nun auch das, was durch das Telefon gesprochen wird, auf einem höheren Kulturniveau steht als die Mitteilungen, die man sich früher in Briefen schrieb, die wochenlang unterwegs waren. Der gewaltigste Fortschritt auf den Gebieten der Wirtschaft, der Industrie und der Technik kann verbunden sein mit einer immer zunehmenden inneren Verarmung, Verkümmerung und Verrohung des seelischen und geistigen Lebens.

Und was ist Glück? Es entspringt nicht nur aus der Lust der Sinnenfreude und dem Sinnengenuss. Sie sind allzu vergänglich, __ das Leben ist so eingerichtet, __ jede Lust mit einer Unlust bezahlt wird. Am wenigsten aber lässt sich aus der Lust eine Ethik ableiten, __ es liegt im Wesen des Menschen, dass er nicht nur am Guten, sondern auch am Bösen seine Freude haben, die Schadenfreude genießen, sich seiner Rache freuen und sich an den Qualen seiner Opfer weiden kann.

Ein allgemeines Glück, ein Glück für alle gibt es nicht, und __ eignet sich das Glück nicht, aus ihm ein Ziel zu machen, nach dem viele oder alle Menschen gemeinsam streben sollen. Es ist vielmehr für jeden etwas anderes. Es erstreckt sich von der Zufriedenheit des Stumpfsinnigen und Anspruchslosen mit sich selbst, einem allgemeinen Wohlbefinden, der Befriedigung, die ein erfolgreiches Streben gewährt, der gehobenen Stimmung bis zum Glücksrausch, der jubelnden Lebens- und Daseinsfreude, dem Enthusiasmus und dem Zusammenklang des eigenen Überschwangs der Freude mit dem Glück der Welt, so wie es Schiller in seinem Lied an die Freude und Beethoven in der Neunten Symphonie dargestellt haben. Und noch über die Welt geht es hinaus und hinauf bis zum seligen Versinken des Mystikers in dem Urgrund der Gottheit.

Dazu kommt, dass das Glück durchaus nicht von den Gütern des Lebens allein abhängt, nach denen wir streben, __ an ihnen das Glück gleichsam zu haften scheint. Es hängt vielmehr von der Beschaffenheit des Menschen ab, von seiner Empfänglichkeit, von seiner Glücksfähigkeit.

Es ist gewiss berechtigt, die gerechte Verteilung der Güter dieser Erde zu fordern, die Steigerung des Fortschritts der Wissenschaft, der Technik im Dienste des Gemeinwohls, __ allen alles zugute kommt, und es ist auch zuzugeben, dass jeder, der an diesem allgemeinen Fortschritt mit allen seinen Kräften mitarbeitet, in diesem Dienst am allgemeinen Wohl seine Befriedigung und ein dauerndes Glück finden kann. Dabei __ wird übersehen, dass dies alles nicht nur einen Sieg des Geistes über die Materie bedeutet, sondern zugleich auch den Triumph des Materiellen über den Geist des Menschen, der in das ganze Getriebe der modernen Organisation der Arbeit eingespannt ist und sich ihm nicht mehr entziehen kann.

*Die Güter des Lebens, der Wohlstand, begründet durch den Fortschritt, sind für viele Menschen das Fundament des Glücks in dieser Welt. Der Verfasser ist jedoch der Meinung, dass es ein allgemeines Glück für alle nicht gibt. Wie begründet er das?*

*Warum kann man seiner Meinung nach aus der Lust, die Anfang und Ziel des glücklichen Lebens ist, keine Ethik ableiten?*

# 6. Der Konjunktiv

## 6.1 Die Formen des Konjunktivs

Wir unterscheiden im Deutschen zwei Konjunktive, den Konjunktiv I und den Konjunktiv II. Die Personalendungen sind für alle Konjunktivformen gleich:

| **Singular:** | ich geh – **e** | **Plural:** | wir geh – **en** |
| | du geh – **est** | | ihr geh – **et** |
| | er geh – **e** | | sie geh – **en** |

### 6.1.1 Der Konjunktiv I

Der Konjunktiv I wird vom Stamm des Infinitiv Präsens gebildet, deshalb wird er in einigen Grammatiken **Konjunktiv Präsens** genannt.

Infinitiv: *sagen* → Stamm: *sag-*

Daran wird die Endung angefügt. Der Infinitivstamm bleibt auch beim starken Verb und bei den Modalverben stets unverändert:

*er fahre, er nehme, er werde, er laufe, er möge, er dürfe*

Der Konjunktiv von *sein* hat einige Besonderheiten:

| **Singular:** | ich **sei** | **Plural:** | wir **seien** |
| | du **sei(e)st** | | ihr **seiet** |
| | er **sei** | | sie **seien** |

Bei den zusammengesetzten Zeiten wird das Hilfsverb in den Konjunktiv gesetzt. So entsteht das Perfekt des Konjunktivs I:

*er habe getan, er sei gegangen*

Das Futur und das Passiv bildet man mit *werden*.

*Er werde kommen.*
*Das Projekt werde geprüft.*

## 6.1.2   Der Konjunktiv II

Der Konjunktiv II wird von der 1. Person Indikativ Präteritum abgeleitet. Manche Grammatiken nennen ihn deshalb **Konjunktiv Präteritum** oder **Imperfekt**, obwohl es sich nicht um eine Vergangenheit handelt:

Die starken und die schwachen Verben bilden ihre Formen unterschiedlich:

a)   Die **starken Verben**
Sie haben, wenn möglich (bei *-a-*, *-o-* oder *-u-*), Umlaut:

*er gäbe, er höbe, er führe*

Folgende Ausnahmen sind zu beachten:

- Die Verben mit den Konsonantenverbindungen *-rb-*, *-rf-* und *-lf-* im Wortinnern haben ein *-ü-* im Konjunktiv II:

  *bewürbe, erwürbe, stürbe, verdürbe, hülfe, würfe* usw.

- Das Verb *stehen* hat zwei Formen im Konjunktiv II:

  *stünde, stände*

- Einige Verben können den Konjunktiv II auf *-ö-* bilden:

  *beginnen (begönne), gelten (gölte), rinnen (rönne), schwimmen (schwömme), sinnen (sönne), spinnen (spönne)*

  Diese Formen sind jedoch veraltet, die regelmäßigen auf *-ä-* haben sich durchgesetzt: *begänne, gälte, ränne* usw.

b)   Die **schwachen Verben**
Sie leiten ihren Konjunktiv II von der Form der Präteritums ohne Umlaut her.

*er sagte, er arbeitete, er atmete*

Diese Formen gleichen dem Indikativ. Bei der Bildung sind folgende Besonderheiten zu beachten:

- Die Verben *brennen, nennen, kennen, rennen*, die im Indikativ ein *-a-* im Stamm haben (*kannte, nannte* usw.), und die Verben *senden* und *wenden* bilden den Konjunktiv II mit *-e-*:

  *brennte, nennte, kennte, rennte, sendete, wendete*

- *Brauchen* bildet den Konjunktiv regelmäßig ohne Umlaut (*brauchte*).

c)  Von den Modalverben bilden vier den Konjunktiv mit Umlaut:

*dürfte, könnte, möchte, müsste*

Zwei bilden ihn ohne Umlaut:

*sollte, wollte*

d)  Einen Umlaut im Konjunktiv II haben auch *wissen, denken* und *bringen*:

*wüsste, dächte, brächte*

Die zusammengesetzte Zeit, die Vergangenheit des Konjunktivs II, die als Form noch Konjunktiv Plusquamperfekt genannt wird, bildet man regelmäßig mit den Hilfsverben:

*er hätte getan, er wäre gegangen*

Der Konjunktiv II wird häufig durch die Verbindung von *würde* mit dem Infinitiv ersetzt:

*er würde gehen*

Die Vergangenheit des Konjunktivs II wird entsprechend mit dem Infinitiv Perfekt gebildet:

*er würde gelacht haben*

**Übung**

*Bilden Sie die 3. Person Konjunktiv I (Präsens) und Konjunktiv II (Präteritum) von den folgenden Verben!*

1.  fahren, nehmen, sagen, geben, heben
2.  verderben, schwimmen, arbeiten, werfen, rennen
3.  kennen, können, mögen, rinnen, erwerben
4.  stehen, sinnen, müssen, wollen, helfen
5.  beginnen, brennen, wissen, schreiben, sollen
6.  empfehlen, senden, denken, rufen, befehlen
7.  nennen, bringen, entwerfen, fragen, erben
8.  fliehen, lesen, lassen, treffen, essen
9.  sein, finden, kaufen, ziehen, dürfen

10. verlieren, zwingen, fangen, halten, bewerben
11. bitten, bieten, beten, schlagen, raten
12. brauchen, schreiben, finden, veranlassen, anlassen

## 6.2 Die indirekte Rede
### Der Konjunktiv I beim Bericht

Der Konjunktiv I wird vor allem in der indirekten Rede verwendet. In der indirekten Rede wird berichtet, was ein anderer gesagt hat. Es handelt sich, wie die Grammatiker sagen, um die mittelbare Wiedergabe von etwas Gesagtem. Der Berichtende nimmt durch die Anwendung des Konjunktivs nicht Stellung zu dem, was er gehört hat, obwohl durch den Kontext auch ein Zweifel an der Richtigkeit des Gesagten ausgedrückt werden kann.

Die indirekte Rede hat in der Hochsprache ihren festen Platz. Besonders Rundfunk und Presse benutzen sie gern und häufig, zumal sie die Möglichkeit kurzer Zusammenfassung bietet. In der Umgangssprache wird die direkte Rede bevorzugt.

a) Die äußere Form
Die **direkte Rede** benutzt meist den Indikativ, sie ist in Anführungszeichen eingeschlossen und wird durch einen Doppelpunkt eröffnet:

*Er sagte: „Ich gehe jetzt ins Labor. "*

Wenn der einleitende Hauptsatz von der direkten Rede eingeschlossen wird oder am Ende der direkten Rede steht, dann fällt der Doppelpunkt weg, und die Trennung wird durch ein Komma vollzogen:

*„Ich gehe jetzt", sagte er, „ins Labor. "*
*„Ich gehe jetzt ins Labor", sagte er.*

Nach dem Doppelpunkt wird groß geschrieben, nach dem Komma klein. Auch nach einem Ausrufezeichen oder Fragezeichen folgt ein Komma und der nachgestellte Satz beginnt mit einem Verb des Sagens mit kleinem Buchstaben.

*„Gehst du ins Labor? ", fragte er.*

In der **indirekten Rede** gibt es keine Anführungsstriche und keine Frage- oder Ausrufungszeichen. Der Satz wird nur durch Komma getrennt.

*Er sagte, er gehe jetzt ins Labor.*

b) Der Satzbau
Die indirekte Rede kann verschiedene Formen des Satzbaus haben.

*Die indirekte Rede*

- Wenn sie mit *dass* eingeleitet wird, dann hat das Verb Endstellung:

  *Er sagte, dass er ins Labor gehe.*

- Wird die indirekte Rede nicht durch eine Konjunktion eingeleitet, so hat das Verb Grundstellung:

  *Er sagte, er gehe ins Labor.*

Bei einer längeren Wiedergabe kann der einleitende Satz bei den folgenden Sätzen auch wegfallen, da durch den Konjunktiv schon deutlich wird, dass es sich um eine indirekte Rede handelt.

  *Er sagte, er gehe ins Labor. Er werde wohl erst abends zurück sein.*

c) Das Tempus
   Das Tempus richtet sich in der indirekten Rede nicht nach dem Verb des Sagens, sondern nach dem Tempus, das in der direkten Rede steht oder stehen müsste. Es gibt hier keinen Zwang zur Zeitenfolge wie etwa im Lateinischen. Folgende Tempora entsprechen sich:

| Direkte Rede | Indirekte Rede |
|---|---|
| Präsens | Konjunktiv I (Präsens) |
| Präteritum Perfekt Plusquamperfekt | Perfekt des Konjunktivs |
| Futur | Futur des Konjunktivs |

Es gibt nur eine Form für alle Tempora der Vergangenheit. Der Unterschied zwischen Präteritum und Plusquamperfekt kann im Konjunktiv I nicht ausgedrückt werden.

d) Die Ersatzformen
   Da eine Reihe von Formen des Konjunktivs I gleich denen des Indikativs ist, setzt man in diesen Fällen den Konjunktiv II als Ersatzform. Das geschieht fast immer in der 1. Person Singular und in der 1. und 3. Person Plural, manchmal auch in der 2. Person Singular und Plural, obwohl hier das *-e-* den Unterschied deutlich macht (*du gebest, ihr gebet*). Zu dieser Unsicherheit führt der seltene Gebrauch der 2. Person. Von den Ersatzformen kommt nur die 3. Person Plural häufiger vor. Dennoch soll die durch die Ersatzformen entstehende Konjugation hier aufgeführt werden:

## 6. Der Konjunktiv

| **fahren:** | ich führe | **machen:** | ich machte |
|---|---|---|---|
| | du führest / fahrest | | du machtest /machest |
| | er fahre | | er mache |
| | wir führen | | wir machten |
| | ihr führet / fahret | | ihr machtet / machet |
| | sie führen | | sie machten |

Diese Formen stehen für das Präsens. Sie sind aber nicht immer eindeutig, da es sich auch um einen Konjunktiv II der direkten Rede handeln kann, der ohne Abwandlung übernommen wird (siehe Abschnitt h).

Die Ersatzformen finden sich auch in den zusammengesetzten Zeiten:

| | **Direkte Rede** | **Indirekte Rede** |
|---|---|---|
| Perfekt: | *„Sie haben gerufen."* | *Sie hätten gerufen.* |
| Futur: | *„Wir werden kommen."* | *Wir würden kommen.* |

Es muss im einzelnen Fall geprüft werden, ob die Ersatzformen wirklich notwendig sind. Bei manchen Verben unterscheiden sich die Formen im ganzen Singular:

*ich könne, ich wisse, ich dürfe* usw.

e) Der Imperativ
   Der Imperativ der direkten Rede muss in der indirekten Rede durch Modalverben ausgedrückt werden. Je nach der Stärke des Befehls oder der Bitte nimmt man *müssen, sollen, dürfen, können* oder *mögen*.

   *Er rief ihm zu, dass er sich vorsehen solle.*
   *Er sagte, er dürfe nicht zu dem Kranken gehen.*
   *Sie sagte, er möge doch ein Brot vom Bäcker mitbringen.*

Es können auch andere Konstruktionen ohne Konjunktiv verwendet werden:

   *Der Assistent forderte ihn auf, diese Flüssigkeit zu analysieren.*

f) Die Frage
   Die Frage ohne Fragewort (Entscheidungsfrage) leitet man in der indirekten Rede mit *ob* ein:

   *Wir fragten sie, ob sie morgen kämen.*

In der Frage mit Fragewort (Ergänzungsfrage) wird das Fragewort als Konjunktion betrachtet, und das Verb muss dann Endstellung haben:

*Sie fragten, was das koste.*

g) Anrufe und Ausrufe
   Anrufe und Ausrufe können nicht ohne weiteres in die indirekte Rede übernommen werden. Man muss sie umformen.

   *Er rief aus: „Was für eine Regierung!"*

   Dieser Satz muss jeweils nach dem Zusammenhang umgewandelt werden:

   *Er beklagte sich über die schlechte Regierung.*
   *Er war entsetzt darüber, wie regiert wurde / wer das Land regierte.*

h) Der Konjunktiv der direkten Rede in der indirekten Rede
   Konjunktive der direkten Rede werden ohne Abwandlung in die indirekte Rede übernommen. Das Verb muss sich jedoch der Satzstellung anpassen. Beim irrealen Wunsch zum Beispiel muss das Verb die Anfangsstellung verlieren:

   *„Wäre ich doch schon da!"*
   *Er wünschte, er wäre schon da.*

i) Die Pronomen
   Bei der Umsetzung der direkten Rede in die indirekte Rede ist besonders auf die Pronomen zu achten, die sinngemäß abgewandelt werden müssen. Dabei sind drei Faktoren zu bedenken:

   ▪ Die Person, deren Rede wiedergegeben wird.
   ▪ Der Sprecher, der die Rede des anderen wiedergibt.
   ▪ Die Person oder die Sache, von der in der Rede gesprochen wird.

Das mag an einem Beispiel erläutert werden: Eine Studentin sagte zu einem Mitbewohner in ihrer Wohngemeinschaft:

   *„Du hast die Badewanne nicht sauber gemacht!"*

Der Student, der angesprochen wurde und selbst davon berichtet, muss die erste Person anwenden:

   *Sie sagte, ich hätte die Badewanne nicht sauber gemacht.*

## 6.  Der Konjunktiv

Wenn die Studentin zu zwei Mitbewohnern gesprochen hat, von denen einer berichtet, dann muss er sagen:

*Sie sagte, wir hätten die Badewanne nicht sauber gemacht.*

Berichtet irgendein anderer davon, dann muss die 3. Person gesetzt werden:

*Sie sagte, er habe die Badewanne nicht sauber gemacht.*
*Sie sagte, sie hätten die Badewanne nicht sauber gemacht.*

Die Studentin, die davon ihrer Freundin berichtet, muss auch die 3. Person nehmen:

*Ich sagte zu ihm, er habe die Badewanne nicht sauber gemacht.*
*Ich sagte zu ihnen, sie hätten die Badewanne nicht sauber gemacht.*

j)  Die Adverbien
Auf die Adverbien des Ortes und der Zeit muss ebenfalls geachtet werden. *Heute, jetzt, hier, gestern* usw. müssen daraufhin geprüft werden, ob sie noch in der indirekten Rede verwendet werden können. In einem Bericht in der indirekten Rede, der noch am gleichen Tage wiedergegeben wird, kann man *heute* noch übernehmen. Ist es aber nicht derselbe Tag, an dem der Bericht gegeben wird, dann müssen je nach der Zeit *gestern, vorgestern, an diesem Tage* usw. eingesetzt werden.

k)  Beschränkung des Anwendungsbereiches
Die indirekte Rede ist ein Bericht von dem, was jemand gesagt hat. Wenn nichts berichtet wird, kann sie nicht verwendet werden. Wer zu seinem Freund sagt:

*„Ich sage dir, ich bin krank",*

der muss den Indikativ benutzen. Der Lehrer, der vor der Klasse steht, sagt:

*„Ich frage mich, wie ich Ihre Antwort verstehen soll. "*

Er berichtet nichts und kann daher nicht den Konjunktiv benutzen! Auch der Bekannte berichtet nichts, der zu seinem Freund sagt:

*„Ich werde fragen, wie es ihm geht! "*

Die indirekte Rede setzt eben außer dem, der etwas gesagt hat, immer noch einen Berichtenden voraus. Das kann natürlich manchmal dieselbe Person sein. Wenn zum Beispiel jemand erzählt, was er zu einem anderen gesagt hat:

*Die indirekte Rede*

*Ich sagte ihm, dass er sofort zu seinem Professor gehen solle.*

Auch von der eigenen Rede vergangener Tage kann man im Konjunktiv berichten:

*Ich sagte ihm damals deutlich genug, dass ich krank sei.*

l) Man kann auch ohne Konjunktiv mit Hilfe des Modalverbs *sollen* etwas berichten, ohne dass der Übermittler des Sachverhalts genannt wird.

*Man hört, dass er einen Ruf nach Hamburg erhalten habe.*
*Er soll einen Ruf nach Hamburg erhalten haben.*

Die Tempora werden durch die Infinitive gebildet:

| | **Präsens** | **Perfekt** |
|---|---|---|
| **Aktiv:** | *Er soll einen Ruf erhalten.* | *Er soll einen Ruf erhalten haben.* |
| **Passiv:** | *Er soll berufen werden.* | *Er soll berufen worden sein.* |

## Übungen

### Übung 1

*Setzen Sie die folgenden Sätze in die indirekte Rede mit und ohne „dass"! Achten Sie auf das Tempus!*

1. Der Professor sagte: „Der Student verstand die Vorlesungen im klinischen Teil des Studiums zunächst nur schwer."
2. Der Student sagte: „Ich hörte im vergangenen Semester jeden Morgen die einführende Vorlesung."
3. Er fragte den Assistenten: „Muss ich das alles behalten?"
4. Der Student sagt: „Ich mache jeden Tag meine Analysen im Labor."
5. Die Studenten sagen: „Wir machen jeden Tag unsere Analysen im Labor."
6. Sie erzählten: „Als wir noch vor dem Physikum standen, machten wir jeden Tag unsere Analysen im Labor."
7. Der Polizist sagte zu mir: „Ich werde jetzt Ihren Namen aufschreiben."
8. Dann sagte er zu mir: „Ich habe jetzt Ihren Namen aufgeschrieben!"
9. Der Assistent sagte zu den Studenten: „Lesen Sie das bitte in den einschlägigen Handbüchern nach!"
10. Am nächsten Tag fragte er: „Haben Sie das in den Handbüchern nachgeschlagen?"

## Übung 2

*Setzen Sie die folgenden Sätze in die indirekte Rede!*
*Achten Sie auf das Tempus und die Adverbien!*

1. Der Assistent sagte gestern zu mir: „Machen Sie jetzt gleich Ihre Analyse!"

2. Der Hauswart sagte vor einer Woche zu den Studenten: „Heute wird das Gebäude schon um 17 Uhr geschlossen!"

3. Vorgestern sagte unser Professor zu uns: „Morgen muss das Seminar leider ausfallen!"

4. Neulich besuchte eine Kommilitonin den Studenten in seinem Zimmer. Da sagte die Wirtin: „Hier gibt es keinen Damenbesuch!"

5. Gestern sagte ein Freund zu mir: „Kommt mit! Wir gehen jetzt gleich in die Mensa."

6. Der Assistent sagte zu mir: „Sie haben vorhin hier ein Buch liegen lassen."

7. Der Professor sagte: „Wir werden dieses Phänomen bald eingehender kennen lernen."

8. Er sagte weiter: „Von jetzt an muss jeder, der am Seminar teilnehmen will, ein Referat übernehmen."

9. Schließlich sagte er zu einem Studenten: „Am besten, Sie kommen nachher in meine Sprechstunde!"

10. Der Assistent empfahl dem Studenten: „Kümmern Sie sich gleich um eine Praktikantenstelle, sonst sind sie alle schon vergeben!"

## Übung 3

*Setzen Sie den folgenden Text in die indirekte Rede!*

### Ein Fuchs sprach zu einem Wolf:

„Komm! Wir wollen Fische fangen! Ich weiß einen Teich, in dem es mehr Fische als Wasser gibt. Er ist jetzt zwar zugefroren, aber wir werden ein Loch ins Eis schlagen. Warum zögerst du? Schnell, lass deinen Schwanz ins Wasser hängen, damit die Fische anbeißen können. So ist es recht. Und nun bewege dich nicht, so lange bis ich wieder zurückkomme!"

## Übung 4

*Setzen Sie den folgenden Text in die indirekte Rede!*

## Ein Fuchs sprach zu einem Hahn:

„Freue dich! Ich bringe dir eine gute Nachricht! Alle Tiere haben heute Frieden geschlossen. Wir werden glücklich miteinander leben. Niemand darf einem anderen Tier etwas Böses antun. Komm herab und umarme deinen Freund! Du zögerst? Hast du kein Vertrauen? Das ist nicht recht von dir! Was reckst du deinen Hals denn so? Sind es die Hunde, die kommen? Ja, ich höre sie! Auf Wiedersehen! Ich muss fort; denn ich weiß nicht, ob sie schon von unserem Frieden gehört haben."

## Übung 5

Der Hahn berichtet den Hühnern:

*Ein Fuchs sagte zu mir, dass ...*

## Übung 6

*Bilden Sie indirekte Fragesätze und Befehlssätze!*

Der Arzt sagte: „Kommen Sie herein!" Dann fragte er den Patienten: „Wie heißen Sie? Wie alt sind Sie? Welche Kinderkrankheiten hatten Sie? Hatten Sie in letzter Zeit eine schwere Krankheit? Wie äußerte sich das Leiden? Waren Sie lange im Krankenhaus? Wurden Sie operiert? Wie lange mussten Sie zu Bett liegen? Was fehlt Ihnen jetzt? Welche Beschwerden haben Sie jetzt? Wo tut es Ihnen weh? Kommen Sie leicht außer Atem, wenn Sie Treppen steigen?" Der Arzt ordnete an: „Hüten Sie für ein paar Tage das Bett! Nehmen Sie von diesen Tabletten dreimal täglich eine! Machen Sie eine Rotlichtbestrahlung! Morgen rufen Sie mich an und sagen mir, ob es besser geworden ist!"

## Übung 7

*Setzen Sie den folgenden Text in die indirekte Rede!*

Der Professor sagte: „Die Krankenpflegezeit hat zwei wichtige Aufgaben. Einmal soll sie dem jungen Menschen noch einmal Gelegenheit geben, sich zu prüfen, ob er wirklich dem Arztberuf gewachsen ist. Viele kennen nur die Großtaten der Medizin aus den Zeitungen. Vom Alltag der Kranken und Ärzte steht da wenig. Der Chefarzt und die Oberin des Krankenhauses müssen dem jungen Menschen bescheinigen, dass er die Zeit erfolgreich verbracht hat. Denken Sie daran, dass es noch nicht zu spät ist, Ihre Pläne zu ändern! Die zweite Aufgabe besteht darin, dass der Arzt die wichtigsten pflegerischen Handgriffe lernt. Dazu wird er später wenig Gelegenheit haben. Es ist sehr schlecht, wenn ein Arzt dem Personal keine genauen Anweisungen geben kann."

## Übung 8

*Setzen Sie den folgenden Text in die indirekte Rede!*

### Die Zeitschrift „Weltfinanzchaos" schreibt:

„Die Finanzminister der Europäischen Union (EU) sind sich weitgehend einig, dass die Beschäftigung zur wichtigsten Aufgabe der Gemeinschaft werden muss. Unter dem Eindruck eines Positionspapiers gelobte der Ministerrat ein größeres Maß an Zusammenarbeit. Er strebt eine Wirschafts- und Finanzpolitik an, die noch stärker, als es bisher der Fall war, Wachstum und Beschäftigung unterstützen soll. Auf dem kommenden Gipfeltreffen werden die Leitlinien verabschiedet, die für die Mitgliedsländer bei der Bekämpfung der Arbeitslosigkeit verpflichtend sind. Der Bundesfinanzminister, der an einer Sitzung aller Finanzminister teilnahm, forderte von allen Stetigkeit in den wichtigen Fragen der Wirtschaftspolitik. Er sprach von der Notwendikeit, alsbald zu handeln. Leider gehen die Ziele der einzelnen Länder noch weit auseinander. Es müssen Möglichkeiten für eine gerechtere Lastenverteilung in der EU gefunden werden."

## Übung 9

*Setzen Sie den folgenden Text in die indirekte Rede!*

Der Verfasser schreibt: „Kinderheilkunde gibt es seit den Anfängen der Medizin; denn Kinder waren zu allen Zeiten unter den Kranken reichlich vertreten. Die Sterblichkeit der Kinder, besonders der Säuglinge, war immer höher als in jedem anderen Lebensabschnitt, wenn man vom hohen Alter einmal absieht. Bei den chinesischen und den indischen Ärzten, vor allem aber in den griechischen und römischen Werken werden Kinderkrankheiten genau beschrieben, wird ihre Behandlung mitgeteilt, und es werden auch schon Grundsätze der Säuglingsernährung erörtert. Zu einem selbständigen Fach entwickelte sich die Kinderheilkunde aber erst im Laufe des 19. Jahrhunderts. Für diese Entwicklung war die beängstigende Steigerung der Kindersterblichkeit zu Beginn des industriellen Zeitalters von Bedeutung. In Deutschland entstand eine leistungsfähige Kinderheilkunde allerdings nur langsam. Lange gab es dafür nur eine einzige Professur in Würzburg."

## Übung 10

*In der Zeitung „Die Welt" wurde folgender Bericht gegeben. Setzen Sie ihn in die indirekte Rede!*

Die Zeitung berichtete: „In den ländlichen Gebieten wird die ärztliche Versorgung immer schwieriger. Immer mehr Ärzte ziehen es vor, in kleinen und großen Städten zu praktizieren. Muss das sein? Wenn man davon absieht, dass die Stadt natürlich mehr zu bieten hat, so ist vor allem zu bedenken, dass immer mehr Mediziner Fachärzte werden und immer weniger praktische Ärzte. Auch in den Krankenhäusern bevorzugt man wegen der Spezialisierung die Fachärzte. Außerdem ist die Arbeit des Landarztes wegen der weiten Wege sehr viel schwerer als die des Arztes in der Stadt. Dabei verdienen sie auf dem Lande nicht einmal weniger! Trotzdem sterben die Landärzte allmählich aus. Hier muss dringend Abhilfe geschaffen werden."

## Übung 11

*Setzen Sie den folgenden Text in die indirekte Rede!*

Der Verfasser schreibt: „Wenn auch das Ziel jedes Arbeiters oder Produzenten darin besteht, für seine Arbeit nützliche Dinge einzutauschen, so erhält er diese doch nicht unmittelbar, sondern wird mit Geld bezahlt. Die Drucker und Journalisten beliefern ihre Kunden nicht mit Zeitungen, um dafür Kleidung zu erhalten, sondern sie verkaufen ihre Zeitungen gegen Geld und geben dieses dann für die Dinge aus, die sie kaufen wollen. Die Zweckmäßigkeit dieser Einrichtung ist evident. Denn meist will der, der den Druckern Kleidung liefert, sich nicht mit Zeitungen bezahlen lassen. Dann müsste er die Zeitungen weiter verkaufen. Das erfordert Zeit und ist unbequem. Dieser schwierige Weiterverkauf wird durch die einfache Übergabe von Geldscheinen ersetzt. Wenn er will, dann kann der Journalist jetzt einen Teil seines Geldes für Kleidung ausgeben. Aber niemand kann ihn daran hindern, Brot und Butter zu kaufen. Der Gebrauch des Geldes ermöglicht den unmittelbaren Tausch und den Ringtausch ebenfalls."

## Übung 12

*Setzen Sie den folgenden Text in die indirekte Rede!*

„Nur wenige Bauherren besitzen so viel Geld, dass sie den ganzen Bau mit eigenen Mitteln bezahlen können. Meist muss ein Teil des Geldes durch einen Bankkredit sichergestellt werden. Da die Mieten nur eine langsame Tilgung zulassen, ist der Bauherr auf einen langfristigen Kredit angewiesen. Er kann einen Hypothekarkredit aufnehmen. Das geht so vor sich: Die Bank gibt Pfandbriefe aus, die

die Sparer kaufen. Für das Geld, das die Bank bekommt, zahlt sie Zinsen. Sie leiht das Geld nur gegen Eintragung von Hypotheken aus. Auf diese Weise sind alle ausgeliehenen Gelder gesichert. Wer sein Geld der Bank gegeben hat, braucht keine Angst zu haben, es zu verlieren. Hypothekenpfandbriefe gab es schon im vorigen Jahrhundert. Vor etwa hundert Jahren wurden sie in Deutschland zum ersten Male ausgegeben. Auch in Zukunft werden sie bei der Finanzierung von Bauten eine große Rolle spielen."

## Übung 13

*Berichten Sie*
*a) mit Hilfe des Konjunktivs I*
*b) mit dem Modalverb „sollen"!*

1.  In der Zeitung steht: „Die Spartätigkeit hat nachgelassen."
2.  Man hört: „Der Diskontsatz wird heraufgesetzt."
3.  Die Leute sagen: „Die Steuern werden im nächsten Jahr erhöht."
4.  Im Radio wurde gesagt: „Die Produktion ging im letzten Monat stark zurück."
5.  Die Studenten erzählten: „Das Physiologische Institut wird noch in dieser Woche in das neue Gebäude am Wilhelmplatz verlegt."
6.  Man sagt: „Die Zahl der Medizinstudenten wird dann größer werden!"
7.  Die Archäologen behaupten: „Die meisten Gräber im Tal der Könige haben unermessliche Schätze enthalten."
8.  Schon früh haben die Archäologen vermutet: „Die Grabräuber haben mit den Wächtern zusammengearbeitet!"
9.  Sie sagen weiter: „Schon bald nach der Schließung sind die Gräber wieder aufgebrochen worden."
10. Sie meinen außerdem: „Neue bedeutende Funde sind im Tal der Könige nicht mehr zu erwarten."

## Übung 14

*Im folgenden wird ein Beispiel für die Anwendung des Konjunktivs aus der Literatur gegeben. Felix Krull berichtet von einem Gespräch, das er mit Prof. Kuckuck im Speisewagen führte (aus Thomas Mann: Bekenntnisse des Hochstaplers Felix Krull).*

Vorgebeugt saß ich und hörte dem kuriosen Reisegefährten zu, der mir vom Sein sprach, vom Leben, vom Menschen – und vom Nichts, aus dem alles gezeugt sei und in das alles zurückkehren werde. Ohne Zweifel, sagte er, sei nicht nur das

Leben auf Erden eine verhältnismäßig rasch vorübergehende Episode, das Sein sei selbst eine solche – zwischen Nichts und Nichts. Es habe das Sein nicht immer gegeben und werde es nicht immer geben. Es habe einen Anfang gehabt und werde ein Ende haben, mit ihm aber Raum und Zeit, denn sie seien nur durch das Sein und durch dieses aneinander gebunden. Raum, sagte er, sei nichts weiter als die Ordnung oder Beziehung materieller Dinge untereinander. Ohne Dinge, die ihn einnähmen, gebe es keinen Raum und auch keine Zeit, denn Zeit sei nur eine durch das Vorhandensein von Körpern ermöglichte Ordnung von Ereignissen, das Produkt der Bewegung, von Ursache und Wirkung, deren Abfolge der Zeit Richtung verleihe, ohne welche es Zeit nicht gebe. Raum und Zeitlosigkeit aber, das sei die Bestimmung des Nichts. Dieses sei ausdehnungslos in jedem Sinn, stehende Ewigkeit, und nur vorübergehend sei es unterbrochen worden durch das raum-zeitliche Sein. Mehr Frist, um Äonen mehr, sei dem Sein gegeben als dem Leben; aber einmal, mit Sicherheit, werde es enden, und mit ebensoviel Sicherheit entspreche dem Ende ein Anfang. Wann habe die Zeit, das Geschehen begonnen? Wann sei die erste Zuckung des Seins aus dem Nichts gesprungen kraft eines „Es werde", das mit unweigerlicher Notwendigkeit bereits das „Es vergehe" in sich geschlossen habe? Vielleicht sei das „Wann" des Werdens nicht gar so lange her, das „Wann" des Vergehens nicht gar so lange hin – nur einige Billionen Jahre her und hin vielleicht ... Unterdessen feiere das Sein sein tumultuöses Fest in den unermesslichen Räumen, die sein Werk seien und in denen es Entfernungen bilde, die von eisiger Leere starrten.

## 6.3  Das, was nur in Gedanken existiert

### 6.3.1  Die Bedeutung des Konjunktivs II

Wenn man den Konjunktiv II charakterisieren will, so kann man sagen, dass er angewendet wird, um etwas auszudrücken, was nach der Auffassung des Sprechers nur gedacht, aber nicht wirklich ist. Es kann etwas sein, was zwar noch nicht realisiert ist, aber noch im Bereich des Möglichen liegt; oder aber es ist etwas, was nicht mehr verwirklicht werden kann. Dieser Konjunktiv wird deshalb auch *Potentialis* oder *Irrealis* genannt, man findet auch den Begriff *hypothetischer Konjunktiv.*

Der Konjunktiv II ist als Tempus ein Präsens, obwohl man ihn auch Konjunktiv Imperfekt oder Konjunktiv Präteritum nennt, weil er von diesen Formen hergeleitet wird. Die Vergangenheit des Konjunktivs II wird zusammengesetzt gebildet:

*Er wäre gekommen.*
*Er hätte gearbeitet.*

Diese Form wird für den Irrealis verwendet:

*Wenn er sie nicht gerettet hätte, wäre sie verloren gewesen.*

Das bedeutet, dass er sie gerettet hat und dass sie nicht umgekommen ist.

Wenn man sich Möglichkeiten, die in der Vergangenheit bestanden haben, vergegenwärtigt, dann muss man das Präteritum des Indikativs nehmen, wenn diese Möglichkeiten verwirklicht worden sind.

*Siegten die Perser, wurde Europa orientalisch beeinflusst; wenn sich die Griechen behaupteten, konnte das nicht ohne Rückwirkung auf das persische Weltreich bleiben.* (Lang)

Da sich die Griechen behauptet haben, kann man den Konjunktiv II nicht benutzen. Nur in ganz seltenen Fällen kann der Konjunktiv II der Vergangenheit für eine Möglichkeit stehen, die noch verwirklicht werden kann:

*Ich hätte gern Herrn Lehmann gesprochen.*

Das ist eine besonders höfliche Formulierung.

## 6.3.2   Die Ersatzform *würde* und der Konjunktiv II

Da der Konjunktiv II mit seinen Formen des Präteritums ein Präsens ist und da zur Bildung seiner Vergangenheit ein Plusquamperfekt benutzt wird, brauchen wir keine Ersatzformen, wie wir sie aus der indirekten Rede kennen, denn der Kontext macht dem Sprecher und Hörer sofort deutlich, dass es sich um einen Konjunktiv handelt:

*Wenn ich jetzt ein Auto brauchte, kaufte ich es mir schon.*

Aber die Sprecher der deutschen Sprache setzen doch meist *würde* mit dem Infinitiv, besonders dann, wenn durch den Kontext, z. B. durch adverbiale Bestimmungen, der Modus nicht deutlich wird.

*Wenn ich ein Auto brauchte, würde ich es mir kaufen.*

In der gesprochenen und in der geschriebenen Sprache verdrängt *würde* den Konjunktiv II immer mehr. Die Formen des Konjunktivs gelten als veraltet, besonders die Formen mancher starken Verben. Sie scheinen den Leuten unmodern zu sein, und ihre Anwendung wird vermieden.
    *Würde* ist der Konjunktiv II von *werden* und kommt deshalb häufig im Passiv und im Futur vor:

*Die Figuren sind übereinandergesetzt, ohne dass ein bestimmtes Kompositionsprinzip durchgeführt würde.*
*Bei reiner Rohkosternährung würde man große Mengen Nahrungsmittel aufnehmen müssen.*

Besonders häufig verwendet man *würde* nach einem Konditionalsatz:

*Wenn es zu einer Krise käme, würde mancher seinen Arbeitsplatz verlieren.*

*Würde* ist hier auf die Zukunft bezogen. Mit seiner Hilfe wird das Gedachte besonders deutlich vor Augen gestellt. In der Wissenschaft braucht man diese Konstruktion mit *würde* auch im Konditionalsatz, um Wege anzudeuten, die gegangen werden könnten, oder um zu zeigen, dass ein möglicher Gedanke in die Irre führt:

*Wenn wir daraus den Schluss ziehen würden, kämen wir zu einer eigenartigen Konstruktion.*
*Würden nur Mittelformen entstehen, dann müsste die ganze Menschheit längst von mittlerer Körpergröße sein.*

Schon das letzte Beispiel zeigt, dass sich zwischen der Konstruktion mit *würde* und dem Konjunktiv ein Unterschied herausbildet. Der Konjunktiv II betont viel stärker das Nichtwirkliche, während *würde* stärker das Gedachte vor Augen führt. *Würde* benutzt man deshalb häufig, wenn man sich etwas ganz deutlich vergegenwärtigen will:

*Würde er denn die Prüfung unter diesen Umständen bestehen?*
*Ich würde sagen ja!*

## 6.4    Die Formulierung von Wünschen

### 6.4.1    Bitte, Vorschlag und Wunsch mit dem Konjunktiv II

Mit dem Konjunktiv II kann man auf eine höfliche und zurückhaltende Art um etwas bitten:

*Könnten Sie mir eine Auskunft geben?*
*Ich hätte gern etwas Salz!*
*Wären Sie so freundlich, mir das Brot zu geben?*
*Dürfte ich Sie bitten, mir zu sagen, wann der Herr Professor zu sprechen ist?*

Besonders stark ist hier die Vergangenheit, die ja eigentlich die Erfüllung der Bitte als unmöglich darstellt, so dass der Angesprochene nun nachdrücklich aufgefordert ist, zu zeigen, dass doch noch eine Möglichkeit der Verwirklichung besteht:

## 6. Der Konjunktiv

*Ich hätte gern Herrn Professor Schulz gesprochen.*

Man benutzt den Konjunktiv II auch, um einen vorsichtigen Vorschlag zu machen, entweder, um seine eigene Unentschiedenheit dabei zu zeigen, oder aber, um andere, die dem Vorgeschlagenen nicht ohne weiteres zustimmen werden, mit diesem Gedanken langsam vertraut zu machen.

> *Wir könnten diesen Weg beschreiten.*
> *Wie wäre es, wenn wir es so anfingen?*
> *Wäre es für dich nicht gut, die Universität zu wechseln?*

Für den Diplomaten, den Politiker, für jeden, der verhandeln muss, ist dieser Konjunktiv unentbehrlich. Man kann mit seiner Hilfe vorsichtig vorfühlen, um zu hören, was andere zu einer Ansicht meinen. Der Student braucht diesen Konjunktiv häufig für den Umgang mit seinem Professor. So zeigt der Student Interesse an einem bestimmten Gebiet, ohne sich unbedingt schon festzulegen:

> *Ich denke, man könnte sich mit der Wirkung von Strahlen auf die Erbanlagen beschäftigen. Ich glaube, da wäre noch Neues zu erarbeiten ...*

Mit dem Konjunktiv II kann ein Wunsch ausgedrückt werden. Der Wunsch kann unerfüllbar sein:

> *Hätte ich doch das Examen bestanden!*

Er kann schwer erfüllbar sein:

> *Wenn doch unsere Verhandlungspartner nachgiebiger wären!*

Die Erfüllung des Wunsches kann aber auch durchaus wahrscheinlich sein. Wenn man von einer Sache gehört hat, aber noch nicht sicher ist, ob es sich um einen Irrtum, um eine Verwechslung handelt, dann benutzt man den Konjunktiv II ebenfalls. Kehren die Überlebenden eines Unglücks heim, und der Nachbar hat gesehen oder gehört, dass der Bekannte dabei sei, dann kann man sagen:

> *Ach, wenn er doch unter den Überlebenden wäre!*

Die Wünsche mit dem Konjunktiv II können auf sehr verschiedene Weise gebildet werden:

> *Wenn ich doch (doch schon / nur erst) zu Hause wäre!*
> *Wäre ich doch schon zu Hause!*
> *Ach, wäre ich schon zu Hause!*
> *Ach, wer da mitreisen könnte!*
> *Am liebsten führe ich gleich ab!*
> *Was hätte ich (darum) gegeben, ihn noch einmal zu sehen!*

Auch im Nebensatz kommen solche Wünsche vor:

*Er wünschte, er könnte gleich abreisen.*
*Hans, der gern mitgereist wäre, blieb zurück.*
*Sie hat Hände, die man berühren möchte.*

Der Wunsch mit dem Konjunktiv II ist stark gefühlsbetont. In der Alltagssprache sagt man im Indikativ:

*Hoffentlich kommt er gut heim!*

Dann muss aber die Erfüllung noch möglich sein.

### 6.4.2 Der voluntative Konjunktiv I

Mit dem Konjunktiv I kann man ebenfalls ausdrücken, dass etwas sein soll. Das kann ein Befehl, eine Forderung oder ein Wunsch, eine Bitte sein. Deshalb nennen einige Grammatiker diesen Konjunktiv den voluntativen Konjunktiv. Er ist nur noch in einigen, meist veralteten Wendungen und auf wenigen Gebieten gebräuchlich:

Bitte: *Dein Reich komme!*
Forderung: *Er stehe auf!*
Wunsch: *Gott möge ihn beschützen!*
Befehl: *Er komme mir nicht nahe!*

Vor allem in den Kochbüchern und auf den Rezepten findet man diesen Konjunktiv noch häufig:

*Man nehme ein Pfund Mehl, gieße etwas Milch dazu und rühre kräftig um!*
*Man nehme dreimal täglich eine Tablette nach dem Essen!*

In der Sprache der Wissenschaften benutzt man diesen Konjunktiv häufig, um Anleitungen und Anweisungen zu geben. Auch bei der Annahme und Setzung eines Zustandes ist er häufig:

*Um einen Brennpunkt beschreibe man den Leitkreis und ziehe einen beliebigen Radius!*
*Angenommen, es sei eine bestimmte Gruppe von Einzelhandelsunternehmen gegeben. Ein Unternehmer wähle einen Bruttozuschlag von 33 1/3 %, dann ...*

Oft wird das Gedachte innerhalb des Denkmodells dann als gegeben betrachtet, deshalb schreibt man im Indikativ weiter:

*Nimmt man an, der Preis falle, wie es die Abbildung zeigt, dann schrumpft die Gewinnzone immer mehr zusammen.*

### 6.4.3  Die sprachlichen Alternativen bei der Formulierung von Wünschen

Es gibt viele sprachliche Möglichkeiten, Wünsche zu äußern. Vom *Wünschen* und *Begehren* zum *Verlangen*, *Fordern* und *Befehlen* sind die Übergänge fließend. Für derartige Abstufungen können alle Modi eingesetzt werden:

> Imperativ: *Komm her!*
> Indikativ: *Du sollst herkommen!*
> Konjunktiv: *Es wäre schön, wenn du kämst.*

Auch verschiedene Satzformen können verwendet werden:

> Frage: *Warum kommst du denn nicht?*
> Aussagesatz: *Ich möchte, dass du kommst!*

Manchmal wird der Befehl auch durch ein einziges Wort ausgedrückt:

> Adverb: *Hierher!*
> Partizip Perfekt: *Hergekommen!*
> Infinitiv: *Kommen!*

Mit Hilfe von modalen Partikeln kann der Ton des Befehls oder Wunsches verändert werden:

> *Na, komm schon!*
> *Komm schon her!*
> *Komm doch!*
> *Komm doch endlich her!*

Im Folgenden ist eine Reihe von Ausdrucksmöglichkeiten zusammengestellt. Sie sind nach dem Grade der Höflichkeit geordnet. Dabei ist zu beachten, dass die Intonation sehr wichtig ist. Fast jeder Satz erhält durch andere Betonung einen anderen Stellenwert.

> *Wehe, wenn du jetzt nicht kommst!*
> *Dass du ja herkommst!*
> *Komm ja her!*
> *Du hast jetzt hierherzukommen!*
> *Ich rate dir zu kommen!*
> *Ich will, dass du kommst!*
> *Kommst du nun bald?*
> *Du kommst jetzt her!*

*Du sollst herkommen!*
*Du wirst jetzt kommen!*
*Hoffentlich kommst du nun bald!*
*Hierher kommen!*
*Schnell hierher!*
*Du musst jetzt herkommen!*
*Willst du jetzt kommen oder nicht?*
*Jetzt komm aber endlich her!*
*Ich möchte, dass du sofort kommst!*
*Warum kommst du nicht?*
*Komm schon her!*
*Na, komm endlich!*
*Komm doch schon!*
*Bitte, komm her!*
*Bitte, komm doch her!*
*Komm doch!*
*Ich möchte, dass du kommst!*
*Tu mir den Gefallen und komm her!*
*Du solltest wirklich jetzt kommen.*
*Darf ich dich bitten zu kommen?*
*Könntest du mal herkommen?*
*Möchtest du jetzt kommen?*
*Ich wünschte, du kämst!*
*Würdest du mal herkommen?*
*Es wäre schön, wenn du kämst!*
*Es würde mich sehr freuen, wenn du kommen könntest!*
*Ich wäre dir wirklich sehr verbunden, wenn du es ermöglichen könntest zu kommen!*
*Ach, wenn du doch kommen könntest!*

## Übungen

### Übung 1

So ein unhöflicher Mensch!

*Bilden Sie auf verschiedene Weise höfliche Bitten! Benutzen Sie auch den Konjunktiv II!*

1. Ich brauche Feuer!
2. Gib mir eine Zigarette!
3. Ich will Ruhe zum Arbeiten haben!
4. Leihen Sie mir das medizinische Wörterbuch aus!

5. Ich muss hier durch!
6. Die Schere her!
7. Wo ist denn der Lesesaal?
8. Gehen Sie zur Seite, damit ich vorbei kann!
9. Wann ist denn der Assistent da?
10. Gib mir ein Blatt Papier!

## Übung 2

*Bilden Sie irreale Wünsche!*

**Beispiel:**

Ich habe das Examen noch nicht bestanden. →

> *Wenn ich es doch schon bestanden hätte!*
> *Hätte ich es doch schon bestanden!*
> *Ich wünschte, ich hätte es schon bestanden!* usw.

1. Ich muss meine Heimat verlassen.
2. Sie war nicht mehr auf den rettenden Gedanken gekommen.
3. Ich kann ihn heute nicht mehr sprechen.
4. Sie kann keine Reise nach Amerika machen.
5. Meine Eltern besuchen mich hier in Deutschland nicht.
6. Ich habe ihm eine zu starke Dosis von diesem Medikament gegeben.
7. Der Bekannte hatte vergessen, die wichtige Nachricht weiterzugeben.
8. Mein Doktorvater ist plötzlich gestorben.
9. Ich habe die Tutorengruppe nur selten besucht.
10. Ich habe die zweite Klausur im chemischen Praktikum nicht mitgeschrieben.

## Übung 3

*Machen Sie Ihrer Vermieterin folgenden Tatbestand vorsichtig deutlich:*
*(Benutzen Sie auch den Konjunktiv II!)*

In einer Woche kommt Ihr Bruder an Ihren Studienort. Er will Sie besuchen. Er findet wahrscheinlich kein Zimmer! Er muss dann ein paar Tage bei Ihnen übernachten. Vielleicht dauert es auch ein bisschen länger ...

*„Ich komme heute mit einer Bitte zu Ihnen, Frau Lehmann ...“*

## Übung 4

*Verändern Sie die folgende Beschreibung einer geometrischen Aufgabe, indem Sie daraus eine Konstruktionsanleitung machen. Benutzen Sie das Wort „man" mit dem Konjunktiv I des Verbs! Der letzte Satz, der das Ergebnis darlegt, muss im Indikativ bleiben!*

Ich will ein Dreieck mit den Winkeln $\alpha = 32°$, $\gamma = 72°$ und der Winkelhalbierenden $w\alpha = 3$ cm konstruieren. Es wird $\alpha$ gezeichnet, der Winkel halbiert und auf der Winkelhalbierenden die Länge $w\alpha$ von A aus abgetragen. Der erhaltene Punkt wird A' genannt. In einem beliebigen Punkt C des einen Schenkels von $\alpha$ wird der Winkel $\gamma$ angetragen. Die durch den Punkt A' gezogene Parallele zum freien Schenkel von $\gamma$ schneidet die Schenkel von $\alpha$ in den Dreieckspunkten B und C!

## 6.5.    Der Ausdruck einer Möglichkeit

### 6.5.1    Der Ausdruck einer Möglichkeit durch den Konjunktiv

Mit Hilfe des Konjunktivs drückt man eine Möglichkeit aus, vor allem, wenn man unentschieden ist und noch zögert, sie zu ergreifen:

> *Es wäre interessant, ein solches Buch zu schreiben.*

Im eingeschobenen Satz tritt das Abwägen besonders deutlich hervor:

> *Ich will ihn sogleich – oder wäre nicht morgen oder übermorgen besser? – auf die Angelegenheit hin ansprechen.*

Die Möglichkeit kann auch im Nebensatz mit dem Modalverb *können* ausgedrückt werden:

> *Es kam mir die Idee, eines Tages könnte sich ein Museum dafür interessieren.*
> *Das ist etwas, was ich tun könnte.*
> *Das ist ein Auto, mit dem du fahren könntest.*
> *Man kann annehmen, dass ein solcher Sog zu einem Verschluss der Venen führen könnte.*

Auch in unverbindlichen Äußerungen wird der Konjunktiv in diesem Sinne gebraucht:

> *Er wäre sicher ein guter Dozent.*

## 6. Der Konjunktiv

In der wissenschaftlichen Literatur und in den Vorlesungen benutzt man diesen Konjunktiv häufig, um einen Gedankengang weiterzuführen oder zu einem anderen Gedanken überzuleiten:

*Es wäre nun wichtig zu wissen, ob dieses Verhalten auch im Körperbau zum Ausdruck kommt.*

Im folgenden Text wird mit Hilfe des Konjunktivs gezeigt, dass eine Untersuchung über den Spezialisten möglich, ja sogar wünschenswert wäre, aber noch nicht durchgeführt ist. Der Verfasser hält das Ergebnis aber schon im Voraus, auch ohne die Untersuchung, für sicher, deshalb wechselt er zum Indikativ über:

*Es wäre interessant und nützlicher, als es auf den ersten Blick scheint, eine Geschichte der physikalischen und biologischen Wissenschaften unter dem Gesichtspunkt der wachsenden Spezialisierung in der Arbeit der Forscher zu schreiben. Sie würde zeigen, wie sich der Wissenschaftler von einer Generation zur anderen immer mehr beschränkt. Aber das, was eine solche Geschichte uns vor allem lehren könnte, wäre nicht dies, sondern das Entgegengesetzte: wie von einer Generation zur anderen der wissenschaftliche Mensch, weil er seinen Arbeitskreis zusammenziehen musste, fortschreitend die Fühlung mit den übrigen Teilen der Wissenschaft verlor.*

Dieser Text hat eine enge Beziehung zu den Aussageweisen des Wunsches, von denen im vorigen Abschnitt die Rede war.

Durch die Vergangenheit des Konjunktivs II wird gezeigt, dass eine Möglichkeit nicht wahrgenommen worden ist, vielleicht auch gar nicht wirklich bestanden hat:

*Es wäre sinnlos gewesen, bei dieser Lage ein bestimmtes Ziel im Auge zu behalten.*

*Die Probleme, an denen man zu verbluten bereit gewesen wäre, sind eines schönen Tages abgetan.*

Aus diesem Versäumen einer möglichen Handlung kann auch ein Vorwurf erwachsen. Als modale Partikel wird dann *doch* hinzugefügt:

*Du warst ja schon in der Bibliothek; du hättest doch sehen müssen, wo die Handbücher stehen.*

*Du brauchst dich nur zum Essen niederzusetzen; dafür hättest du doch ein paar Blumen schneiden können.*

Sehr häufig ist der Konjunktiv II mit einer **Bedingung** verbunden. Sie kann in der Form eines Satzteils ausgedrückt werden:

*Bei nachlassender Investition ginge die Produktion zurück.*

*Ohne große Anstrengung wäre es nicht möglich gewesen, das zu erreichen.*
*Unter anderen Umständen hätte ich zugestimmt.*
*Gegebenenfalls müsste man einen Arzt rufen.*

Weit häufiger ist der Konditionalsatz mit dem Konjunktiv. Über die verschiedenen Formen dieser Sätze lese man in dem Kapitel über die Kausalsätze nach (S. 175 ff., insbesondere S. 181 ff.). Im folgenden Beispiel ist das Wirkliche, das im Indikativ ausgedrückt wird, dem Irrealen deutlich gegenübergestellt.

*Eine Neuigkeit ist es nicht, wenn der Hund des Nachbarn mich anbellt, wohl aber wäre es eine solche, wenn der Nachbar dies selber täte. Das wäre, wie wir sagen, unerhört.*

Die Bedingung, die im Konjunktiv ausgedrückt wird, kann aber auch noch für realisierbar gehalten werden:

*Ich versprach eine Menge Dinge, die ich tun oder lassen wollte, wenn diese Prüfung vorüberginge.*

Andererseits ist manchmal die Verwirklichung völlig außerhalb des Bereiches des Möglichen:

*Weiter links, wenn der Nadelwald nicht wäre, würdest du das Dorf sehen.*

Steht der Konjunktiv II in der Vergangenheit, dann ist die Realisierung durch den Kontext meist ausgeschlossen:

*Wenn er etwas mehr gewusst hätte, hätte man ihn bestehen lassen können.*
(Das bedeutet, dass er nicht bestanden hat.)

Bei solchen konditionalen Satzgefügen wird der Konjunktiv II oft im Hauptsatz durch *würde* mit dem Infinitiv ersetzt. Es bieten sich dann also immer zwei Formen an:

Für die Gegenwart:

*Wenn eine solche Umwandlung zu einem positiven Ergebnis führte, käme man zu einer Neugestaltung auf diesem Gebiet.*
*Wenn eine solche Umwandlung zu einem positiven Ergebnis führte, würde man zu einer Neugestaltung auf diesem Gebiet kommen.*

Für die Vergangenheit:

*Wenn eine solche Umwandlung zu einem positiven Ergebnis geführt hätte, wäre man zu einer Neugestaltung auf diesem Gebiet gekommen.*

*Wenn eine solche Umwandlung zu einem positiven Ergebnis geführt hätte, würde man zu einer Neugestaltung auf diesem Gebiet gekommen sein.*

Dass die Formen mit *würde* auch in den Wenn-Satz eindringen, ist eine oft zu beobachtende Tatsache, die allerdings von den Grammatikern negativ beurteilt wird. Man vergleiche dazu Abschnitt 6.3.2 über *würde* (S. 218f.).

### 6.5.2   Möglichkeit, Annahme und Hypothese

Auch ohne den Konjunktiv lässt sich eine Möglichkeit auf viele Arten sprachlich darstellen. Besonders die Modalverben *mögen* und *können* werden in diesem Sinne gebraucht:

> *Eine solche Entwicklung mag sich anbahnen.*
> *Es kann sein, dass sich die Krankenstände noch erhöhen.*

Hier sind auch die in dem Kapitel über das Wort *es* dargestellten Konstruktionen zu erwähnen:

> *Es ist möglich, wahrscheinlich, dass ...*
> *Es ist nicht ausgeschlossen, dass ...*
> *Es ist noch offen, ob ...* usw.

Einige modale Adverbien und Partikeln weisen auf eine Möglichkeit hin:

> *vielleicht, eventuell, wohl, möglicherweise, doch wohl, voraussichtlich*

Unter den substantivischen Ausdrücken sind folgende zu nennen:

> *unter Umständen, unter der Voraussetzung*

In diesem Zusammenhang müssen die Verben und Konstruktionen des Annehmens genannt werden, da sie in der wissenschaftlichen Literatur häufig Verwendung finden; denn die Hypothese hat dort ihren angestammten Platz. Sie kann sehr verschiedenen sprachlichen Ausdruck finden, auch ohne den Konjunktiv zu bemühen:

> *Wir denken uns einen Unternehmer, der ...*
> *Wir nehmen einmal an, dass ...*
> *Lassen wir einen Unternehmer folgende Waren führen ...*
> *Ein Kaufmann soll einen Umsatz haben von etwa ...*
> *Hierbei wird unterstellt, dass ...*
> *Es sind Fälle denkbar, in denen ...*
> *Gesetzt den Fall, er setzt den Preis herauf, dann ...*
> *Angenommen, dass ...*

Hier ist sprachlich der Übergang zum Bereich der Vermutung gegeben mit den Verben *vermuten, mutmaßen, unterstellen, scheinen,* den Modaladverbien *vermutlich, mutmaßlich, hypothetisch, schätzungsweise,* den substantivischen Ausdrücken *aller Voraussicht nach, allem Anschein nach* und den Konstruktionen *es scheint* und *es ist zu erwarten.*

Vor allem mit Hilfe des **Futurums** kann einer Vermutung Ausdruck verliehen werden; meist wird dann in den Satz noch eine Modalpartikel eingefügt, z. B. *wohl, wahrscheinlich, vermutlich.*

**Futur I:**

> *Erwägt ein Unternehmen eine Preissenkung, dann wird es wahrscheinlich mit Gegenmaßnahmen der Konkurrenz rechnen müssen.*

Das **Futur II** bedeutet, dass die vermutete Handlung oder Tatsache schon abgeschlossen ist. Das Tempus wird durch andere Satzteile oder einen vorangehenden oder nachfolgenden Satz festgelegt:

> *Diese Firma wird im letzten Jahr einen höheren Umsatz erzielt haben.*

Hier wird eine schon in der Vergangenheit abgeschlossene Handlung vermutet. Was im Folgenden gesagt wird, gilt zu jeder Zeit:

> *Wer die Aufnahme einer Hypothek zum Bau eines Hauses beantragt, wird seinen Finanzierungsplan schon aufgestellt haben.*

Der Tatbestand kann aber auch erst in der Zukunft abgeschlossen sein:

> *Wenn morgen die Börse eröffnet wird, dann werden die Kurse wahrscheinlich schon wieder gefallen sein.*

Man sieht, das Futurum II ist kein Tempus, sondern ein Modus der Vermutung.

## Übungen

### Übung 1

Das leidige Geld oder der arme Student

*Bilden Sie irreale Konditionalsätze mit und ohne „würde" im Hauptsatz!*

**Beispiel:**

Mir fehlt es an Geld. Ich habe am letzten Sonnabend nicht gearbeitet. →

*Wenn ich gearbeitet hätte, fehlte es mir nicht an Geld.*
*Wenn ich gearbeitet hätte, würde es mir nicht an Geld fehlen.*

1. Meine Eltern haben mir noch kein Geld geschickt. Ich gehe nicht einkaufen.
2. Ich konnte nichts sparen. Ich verdiente zu wenig.
3. Einen Kredit von der Bank bekomme ich auch nicht. Ich kann keine Sicherheit dafür bieten.
4. Ich muss zu Fuß zur Universität gehen. Ich brauche jeden Cent für meinen Lebensunterhalt.
5. Ich kann meine Schulden nicht bezahlen. Ich bekomme kein Stipendium.
6. Ich schulde meiner Wirtin die Miete. Meine Familie hat kein Vermögen.
7. Ich zahle meine Sozialgebühren zu spät. Auf meinem Sparbuch ist kein Cent mehr.
8. Ich kaufe mir auch keine Bücher. Ich habe keinen reichen Onkel, der mir das Geld dafür gibt.
9. Heute besuche ich die Vorlesungen. Ich gehe wieder nicht arbeiten, um Geld zu verdienen.
10. Ich gehe am Sonnabend nicht mit meiner Freundin aus. Ich muss unbedingt ein paar Euro verdienen.

## Übung 2

Dieses Verhalten ist nicht zu loben!

*Bilden Sie irreale Konditionalsätze, in denen Sie sagen, wie Sie es machen würden! Achten Sie auf das Tempus!*

**Beispiel:**

Er bekam eine Freikarte für die Oper und ließ sie verfallen. →

*Wenn ich eine Freikarte bekäme, ließe ich sie nicht verfallen.*
*Wenn ich eine Freikarte bekäme, würde ich sie nicht verfallen lassen.*

1. Er hat sich Geld geliehen und gibt es nicht zurück.
2. Er bekommt ein Stipendium und kauft sich keine Bücher.
3. In seinem Zimmer steht ein Schreibtisch, aber er arbeitet nicht daran.
4. Sein Freund lag im Krankenhaus, und er besuchte ihn nicht.
5. Der Professor gab ihm einige Hinweise, und er richtete sich nicht danach.
6. Er wird eingeladen und geht nicht hin.
7. Er könnte zu einem Studienaufenthalt ins Ausland fahren und bleibt hier.

8. Er hat sich ein Buch ausgeliehen und liest nicht darin.
9. Er ist nach München gegangen, um dort zu studieren. Er geht aber nur selten in die Vorlesungen und nimmt an keiner Übung teil.
10. Er ließ sich ein Thema für die Diplomarbeit geben und stellt sich keine Bibliographie zusammen.

## Übung 3

*Bilden Sie irreale Konditionalsätze!*

1. Die medizinische Versorgung der Bevölkerung ist in diesem Lande nicht gut. Es gibt nicht genug ausgebildete Ärzte.
   *Aber wenn ...*
2. Man investiert nicht genug in der Industrie. Das wird die Volkswirtschaft schwächen.
   *Aber wenn ...*
3. Es gibt noch zu viele Analphabeten auf der Welt. Es fehlt an Lehrern.
   *Aber wenn ...*
4. Er fliegt nicht mit dem Flugzeug. Er kommt nicht schnell an sein Ziel.
   *Aber wenn ...*
5. Ich weiß nicht genau Bescheid. Ich kann mich dazu nicht äußern.
   *Aber wenn ...*
6. Ich gehe nicht zu dieser Demonstration. Ich bin gegen die Ziele der Demonstranten.
   *Aber wenn ...*
7. Sie können nur langsam fahren. Der Wagen ist sehr beladen.
   *Aber wenn ...*
8. Es ist ein Rückfall eingetreten. Er hat im Krankenhaus bleiben müssen.
   *Aber wenn ...*
9. Es gibt nicht genug Arbeitsplätze an den Universitäten. Nicht jeder Abiturient kann studieren.
   *Aber wenn ...*
10. Ihm fällt der Lehrsatz des Pythagoras nicht ein. Er findet die Lösung der Aufgabe nicht.
    *Aber wenn ...*

## Übung 4

Das wäre besser gewesen!

*Sagen Sie in den folgenden Sätzen, was besser gewesen wäre!*

## 6. Der Konjunktiv

**Beispiel:**

Mein Freund Franz hat sich betrunken ans Steuer gesetzt. →

*Es wäre besser gewesen, wenn er sich nicht ans Steuer gesetzt hätte.*
*Er hätte sich lieber nicht ans Steuer setzen sollen!*

1. Mein Freund fuhr zu schnell durch eine Ortschaft.
2. Er beleidigte den Polizisten, der ihn angehalten hatte.
3. Er weigerte sich, mit auf die Wache zu gehen.
4. Er zahlte die verlangte Summe nicht.
5. Er unterschrieb das Protokoll nicht.

*Sagen Sie in den folgenden Sätzen, was besser wäre!*

**Beispiel:**

Mein Freund Franz setzt sich betrunken ans Steuer. →

*Es wäre besser, wenn er sich nicht ans Steuer setzte.*
*Er sollte sich lieber nicht ans Steuer setzen.*

1. Sie arbeitet nur widerwillig an ihrer Fortbildung.
2. Sie kümmert sich nicht um ein Thema für die Diplomarbeit.
3. Sie geht nie in die Universitätsbibliothek.
4. Sie nimmt nicht regelmäßig an den Sprachkursen teil.
5. Sie vergisst, sich zum neuen Semester im Immatrikulationsbüro zurückzu-
   melden.

### Übung 5

*Verändern Sie die gegebenen Sätze so, dass eine Vermutung oder eine Annahme*
*ausgedrückt wird! Benutzen Sie die in eckigen Klammern angegebenen Wendun-*
*gen und Wörter!*

1. Der Umsatz an der Wertpapierbörse steigt noch. [Es ist zu erwarten; voraus-
   sichtlich; scheinen]
2. Das Interesse an dem Verkauf dieser Erzeugnisse lässt nach. [werden, wohl;
   wir unterstellen; werden, wahrscheinlich]
3. Die Zahl der Tuberkulosekranken geht im kommenden Jahr zurück. [können;
   wir nehmen an; werden, wohl noch]

4. Das Sinken des Endpreises nimmt der Händler zum Anlass, einen niedrigeren Fabrikpreis zu fordern. [mögen; möglicherweise; werden, unter Umständen]

5. Die durch die Nationalität bedingten Unterschiede in der Betrachtung dieser Zusammenhänge werden aufgehoben. [Es ist denkbar, wir unterstellen, wir gehen von der Annahme aus]

6. Der Kapitalmarkt beruhigt sich. [Es ist möglich; dem Anschein nach; wir nehmen an]

7. Die Zahl der Dienstleistungen nimmt zu. [Es kann unterstellt werden; vermutlich, aller Voraussicht nach]

8. Die Außenhandelsbilanz ist im nächsten Jahr ausgeglichen. [Es bleibt noch offen, ob; wahrscheinlich; man erwartet es]

9. Der Importpreis ändert sich nicht. [werden, wohl; wir nehmen es an; es ist denkbar]

10. Das Unternehmen senkt den Preis. Es setzt mehr Waren ab. [wenn – würde, Konjunktiv II; werden wohl, unter dieser Voraussetzung; gesetzt den Fall, dann]

## Übung 6

*Stellen Sie aus Ihren Fachbüchern andere Formulierungen zusammen, mit deren Hilfe Annahmen gemacht, Hypothesen aufgestellt und Vermutungen angestellt werden!*

## Text

*Beachten Sie, wie in dem Text die Definitionen im Indikativ, die Hypothesen aber im Konjunktiv geboten werden!*

### Weltimperium oder Weltordnung

Die Frage ist, auf welchem Wege die einheitliche Weltordnung erreicht wird. Es könnte geschehen auf dem verzweifelten Wege der Gewalt. Oder es könnte geschehen durch eine aus dem reif werdenden Geschehen in Gegenseitigkeit durch Verhandlung entstehende Ordnung.

Die Ordnungsgestalt würde im ersten Falle die Friedensruhe einer Despotie sein, im zweiten Falle die in ständiger demokratischer Unruhe und Selbstkorrektur sich verwandelnde Friedensgemeinschaft aller. In einer vereinfachenden Antithese der Möglichkeiten handelt es sich also um den Weg zum Weltimperium oder der Weltordnung.

Weltimperium, das ist der Weltfrieden durch eine einzige Gewalt, die von einem Orte der Erde her alle bezwingt. Es hält sich aufrecht durch Gewalt. Sie formiert durch Totalplanung und Terror die nivellierten Massen. Einheitliche Weltanschauung wird in simplen Grundzügen allen durch Propaganda aufgezwungen. Zensur und Lenkung der geistigen Tätigkeit zwingt diese in den jeweiligen, jederzeit modifizierbaren Plan.

Weltordnung, das ist die Einheit ohne Einheitsgewalt außer der, die im Verhandeln durch gemeinsamen Beschluss hervorgeht. Beschlossene Ordnungen können nur auf dem gesetzlich fixierten Wege durch neue Beschlüsse geändert werden. Man hat sich gemeinsam diesen Verfahren und den Mehrheitsbeschlüssen unterworfen, garantiert die gemeinsamen Rechte aller, die auch die jeweiligen Minderheiten schützen und die eine Ordnung der Menschheit bleiben in Ordnung und Selbstkorrektur.

Weltordnung würde mit der Aufhebung der absoluten Souveränität die Aufhebung des früheren Staatsbegriffes zugunsten der Menschheit bedeuten. Nicht ein Weltstaat (der wäre das Weltimperium), sondern eine im Verhandeln und Beschließen sich stets wiederherstellende Ordnung von Staaten, die sich in begrenzten Gebieten selbst verwalten, wäre das Ergebnis: ein umfassender Föderalismus.

Weltordnung wäre die Fortsetzung und das Allgemeinwerden innerpolitischer Freiheit. Beide sind nur möglich durch Beschränkung der politischen Ordnung auf Daseinsfragen. Auf der Daseinsebene handelt es sich nicht um die Entwicklung, Formung und Erfüllung des Menschseins im Ganzen, sondern um das, was allen Menschen von Natur aus gemeinsam ist oder sein kann, was über alle Verschiedenheiten der Menschen, über die Abweichung von Glaube und Weltanschauung verbindet, um das Allgemeinmenschliche.

*Die Schwierigkeiten, eine solche Weltordnung zu etablieren, sind wohl offenkundig. Stellen Sie eine Reihe von Hindernissen auf dem Weg in die hier skizzierte Weltordnung zusammen! Welche Gefahren sehen Sie auf dem Weg in eine solche Ordnung?*

## 6.6    Zweifel und Unsicherheit

Man trifft den Konjunktiv II häufig an, wenn jemand an einer Aussage zweifelt. Oft ist dieser Zweifel außerdem mit einem Erstaunen verbunden:

*Hast du ihn nicht früher selbst verehrt wie keinen anderen Menschen? – Hätte ich das?*
*Was könnte der schon für uns tun?*
*Das sollte mir leid tun, wenn ich ihn beleidigt hätte!*

Man ist seiner Sache nicht mehr sicher. Man will das Geschehene nicht wahrhaben:

*Ich könnte nicht mehr, wie ich wollte?*

Wenn der Tatbestand nicht zu bezweifeln ist, dann kann der ausgedrückte Zweifel auch ironisch sein:

*Darüber dürfte noch einige Zeit verhandelt werden.*
*Das dürfte genügen.*

Auch hier gibt es eine Fülle von Möglichkeiten, ohne dass man den Konjunktiv bemüht. Zunächst stehen einige Adverbien zur Verfügung:

*kaum, wohl kaum, wahrscheinlich nicht*

Besonders zahlreich sind die Formulierungen mit *es*:

*Es ist unklar, unbestimmt, zweifelhaft, unsicher, fraglich, unwahrscheinlich, ungewiss, unbestätigt, problematisch, anfechtbar, nur hypothetisch.*

An diese Wendungen wird der folgende Satz oft mit *ob* angeschlossen. Unter den substantivischen Ausdrücken sind *unter Vorbehalt* und *mit Bedenken* zu nennen. Außer den Verben *anzweifeln* und *bezweifeln* wird hier eine Reihe von Wendungen aufgeführt, die in der wissenschaftlichen Literatur öfters auftreten:

*Wir lassen dahingestellt, ob ...*
*Man muss skeptisch sein, ob...*
*Wir können (dürfen) uns nicht darauf verlassen, dass ...*
*Man kann kaum sagen, inwieweit ...*
*Es scheint nicht den Tatsachen zu entsprechen, dass ...*
*Man kann kaum annehmen, dass ...*
*Wer weiß, ob ...*
*Wir müssen in dieser Frage unsere Bedenken anmelden.*
*Es herrschen widersprechende Ansichten darüber, ob ...*
*Hier muss der Einwand erhoben werden, dass ...*
*Wir müssen sehr in Frage stellen, ob ...*

Manchmal wird der Zweifel auch durch sicheres Auftreten und Reden verdeckt; man muss also gut hinhören. Wenn jemand beginnt mit den Worten:

*Es ist doch offenbar so, dass ...,*

dann ist er nicht so sicher, wie er tut. Meist verraten die Modalverben und die Modalwörter etwas von seinem Zweifel:

*Es darf doch als sicher angenommen werden, dass ...*
*Es ist ja schließlich durchaus überzeugend, wenn ...*
*Es kann doch wohl nicht bezweifelt werden, dass ...*

Wir setzen den Konjunktiv II auch, wenn eine Handlung zu einem Ergebnis geführt hat, das wir kaum erwartet haben, an dessen Zustandekommen wir gezweifelt haben: *Das hätten wir! Da wären wir! Das wäre endlich erledigt.* Oder mit resignierendem Unterton: *Das hätten wir nun auch erlebt.*

## Übungen

### Übung 1

*Verändern Sie die gegebenen Sätze so, dass ein Zweifel ausgedrückt wird! Benutzen Sie die in eckigen Klammern angegebenen Wendungen und Wörter!*
*In den Sätzen 2, 4, 7, 10 benutzen Sie auch den Konjunktiv II von „dürfen" mit Negation und der Partikel „wohl"!*

1. Das Rauchen schadet der Gesundheit nicht. [Es ist ungewiss, ob; es ist unwahrscheinlich, dass; man muss bezweifeln, dass]

2. Die Zahl der Unfälle auf den Straßen geht zurück. [Wohl kaum; man ist skeptisch, ob; es ist unwahrscheinlich, dass]

3. Die Anwendung dieses Heilmittels kann empfohlen werden. [Wer weiß, ob; nur unter Vorbehalt; wir lassen dahingestellt, ob]

4. Alle verschwommenen und nichtssagenden Formeln von gesunden Lebensmitteln verschwinden aus der Werbung. [Wahrscheinlich nicht sobald; es muss bezweifelt werden, ob; es ist zu fragen, inwieweit tatsächlich]

5. Eines Tages werden die Bemühungen der Chemotherapie zur Bekämpfung des Krebses zum Erfolg führen. [Es bleibt dahingestellt, ob; wir können uns nicht darauf verlassen, dass; man kann nicht sagen, ob]

6. Ein Mensch mit einem übertragenen Herzen lebt noch lange. [Es ist ungewiss, ob; man muss bezweifeln, ob; dürfte kaum]

7. Der Zusatz von Fluor zum Trinkwasser erzielt einen bleibenden Schutz gegen Karies. [Kaum; man kann in Frage stellen, ob; die Behauptung ist anfechtbar, dass]

8. Vorsorgen ist billiger als Heilen. [Es herrschen widersprechende Ansichten darüber, ob; es ist unbewiesen, dass; wohl kaum]

9. Es werden in den nächsten Jahren zahlreiche Krankenhaus-Neubauten entstehen. [Wer weiß, ob; es ist nicht sicher, dass; es ist daran zu zweifeln, dass]

10. Die Ärzte finden ein Heilmittel gegen die Grippe. [Es erscheint sehr fraglich, ob; dürften wohl kaum; man muss daran zweifeln, ob]

## Übung 2

*Stellen Sie aus Ihren Fachbüchern andere Formulierungen zusammen, in denen ein Zweifel geäußert wird!*

### 6.7 Der irreale Vergleich

Beim irrealen Vergleich wird eine Sache, ein Sachverhalt oder eine Person, um ihre Eigenart deutlich zu machen, mit einem nicht wirklichen oder nicht angemessenen Sachverhalt verglichen:

*Da war mir, als zerbrächen die Scheiben.*

Sie zerbrachen nicht; der Vergleich soll nur die Stimmung, das Gefühl des Sprechenden erhellen.

*In diesem Reich wurden die Könige verehrt, als wären sie Götter.*

Sie waren keine Götter; aber es wurde ihnen eine sonst nur Göttern zukommende Verehrung zuteil.

Der irreale Vergleich kann auch zur Darstellung von Annahme und Vermutung dienen.
In der Sprache der Wissenschaft und der Politik wird der Vergleich mit *als ob* häufig benutzt, um Kritik an einer Handlung oder einem Geschehen auszudrücken:

*Manche Politiker handeln so, als ob die Freiheit nicht mehr bedroht wäre.*

Das Tempus des Vergleichssatzes (Konjunktiv II oder Vergangenheit des Konjunktivs II) ist nicht unmittelbar abhängig von dem Tempus im Hauptsatz, sondern von dem Verhältnis, in dem Hauptsatz und Vergleichssatz stehen. Denkt man sich das im Hauptsatz und im Nebensatz Dargestellte zur gleichen Zeit, so wählt man den Konjunktiv II:

*Er tut so, als ob er viel über Afrika wüsste.*

Das Tun und das Wissen werden zur gleichen Zeit gedacht, unabhängig vom Tempus im Hauptsatz. Der Konjunktiv ändert sich deshalb nicht, wenn im Hauptsatz ein anderes Tempus steht:

*Er tut (hat getan / tat usw.) so, als ob er viel über Afrika wüsste.*

Wird der zum Vergleich herangezogene Zustand als vergangen, als zurückliegend empfunden, so bedient man sich der Vergangenheit des Konjunktivs II:

*Er redet, als ob er lange in Afrika gewesen wäre.*

Bei den irrealen Vergleichssätzen muss auf die Wortstellung geachtet werden. Wird der Satz mit *als* eingeleitet, so folgt unmittelbar darauf das Verb:

*Unser Ich hat seinen naiven Realismus, als wäre die Welt um seinetwillen da, eingebüßt.*

Bei *als wenn* und *als ob* hat der Vergleichssatz Endstellung:

*Du hast geschwiegen, als ob du nicht sprechen könntest.*
*Er sieht zum Fenster hinaus, als wenn er uns nicht schon längst gesehen hätte.*

In der schönen Literatur wird in den irrealen Vergleichssätzen anstelle des Konjunktivs II auch der Konjunktiv I gesetzt.

*Im Traum war ihm, als sei er noch einmal an jenem Ort, als gehe er denselben Weg wie früher, als sehe er ihr Gesicht wieder am Fenster.*

**Übungen**

**Übung 1**

*Verwandeln Sie den Vergleich mit „wie" in einen irrealen Vergleichssatz!*

1. Er spricht wie ein erfahrener Arzt.
2. Auf den ersten Blick sah das Kunstwerk aus wie die Arbeit eines Schülers.
3. Diese elastischen Fasern verhalten sich so wie Gummi.
4. Der Richter verurteilte sein Handeln wie ein großes Verbrechen.
5. Die Wirtin behandelte den Studenten so nachsichtig wie einen Verwandten.
6. Der Fremde fühlte sich in dieser Stadt so wohl wie zu Hause.
7. Die Produzenten verhielten sich wie in einer großen Wirtschaftskrise.
8. Wird das spätere Testament widerrufen, so ist das frühere wirksam wie ein nicht aufgehobenes Testament.
9. Er sieht abgespannt aus, wie einer, der die ganze Nacht gearbeitet hat.
10. Die Bronchien der Lunge verzweigen sich wie die Äste eines Baumes.

## Übung 2

*Bilden Sie irreale Vergleichssätze mit den Sätzen, die in eckigen Klammern stehen! Achten Sie auf die Negation und auf das Tempus!*

**Beispiel:**

Er wurde zu dieser Tat von allen ermuntert. [Das Unternehmen war gefährlich.] →

*Er wurde zu dieser Tat von allen ermuntert, als ob das Unternehmen ungefährlich wäre.*

1. Die Kartoffeln sind teuer. [Die Ernte ist in diesem Jahr nicht schlecht gewesen.]
2. Er ist nachlässig. [Ein Studium kann nicht ohne Energie durchgeführt werden.]
3. Er handelte sehr entschlossen. [Er hatte die kommende Entwicklung nicht voraussehen können.]
4. Sehr oft sitzt der junge Mann im Restaurant und gibt viel Geld aus. [Er ist kein reicher Mann.]
5. Der Patient raucht sehr viel. [Er weiß, dass es seiner Gesundheit schadet.]
6. Der Unternehmer unterhält ein großes Lager. [Eine große Lagerhaltung erhöht die Kosten erheblich.]
7. Der Redner sprach lange über die Eigenart dieses Volkes. [Er ist noch nicht in diesem Lande gewesen.]
8. Die Produktion wird gesteigert. [Der Absatz ist nicht gesichert.]
9. Er sah zum Fenster hinaus und beobachtete die Vorübergehenden. [Er hatte viel zu tun.]
10. Manche Leute meinen, die Planung sei am wichtigsten. [Die Durchführung hängt nicht allein von der Planung ab.]

## Übung 3

*Ersetzen Sie den Nebensatz oder den Infinitiv durch einen irrealen Vergleichssatz! Benutzen Sie die Konstruktion, die in eckigen Klammern steht!*

1. Er gibt vor, von der Sache nichts zu wissen. [Er tut so, als ...]
2. Die Studentin meint, dass ihre Eltern einen negativen Einfluss auf ihre Berufswahl ausgeübt haben. [Es kommt ihr vor, als ...]
3. Er glaubt, in diesem Haus gern gesehen zu werden. [Es scheint ihm, als ob ...]
4. Er gibt vor, große Kenntnisse auf diesem Gebiet zu haben. [Er tut so, als ...]

5.  Aus den Krankenständen ergibt sich scheinbar, dass die Medizin keine Fort-schritte gemacht hat. [Es sieht, wenn man die Krankenstände betrachtet, fast so aus, als ob ...]

6.  Der Herr gibt vor, übermäßigen Anstrengungen gegenüberzustehen. [Er tut so, als wenn ...]

7.  Er glaubt, dass eine neue Satzung für ein Institut leicht ausgearbeitet werden könne. [Er gibt sich den Anschein, als wenn ...]

8.  Er wahrt den Anschein, dass er an einer Lösung des Problems interessiert sei. [Er tut so, als ob ...]

9.  Die Grundsätze einer solchen Politik, die auf seine Person zugeschnitten schienen, gingen nach dem Rücktritt des Ministerpräsidenten verloren. [Der Relativsatz kommt ans Ende als Vergleichssatz mit *als ob*]

10. Er gab vor, die Verhältnisse genau zu kennen. [Er tat so, als ob ...]


## 6.8   Der Ausdruck der Vollständigkeit

Wenn etwas vollständig verwirklicht ist oder in einer bestimmten Zahl oder Menge kein Teil fehlt, dann drückt man das oft mit der absoluten Verneinung und dem Konjunktiv II aus:

*Ich kannte dort niemanden, den ich hätte hassen können.*
*Da gibt es nichts, was wir nicht gesehen hätten.*
*Es ließ sich da kein Abschnitt erkennen, der nicht in Mitleidenschaft gezogen wäre.*


## Übung

*Drücken Sie die Vollständigkeit durch doppelte Negation mit dem Konjunktiv aus!*

**Beispiel:**

Jeder hatte die Nachricht gehört. →

   *Es gab niemanden, der die Nachricht nicht gehört hätte.*

1.  Alle hatten den Text in der Schule gelesen.

2.  Alle waren dort freundlich.

3.  Keiner war unzufrieden.

4.  Alle wollten in dieser schwierigen Lage helfen.

5.  Wir haben in dieser Stadt alle Kirchen besichtigt.

6.  Alle Wagen, die in die Werkstatt kamen, mussten repariert werden.

7. Die Sportler, die auf der Tartanbahn laufen, geben alle ihr Bestes.
8. Die Minister sprachen sich alle für den Gesetzentwurf aus.
9. Alle Abgeordneten versagten dem Entwurf ihre Zustimmung.

## 6.9    Text zum Konjunktiv

**Mensch und Maschine**

Die Menschen unterscheiden sich von den Tieren durch den Gebrauch der Sprache und die Anwendung der Technik. Die Sprache dient zur Verständigung, insbesondere bei gemeinsamer Tätigkeit in der Gruppe; sie bietet aber auch die Möglichkeit, Erfahrungen und Kenntnisse an folgende Generationen zu übermitteln. Mit Hilfe der Technik gewinnt der Mensch die Einsicht, Fähigkeit und Fertigkeit, die Probleme des täglichen Lebens zu bewältigen, und das geschieht, indem er sich selbst geschaffener Werkzeuge bedient.

Anfangs, vor Tausenden von Jahren, waren es einfache Geräte, die man herstellte, Hammer, Beil, Säge, Pfeil und Bogen. Später kamen Rad und Eisenguss, Schiff und Kompass hinzu. Auch die Waffen wurden effektiver gestaltet. Es zeigte sich schon früh, dass die Technik nicht nur ein Überleben in der feindlichen Umwelt erleichtert, ja überhaupt erst möglich macht. Die Waffen richten sich von Anfang an auch gegen andere Menschen; man kann sich mit ihnen nicht nur verteidigen, sondern auch sein Territorium erweitern.

Im 18. und 19. Jahrhundert beginnt eine neue stürmische Entwicklung, die später als industrielle Revolution bezeichnet wird. Eine Reihe von Erfindungen veränderte nicht nur die Arbeitsweise, sondern auch das Zusammenleben der Menschen grundlegend. Es entstehen völlig neue Arbeitsfelder, die hier nur in Stichworten angedeutet werden können: Kohle und Eisen, Dampfmaschinen, Massenproduktion in Fabriken, Eisenbahnen. Bei einem zweiten Schub spielten die Elektrifizierung, der Benzinmotor und die chemische Industrie eine bedeutende Rolle.

Die industrielle Revolution führt zu einer durchgreifenden sozialen Umschichtung. Die Leute gehen dorthin, wo es Arbeit gibt. Die Bevölkerung auf dem Lande nimmt ab, man zieht in die großen Städte, an deren Rändern sich ausgedehnte Slums entwickeln. Für die so Entwurzelten begann eine harte Zeit. Für das 19. Jahrhundert kann man den Satz Oskar von Müllers: „Das Wohl der Menschheit fördern ist der Sinn der Technik!" nicht allgemein gelten lassen. Tatsache ist, dass die meisten Menschen sich offenbar dieser Entwicklung nicht entziehen konnten. Diese Zeit ist gekennzeichnet durch den Bau immer neuer Fabriken, immer weiter reichender Straßen und Eisenbahnen, immer neuer Städte. Im Laufe der Jahrzehnte veränderte sich die Umwelt, und der Mensch fand keine andere Möglichkeit, als sich den Gegebenheiten anzupassen.

Im 20. Jahrhundert haben zwei Ereignisse noch einmal eine neue technische Entwicklung herbeigeführt. Die Spaltung des Atoms und die Erfindung des Computers. Viele glaubten, dass die Probleme der Energiegewinnung mit Hilfe der Atomindustrie gelöst werden *können*. Gerade auf diesem Gebiet zeigt sich der Januskopf des technischen Fortschritts ganz deutlich. Einerseits kann mit einer relativ kleinen Menge von Uran ein großer Bedarf an Energie gedeckt werden, andererseits ist der Umgang mit spaltbarem Material gefährlich. Atomkraftwerke sind nie vollkomen sicher; bei Unfällen können ganze Landstriche verwüstet werden. Und mit dem atomaren Abfall müssen wir uns außerdem herumschlagen. An die Zerstörungen, die durch Atombomben hervorgerufen werden, kann man nur mit Schrecken denken.

Die Erfindung des Computers ist für unser Leben noch einschneidender gewesen. Die Geschichte des Computers von den Anfängen der Rechenmaschinen, die Leibniz und Pascal zu konstruieren versuchten, über die Einführung des dualen Systems durch Konrad Zuse bis hin zu den Großcomputern in den Vereinigten Staaten, z.B. in Albuquerque, NM, oder in Herdorn, VA, kann hier nicht nachvollzogen werden. Befördert durch die militärischen Anforderungen im 2. Weltkrieg, hat die Computertechnik einen beispiellosen Siegeszug angetreten. In kurzen Zeitabschnitten wurden immer schnellere Rechner mit immer größerer Speicherkapazität auf den Markt gebracht. Unsere gesamte soziale, politische, wirtschaftliche und finanzielle Existenz wird von Computern beherrscht. Keine Verwaltung, keine Bank, keine Arztpraxis, keine Firma, kein Krankenhaus kann ohne Computer noch arbeiten. Selbst die Armeen dieser Welt sind ohne Computer machtlos. Wie vollständig abhängig wir von diesen Rechnern sind, wird deutlich, wenn einer oder mehrere von ihnen „abstürzen"! „Die Technologien der technischen Intelligenz haben sich überall in unser Leben eingeschlichen. Sie arbeiten nicht nur für uns, sie kontrollieren und überwachen uns!", sagt Rodney A. Brooks vom Massechusetts Institut of Technology (MIT).

Was bringt die Zukunft auf diesem Gebiet? Ray Kurzweil schreibt in seinem Buch „Homo s@piens": „Im Jahre 2019 wird eine Recheneinheit für 1000 $ ungefähr die Rechenleistung eines menschlichen Gehirns besitzen. Im Jahre 2029 wird ein 1000-$-Computer die Rechenleistung von etwa 1000 menschlichen Gehirnen haben. Schon in wenigen Jahren werden Computer den Turing-Test bestehen, d.h. wie menschliche Wesen in einem beliebigen Gespräch agieren, ohne dass sie als Computer erkennbar wären!"

Solchen Computern, womöglich in der Form intelligenter Roboter mit menschlichem Äußeren, wären wir wohl wirklich nicht mehr gewachsen. Was geschieht, wenn diese Roboter, deutlich klüger geworden als der Mensch, feststellen, dass die Menschen eigentlich dumm und auch nutzlos sind? *Müssen* wir uns dann tatsächlich vor diesen Maschinen fürchten?

Inzwischen versucht man den Menschen in die Entwicklung des Computers einzubinden. Man stellt neuronale Verbindungen zum menschlichen Gehirn her, so dass Menschen direkt mit Computern kommunizieren können. Sobald der direkte Informationsfluss zwischen dem Gehirn und dem Computer hergestellt ist, wird man zur Verbesserung der Leistung vielleicht auch neuronale Implantate ins Gehirn einsetzen. Solche Mischwesen aus Mensch und Maschine *können* dann auch mit dem Wachstum der künstlichen Intelligenz Schritt halten.

Wie verhält sich eine solche Menschmaschine zu den Menschenbildern, den Menschenvorstellungen, die uns überliefert sind? Der einzelne als Person oder sogar als Persönlichkeit gilt als unverwechselbar und unzerstörbar. Wie will er seine Identität in einem solchen Umwandlungsprozess bewahren? Und was geschieht mit den Menschen, die religiöse Vorstellungen vom Dasein haben?

Aber vielleicht sind das alles nur Phantastereien. Es *kann* ja sein, dass diese Ziele nie erreicht werden. Es *ist* ja durchaus denkbar, dass Computer mit einer derartigen Kapazität auch mit Hilfe der Nanotechnik nicht hergestellt werden *können*, so dass unsere Sorgen völlig unbegründet *sind*. Aber sicher ist das nicht. Wer uns vor vierzig Jahren gesagt hätte, dass es in kurzer Zeit eine weltweite Vernetzung von Computern geben würde, den hätten wir wohl ausgelacht!

*Fragen zur Sprache des Textes:*

1. *Was heißen die folgenden Ausdrücke: Januskopf (5. Absatz), sich herumschlagen mit (5. Absatz), Schritt halten mit (vorletzter Absatz), Phantastereien (letzter Absatz)?*

2. *Wenn Ihnen die Bedeutung klar ist, tragen Sie sie in Ihr Heft für besondere Ausdrücke ein!*

3. *Setzen Sie alle Textstellen der direkten Rede in die indirekte Rede! Dann wird deutlich, dass Sie die Meinung eines anderen wiedergeben, ohne dazu Stellung zu nehmen.*

4. *Die kursiv gedruckten Verben setzen Sie in den Konjunktiv II, damit der potenzielle oder auch der irreale Sinn des Satzes deutlich wird.*

*Fragen zum Text:*

1. *Fassen Sie jeden Abschnitt in zwei Sätzen zusammen. Das kann die Grundlage für eine Textwiedergabe sein.*

2. *Wir können ohne die Technik nicht mehr leben. Zeigen Sie in einem Bereich (Wohnen, Ernährung, Verkehr oder Medizin), wie unser tägliches Leben von der Technik abhängig ist.*

3. *Setzen Sie sich mit der eingangs geäußerten Meinung, der Mensch sei durch Sprache und Technik vom Tier unterschieden, auseinander. Gibt es noch andere Unterscheidungsmerkmale?*

4. *Berichten Sie über den Stand der Technisierung in Ihrem Land. Wo sollte sie weiter vorangetrieben werden? Welche Bereiche sollten davon ausgenommen werden?*

5. *Die Literatur und der Film haben die Existenz des Maschinenmenschen vorweggenommen. Stellen Sie einige Beispiele vor!*

# 7. *Es*

Das Wort *es* kann im Satz viele Aufgaben übernehmen, die sich nur schwer unter wenigen Gesichtspunkten zusammenfassen lassen. Damit die Lernenden Zugang zu diesem schwierigen Gebiet finden, werden hier die großen Linien aufgezeigt, auch wenn dabei manche Einzelheit nicht genügend beachtet werden sollte. Stark vereinfacht, kann man von zwei Hauptfunktionen des Wortes *es* sprechen: wir nennen sie den **Hinweis** und die **Benennung des unbekannten Täters**. Es werden sich dabei Grenzfälle ergeben, so dass sich eine scharfe Trennung nicht immer durchführen lässt.

## 7.1 Der Hinweis

### 7.1.1 Der Hinweis auf etwas Vorausgegangenes

a) Auf ein neutrales Substantiv bezogen, kennen wir dieses *es* als Personalpronomen im Nominativ und im Akkusativ:

> *Da liegt das Protokoll. Es ist sehr ausführlich.*
> *Haben Sie es gelesen?*
> *Er nahm sich das Protokoll nach Hause mit, um es in Ruhe zu lesen.*

Das Wort *es* kann aber auch auf andere Wörter, die keine Substantive sind, bezogen sein:

> *Die Verhandlungspartner waren entgegenkommend. Wir waren es auch.*
> *Man soll etwas erraten und errät es nicht.*

*Es* bezieht sich manchmal auf einen ganzen Satz. Dabei kann es für den Nominativ oder für den Akkusativ stehen:

> *Er hörte ihn mit der Maschine schreiben. Es klang eifrig und ungestört.*
> *Er schaltete diesmal den Strom nicht aus, wie er es sonst tat.*

b) Der Charakter des Hinweisens zeigt sich auch im Gleichsetzungsnominativ:

> *Ich bin es.*
> *Du bist es.*

In der ersten und zweiten Person ist eine Umstellung unmöglich, man kann aber mit *das* beginnen:

*Das bin ich.*
*Das bist du.*

In der dritten Person kann mit *es* begonnen werden, wenn ein Substantiv dem Hilfsverb folgt:

*Es sind Werkzeugmaschinen.*

Das *es* darf als Gleichsetzungsnominativ nicht wegfallen, bei Voranstellung eines anderen Satzgliedes nicht, in der Frage nicht und auch nicht, wenn ein Relativsatz folgt. Das Relativpronomen bezieht sich dann auf das Substantiv:

*Werkzeugmaschinen sind es, die geliefert wurden.*
*Sind es wirklich Werkzeugmaschinen?*

Nur beim vorangehenden Subjektsatz kann das *es* ausfallen oder durch *das* ersetzt werden:

*Wer nicht kommt, ist Franz.*
*Wer nicht kommt, das ist Franz.*

Der Gleichsetzungsnominativ kann auch bei *werden* und *bleiben* stehen:

*Ein Fest wird es werden.*

Auch mit dem Konjunktiv ist ein solcher Satz möglich:

*Es sei eine Strecke AB gegeben!*

### 7.1.2 Der Hinweis auf etwas Folgendes

a) *Es* weist auf einen Dass-Satz oder einen Infinitiv hin, der für das **Subjekt** steht. Dabei steht *es* zusammen mit *sein* und einem Adjektiv oder Partizip:

*Es ist noch möglich, ihn zu benachrichtigen.*
*Es ist sicher, dass er auf diesem Wege zu einem Ergebnis kommt.*

Da der Nebensatz das Subjekt vertritt, fällt das *es* weg, wenn er voransteht:

*Ihn zu benachrichtigen ist noch möglich.*
*Dass er auf diesem Wege zu einem Ergebnis kommt, ist sicher.*

Man kann aber auch das Hinweiswort *das* einsetzen:

*Ihn zu benachrichtigen, das ist noch möglich.*
*Dass er auf diesem Wege zu einem Ergebnis kommt, das ist sicher.*

In der Frage mit und ohne Fragewort bleibt das *es* ebenfalls stehen:

*Ist es sicher, dass er zu einem Ergebnis kommt?*
*Wann ist es möglich, ihn zu benachrichtigen?*

Bei Voranstellung des prädikativen Adjektivs oder Partizips kann das *es* ausfallen, aber häufig setzt man es doch:

*Falsch ist, mit dem Schwierigen zu beginnen.*
*Falsch ist es, mit dem Schwierigen zu beginnen.*

Steht ein anderes Satzglied am Anfang des Satzes, darf das *es* nicht ausfallen:

*Natürlich ist es falsch, mit dem Schwierigen zu beginnen.*

In wissenschaftlichen Texten sind solche Formulierungen häufig. Im Folgenden werden einige Wendungen zusammengestellt, die sich im Satz so verhalten, wie eben gezeigt:

| | |
|---|---|
| Es ist bekannt, dass | Es ist selten, dass; Inf. |
| Es ist häufig, dass | Es ist sicher, dass |
| Es ist klar, dass | Es ist unklar, ob |
| Es ist leicht, Inf. | Es ist unmöglich, dass; Inf. |
| Es ist möglich, dass; Inf. | Es ist unsicher, ob |
| Es ist nachweisbar, dass | Es ist unwichtig, dass; Inf. |
| Es ist notwendig, dass; Inf. | Es ist wahrscheinlich, dass |
| Es ist selbstverständlich, dass | Es ist wichtig, Inf.; dass |

Bei den folgenden Ausdrücken kann sich auch ein Wenn-Satz anschließen:

| | |
|---|---|
| Es ist bedenklich, dass; Inf. | Es ist lehrreich, Inf. |
| Es ist billig, Inf.; dass | Es ist natürlich, dass; Inf. |
| Es ist entscheidend, Inf.; dass | Es ist negativ, Inf.; dass |
| Es ist falsch, Inf.; dass | Es ist nützlich, Inf. |
| Es ist gerecht, dass; Inf. | Es ist schön, dass; Inf. |
| Es ist günstig, dass; Inf. | |

Da dieser Wenn-Satz nicht für ein Subjekt stehen kann, muss bei Voranstellung ein *das* eingesetzt werden:

*Wenn solche Mittel angewendet werden, ist das bedenklich.*
*Wenn solche Mittel angewendet werden, dann ist das bedenklich.*

Nach *es ist fraglich* und *es ist zweifelhaft* folgt manchmal ein Satz mit *ob*:

*Es ist fraglich, ob der Versuch auf diese Weise gelingt.*

Solche Ausdrücke, in denen *es* die Stelle des Subjekts innehat, bestehen durchaus nicht nur aus Hilfsverb und Adjektiv oder Partizip. Sie können viele syntaktische Formen annehmen. Für den Lernenden ist die Frage, ob die folgenden Ausdrücke noch zum Abschnitt „Hinweis" oder schon zum Abschnitt „Unbekannter Täter" gehören, nicht so wesentlich wie die Fragen: Wann muss das *es* bei veränderter Satzstellung ausfallen? Und: Wann kann *es* durch ein anderes Substantiv ersetzt werden? Danach teilen wir diese Ausdrücke in drei Gruppen ein:

In der **ersten Gruppe** ist das *es* in allen syntaktischen Formen fest. *Es* kann nicht ausgelassen werden.

*Es handelt sich um einen einmaligen Vorgang.*

Voranstellung eines Satzgliedes:

*Um einen einmaligen Vorgang handelt es sich.*

In der Frage mit Fragewort:

*Weshalb handelt es sich um einen einmaligen Vorgang?*

In der Frage ohne Fragewort:

*Handelt es sich um einen einmaligen Vorgang?*

Bei einem vorangehenden Infinitiv oder Dass-Satz:

*Dass hier ein einmaliger Vorgang sichtbar wird, darum handelt es sich.*

Andere Nebensätze sind natürlich auch möglich:

*Weil ich dauernd von einem Schnupfen geplagt werde, geht es mir gar nicht gut.*

In der gleichen Weise verhalten sich die folgenden Wendungen. Den Ausdrücken sind Hinweise auf die Verwendung im Satz beigefügt:

Es bleibt bei, dabei, dass; dabei, Inf.
Es dauert lange, bis
Es fällt auf, dass
Es fehlt an D; daran, dass; daran, Inf.
Es geht um A; darum, dass; darum, Inf.

Es geht mir (ihm etc.) gut (schlecht etc.)
Es geht aufwärts (abwärts / zu Ende) mit D
Es geht zu wie; als ob
Es heißt, Inf. ohne *zu*
Es gilt, Inf.
Es kommt an auf, darauf, dass; darauf, Inf.
Es kommt zu D; dazu, dass
Es kommt dahin, dass; soweit, dass
Es scheint so, dass; als ob
Es steht gut (schlecht) um A
Es verhält sich so, dass
Es zieht ihn (mich etc.) nach D

Nur in den folgenden Ausdrücken kann *es* durch ein anderes Substantiv ersetzt werden:

Es scheint, Inf.
Es sieht so aus, als ob
Es wimmelt von D

In der **zweiten Gruppe** fällt das *es* aus, wenn ein Dass-Satz oder Infinitiv voransteht. *Es* kann in diesem Falle durch ein *das* ersetzt werden.

*Dass der Versuch misslingt, kommt häufig vor.*
*Dass der Versuch misslingt, das kommt häufig vor.*

In allen anderen Fällen bleibt das *es* stehen, d.h. bei Voranstellung:

*Häufig kommt es vor, dass der Versuch misslingt.*

In der Frage ohne Fragewort:

*Kommt es eigentlich häufig vor, dass der Versuch misslingt?*

In der Frage mit Fragewort:

*Warum kommt es häufig vor, dass der Versuch misslingt?*

In diesen Ausdrücken lässt sich das *es* durch ein anderes Substantiv ersetzen:

*Solche Unfälle kommen häufig vor.*

Zu dieser Gruppe gehören folgende Wendungen:

Es bringt Ärger (Verdruss etc.), Inf.; wenn
Es fällt leicht (schwer etc.), Inf.; wenn

Es geht mich (ihn etc.) an, dass; wenn
Es gehört dazu, dass; Inf.
Es gelingt, Inf.
Es geschieht, dass
Es kommt vor, dass
Es liegt im Wesen G, dass; Inf.
Es lohnt sich, dass; Inf.
Es spricht für A; dass; wenn
Es hat Zweck (Sinn etc.), dass; Inf.; wenn

Mit Genitiv: Es bedarf G

Bei den folgenden Wendungen ist der Ersatz durch ein anderes Substantiv unmöglich:

Es fragt sich, ob
Es gehört sich, dass; Inf.
Es liegt daran, dass; darin, dass

In dieser zweiten Gruppe ist das *es* bei einigen Wendungen nicht unbedingt erforderlich; wenn ein anderer Satzteil an der Spitze des Satzes steht, kann man *es* auch weglassen:

Von entscheidender Bedeutung ist (es), dass; wenn
Daraus ergibt (es) sich, dass
In Frage gestellt werden muss (es), dass
Dabei ist (es) sein Glück, dass
Dabei stellte (es) sich heraus, dass
Von großer Wichtigkeit ist (es), dass; wenn
Immerhin lässt (es) sich zeigen, dass
Außer jedem Zweifel steht (es), dass

Auch hier ist das *es* durch ein anderes Substantiv ersetzbar:

*Dabei stellte sich ein Fehler heraus.*

In der **dritten Gruppe** sind die Wendungen zusammengefasst, in denen das *es* nur am Anfang steht. In der Frage, bei Voranstellung eines Satzes oder Satzteils fällt es weg. Das *es* hat hier nur die Aufgabe, darauf hinzuweisen, dass es sich um einen Aussagesatz handelt und nicht um eine Frage ohne Fragewort. Das *es* soll die erste Stelle besetzen, damit das Verb an die zweite Stelle im Satz rückt. Deshalb sagen einige Grammatiker von diesem *es*, es sei ein Platzhalter:

*Es besteht ein Widerspruch zwischen diesen Aussagen.*
*Zwischen diesen Aussagen besteht ein Widerspruch.*
*Besteht zwischen diesen Aussagen ein Widerspruch?*

Folgende Ausdrücke verhalten sich in der gleichen Weise; sie kommen nur in der 3. Person Singular oder Plural vor:

| | |
|---|---|
| Es besteht | Es ergibt sich |
| Es beginnt | Es erhebt sich |
| Es bildet sich | Es erfolgt |
| Es bleibt | Es fehlt |
| Es entsteht | Es findet statt |
| Es ereignet sich | Es folgt |

Diesen Wendungen kann im Allgemeinen weder ein Dass-Satz noch ein Infinitiv unmittelbar folgen. Ein solches *es*, das nur aus syntaktischen Gründen gesetzt wird, kann vor jedem Satz stehen. Es hat keine Wirkung auf das Verb, das sich nach dem Subjekt richtet:

*Es sind das die schlanken, sehnigen Typen.*
*Es standen einige Steinsärge in der Grabkammer.*

Jeder andere Satzteil kann dieses *es* verdrängen:

*Es entsteht ein umfassendes Bild von der Lage.*
*So entsteht ein umfassendes Bild von der Lage.*

Dieses *es* kann nicht stehen, wenn das Subjekt ein Pronomen ist:

*Sie macht diese Arbeit allein* (Nicht: *Es macht ...*)

Häufig findet sich ein solches *es* beim Passiv:

*Es wird eine Umfrage durchgeführt.*

Besonders beim subjektlosen Passiv treffen wir *es* an:

*Es wird auf diesem Gebiet intensiv geforscht.*

b) *Es* weist auf ein **Objekt** hin, das durch einen Nebensatz oder durch einen Infinitiv vertreten wird. Grundsätzlich ist das bei fast allen Verben, die ein Objekt haben, möglich. Besonders oft kommt es vor, wenn bei den Verben noch Füllwörter stehen:

*Er hasste es, ihn täglich sehen zu müssen.*
*Man kann es nicht verantworten, dass ...*
*Begreifen Sie es doch, dass das nicht geht!*

Es kann auch den Genitiv vertreten:

*Er war es überdrüssig, ihn täglich sehen zu müssen.*

Der Genitiv wird aber meist durch *dessen* vertreten und kommt nur selten vor. Die folgenden Verben haben das *es*, das auf das Objekt hinweist, fast immer bei sich:

> es ablehnen, Inf.
> es sich angelegen sein lassen, Inf.
> es ansehen als
> es aufgeben, Inf.
> es aushalten, Inf.; dass
> es aufschieben, Inf.
> es bezeichnen als
> es so einrichten, dass
> es sich erlauben, Inf.
> es nicht ertragen, dass; Inf.
> es erwarten können, dass; Inf.
> es unglaublich (schön etc.) finden, dass
> es sich gefallen lassen, dass
> es sich gestatten, dass; Inf.
> es gewohnt sein, Inf.; dass
> es für gut (ausgeschlossen etc.) halten, dass; Inf.
> es hinnehmen, dass
> es machen wie
> es sich nicht nehmen lassen, Inf.
> es übelnehmen, dass
> es D (P) überlassen, dass; Inf.
> es unterlassen, Inf.; dass
> es verabscheuen, dass; Inf.
> es D (P) nicht verdenken können, dass
> es verdienen, dass; Inf.
> es vermeiden, Inf.

Bei den folgenden Verben kommt das vorangestellte *es* weniger häufig vor:

> es bedauern, dass; Inf.
> es begreifen, dass
> es beklagen, dass
> es einsehen, dass
> es gern haben, dass; Inf.
> es hören, dass
> es lieben, dass; Inf.
> es merken, dass
> es verstehen, dass; Inf.
> es wagen, dass, Inf.
> es wissen, dass

Gerade bei den Verben des Denkens gibt es aber einige, die kein *es* bei sich haben, besonders wenn der Dass-Satz unmittelbar folgt:

*Ich meine (glaube), dass diese Statistik wichtige Aussagen zu machen hat.*

Bei dem Ersatz von *es* durch *das* ist die Satzstellung zu beachten:

*Er sagte es mir.*
*Er sagte mir das.*

Der Hinweis durch das *es* kann zu einer festen Wendung werden. Worauf das *es* deutet, wird dann nicht näher erläutert. Man nimmt an, dass der Hörer weiß, was gemeint ist. Wer sagt: *„Du hast es gut bei mir!"*, der braucht das *es* nicht zu erklären; es heißt hier je nach Situation: Essen, Unterkunft, Behandlung, Betreuung, Atmosphäre, Geborgenheit usw. Dieses *es* kann nicht durch *das* ersetzt werden.

> es absehen auf A; darauf, dass; darauf, Inf.
> es D (P) antun
> es aufnehmen mit D
> es sich bequem, gemütlich machen
> es zu etwas bringen
> es weit bringen
> es so weit bringen, dass
> es in sich haben
> es satt haben, dass; Inf.
> es zu tun haben mit D; damit, dass
> es halten mit D
> es gut (redlich etc.) meinen mit D
> es ernst nehmen mit D; damit, dass; damit, wenn
> es nehmen für A
> es sich nicht nehmen lassen, Inf.
> es jemandem recht machen
> es sich leisten können, dass; Inf.
> es gut (schlecht etc.) treffen bei D
> es verderben mit D
> es sich wohl sein lassen

## 7.2   Der Ausdruck *es gibt*

Dieser Ausdruck bedeutet, dass etwas vorhanden ist oder sein wird. Er ist sehr häufig und lässt sich nur schwer in unser Schema einordnen. Dieses *es* kann niemals wegfallen; es steht in allen Konstruktionen. *Es gibt* hat den Akkusativ nach sich, kann aber nicht ins Passiv gesetzt werden:

*In Wirklichkeit gab es nach dieser Katastrophe keinen neuen Anfang mehr.*

## 7.3    Der unbekannte Täter

Unter diesem Titel werden Wendungen aufgeführt, in denen das handelnde Subjekt nicht genannt wird. In der Grammatik steht dieses Kapitel meist bei den Verben unter der Überschrift „Impersonalia" oder „Unpersönliche Verben". Es gibt sehr unterschiedliche Auffassungen über den Bedeutungsinhalt dieses *es*. Während die einen der Meinung sind, dass das *es* in *es regnet* Gott oder andere höhere Mächte vertrete, behaupten andere, dass es sich nur um einen Ausdruck wie *Regen ist* oder *Regen regnet* handele, der eine andere syntaktische Form angenommen habe. Wir können die zahlreichen Thesen zu diesem Problem nicht diskutieren. Für den Deutschlerner ist das auch gar nicht wesentlich; für ihn ist die Frage nach der Anwendung im Satz wichtiger.

### 7.3.1    Natur und Zeit

a)    Witterungserscheinungen
      In diesen Sätzen kann das *es* niemals weggelassen werden und kann durch kein anderes Wort ersetzt werden:

> *Es regnet, es schneit, es friert, es donnert, es blitzt, es hagelt, es nieselt, es graupelt, es reift, es wetterleuchtet.*

b)    Tages- und Jahreszeiten
      Das *es* bleibt auch bei diesen Ausdrücken in allen Konstruktionen erhalten:

> *Abend wird es wieder.*

Die Wendungen mit *sein* kommen dem Gleichsetzungsnominativ nahe. Der Übergang zu dem in Abschnitt 7.1.1 Dargestellten ist hier gegeben (siehe S. 244 f.).

> *Es ist Morgen, es ist früh, es wird hell, es tagt.*
> *Es ist Tag, es ist hell.*
> *Es wird Abend, es wird dunkel.*
> *Es ist spät in der Nacht.*
> *Es ist 12 Uhr.*

In einigen Ausdrücken kann man das *es* durch ein Substantiv ersetzen:

| | | |
|---|---|---|
| *Es dämmert.* | → | *Der Morgen dämmert.* |
| *Es wird finster.* | → | *Der Himmel wird finster.* |
| *Es wird dunkel.* | → | *Der Himmel wird dunkel.* |
| *Es ist finster.* | → | *Die Nacht ist finster.* |

Eine Sonderstellung nehmen die Jahreszeiten ein. Bei Voranstellung eines Satzteils fällt *es* weg.

> *Es ist Sommer.*
> *Jetzt ist Sommer.*

c) In einigen Wendungen wird das Wirken der Natur gezeigt. Das *es* kann durch ein unbestimmtes Zahlwort (*alles, vieles*) oder durch ein Substantiv ersetzt werden:

> *Es blüht und gedeiht.*
> *Es keimt.*
> *Es reift.*
> *Es wächst.*

### 7.3.2 Sinneswahrnehmungen

In diesen Sätzen werden Zustände, Vorgänge und Handlungen dargestellt, die auf die Sinne wirken. In allen Fällen kann das *es* nicht ausgelassen werden, aber man kann es durch den Gegenstand ersetzen, von dem die Wirkung ausgeht:

> *Es schlägt eins.* → *Die Glocke schlägt eins.*

Nur in dem Satz *Es zieht* ist das nicht möglich:

> *Es braust, es klingelt, es klopft, es knallt, es kracht, es läutet, es lärmt, es pfeift, es rauscht, es schlägt.*
> *Es schmeckt, es riecht.*
> *Es glänzt, es leuchtet, es strahlt.*
> *Es brennt, es raucht, es qualmt.*

### 7.3.3 Das reflexive *es*

*Es* kann auch reflexiv gebraucht werden:

> *Es lebt sich gut in Berlin.*
> *In Berlin lebt es sich gut.*

Wenn der Satz außer dem Reflexivpronomen noch ein Akkusativobjekt hat, dann fällt das *es* weg, wenn es nicht am Anfang steht:

> *Bei so schwachem Licht lesen sich die Ziffern schlecht ab.*

Eine solche Konstruktion wird häufig durch ein Passiv, durch einen Infinitiv mit *zu* oder durch ein Modalverb mit Infinitiv ersetzt. In diesem Fall steht das *es* nur am Anfang. Hier ist der Übergang zu dem schon oben erwähnten Passiv mit *es*:

*Bei so schwachem Licht kann man die Ziffern schlecht ablesen.*
*Es können bei so schwachem Licht die Ziffern schlecht abgelesen werden.*
*Bei so schwachem Licht können die Ziffern schlecht abgelesen werden.*
*Es lassen sich die Ziffern bei so schwachem Licht schlecht ablesen.*
*Die Ziffern lassen sich bei so schwachem Licht schlecht ablesen.*
*Es sind die Ziffern bei so schwachem Licht schlecht abzulesen.*
*Bei so schwachem Licht sind die Ziffern schlecht abzulesen.*

### 7.3.4 Im Bereich der Person

Auch im persönlichen Bereich gibt es viele Dinge, für die man sich nicht selbst verantwortlich glaubt. Die Sprache bietet die Konstruktion mit *es* an. Der unbekannte Täter, unbekannte Mächte lösen Handlungen, Geschehnisse und Gefühle aus. Der Mensch wird innerlich und auch körperlich ergriffen und gepackt:

*Es schleuderte den Fahrer hin und her.*
*Es riss den Mann in die Tiefe.*
*Es regte sich in ihm ein neuer Gedanke.*

Vor allem sind hier die Wendungen mit dem Personalpronomen im Dativ oder Akkusativ zu erwähnen. Viele von diesen unpersönlichen Wendungen mit *es* sind inzwischen durch persönliche Ausdrücke mit dem Personalpronomen im Nominativ ersetzt worden, worin sich wohl zeigt, dass sich der Sprecher mit seinen Gefühlen und Handlungen stärker identifiziert.

Die meisten Sätze folgen dem gleichen syntaktischen Modell: Auf *es* folgt ein Infinitiv oder ein Dass-Satz:

*Es überrascht mich, ihn hier zu sehen.*

Frage ohne Fragewort:

*Überrascht es mich, ihn hier zu sehen?*

Frage mit Fragewort:

*Warum überrascht es mich, ihn hier zu sehen?*

Voranstellung des Pronomens:

*Mich überrascht (es), ihn hier zu sehen.*

Wenn der Infinitiv oder der Dass-Satz voransteht, fällt das *es* weg:

*Ihn hier zu sehen, überrascht mich.*

Persönliche Formulierung:

*Ich bin überrascht, ihn hier zu sehen.*

In der gleichen Weise verhalten sich die folgenden Ausdrücke. Ein Infinitiv oder ein Dass-Satz kann immer folgen; *es* kann durch ein Substantiv ersetzt werden.

Mit dem Akkusativ:

| | |
|---|---|
| Es ärgert mich | Ich ärgere mich über A |
| Es bewegt mich | Ich bin bewegt von D |
| Es bedrückt mich | – |
| Es drängt mich | Ich fühle mich gedrängt zu D |
| Es ergreift mich | Ich bin ergriffen von D |
| Es erstaunt mich | Ich bin erstaunt über A |
| Es freut mich | Ich freue mich auf A; über A |
| Es gelüstet mich | Ich habe Lust zu D |
| Es interessiert mich | Ich bin interessiert an D |
| Es jammert mich | – |
| Es regt mich auf | Ich rege mich auf über A |
| Es reut mich | Ich bereue es |
| Es treibt mich | Ich bin getrieben zu D |
| Es wundert mich | Ich wundere mich über A |

Ohne einen folgenden Dass-Satz und Infinitiv kommen die Wendungen *es friert mich, es hungert mich, es dürstet mich* vor. Wenn das Personalpronomen vorangestellt wird, fällt das *es* weg:

*Mich friert, mich hungert, mich dürstet.*

Alle drei Wendungen sind durch persönliche Ausdrücke abgelöst worden:

*Ich friere. Ich habe Hunger. Ich habe Durst.*

Mit dem Dativ:

| | |
|---|---|
| Es bangt mir vor D | Ich bin bange vor D |
| Es graut mir vor D | Ich habe ein Grauen vor D |
| Es gefällt mir | – |
| Es steht mir zu | Ich habe einen Anspruch auf A |
| Es tut mir Leid | – |
| Es träumt mir | Ich träume von D |

Es widerstrebt mir                                      –
Es bleibt mir nichts übrig, als             Ich kann nichts anderes tun, als
                                                         Ich habe keine andere Möglichkeit, als

Den Dativ finden wir bei vielen Wendungen, die auch ohne Dativ stehen können. Sie verhalten sich im Satz so wie die Sätze ohne Personalpronomen. Man vergleiche den entsprechenden Abschnitt (S. 247 f.).

Es fällt mir schwer, dass
Es fällt mir auf, dass
Es fehlt mir an D
Es geht mir um A; darum, Inf.; darum, dass
Es gelingt mir, dass
Es kommt mir an auf A; darauf an, dass
Es scheint mir, dass

## 7.4    Übungen zu *es*

### Übung 1

*Bringen Sie den kursiv gedruckten Satzteil an den Anfang des Satzes, und prüfen Sie dann, ob das „es" wegfallen muss!*

1.  Es sind Kurven *in das Diagramm* einzuzeichnen.

2.  Es war *nun* aber so, dass er nicht erfahren sollte, was dort gemacht wurde.

3.  Es sollten *alle* beisammen sein.

4.  Es ist *das Examen*, das ihn so beschäftigt.

5.  Es soll *niemand* den Arbeitsraum betreten, der nichts darin zu suchen hat.

6.  Es wurde *an diesem Tage* schon früh hell.

7.  Es verhält sich nämlich *oft* so, dass die Kosten zu hoch sind.

8.  Es ging den Leuten *damals* gut.

9.  Es ging ihm *ein guter Gedanke* durch den Kopf.

10. Es handelt sich *hier* um einen anderen methodischen Ansatz.

### Übung 2

*Soll ein „es" in die Lücke eingesetzt werden oder nicht?*

1.  Was du mir gibst, reicht __ mir nicht.

2.  Was ist __ denn, was uns angeht?

3.  Der Gesundheit ist __ nicht zuträglich, viel zu rauchen.

4. Er wollte __ nicht wie die anderen machen, die nur Geld verdienen wollten.
5. Er wollte __ nicht wie die anderen handeln, die nur nach der Macht strebten.
6. Das Epos handelt __ von der Zerstörung der Stadt Troja.
7. Worum handelt __ sich in dieser Erzählung?
8. Woran lag __ denn, dass er zu spät ins Krankenhaus eingeliefert wurde?
9. Der Assistent bereitete das Experiment vor, um __ den Studenten vorzuführen.
10. Aufgabe der Eisenbahn ist __, Transporte auszuführen.

**Übung 3**

*„Es" oder kein „es"?*

1. Wie verhalten __ sich die Seiten zu den Winkeln?
2. Wie verhält __ sich mit dieser Sache?
3. So verhält __ sich auch in der Natur.
4. So verhält __ sich dieser Stoff auch in der freien Natur.
5. Der Verbrauch steigt dann auf 3000 Kalorien, und bei schwerer Arbeit sind __ etwa 4000.
6. Hier geht __ darum, zu einem stichhaltigen Urteil über den Stand der Betriebsanlagen zu kommen.
7. Der Umfang, in dem __ möglich erscheint zu rationalisieren, hängt von vielen Momenten ab.
8. Wie __ aus der Untersuchung hervorgeht, war __ nicht leicht, ein gutes Ergebnis zu erzielen.
9. Es wurde festgestellt, dass __ zwischen den Faktoren eine Abhängigkeit besteht.
10. Heute heißt __ schnell fertig werden.

**Übung 4**

*„Er" oder „es"?*

**Im chemischen Praktikum**

Wer sitzt denn da an meinem Arbeitsplatz? Ach, __ ist Wolfgang. __ macht eine Analyse. __ sind nämlich noch drei Analysen in diesem Semester zu machen. __ hat erst eine abgegeben. __ wird noch eine Weile dauern, bis __ fertig ist. __ ist eine schwierige Arbeit. __ sieht leicht aus, wie __ __ macht. __ sieht öfters in einem Buch nach; __ ist das Handbuch für das chemische Praktikum. __ hat __ neulich gekauft. __ gibt natürlich noch andere Bücher, die __ benutzt. Von uns beiden ist __ Wolfgang, der mehr arbeitet. Aber wenn schönes Wetter ist, dann hat __ auch keine Lust! Morgen will ich __ versuchen, ob ich __ schaffe, eine Analyse zu machen.

## Übung 5

*Setzen Sie ein „es" ein, wenn es notwendig ist!*

1. Ich halte __ für ausgeschlossen, dass er Werkspionage betreibt.
2. Er hat __ satt, fruchtlose Diskussionen zu führen.
3. Er hat __ genug von den dauernden fruchtlosen Diskussionen.
4. Der Ingenieur bezeichnete __ als eine schwere Belastung, sich auch noch mit Personalfragen zu beschäftigen.
5. Derjenige, der bei einer Wahl unterliegt, muss __ sich gefallen lassen, dass im Namen der Gemeinschaft gesprochen wird.
6. So besteht __ das Verfahren in Hochöfen darin, das Eisen vom Sauerstoff zu trennen.
7. Beim Ausfall dieses Organs kommt __ zu Störungen.
8. Es ist daher begründet, dass die neuen Herren __ als selbstverständlich ansahen, dass __ Babylon die Hauptstadt ihres Reiches war.
9. Praktisch wird __ nie vorkommen, dass die Betriebs-, Konstruktions- und Entwicklungsabteilung so eng zusammenarbeiten, wie __ die günstige Gestaltung des gesamtbetrieblichen Prozesses verlangt.
10. Wir müssen __ ablehnen, auf diese Forderungen in einer Besprechung einzugehen.

## Übung 6

*Verwandeln Sie die folgenden Sätze!*
*Benutzen Sie:*
*a)   „können" und den Infinitiv Passiv,*
*b)   „es" – „sich",*
*c)   „sich" – „lassen",*
*d)   „sein" und den Infinitiv mit „zu"!*

**Beispiel:**

In dieser hellen Fabrikhalle kann man gut arbeiten. →

# 7. Es

a) *In dieser hellen Fabrikhalle kann gut gearbeitet werden.*
b) *Es arbeitet sich gut in dieser hellen Fabrikhalle.*
c) *In dieser hellen Fabrikhalle lässt sich gut arbeiten.*
d) *In dieser hellen Fabrikhalle ist gut zu arbeiten*

1. Diese Zustände kann man nicht leicht ändern.
2. Mit diesem Amperemeter kann man sehr schwache Ströme genau messen.
3. Mit Hilfe dieser Methode kann man genaue Ergebnisse erzielen.
4. Diesen Kunststoff kann man nur schwer verarbeiten.
5. Mit diesem Werkzeug kann man gut arbeiten.
6. Junge Leute kann man für eine gute Sache begeistern.
7. Mit dem Flugzeug kann man wertvolle Güter schnell transportieren.
8. Eine Erklärung für diesen Vorgang kann man in der Atomtheorie finden.
9. Diesen Bau kann man durch Kredite finanzieren.
10. Viele Stoffe kann man in Wasser lösen.

## Übung 7

*Wandeln Sie die unpersönliche Konstruktion mit „es" in eine persönliche um!*
*(Sie finden die Konstruktionen auf S. 256 f.).*

**Beispiel:**

Es freut mich, Sie hier zu sehen. →

*Ich freue mich, Sie hier zu sehen.*

1. Es ärgert mich, dass er so unzuverlässig ist.
2. Es überrascht mich, ihn hier zu treffen.
3. Es friert mich in diesem dünnen Mantel.
4. Es ergreift mich, wenn ich als Arzt einem jungen Menschen nicht mehr helfen kann.
5. Es reut ihn, dass er sich so wenig auf die Prüfung vorbereitet hat.
6. Es regt mich jedesmal wieder auf, wenn ich die Darstellung der Zerstörung dieses Staates lese.
7. Es wundert mich nicht, dass junge Leute oft so radikal sind.
8. Es bleibt mir nichts übrig, als abzuwarten.
9. Es erstaunt mich, wie wenig heute auf die Weitergabe der überlieferten Geistesgüter geachtet wird.
10. Es interessierte ihn sehr, die Zusammenhänge zwischen Politik und Wirtschaft zu studieren.

## 7.5 Texte zu *es*

### Text 1

*Setzen Sie „es" in die Lücken ein, aber nur wenn es notwendig ist!*

**Das Internet**

In den letzten Jahrzehnten ist ein völlig neues Kommunikationssystem entstanden, das Internet. Internet ist ein Kurzwort, entstanden aus *international network*.
___ handelt sich dabei um eine weltumspannende Vernetzung von Computern.
Erfunden worden ist ___ eigentlich vom Verteidigungsministerium der USA.
Man wollte ein Kommunikationsmittel finden, das ___ Teile der Armee in aller Welt verbindet, das so sicher ist, dass ___ selbst durch einen Atomschlag nicht zerstört werden könnte. Schon in den sechziger Jahren des zwanzigsten Jahrhunderts kam man zu der Erkenntnis, dass ein solches Netzwerk keine Zentrale haben darf. Und ___ müsste so gebaut werden, dass ___ auch dann funktioniert, wenn große Teile davon ausgefallen sind. Alle Verteiler der Datenströme, so genannte Knoten, müssen daher gleichberechtigt sein. Jeder Knoten muss ___ die Möglichkeit haben, Botschaften zu empfangen, weiterzusenden und eventuell neu zu adressieren. Obwohl ___ viel Skepsis gegen ein solches System gab, begann man intensiv daran zu arbeiten.

Das Neue, das Revolutionäre am Internet ist, dass ___ eigentlich nur aus einer Vereinbarung über die Art und Weise, wie Daten übermittelt werden, besteht. Die Regel sagt, dass die Daten in Pakete aufgeteilt werden. Am Anfang eines Pakets ___ steht die Zieladresse. Das nur auf kleinen Datenpaketen und vielen Knoten beruhende System hat Vorteile. ___ gibt, wie gefordert, keine Zentrale, keinen Zentralcomputer, keinen Chef (!) und kaum Hardware, denn das Internet nutzt nur die Netzwerke anderer, z.B. der großen Telefongesellschaften.

Das Internet beruht auf einer Menge kleiner Computer, die sehr schnell arbeiten und über viele Orte und Länder verteilt sind. Die Computer, die Inhalte aufnehmen und speichern, heißen *Server*. Wenn jemand Inhalte von einem Server abruft, dann verpackt der Computer die angeforderten Daten, adressiert sie und schickt sie blindlings ins Netz. Im Netz werden die Pakete von einem *Router* (von: Route, Weg), einem speziellen Computer empfangen. Dieser Computer hat eine ungefähre Vorstellung, wo sich was im Netz befindet. Er liest die Adresse der Pakete und schickt sie in diese Richtung weiter zum nächsten Router. Der nächste Router verhält sich ebenso. ___ ist klar, dass der Weg, den die Datenpakete nehmen, keineswegs geradlinig zum Ziel führt, denn ___ ist sicher, dass keiner der Router eine Karte des Internets zur Verfügung hat, die gibt ___ nicht. Jeder kennt nur seine Umgebung und wählt den schnellsten Weg zum nächsten Computer. In ganz schwierigen Fällen wird ___ notwendig, den klügsten Router zu befragen, den A-Route-Server, wobei A für *authority* steht. Er steht in Californien. Alle neuen Adressen, __ gibt im Jahr immerhin 5 Millionen, werden zunächst von ihm registriert und dann erst an die anderen Router weitergegeben.

Bis Anfang der neunziger Jahre nutzten das Internet jedoch nur wenige, vor allem Wissenschaftler und Informatiker. Der Zugang war zu kompliziert und __ war schwierig, sich darin zurechtzufinden. Das änderte sich, als __ Andreessen gelang, an der Universität von Illinois ein Zugangsprogramm zu entwerfen (*Browser* genannt, von *to browse* = durchsuchen, stöbern). Mit seiner Hilfe konnte man die Datenfülle des Internet nutzen. Jetzt konnte das *World Wide Web*, kurz WWW, das große Informationssystem, für jedermann zugänglich gemacht werden. Hier werden alle Arten von Kenntnissen, Fakten, Nachrichten angeboten. Ein solches Angebot geschieht mit Hilfe einer *Site*. Site ist die Gesamtbezeichnung für die Web-Präsenz eines Anbieters, z.B. einer Firma. Beim Anklicken der Adresse per Mausklick erscheint die erste Bildschirmseite, sie heißt *Homepage*. Alle folgenden Seiten können ebenso abgerufen werden.

Das Angebot im WWW ist inzwischen fast unbegrenzt. Alle Arten von Informationen, Statistiken, Tabellen, Schaubildern, Plänen usw. können gesucht und gefunden werden. Die Datenmenge wächst ständig. Lange hat __ gedauert, bis man sich bemühte, diese Masse von Daten zu ordnen. Zwei Studenten (David Filio und Jerry Yang) versuchten __, diese Ordnung durch ein Klassifikationssystem herzustellen. Die Klassen hießen etwa: Wirtschaft, Nachrichten, Erholung, Sport, Kultur. Das System musste natürlich ständig erweitert werden, da das Angebot immer differenzierter wird. __ ist nicht leicht, in einem solchen Verzeichnis etwas zu finden. Der Nutzer muss sich der Suchmaschinen bedienen. Der Rahmen für die Aktivitäten im Internet wird immer größer. Man kann Bankgeschäfte abwickeln, einkaufen, sich mit Unbekannten unterhalten (*chatten*), neue Bekannte suchen, Freundschaften schließen, an Auktionen teilnehmen, an der Börse handeln und vieles andere mehr. __ ist aber zu bedenken, dass __ in diesem Netz keine Aufsicht, keine Kontrolle gibt, also wimmelt __ auch von Betrügern. Hier ist Vorsicht geboten.

Offenbar sind es die E-mails, die elektronischen Briefe, die __ im Internet am meisten genutzt werden. Anstelle der traditionellen Briefpost werden die Mitteilungen per Computer verschickt. Um E-mails empfangen zu können, ist __ notwendig, genau wie bei der Post, eine Adresse zu haben. Die erhält man bei einem *Provider*. Das ist ein Unternehmen, das Privatpersonen und Firmen den Zugang zum Internet ermöglicht. Das charakteristische Merkmal einer solchen E-mail-Adresse ist das Zeichen @, gesprochen wird es wie das englische *at*.

Das System hat allerdings auch Schwächen. Einmal psychologische. Diejenigen, die den ganzen Tag vor dem Bildschirm sitzen und sich ständig im WWW bewegen und von einem Angebot zum anderen springen oder hüpfen (diese Tätigkeit wird *surfen* genannt), werden leicht süchtig. Sie sind nicht mehr in der wirklichen, sondern nur noch in der virtuellen Welt zu Hause und merken __ nicht. Weiter ist __ nicht zu übersehen, dass die Sicherheit der Datenübermittlung gefährdet ist. __ ist schwer zu verhindern, dass Informationen in falsche Hände geraten. Deshalb verschlüsselt man die Daten häufig. Trotzdem gelingt __ den *Hackern* immer wieder, in geschlossene Computersysteme einzudringen.

Die größte Gefährdung des Netzes geht von den Viren aus. Der Terminus stammt aus der Medizin, und __ wird so ein Krankheitserreger bezeichnet, der in einen lebenden Organismus eindringt, um ihn zu zerstören. So ist __ das Ziel der Computerviren, in viele Computer einzudringen, sich zu vermehren, sich an die Programme anzuhängen, um sie zum Negativen zu verändern und sie zu zerstören. Solche Viren können auch als E-mails getarnt verbreitet werden. __ ist sicher, dass __ dem Internet trotz seiner Schwächen noch eine große Zukunft bevorsteht.

1.  *Geben Sie wieder, was im Text über das Verfahren steht, wie ein Datenpaket seine Adresse erreicht!*
2.  *Erläutern Sie die folgenden englischen Ausdrücke mit Hilfe des Textes auf Deutsch: Route-Server (vierter Absatz des Textes), World Wide Web (fünfter Absatz), Browser (fünfter Absatz), E-mail (siebter Absatz), Provider (siebter Absatz). Nutzen Sie auch ein Spezial-Wörterbuch, etwa Langenscheidts Internet Wörterbuch.*
3.  *Sagen Sie etwas über die Probleme des Internet.*

**Text 2**

*Setzen Sie ein „es" ein, wenn es möglich ist!*

**Wahlsysteme**

Heute ist __ kaum mehr möglich, dass sich die Bürger eines Staates wie im alten Athen versammeln, um die Entscheidungen direkt zu fällen. Die Gemeinwesen sind zu groß, als dass sie in dieser Form handeln könnten. Daher ist __ der moderne Staat ein Repräsentativstaat. __ entsteht aus dem Charakter eines solchen Staates eine Reihe von Problemen. Vor allem fragt __ sich, wie man die Volksvertreter wählen soll; denn __ ist klar, dass der Staatsbürger am direktesten und am sichtbarsten durch die Wahl Einfluss auf das Staatsgeschehen nimmt. Durch Wahlen vollzieht __ sich in der Demokratie der Regierungswechsel, der für Diktaturen ein schwieriges Problem darstellt.

Aus dem Gesagten ergibt sich vor allem die Frage: „Wie sollen Wahlen durchgeführt werden?" __ haben sich zwei Haupttypen von Wahlverfahren herausgebildet, die man die Mehrheits- oder Persönlichkeitswahl und die Verhältnis- oder Proportionalwahl nennt.

Beim Persönlichkeitswahlrecht wird nur einer in jedem Wahlkreis gewählt. __ ist selbstverständlich, dass das Gebiet, in dem die Wahl stattfinden soll, dann in Wahlkreise eingeteilt werden muss. Wer die meisten Stimmen auf sich vereinigt, ist __ gewählt. Der Vorteil dieses Systems liegt darin, dass der Wahlkampf den Massen verständlicher ist, dass er dramatisch ist, wie __ jeder Wettkampf ist, bei dem nur einer gewinnen kann. Ferner ist __ bei einem solchen Wahlgang

klar, dass der gewählte Volksvertreter seinem Bezirk ebenso wie der Gesamt-
wählerschaft verantwortlich ist. Außerdem ist __ sicher, dass bei diesem Wahlverfahren die großen Parteien mit ihren Persönlichkeiten die meisten Mandate
erobern; das erleichtert die Regierungsbildung und verschafft der Regierung Stabilität. Andererseits ist __ ebenso sicher, dass die Stimmen der Minderheit bei
diesem Wahlsystem verlorengehen. Wenn viele Kandidaten zur Wahl stehen,
kann __ überdies geschehen, dass der Abgeordnete vielleicht nur mit 35 % gewählt wird.

Beim Verhältniswahlrecht gehen keine Stimmen verloren. __ werden den
Parteien in dem gleichen Verhältnis Sitze zugeteilt, in dem Stimmen für sie abgegeben wurden. Aber auch bei der Anwendung dieses Systems tauchen zahlreiche Probleme auf. Unter dem Verhältniswahlrecht sind __ die Wahlen im Allgemeinen nicht so selbstverständlich wie unter dem anderen Wahlverfahren.
Außerdem wird __ die für ein demokratisches System so wichtige Feststellung
erschwert, wem gegenüber der Abgeordnete verantwortlich ist. Da dieses Wahlrecht ferner dazu führt, den Einfluss kleiner Minderheiten zu steigern, wird __
das Parlament oft in viele kleine Gruppen aufgeteilt, so dass eine wirksame
Staatsführung erschwert wird.

Über die Vorzüge und Nachteile der Wahlsysteme herrscht unter den Fach-
leuten und auch unter den an der Macht interessierten Gruppen Streit, deshalb
gibt __ neben den beiden Grundtypen mit ihren mannigfachen Unterformen noch
Kombinationsmöglichkeiten, die verschiedene Elemente aus beiden Wahltypen
verwenden.

In der Bundesrepublik Deutschland wird nach einem gemischten Wahlverfahren gewählt. Jeder Wahlberechtigte hat zwei Stimmen. Mit der Erststimme
wird im Wahlkreis ein Abgeordneter gewählt. Hier findet __ das Persönlichkeitswahlrecht seinen Niederschlag. Wer die meisten Stimmen auf sich vereinigt,
ist __ gewählt. Mit der zweiten Stimme wird die Liste einer Partei gewählt. Das
entspricht dem Verhältniswahlrecht. Wie viele Abgeordnete einer Partei in den
Bundestag kommen, das wird mit der Zweistimme entschieden. __ werden die
Ergebnisse der beiden Wahlvorgänge dann in einem komplizierten Verfahren
miteinander verrechnet, wobei der, der mit der Erststimme gewählt wird, in jedem Fall in den Bundestag einzieht.

Da das Wahlverfahren den Zugang zur Macht kanalisiert, sind alle am
Machtkampf interessierten Kräfte bemüht, die Ordnung des Wahlverfahrens so
zu gestalten, wie __ den eigenen Bedürfnissen entspricht. Dabei ist darauf zu
achten, dass das Wahlsystem nicht zugunsten einer bestimmten Gruppe manipu-
liert wird, denn das muss das Vertrauen des Volkes in die Echtheit der Wahl-
resultate erschüttern.

*Berichten Sie über das Wahlverfahren in dem Lande, aus dem Sie kommen!*

## Text 3

*„Er" oder „es"?*
*Setzen Sie das richtige Pronomen in die Lücke ein!*

### Eine kleine Geschichte der ökonomischen Nutzung unter dem Gesichtspunkt der Ökologie

In der Frühzeit seiner Geschichte blieben die ökonomischen Aktivitäten des Menschen innerhalb des ökologischen Rahmens. Der Mensch nahm vom Vorhandenen an Frucht, Korn und Fleisch, so viel __ selbst brauchte. __ war, ökologisch gesehen, auch als Mensch nur eine Komponente unter vielen anderen.

Im Laufe seiner Geschichte erwarb __ sich dann immer mehr Wissen. __ war für ihn z. B. von Vorteil, dass __ den Boden zu pflügen lernte. __ zähmte Nutztiere, die __ als lebende Speicher für Milch, Fleisch und Häute in seiner Nähe hielt. __ baute Dauersiedlungen in Verbindung mit seiner Tätigkeit als Bauer. Schließlich gelingt __ ihm auch noch, wenigstens in Ansätzen, über die Kräfte der Physik und der Chemie zu herrschen. All dies tat __ mit, aus seiner Sicht, überwiegend positivem Resultat, ohne zu erkennen, dass __ manche Arten, die mit ihm im Wettbewerb standen, ausrottete oder zumindest innerhalb des von ihm beanspruchten Raumes reduzierte. So war __ ihm möglich, durch Ausdehnung des Siedlungsraumes auch seine Populationsdichte zu erhöhen.

Bei seinem Tun nutzte __ alle Komponenten, die ihm als Ressourcen dienen konnten: Der Raum wird zur Errichtung von Siedlungen und Straßen genutzt. Dem Boden werden die Rohmaterialien für die industrielle Produktion entnommen. Die biologischen Komponenten dienen dem Menschen zu seiner Ernährung. Und __ ist sein Glück, dass sogar einige biologische Prozesse zur Vernichtung der von ihm erzeugten Abfälle beitragen.

Aus dem Gesagten folgt, dass der Mensch von Anfang an als ein Element des Ganzen gesehen werden muss. __ ist sowohl auf der Versorgungsseite als auch auf der Abfallseite von anderen Elementen und deren Funktionstüchtigkeit abhängig. Im Laufe der Entwicklung fallen nun mehr und mehr die negativen Produkte der Aktivitäten des Menschen auf. __ steht außer Zweifel, dass der Abfall (im weitesten Sinne des Wortes) nicht nur den Lebensraum verändert, sondern ihn in seiner Qualität zusehends mindert bzw. zerstört.

Insbesondere in den letzten Jahrzehnten hat sich eine neue Entwicklung ergeben. Durch den Austausch von Gütern und Dienstleistungen in großem Maße über die Grenzen der Regionen, Staaten und Kontinente hinaus werden der Handel und die ökonomische Nutzung jetzt weltweit betrieben, wenn auch, __ sei hier nicht verschwiegen, deutlich zu Lasten der von den Industriestaaten ausgebeuteten Drittländer. __ muss daher gesehen werden, dass Rohstoffe und Produktion, Güter und Dienstleistungen nicht gleichmäßig verteilt sind. Während in den armen Ländern die Ressourcen und die Nahrungsmittel nicht ausreichen, um ein erträgliches Leben zu führen, denn __ müssen die Bedürfnisse viel zu vieler

Menschen befriedigt werden, insbesondere jener, die in Wohlstandsstaaten auf Kosten der armen Länder einen Luxus genießen, den diese aufgrund unangemessen geringer Stundenlöhne ermöglichen, gibt __ in den industriellen Ländern eine überzogene Produktion, die die Abfallmengen in nicht zu bewältigendem Ausmaß wachsen lässt. __ muss erkannt werden, dass die Entwicklung der Technik während der Geschichte des Menschen nicht dazu geführt hat, ihn von der Natur unabhängig werden zu lassen. Man kann dennoch auf die Technik nicht verzichten.

__ muss nur damit Ernst gemacht werden, alle ökonomischen Funktionen in das natürliche System zu integrieren. Nur so scheint __ möglich, die Entfaltung des Menschen in einer natürlichen Umwelt zu sichern.

1. *Erstellen Sie eine Gliederung für eine Textzusammenfassung!*
2. *Der letzte Abschnitt bietet eine Perspektive.*
   *Leicht gesagt, aber schwer getan! Zeigen Sie Möglichkeiten auf, Technik in diesem Sinne zu verändern!*

# 8.   Das Passiv

Das Passiv wird gebildet, indem man *werden* oder *sein* mit dem Partizip II verbindet:

*Die Versuchsreihe wird durchgeführt.*
*Die Versuchsreihe ist durchgeführt.*

Das Passiv mit *werden* wird in vielen Lehrbüchern als Vorgangspassiv, das Passiv mit *sein* als Zustandspassiv bezeichnet. Zur Bildung des Partizips vergleiche man S. 147 ff.

## 8.1   Das Passiv mit *werden*

### 8.1.1   Die Formen

Zu jedem Tempus gibt es Formen für das Aktiv und für das Passiv. Im Folgenden sind Aktiv- und Passivformen zusammengestellt:

|          | Präsens:                                          | Präteritum:                                    |
|----------|---------------------------------------------------|------------------------------------------------|
| **Aktiv:**   | *Ein Arzt untersucht den Verunglückten.*          | *Ein Arzt untersuchte den Verunglückten.*      |
| **Passiv:**  | *Der Verunglückte wird von einem Arzt untersucht.* | *Der Verunglückte wurde von einem Arzt untersucht.* |

In den zusammengesetzten Formen des Perfekts und des Plusquamperfekts heißt das Partizip II von *werden* im Passiv *worden* (ohne *ge-*).

|          | Perfekt:                                               | Plusquamperfekt:                                       |
|----------|--------------------------------------------------------|--------------------------------------------------------|
| **Aktiv:**   | *Ein Arzt hat den Verunglückten untersucht.*           | *Ein Arzt hatte den Verunglückten untersucht.*         |
| **Passiv:**  | *Der Verunglückte ist von einem Arzt untersucht worden.* | *Der Verunglückte war von einem Arzt untersucht worden.* |

Die Futurformen sind im Passiv selten. Man beachte den Unterschied zwischen der Bildung des Futurs und des Passivs:

*werden* mit dem Infinitiv verbunden  →   Futur
*werden* mit dem Partizip verbunden   →   Passiv

8. *Das Passiv*

|  | **Futur I:** | **Futur II:** |
|---|---|---|
| **Aktiv:** | *Ein Arzt wird den Verunglückten untersuchen.* | *Ein Arzt wird den Verunglückten untersucht haben.* |
| **Passiv:** | *Der Verunglückte wird von einem Arzt untersucht werden.* | *Der Verunglückte wird von einem Arzt untersucht worden sein.* |

Zukünftiges wird meist im Präsens ausgedrückt, das in der Zukunft abgeschlossene Geschehen im Perfekt. Der Zeitbezug wird dann oft durch ein Adverb oder den Kontext deutlich gemacht.

*Der Versuch wird morgen durchgeführt.*

Das Futur wird im Deutschen auch im Passiv oft benutzt, wenn man eine Vermutung ausdrücken will:

*Auch darüber wird gesprochen worden sein.*

Das heißt: Vermutlich hat man auch darüber gesprochen. Vergleichen Sie zum Futur als Modus der Vermutung auch S. 229.

Von den Passivformen bildet man den Konjunktiv, indem man das Verb *werden* oder *sein* in den Konjunktiv setzt:

**Konjunktiv I:**

*Er sagte, es werde keine Alternative angeboten.*
*Er sagte, es sei keine Alternative angeboten worden.*
*Er sagte, es werde keine Alternative angeboten werden.*

**Konjunktiv II:**

*Wenn eine Alternative angeboten würde, könnte man handeln.*
*Wenn eine Alternative angeboten worden wäre, hätte man handeln können.*

Vergleichen Sie dazu Abschnitt 6.3.2 über den Konjunktiv (S. 218 f.).

## 8.1.2   Aktivsatz und Passivsatz

Das Subjekt des Passivsatzes entspricht dem Akkusativobjekt des Aktivsatzes. Das Subjekt des Aktivsatzes kann im Passivsatz als Präpositionalphrase auftreten:

| *Die Firma* | *nahm* | *einen Kredit auf.* |
|---|---|---|
| *Von der Firma* | *wurde* | *ein Kredit aufgenommen.* |

Alle anderen Teile des Satzes werden nicht verändert. Das Dativobjekt, das Genitivobjekt, das präpositionale Objekt und auch die Attribute und Adverbialangaben (Umstandsbestimmungen) bleiben unverändert:

> *In der modernen Gesellschaft bestimmt der Beruf in hohem Maße den Status des Einzelnen.*
> *In der modernen Gesellschaft wird der Status des Einzelnen in hohem Maße durch den Beruf bestimmt.*

Eine Temporalangabe wird nicht verändert, auch nicht wenn sie im Akkusativ steht. Man darf sie nicht mit dem Akkusativobjekt verwechseln:

> *Die Firma nahm letzte Woche einen Kredit auf.*
> *Von der Firma wurde letzte Woche ein Kredit aufgenommen.*

Bei der Umwandlung eines Aktivsatzes in einen Passivsatz ist zu beachten, dass die Formen des Verbs sich in Numerus und Genus immer nach dem Subjekt richten:

> *Auch äußere Einflüsse bestimmen* (Plural!) *die Berufswahl.*
> *Auch von äußeren Einflüssen wird* (Singular!) *die Berufswahl bestimmt.*

Bei den Verben mit zwei Akkusativen (*nennen, heißen*) hat der Passivsatz zwei Nominative:

> *Der Chef nennt den Buchhalter unseren besten Mitarbeiter.*
> *Vom Chef wird der Buchhalter unser bester Mitarbeiter genannt.*

Hat der Aktivsatz kein Akkusativobjekt, dann ist der Passivsatz ohne Subjekt:

> *Der Ausschuss arbeitet an einem Reformplan.*
> *Von dem Ausschuss wird an einem Reformplan gearbeitet.*

Wenn das Subjekt des Aktivsatzes (Täter, Agens) im Passivsatz als Präpositionalphrase auftritt, dann geschieht das vor allem mit Hilfe der Präpositionen *von* (mit Dativ) und *durch* (mit Akkusativ). Dabei wird *von* viermal so oft benutzt wie *durch*. Im Allgemeinen sind *von* und *durch* austauschbar, wie die folgenden Beispiele zeigen:

> *Erst durch / von Adorno ist dieser Begriff in die Soziologie eingeführt worden.*
> *Die Straße wurde von der / durch die Flutwelle weggerissen.*

Wenn *von* und *durch* in einem Satz gemeinsam benutzt werden, dann zeigt sich, dass *von* den personalen Täter bezeichnet und *durch* das Mittel oder die Ursache:

> *Das Ergebnis wurde von einem Wissenschaftler durch langjährige Versuche erzielt.*

*Von* ist bei einem personalen Täter immer richtig. Manchmal kann es nicht benutzt werden, wenn das Agens ein Sachverhalt ist oder die Eigenschaft einer Person:

> *Durch die Unvorsichtigkeit eines Studenten wurde im Labor ein Unfall verursacht.*

Auch andere Präpositionen werden im Passivsatz zur Agens-Angabe verwendet, z. B. *auf, aus, bei, in, mit, seitens, unter.*

> *In den Kommentaren wird diese Schlussfolgerung ebenfalls erhärtet.*

Das heißt: Von den Kommentaren wird diese Schlussfolgerung erhärtet. Wenn diese anderen Präpositionen durch *von* oder *durch* ersetzt werden können, dann ist auch ein Aktivsatz möglich:

> *Die Kommentare erhärten diese Schlussfolgerung.*

Die Präposition *bei* findet man häufig, wenn Verfassernamen genannt werden:

> *Auch bei Schelsky wird der Begriff in diesem Sinne benutzt.*
> *Auch von Schelsky wird der Begriff in diesem Sinne benutzt.*
> *Auch Schelsky benutzt den Begriff in diesem Sinne.*

Die Präpositionalphrase, das Agens, kann im Passivsatz fehlen. Man benutzt das Passiv ja oft dann, wenn man den Täter nicht nennen will:

> *Der trockene Rückstand wird in Salzsäure gelöst.*

Die Lösung des Rückstandes wird von irgendeiner Person vorgenommen oder von irgendeiner Maschine ausgeführt. Es kommt hier nur auf den chemischen Prozess an. Manchmal ist der Täter auch dem Kontext zu entnehmen, so dass es nicht notwendig ist, ihn noch zu nennen:

> *Über dieses Problem wird im Rahmen des Seminars noch einmal auf der nächsten Sitzung gesprochen werden.*

Es sind die Mitglieder des Seminars, die das Problem diskutieren werden.

Es kann sein, dass das Agens nicht genannt wird, weil man nichts Genaues darüber sagen kann:

> *Jeder Kultur wird eine gewisse Ordnung der Werte mitgegeben.*

Wenn der Täter im Passivsatz nicht genannt wird, wenn es sich aber um eine oder mehrere Personen handelt, kann im Aktiv als Subjekt *man* eingesetzt werden:

*Gegen diese Auffassung sind Bedenken erhoben worden.*
*Man hat gegen diese Auffassung Bedenken erhoben.*

## Übungen

### Übung 1

*Wandeln Sie den Satz in einen Passivsatz mit „werden" um, ohne das Tempus zu verändern und ohne das Agens anzugeben!*

1. Man wendet diesen Begriff im Bereich der Wirtschaftswissenschaften nicht an.
2. Man indiziert die Werte einer physikalischen Gleichung.
3. Man stellte die Frage nach dem Verhältnis zwischen dem Parlament und dem Staatspräsidenten.
4. Damals hatte man an den Börsen schon nach kurzer Zeit größere Gewinne realisiert.
5. Man hat den Einfluss von Stauseen auf das Klima einwandfrei nachgewiesen.
6. Zur Planung der Produktion benötigt man auch absatzwirtschaftliche Daten.
7. Man strahlt fast alle Sendungen des Fernsehens in Farbe aus.
8. Bisher hat man den Einfluss des Alters auf Krankheiten fast nur beim Menschen untersucht.
9. Man wird auch in diesem Lande Triebbeherrschung und Konsumverzicht wieder positiv beurteilen.
10. Die Notwendigkeit des Ausbaus der Fernstraßen wird man in der vergangenen Zeit wohl überschätzt haben.

### Übung 2

*Wandeln Sie den Passivsatz in einen Aktivsatz mit dem Subjekt „man" um! Übernehmen Sie alle anderen Satzteile in den Aktivsatz!*

1. Die Sozialwissenschaften werden heute weitgehend als integrierter Forschungsbereich verstanden.
2. Unterschiedliche Erzeugnisse werden auf denselben Produktionsanlagen hergestellt.
3. Bei Kinderlähmung ist das Verhältnis zwischen Altersverteilung und Mortalität schon früh untersucht worden.
4. Zweifellos wird auch morgen noch viel Literaturkritik ohne neue Erkenntnisse veröffentlicht werden.
5. Die längerfristige Entwicklung am Aktienmarkt wird positiv eingeschätzt.
6. In den angelsächsischen Ländern werden weite Teile der Gesellschaftsordnung durch Gewohnheitsrecht geregelt.

7. Dieser Ausdruck ist meist auf soziologische Gesetzmäßigkeiten bezogen worden.
8. Im Rachen von Scharlachpatienten werden stets Streptokokken gefunden.
9. Die Gefahren des Rauchens wurden durch Reihenuntersuchungen in den letzten Jahren nachgewiesen.
10. Er wird mit allen erforderlichen Geräten für diese Expedition ausgerüstet werden.

## Übung 3

*Setzen Sie die folgenden Sätze ins Aktiv! Verändern Sie dabei das Tempus nicht! Achten Sie darauf, dass die Verbform des Aktivsatzes mit dem Subjekt übereinstimmt!*

1. Durch den Film werden die verschiedenen Bewegungen des Tieres festgehalten.
2. Ein neuer Plan für die Rationalisierung wird von der Betriebsleitung aufgestellt.
3. Die Kenntnisse über den grippalen Infekt sind durch ein Ärzteteam erweitert worden.
4. Die Schwierigkeiten eines Zusammenlebens auf engstem Raum sind von den Verhaltensforschern schon früh erkannt worden.
5. Die Möglichkeiten der Müllablagerung werden durch strenge Gesetze eingeschränkt.
6. Der Feierabend wurde früher von den Bürgern nicht vor dem Fernseher verbracht.
7. In diesem Krankenhaus waren die Erreger durch das Personal verbreitet worden.
8. Schon von Boyle war der Begriff „Element" klar umschrieben worden.
9. In Zukunft wird Informatik wahrscheinlich von vielen Studenten studiert werden.
10. Die Mauern dieser alten Stadt werden wegen des Straßenbaus von Arbeitern abgetragen worden sein.

## Übung 4

*Bilden Sie von den folgenden Sätzen das Passiv! Entscheiden Sie sich für „von" oder „durch" in der Präpositionalphrase!*

1. Das Investitionsprogramm schafft Arbeitsplätze.
2. Die Herrscher wählten beim Versagen politischer Lösungen oft den Krieg.

3. Hier hat der Arzt eine falsche Diagnose gestellt.
4. Die Ausgräber kennzeichnen und katalogisieren die Funde in der Grabung.
5. Die Reklame bestärkt die sorglosen Raucher in ihrer Haltung.
6. Der Forscher hat damit einen neuen Weg zum Verständnis dieses Problems eröffnet.
7. Die Frage nach der Zweckmäßigkeit des modernen Wohnungsbaus hatten die Planungsgremien oft nicht gestellt.
8. Schon Konrad Lorenz hatte Tiere zur Beobachtung in ihrer natürlichen Umgebung belassen.
9. Eine ständige Erfolgskontrolle wird den Lernerfolg sichern.
10. In einigen Jahrzehnten wird die Technik auch den letzten Winkel der Erde erreicht haben.

### 8.1.3   Die Passivfähigkeit

Nicht von allen Verben kann man ein Passiv mit *werden* bilden. In diesem Abschnitt wird gezeigt, welche Verben passivfähig sind und welche nicht. Dabei werden zwei Gruppen unterschieden: Verben, die ein Akkusativobjekt bei sich haben (transitive Verben), und Verben, die kein Akkusativobjekt bei sich haben (intransitive Verben).

**Die transitiven Verben** können fast alle ein Passiv mit *werden* bilden. Es gibt jedoch einige Ausnahmen:

a)   Wenn der Akkusativ eine Menge oder einen Betrag bezeichnet, bilden folgende Verben kein Passiv:

- *betragen* ( = eine Anzahl sein)
- *fassen, umfassen* ( = einen Inhalt haben)
- *gelten* ( = einen Wert haben)
- *kosten* ( = einen Preis haben)
- *messen* ( = eine Länge / eine Fläche / ein Volumen / ein Gewicht haben)
- *wiegen* ( = ein Gewicht haben)

   *Der Balken misst 5 m.*
   *Das Gerät wiegt 2 t.*
   *Die Zahl der Einwohner beträgt 3000.*

Wenn es sich um die Beschreibung einer Maßeinheit handelt, dann haben *messen* und *wiegen* ein Passiv:

   *Die Stromstärke wird in Ampere gemessen.*

b)  Kein Passiv mit *werden* bei folgenden Verben des Habens und Erhaltens:

   *haben, erhalten, behalten, enthalten, beinhalten, bekommen (kriegen),*
   *besitzen*

c)  Kein Passiv von *es gibt.*

d)  Kein Passiv mit *werden* bei echt reflexiven Verben. Das sind Verben, bei denen immer ein Reflexivpronomen stehen muss:

   *Er beeilt sich. Er entschließt sich nicht dazu.*

e)  Von den unecht reflexiven Verben, bei denen nicht immer ein Reflexivpronomen steht, sind das Passiv und das Reflexiv gleichbedeutend:

   *(sich) vererben, (sich) entwickeln, (sich) weiterbewegen* →
   *Diese Eigenschaft wird vererbt. Diese Eigenschaft vererbt sich.*

f)  Kein Passiv, wenn der Akkusativ durch einen Infinitiv vertreten wird:

   *Der Assistenzprofessor lässt diesen Versuch durchführen.*

g)  Kein Passiv bei transitiven Verben, die die Bedeutung von *sein* oder *bedeuten* haben, z. B.: *darstellen, entsprechen, bilden.*

   *Das stellt eine Sicherung der Arbeitsplätze dar.*

   *Darstellen* im Sinne von *bildlich machen* hat aber ein Passiv:

   *Das Ansteigen des Ausfuhrvolumens wird in diesem Diagramm dargestellt.*

h)  Selten ein Passiv bei den Verben *wissen, kennen* und *erfahren*:

   *Ich kenne diese Methode.*
   *Ich weiß um die Schwierigkeiten.*

   Nur manchmal ist ein Passiv bei allgemeinen Aussagen möglich:

   *Ein solches Wissen wird leidvoll erfahren.*
   *Diese Jahreszahlen werden in Prüfungen meist nicht gewusst.*

i)  Eingeschränkter Gebrauch des Passivs auch, wenn der Akkusativ ein Körperteil ist:

*Ich hebe den Arm hoch.*
*Ich strecke das Bein aus.*
Aber: *Die linke Hand kann vom Patienten nicht bewegt werden.*

**Die intransitiven Verben**, die ja kein Objekt im Akkusativ haben, können zum Teil dennoch ein Passiv mit *werden* bilden. Solche Passivsätze haben kein Subjekt. Abgesehen von wenigen Ausnahmen, muss aber ein Täter (Agens) gedacht werden können, so dass im Aktivsatz ein personales Subjekt erscheint. D. h., wenn man einen Aktivsatz mit *man* bilden kann, ist fast immer das Passiv möglich.

*Man arbeitet in diesem Bereich mehr als anderswo.*
*In diesem Bereich wird mehr als anderswo gearbeitet.*

Das gilt für intransitive Verben mit dem Dativ und dem präpositionalen Objekt.

*Ihm wurde mit der Relegation gedroht.*

Wenn der Aktivsatz mit *man* nicht möglich ist, gibt es auch keinen Passivsatz, z. B. bei den Verben *brennen, dauern, stattfinden, vorliegen.*
Von den Verben mit einem Objekt im Genitiv wird nur noch *gedenken* und im Rechtswesen *beschuldigen* im Passiv verwendet:

*Er wurde des Diebstahls beschuldigt.*

Folgende **Ausnahmen** sind noch zu beachten:

a)   Kein Passiv bei Verben, die das Perfekt mit *sein* bilden:

*Aus dem befruchteten Ei ist ein neuer Organismus entstanden.*

Daher auch kein Passiv bei den Verben *sein, bleiben* und *werden.* Es ist jedoch ein Passiv mit *entgegentreten, einschreiten* möglich:

*Gegen diese nicht genehmigte Demonstration wurde von der Polizei eingeschritten.*

Außerdem gibt es bei einer Feststellung, auch einer emotionalen, und beim Befehl ein Passiv der Verben, die mit *sein* konjugiert werden.

*Jetzt wird endlich abgefahren!*
*Da wird gelandet und gestartet.*

b) Kein Passiv bei den Verben, die ein *es* als Subjekt haben und die Witterungs-erscheinungen, Tages- und Jahreszeiten und Sinneswahrnehmungen ausdrü-cken:

*Es regnet. Es dämmert. Es schmeckt.*

Man vergleiche dazu S. 253 ff.

c) Kein Passiv mit *werden* bei reflexiven Verben, auch wenn das Reflexiv-pronomen im Dativ steht:

*Er eignet sich diese Kenntnisse an.*

d) Kein Passiv bei folgenden Verben mit dem Dativ: *ähneln, angehören, ent-stammen, fehlen, gebühren, gefallen, gehören, missfallen, unterliegen, vor-stehen, ziemen.*

*Er gehörte viele Jahre dieser Gruppierung an.*

Die Passivfähigkeit der **Verben mit präpositionalem Objekt** ist in den Listen auf S. 17 ff. und 68 ff. vermerkt:

„W, S" bedeutet, es gibt ein Passiv mit *werden* und mit *sein.*
„W, –" bedeutet, es gibt nur ein Passiv mit *werden.*
„ –, S" bedeutet, es gibt nur ein Passiv mit *sein.*
„ –, –" bedeutet, es gibt kein Passiv.

## Übungen

### Übung 1

*Bilden Sie von den folgenden Sätzen ein Passiv, aber nur wenn es möglich ist! Verändern Sie das Tempus nicht! Nennen Sie den Täter nicht!*

1. Diese Flasche enthält destilliertes Wasser.
2. In dieses Reagenzglas gießen wir 2 ml Salzsäure.
3. Es gibt mildere und härtere Formen der Diktatur.
4. Unter Elektrolyse versteht man die Zersetzung einer Verbindung durch den elektrischen Strom.
5. Die Firma hat die Produktion von Kunststoffen drastisch erhöht.
6. Dieses Produkt kostet jetzt über 1000,– €.
7. Wir lösen Schwefeldioxid in Wasser.
8. Die meisten Elemente kommen in der Natur nur in festen Verbindungen vor.

9.  Die Tiere zeigen oft ein sehr umsichtiges Verhalten.
10. Bei manchen Drüsen findet eine innere Absonderung statt.

## Übung 2

*Wie Übung 1!*

1.  Dieser Alkohol hat eine hohe Konzentration.
2.  Ich gebe zu dieser Flüssigkeit etwas von dem Alkohol hinzu.
3.  Hier liegt eine Verwechslung vor.
4.  Ich habe Kopfschmerzen.
5.  Man verbrennt den Müll in großen Verbrennungsanlagen.
6.  Kohlenmonoxid brennt mit blauer Flamme. Es geht dabei in Kohlendioxid über.
7.  Das Verhalten der Tiere beruht weitgehend auf vererbten Verhaltensweisen.
8.  Quarzsand entsteht bei der Verwitterung quarzhaltiger Gesteine.
9.  Den Widerstand messen wir in Ohm.
10. Zwischen diesen beiden Punkten misst die Spannung 20 V.

## Übung 3

*Wie Übung 1!*

1.  Jugendliche und alte Menschen stellen soziale Alterskategorien dar.
2.  Die Graphik stellt das Steigen der Preise in den letzten Jahren dar.
3.  Viele erkennen die Schwierigkeit, richtige Leitbilder für die Jugend zu erstellen.
4.  Diese wissenschaftliche Abhandlung behandelt die Probleme der Methodenlehre.
5.  Die Schulen gehören in allen modernen industriellen Gesellschaften zu den Kanälen des Auf- und Abstiegs.
6.  Man hat schon früh auf eine Krise im Bereich der Universitäten hingewiesen.
7.  Sozialer Wandel bedeutet die Gesamtheit von Veränderungen innerhalb einer Gesellschaft.
8.  Der fortschreitenden Arbeitszeitverkürzung entspricht eine wachsende Freizeit.
9.  Die Regierung entspricht dem allgemeinen Wunsch nach breiteren Bildungsmöglichkeiten.
10. Die staatliche Förderung und die entsprechende Agrarplanung beeinflusst die Landwirtschaft der hochindustrialisierten Länder stark.

## Übung 4

*Wandeln Sie die folgenden Sätze in Aktivsätze mit dem Subjekt „man" oder mit einem Reflexivpronomen um, aber nur wenn es möglich ist!*

1. Frankreich wird von Spanien durch die Pyrenäen getrennt.
2. Im Allgemeinen wird über die tatsächlichen Verhältnisse in Asien im Fernsehen nicht viel berichtet.
3. Die Berufswahl wird oft durch äußere Einflüsse bestimmt.
4. Die Institutionen des Staates werden um der Erhaltung der Demokratie willen gestärkt.
5. Die Mehrzahl der Bakterien wird nur passiv weiterbewegt.
6. Eine Möglichkeit zu einer anderen Stellungnahme wird bewusst offen gelassen.
7. Eine große Zahl von Eigenschaften wird auf die Nachkommen vererbt.
8. Keiner Kultur wird ein intaktes Wertesystem mitgegeben.
9. Jeder Punkt wird mit einer Indexzahl versehen.
10. Eigentum wird anerkannt, zugleich aber wird eine neue Eigentumsverteilung gefordert.

### 8.1.4 Aktiv und Passiv im Satz

In einem Satz mit einem Passiv mit *werden* liegt das Interesse des Sprechers besonders beim Vorgang, bei der Handlung, beim Geschehen. Dem Täter, dem Verursacher des Geschehens (Agens), kommt weniger Aufmerksamkeit zu. Bei den intransitiven Verben entfällt im Passiv sogar das Subjekt:

*Samstags wird nicht mehr gearbeitet.*

Wer hier nicht mehr arbeitet, wird nicht gesagt. Man denkt dabei an die Arbeitnehmer, aber der Kern der Aussage ist, dass keine Arbeit geleistet wird. Die Anwendung des Passivs liegt hier in der Absicht des Sprechers begründet, die Aufmerksamkeit des Hörers auf diesen Umstand, auf das, was die Verbform aussagt, zu lenken.
  Es gibt noch andere Gründe, das Passiv zu benutzen. Die beiden folgenden Sätze haben grammatisch zwei verschiedene Subjekte: *Die Mitarbeiter* und *man.*

*Die Mitarbeiter besaßen kein Mitwirkungsrecht.*
*Man fragte sie nicht in wichtigen Angelegenheiten.*

Inhaltlich wird aber nur von den Mitarbeitern gesprochen. Wenn man den zweiten Satz ins Passiv setzt, wird das auch in der Sprache deutlich:

*Die Mitarbeiter besaßen keinerlei Mitwirkungsrecht und wurden in wichtigen Angelegenheiten nicht gefragt.*

Hier wird das Passiv aus syntaktischen und semantischen Gründen gesetzt.

## Übungen

### Übung 1

*Fügen Sie den zweiten Satz dem ersten als Teil an, so dass der Satz nur noch ein gemeinsames Subjekt hat.*

**Beispiel:**

Die Versform stammt aus Frankreich. Man verwendet sie im Epos. →

*Die Versform stammt aus Frankreich und wird im Epos verwendet.*

1. Die Anordnung bestimmter Moleküle ist mit dem Elektronenmikroskop nachweisbar. Man bezeichnet sie als Struktur.
2. Viele Menschen verlieren durch Rationalisierung ihren Arbeitsplatz. Man setzt sie frei.
3. Die Sicherheit spielt im Automobilbau eine wichtige Rolle. Man behandelt sie vorrangig.
4. Der Fachausdruck „Anomie" (Orientierungslosigkeit) erfreut sich in der Soziologie großer Beliebtheit. Man verwendet ihn meist zu einer allgemeinen Gesellschaftskritik.
5. Die Literaturwissenschaft kann die Anfänge des Romans nicht eindeutig datieren. Man setzt seine Anfänge ins späte Mittelalter.
6. Um den Hospitalismus zu bekämpfen, wird das Personal untersucht. Man prüft die Sterilisationseinrichtungen auf ihre Wirksamkeit hin.

### Übung 2

*Setzen Sie den Nebensatz oder den zweiten Satz ins Passiv! Er schließt dann besser an den ersten Satz an!*

1. Massenproduktion ist ein hochmechanisiertes Fertigungsverfahren, bei dem man eine unbegrenzte Zahl eines gleichförmigen Produkts herstellt.
2. Arbeit dient dazu, dass man Mittel zur Befriedigung von Bedürfnissen erlangt.
3. Es besteht die Gefahr einer Wasserverunreinigung, wenn man Müll am Ufer eines Sees deponiert.

4. Romantik ist der Name für eine Epoche, in der man die Welt als geheimnisvoll und rätselhaft erfuhr.

5. Der Sprachwandel steht in engem Zusammenhang mit der gesellschaftlichen Entwicklung, was man früher nicht erkannt hat.

6. Resistenz bedeutet Unempfindlichkeit gegen einen Wirkstoff, die die Bakterien durch Mutation erwerben.

## 8.2 Das Passiv mit *sein*

### 8.2.1 Die Formen

Beim Passiv mit *sein* können ebenfalls alle Tempora gebildet werden. Präsens und Präteritum finden sich häufig in wissenschaftlichen Texten. Perfekt und Plusquamperfekt sind selten:

| | |
|---|---|
| **Präsens:** | *Die Reihenfolge der Versuche ist angegeben.* |
| **Präteritum:** | *Die Reihenfolge der Versuche war angegeben.* |
| **Perfekt:** | *Die Reihenfolge der Versuche ist angegeben gewesen.* |
| **Plusquamperfekt:** | *Die Reihenfolge der Versuche war angegeben gewesen.* |
| **Futur I:** | *Die Reihenfolge wird angegeben sein.* |
| **Futur II:** | *Die Reihenfolge wird angegeben gewesen sein.* |

Zukünftiges und in der Zukunft abgeschlossenes Geschehen wird meist durch das Präsens oder das Perfekt ausgedrückt. Vergleiche hierzu im Abschnitt zum Passiv mit *werden* S. 268.

### 8.2.2 Passiv mit *sein*, Passiv mit *werden* und Aktiv

Das Passiv mit *werden* bezeichnet meist eine Handlung, einen Vorgang, ein Geschehen, eine Tätigkeit, während das Passiv mit *sein* einen Zustand bezeichnet.

Im Vergleich zum Aktiv und zum Passiv mit *werden* zeigt das Passiv mit *sein* zwei unterschiedliche Arten, die in Zeitstufen begründet sind:

a) Das Passiv mit *sein* kann die Fortdauer eines vorher bewirkten Zustandes bedeuten; dann entspricht das Präsens des Passivs mit *sein* dem Perfekt des Aktivs und des Passivs mit *werden*:

> *Die Arbeitsgruppe hat das Projekt geprüft.*
> *Das Projekt ist geprüft worden.*
> *Das Projekt ist geprüft.*

b) Das Passiv mit *sein* kann auch einen dauernden Zustand bezeichnen, ohne dass man an eine Entstehung oder einen Vorgang denkt. Dem Passiv mit *sein* entspricht dann im Aktiv das gleiche Tempus:

> *Der Mensch ist von seiner Umgebung durch die Haut getrennt.*
> *Die Haut trennt den Menschen von seiner Umgebung.*

Beide Arten des Passivs mit *sein* sind nicht immer eindeutig zu unterscheiden:

> *Diese Methoden sind von Experten anerkannt.*

Das kann heißen:

> *Diese Methoden werden anerkannt.*
> *Experten erkennen diese Methoden an.*

Man kann aber auch den Vorgang der Anerkennung als vorangegangen, nun abgeschlossen denken:

> *Diese Methoden sind anerkannt worden.*
> *Die Experten haben diese Methoden anerkannt.*

Ein Agens kann beim Passiv mit *sein* nur genannt werden, wenn ein Verursacher des Zustands vorgestellt werden kann:

> *Das Zeichensystem ist von einer Sprachgemeinschaft akzeptiert.*

Der Verursacher muss aber nicht unbedingt eine Person oder Personengruppe sein:

> *Die Seuchengefahr ist durch eine bessere medizinische Versorgung gebannt.*

## Übungen

### Übung 1

*Wandeln Sie die folgenden Sätze ins Aktiv um!*
*Entscheiden Sie, ob das Präsens oder das Perfekt das richtige Tempus des neuen Satzes ist!*

### Beispiel 1:

Dieser Begriff ist von dem Forscher neu eingeführt. →

> *Der Forscher hat diesen Begriff neu eingeführt.*

**Beispiel 2:**

Die wesentlichen Eigenschaften der Vitamine sind in der folgenden Tabelle enthalten. →

*Die folgende Tabelle enthält die wesentlichen Eigenschaften der Vitamine.*

1. Die Unabhängigkeit der Rechtsprechung ist durch die Verfassung gewährleistet.
2. Die Schwierigkeiten innerhalb der Universitäten sind von den Soziologen noch nicht richtig analysiert.
3. Die Maßnahmen des Finanzministers sind durch die wirtschaftliche Lage gerechtfertigt.
4. Diese sehr dringliche Aufgabe ist von den Wissenschaftlern noch keineswegs gelöst.
5. Die Wetterverhältnisse in großen Höhen sind durch Ballonaufstiege erschlossen.
6. Die Hominiden sind heute durch Orang-Utan und Schimpansen repräsentiert.
7. Der engere Begriff ist in dem Oberbegriff enthalten.
8. Der Einfluss des Alters auf die Häufigkeit dieser Erkrankung ist von den Medizinern noch nicht untersucht.
9. Unser Gefühl für Ungerechtigkeit ist durch den Hinweis auf das Mitleid nicht erklärt.
10. Der Außenstehende ist von mancher Diskussion im Bereich der Universität zunächst befremdet.

**Übung 2**

*Nehmen Sie die Zukunft voraus!*
*Beschreiben Sie den erreichten Zustand durch ein Passiv mit „sein"!*

**Beispiel:**

Man will das Gebiet durch Straßen erschließen. →

*Das Gebiet ist durch Straßen erschlossen.*

1. Man will die Konjunktur stabilisieren.
2. Man will die Arbeitslosigkeit durch ein Investitionsprogramm verringern.
3. Man will die Diskussion nicht mit der Frage nach der Finanzierbarkeit des Programms belasten.

4. Man will die Bahnlinie zum Industriegebiet elektrifizieren.
5. Man will für den Krankheitsfall vorsorgen.
6. Man will den Stadtkern völlig umgestalten.
7. Man will durch Rationalisierung die Kosten senken.
8. Man will das bewässerte Land besiedeln.
9. Man will neue Arbeitsverträge abschließen.
10. Man will die Entwicklung in einer Graphik darstellen.

### 8.2.3 Die Passivfähigkeit

Fast alle transitiven Verben, die ein Passiv mit *werden* bilden können, haben auch ein Passiv mit *sein*:

> *Die Daten werden gespeichert.*
> *Die Daten sind gespeichert.*

Einige dieser Verben sind jedoch ohne ein Passiv mit *sein*. Es sind durative Verben:

> *beglückwünschen, benötigen, benutzen, bewundern, debattieren, experimentieren, erwarten, schulden*

Auch mehrere Verben mit einem präpositionalen Objekt haben nur ein Passiv mit *werden*, z. B.:

> *bestehen auf, geizen mit, halten für, handeln von, herrschen über, lachen über*

Sehen Sie dazu bitte in der Liste auf S. 17 ff. nach.

Fast alle *intransitiven* Verben können kein Passiv mit *sein* bilden. Es gibt aber einige Ausnahmen, die doch ein Passiv mit *sein* haben:

> *absagen, dienen, genugtun, helfen, kündigen, nutzen, schaden, vergeben, verzeihen, weiterhelfen, widersprechen*

Nur wenige Verben, die kein Passiv mit *werden* haben, können ein Passiv mit *sein* bilden:

> *enthalten, entzücken, scheitern an*

Hierzu gehören auch einige reflexive Verben, die im nächsten Abschnitt behandelt werden.

## 8.  Das Passiv

Das Sein-Passiv darf nicht verwechselt werden mit dem Perfekt der intransitiven Verben mit *sein*. Diese Verben können kein Passiv mit *sein* bilden:

*Er ist am Donnerstag angekommen.*

Eine Reihe von Partizipien hat sich vom Verb gelöst. Sie sind unabhängige Adjektive geworden, die eine eigene Bedeutung haben. Manchmal gibt es beide Formen nebeneinander. Einerseits das Verb im Sein-Passiv:

*Die Tür war verschlossen.*

Andererseits das Adjektiv mit dem Hilfsverb *sein*:

*Der Mann ist verschlossen.*

Hier wird eine Eigenschaft des Charakters dargestellt. Vergleichen Sie dazu den Abschnitt über das Partizip (S. 157 ff.).

## Übungen

### Übung 1

*Einige Verben haben nur ein Passiv mit „sein", andere nur ein Passiv mit „werden". Setzen Sie in die Lücke eine Form von „sein" oder „werden" ein!*

1. Für diese Investitionen __ eine größere Kapitalmenge benötigt.
2. Mit den Maßnahmen zur Belebung der Investitionstätigkeit __ oft zu lange gezögert.
3. In Industriellenkreisen __ er für einen hervorragenden Manager gehalten.
4. Viele Studenten __ an der ärztlichen Vorprüfung gescheitert.
5. Von dem Technischen Überwachungsverein (TÜV) __ auf einer Durchsicht der Kraftfahrzeuge im Abstand von zwei Jahren bestanden.
6. In diesem Forschungsbereich __ nichts beigetragen zu einer Klärung der gegenwärtig anstehenden Probleme.
7. In diesem Team __ nach den Ursprüngen des Lebens geforscht.
8. In den Entwicklungsländern __ um eine Verbesserung der medizinischen Versorgung gekämpft.
9. Im Benzin __ kaum noch Bleiverbindungen enthalten.
10. Auf eine Kürzung sozialer Leistungen __ von den Gewerkschaften sofort reagiert.

## Übung 2

*Entscheiden Sie sich für das Passiv mit „sein" oder mit „werden"!*
*Denken Sie daran, dass das Passiv mit „sein" einen Zustand beschreibt!*

1. Diese Produkte __ dazu bestimmt, den Hunger in diesem Lande zu befriedigen.
2. Die Bestrahlung __ zweimal wiederholt.
3. Die Produktion __ heute bereits weitgehend automatisiert, so dass mehr Spezialisten benötigt __.
4. Gerade in unserer Zeit __ die alten Formen der Sozialkontrolle durch neue abgelöst.
5. Der Roman besteht nur aus Fragmenten und __ nicht abgeschlossen.
6. Diagnostik und Therapie __ heute schon durch die Wissenschaft klar voneinander abgegrenzt.
7. Die Nutzung der meisten Energiequellen __ mit einem erheblichen gesundheitlichen Risiko belastet.
8. Nur wenn die Produktivität ständig gesteigert __, kann die Arbeitszeit auch weiterhin verkürzt __.
9. Die Elstern verjagen andere Raubtiere, so dass sie nicht in ihrem Revier jagen, womit der Zweck der Triebhandlung erreicht __.
10. Juristisch betrachtet, __ dieses Verhalten dann gerechtfertigt, wenn es aus einer Notlage heraus geschieht.

### 8.2.4 Das Passiv mit *sein* bei reflexiven Verben

Auch reflexive Verben können ein Passiv mit *sein* bilden. Von den Verben, die nur reflexiv gebraucht werden, hat nur *sich eignen* ein Passiv (*ist geeignet*). Die anderen Verben kommen reflexiv und nicht reflexiv vor:

> *Die Einzelteile unterscheiden sich durch ihre Farbgebung.*
> *Die Einzelteile sind durch ihre Farbgebung unterschieden.*

Der Passivsatz ist jedoch nicht eindeutig; es kann sich auch um ein Passiv mit *sein* zu einem Aktivsatz im Perfekt handeln:

> *Der Hersteller hat die Einzelteile durch ihre Farbgebung unterschieden.*

Hier heißt der Passivsatz ebenfalls:

> *Die Einzelteile sind durch ihre Farbgebung unterschieden.*

Bei welchen Verben diese Passivbildung möglich ist, entnehme man der Liste
S. 17 ff. Man findet z. B. auf S. 35 die Eintragung:

sich / A       unterscheiden W, S       durch A (S); dadurch, dass
                                        von D

Das Verb kann also reflexiv und nicht reflexiv benutzt werden. „W, S" bedeutet,
man kann ein Passiv mit *werden* und mit *sein* bilden. Das „W" gilt nur für den
Akkusativ, denn reflexive Verben können kein Passiv mit *werden* bilden. Das
„S" heißt, auch das reflexive Verb kann ein Passiv mit *sein* bilden. Das Wort *sich*
fällt dann natürlich weg.

**Übung**

*Bilden Sie das Passiv mit „sein" und einen Aktivsatz mit „man", der nicht refle-
xiv ist! Entscheiden Sie sich für das Präsens oder das Perfekt im Aktivsatz!*

**Beispiel:**

Die Ansicht stützt sich auf zahlreiche Informationen. →

   *Die Ansicht ist auf zahlreiche Informationen gestützt.*
   *Man stützt die Ansicht auf zahlreiche Informationen.*

1.  Das systematische Vorgehen bei der Beobachtung konzentriert sich auf aus-
    gewählte Einheiten.

2.  Diese Auffassung gründet sich auf die Ergebnisse empirischer Untersuchun-
    gen.

3.  Der Patient schützt sich vor dieser Krankheit durch eine Impfung.

4.  Dieses Aufgabengebiet grenzt sich von den Nachbarbereichen ab.

5.  Wir informieren uns über die Vorgänge in diesem Lande.

6.  Die Untersuchung stützt sich auf einschlägige empirische Erhebungen.

7.  Die Zahl der Keime im Trinkwasser hält sich in Grenzen.

8.  Die meisten Betriebe sichern sich nur ungenügend gegen Werkspionage.

9.  Der Student bereitet sich beim Repetitor auf das juristische Staatsexamen vor.

10. Die Klassifizierung sozialer Konflikte orientiert sich oft am Randverhalten
    der beteiligten Gruppe.

## 8.3    Das Passiv und das Modalverb

### 8.3.1    Allgemeiner (objektiver) Gebrauch

Modalverben stehen in wissenschaftlichen Texten meist zusammen mit einem Infinitiv. Einen solchen Satz kann man ins Passiv setzen, indem man den Infinitiv ins Passiv setzt:

|  | Präsens: | Präteritum: |
|---|---|---|
| **Aktiv:** | *Die Forschung kann genauere Ergebnisse nur durch eine empirische Untersuchung erlangen.* | *Die Forschung konnte genauere Ergebnisse nur durch eine empirische Untersuchung erlangen.* |
| **Passiv:** | *Genauere Ergebnisse können nur durch eine empirische Untersuchung erlangt werden.* | *Genauere Ergebnisse konnten nur durch eine empirische Untersuchung erlangt werden.* |

Das Perfekt und das Plusquamperfekt werden so gebildet, dass statt des Partizips II des Modalverbs der Infinitiv des Modalverbs eingesetzt wird, und zwar nach dem Infinitiv Passiv:

|  | Perfekt: | Plusquamperfekt: |
|---|---|---|
| **Aktiv:** | *Die Forschung hat genauere Ergebnisse nur durch eine empirische Untersuchung erlangen können.* | *Die Forschung hatte genauere Ergebnisse nur durch eine empirische Untersuchung erlangen können.* |
| **Passiv:** | *Genauere Ergebnisse haben nur durch eine empirische Untersuchung erlangt werden können.* | *Genauere Ergebnisse hatten nur durch eine empirische Untersuchung erlangt werden können.* |

Futur I und Futur II sind ungebräuchlich und werden durch das Präsens und das Perfekt ersetzt. Das Passiv mit *sein* wird in gleicher Weise mit den Modalverben verbunden:

|  | Präsens / Präteritum: | Perfekt / Plusquamperfekt: |
|---|---|---|
| **Aktiv:** | *Man kann (konnte) ein solches Verhalten durch die Umstände rechtfertigen.* | *Man hat (hatte) ein solches Verhalten durch die Umstände rechtfertigen können.* |
| **Passiv:** | *Ein solches Verhalten kann (konnte) durch die Umstände gerechtfertigt sein.* | *Ein solches Verhalten hat (hatte) durch die Umstände gerechtfertigt sein können.* |

Eine Verbindung des Modalverbs mit dem Infinitiv Passiv kommt in folgenden semantischen Bereichen häufiger vor:

8. *Das Passiv*

a) **können:**

- Fähig sein, die Fähigkeit haben zu.

  *Diese Verhaltensweisen können von Forschern bei Tieren beobachtet werden.*

- Möglich sein, eine Bedingung darstellen für den Eintritt eines Sachverhalts, einer Handlung (auch mit dem Konjunktiv II).

  *Dieser methodische Ansatz kann von Studenten nur schwer nachvollzogen werden.*
  *Dem könnte noch eine weitere Begründung hinzugefügt werden.*

b) **müssen:**

- Es geschieht etwas mit Notwendigkeit; es besteht ein Zwang, etwas zu tun.

  *Energie muss bereitgestellt werden.*

- Auch mit dem Konjunktiv II: Etwas wird für notwendig gehalten.

  *Angesichts der Zahl der Arbeitslosen müsste ein Beschäftigungsprogramm entworfen werden.*

- Die Negation wird oft durch *nicht brauchen* (kein Zwang), *nicht dürfen* (Verbot) oder *nicht müssen* (keine Notwendigkeit) ausgedrückt.

  *Diese Kosten brauchen nicht erstattet zu werden.*

c) **mögen:** Die Aussage beinhaltet einen Wunsch oder eine Absicht. Mit dem Konjunktiv II im Passiv nur sehr selten.

  *Dieser Exkurs mag hier meinen Ausführungen noch angefügt werden.*

d) **dürfen:** Man ist berechtigt, man ist nicht gehindert, etwas zu tun. In diesem Sinne nicht mit dem Konjunktiv II.

  *Der Begriff darf in den Gesellschaftswissenschaften in begrenztem Umfang angewendet werden.*

e) **sollen:** Die Realisierung eines Zustandes wird angestrebt oder sogar gefordert (oft mit dem Konjunktiv II).

  *Man sollte Grundstücke verkaufen, um die Finanzlage der Stadt zu verbessern.*
  *Es sollten Grundstücke verkauft werden, um die Finanzlage zu verbessern.*

In der Sprache der Juristen wird *sollen* häufig in der Bedeutung von *müssen* verwendet:

*Der Antrag soll schriftlich eingereicht werden.*
( = Der Antrag muss schriftlich eingereicht werden.)

f) **wollen:** Beabsichtigen, entschlossen sein, planen, wünschen. Bei der Umwandlung in einen Passivsatz wird das Modalverb *wollen* durch *sollen* ersetzt.

*Man will eine Brücke über das Tal spannen.*
*Über das Tal soll eine Brücke gespannt werden.*

## Übungen

### Übung 1

*Setzen Sie das Modalverb, das in eckigen Klammern steht, in den Satz ein!*

1. Das Trinkwasser wird von Keimen gereinigt. [müssen]
2. Es wird in diesem Abschnitt nur ein Überblick gegeben. [können]
3. Die Sprache wird nach dieser Methode strukturell beschrieben. [sollen]
4. Dieser Sachverhalt wird mit den Methoden der Wissenschaft einsichtig gemacht. [können]
5. Es wird auf diese Weise eine Unzufriedenheit mit den Zuständen dokumentiert. [sollen]
6. Die Stabilität der Währung wird nicht durch staatlich festgesetzte Preise erreicht. [können]
7. Die Höhe der Kosten wird in diesem Bereich nicht fixiert. [nicht brauchen]
8. Bei einer Allergie wird die Behandlung mit diesem Medikament ausgesetzt. [müssen]
9. Eine klare Unterscheidung zwischen diesen beiden Begriffen wird nicht getroffen. [können]
10. Aufseiten der Käufer werden bestimmte Waren bevorzugt. [mögen]

### Übung 2

*Wandeln Sie den Passivsatz in einen Aktivsatz um!*
*Das Tempus soll dabei nicht geändert werden!*
*Das Subjekt soll „man" heißen!*

1. Der Vorgang kann nicht als Zufall gedeutet werden.
2. Kohlenmonoxid kann durch die Sinnesorgane nicht wahrgenommen werden.
3. Vor zu viel Alkohol muss der Herzkranke dringend gewarnt werden.
4. Viele neue Wissensgebiete müssen in den Schulunterricht aufgenommen werden.
5. Bei der Betrachtung des Vermögens einer Aktiengesellschaft kann von den Eigentumsverhältnissen ausgegangen werden.
6. Für besondere Forschungsvorhaben mussten an einzelnen Universitäten Schwerpunkte gebildet werden.
7. Bei der Durchsetzung der Automation kann auf manchen Gebieten nur schrittweise vorgegangen werden.
8. Durch Leitkabel aus feinsten Glasfasern konnte das Innere der Bauchhöhle für fotografische Aufnahmen erleuchtet werden.
9. Die Fähigkeit des Menschen, seinen Gegner zu verteufeln, kann durch Propaganda aktiviert werden.
10. Durch Training können die Kraftreserven des Herzens auf einen hohen Stand gebracht werden.

## Übung 3

*Wandeln Sie die folgenden Sätze in Passivsätze um!*

1. Bei jeder Produktion muss man mit einer gewissen Ausschussquote rechnen.
2. Man muss die notwendigen Medikamente richtig dosieren.
3. Man kann die wirkliche Freizeit eines Studenten nur schwer ermitteln.
4. Man kann zahllose Faktoren für die wachsende Aggression innerhalb einer Gruppe verantwortlich machen.
5. Man darf einen Zug zur Intoleranz und zum Ungeselligen in der Natur des Menschen nicht übersehen.
6. Man soll Bleileitungen in Trinkwasseranlagen nicht verwenden.
7. Man muss dem Körper neben den Nährstoffen auch Vitamine zuführen.
8. Man soll eine Wasserprobe spätestens nach 6 Stunden im Laboratorium bakteriologisch untersuchen.
9. Manche philosophischen Systeme kann man ohne Rücksicht auf die realen Verhältnisse zu innerer Logik bringen.
10. Die Abhängigkeit des Menschen von wirtschaftlichen und sozialen Umständen kann man auch durch die Liquidierung des Kapitalismus nicht beseitigen.

## Übung 4

Hier geht es um die Finanzkrise der Gemeinden.

*Setzen Sie die folgenden Sätze ins Passiv mit „werden"!*
*Achten Sie auf das Modalverb „wollen"!*

1. Es ist unklar, wie man die Probleme lösen will.

2. Wenn man den Etat noch weiter kürzt, kann man für kulturelle Veranstaltungen noch weniger ausgeben.

3. Die Altenpflege muss man auf jeden Fall weiter subventionieren.

4. Man kann die Stadt für die Einschränkungen im U-Bahnbau nicht verantwortlich machen.

5. Man muss beim Sport den Etat um mehr als ein Viertel kürzen.

6. Die Stadt will Grundstücke verkaufen, damit man das Loch in der Stadtkasse stopfen kann.

7. Die hochgesteckten Ziele muss man zurückstecken, damit man die Finanzen in Ordnung bringen kann.

8. Auch die Asylbewerber müssen die Gemeinden unterhalten.

9. Man kann ihre soziale Integration nicht vornehmen, obwohl man das durchführen will.

10. Die Stadt kann viele ihrer Aufgaben nur mit Mühe erfüllen.

## Übung 5

*Sechs Passivformen und ein Ersatzpassiv in einem einzigen Satz! Können diese in Aktivformen oder andere Passivformen verwandelt werden, ohne dass der Fluss des Gedankens gestört wird?*

Wenn bisher gefragt wurde, von welchen Größen die Höhe des Kapitalbedarfs abhängig ist, ohne dass darauf eingegangen wurde, ob überhaupt die Möglichkeit gegeben ist, den Bedarf zu decken, – wenn weiter gefragt wurde, welche Quellen für die Befriedigung von Kapitalbedarfen in Anspruch genommen werden können, ohne dass darauf rekurriert wurde, ob diese Quellen genug Kapital für die Deckung des Kapitalbedarfs zu liefern imstande sind, so stellt sich nunmehr die Frage, wie der Kapitalbedarf eines Unternehmens mit seinen Finanzierungsmöglichkeiten in Einklang zu bringen ist.

8.  *Das Passiv*

## 8.3.2   Spezieller (subjektiver) Gebrauch

Die Modalverben können auch mit anderer Bedeutung benutzt werden. Sie drücken dann meist eine Vermutung aus, d. h. sie sind Ausdruck einer persönlichen Auffassung, deshalb spricht man bei diesem speziellen Gebrauch von einem „subjektiven" Gebrauch der Modalverben. Dabei kann das Interesse am Ausgesagten und die Gewissheit von der Richtigkeit dessen, was man sagt, unterschiedlich stark betont werden. In den folgenden Sätzen wächst der Grad der persönlichen Gewissheit von Satz zu Satz:

> *Es mag ein solcher Plan existieren.*
> ( = möglich, aber ohne Interesse für den Sprecher)

> *Es könnte ein solcher Plan existieren.*
> ( = vermutlich, aber wenig sicher)

> *Es kann ein solcher Plan existieren.*
> ( = möglich)

> *Es dürfte ein solcher Plan existieren.*
> ( = wahrscheinlich)

> *Es wird ein solcher Plan existieren.*
> ( = sehr wahrscheinlich)

> *Es muss ein solcher Plan existieren.*
> ( = vom subjektiven Standpunkt aus ist es sicher)

Im Präsens ist bei diesem Gebrauch der Modalverben kein Unterschied in der Satzstruktur festzustellen. Die Redeabsicht muss daher aus dem Kontext entnommen werden. Aber im Perfekt wird nicht das Modalverb, sondern der Infinitiv ins Perfekt gesetzt:

> *Es mag ein solcher Plan existiert haben.*

Sätze mit einem Modalverb dieser Art werden ins Passiv gesetzt, indem man den Infinitiv Passiv bildet. Die vier möglichen Infinitive sind in der folgenden Tabelle zusammengestellt:

|  | **Präsens:** | **Perfekt:** |
|---|---|---|
| **Aktiv:** | *geben* | *gegeben haben* |
| **Passiv:** | *gegeben werden* | *gegeben worden sein* |

Es ergeben sich daher zwei Möglichkeiten, von Modalverben mit einem Infinitiv ein Perfekt zu bilden:

|  | **Präsens:** | **Perfekt:** |
|---|---|---|
| **Aktiv:** | *Er muss die Rechnung bezahlen.* | *Er hat die Rechnung bezahlen müssen.* (Zwang) *Er muss die Rechnung bezahlt haben.* (Vermutung) |
| **Passiv:** | *Die Rechnung muss bezahlt werden.* | *Die Rechnung hat bezahlt werden müssen.* (Zwang) *Die Rechnung muss bezahlt worden sein.* (Vermutung) |

Das Modalverb *sollen* hat in dieser Aussageweise die Bedeutung: *man hört / es wird gesagt.*

|  | **Präsens:** | **Perfekt:** |
|---|---|---|
| **Passiv:** | *Der Text soll am Montag ausgegeben werden.* | *Der Text soll am Montag ausgegeben worden sein.* |

( = man hört / es wird gesagt, dass er ausgegeben wird oder ausgegeben worden ist.)

Das Modalverb *wollen* hat in diesem Gebrauch eine andere Bedeutung:

*Er will das Buch schon lange abgegeben haben.*
( = Er sagt es, aber es ist wenig glaubhaft, nicht überzeugend.)

Hier zweifelt der Sprecher daran, dass das Buch abgegeben worden ist. Beim subjektiven Gebrauch bleibt *wollen* im Passiv erhalten. Der Wechsel, der auf Seite 289 unter f) beschrieben ist, findet nicht statt.


**Übung**

Die Jahrestagung

*Setzen Sie die folgenden Sätze ins Passiv!*

**Beispiel:**

Er dürfte das Referat am Donnerstag gehalten haben. →

*Das Referat dürfte am Donnerstag gehalten worden sein.*

1. Man dürfte das Thema auch auf der Jahrestagung angesprochen haben.
2. Prof. Schulz soll sogar einen Vortrag darüber gehalten haben.
3. Er soll einen neuen methodischen Ansatz in die Diskussion eingebracht haben.
4. Einer der Zuhörer muss das schon früher erkannt haben.
5. Er muss seine Bücher gelesen haben.
6. Die Zuhörer sollen die These mit Erstaunen aufgenommen haben.
7. Prof. Schulz muss zur Begründung seiner These empirische Untersuchungen durchgeführt haben.
8. Die untersuchten Dialekte dürfte man in der Nähe von Köln gesprochen haben.
9. Diese Feststellung mag ein gewisses Erstaunen ausgelöst haben.
10. Die Jahrestagung könnte wichtige Anregungen für die Arbeit in der Zukunft gegeben haben.

## 8.4   Das Ersatzpassiv

### 8.4.1   Der Ersatz des Passivs durch *bekommen* mit dem Partizip II und durch Funktionsverbgefüge

Mit dem Begriff „Ersatzpassiv" werden Formen oder Wendungen gemeint, die eine passive Bedeutung haben, aber keine Passivform aufweisen. Man benutzt solche Wendungen gern, um die Aussageweise zu variieren, wenn viele Passivformen mit *werden* den Text eintönig werden lassen.

a)   Die Möglichkeit, einen Passivsatz durch einen Aktivsatz mit *man* zu ersetzen, wurde schon erwähnt und in vielen Übungen realisiert.

b)   Auch das Verb *bekommen* mit dem Partizip II kann das Passiv ersetzen:

*Man leiht Ihnen den Text für eine Woche.*

*Der Text wird Ihnen für eine Woche geliehen.*

*Sie bekommen den Text für eine Woche geliehen.*

Das Dativobjektiv dieser Verben wird zum Subjekt (Nominativ) in dem Satz mit *bekommen*. Die Konstruktion kann nur benutzt werden, wenn jemand etwas erhält, wenn ihm etwas gegeben wird. Das Partizip *gegeben* kann aber nicht mit *bekommen* verbunden werden.

c)   Substantive mit einem Funktionsverb ersetzen bisweilen das Passiv:

*Viele Daten der Prähistorie sind vergessen worden.*   →
*Viele Daten der Prähistorie sind in Vergessenheit geraten.*

*Übungen zum Ersatzpassiv*

*Hier werden die Zylinderköpfe bearbeitet.* →
*Hier kommen die Zylinderköpfe zur Bearbeitung.*

Vor allem Substantive mit den Verben *sein, haben, bleiben, entsprechen, gelangen, geraten, kommen, liegen, stehen* werden an die Stelle des Passivs gesetzt. Sie können aber selbst kein Passiv bilden. Substantive mit den Funktionsverben *bringen, geben, machen, nehmen, setzen* und *stellen* bilden dagegen ein Passiv:

*Diese Frage wird diskutiert.* →
*Wir stellen diese Frage zur Diskussion.*
*Diese Frage wird zur Diskussion gestellt.*

Zu den einzelnen Verben sehen Sie bitte in der Liste auf S. 68 ff. nach! Sie enthält auch Hinweise zur Passivfähigkeit.

## Übungen

### Übung 1

*Bilden Sie aus den folgenden Passivsätzen einen Aktivsatz mit dem Verb „bekommen" und dem Partizip II !*

**Beispiel:**

Das Thema wird Ihnen noch gestellt. →

*Sie bekommen das Thema noch gestellt.*

1. Die Daten werden Ihnen in dieser Woche übermittelt.
2. Die Schuld wird den Aussteigern zugeschoben.
3. Der Ort und die Zeit der Veranstaltung werden dem Interessenten noch mitgeteilt.
4. Die Mängel wurden der Kommission vor Augen geführt.
5. Der Sonderdruck wurde dem Professor gewidmet.
6. Dem Studenten wird das Thema für das Referat noch gestellt.
7. Dem Labor wurden heute Chemikalien geliefert.
8. Das Merkblatt wird dem Kandidaten gleich ausgehändigt.
9. Die Wunden werden dem Verletzten verbunden.
10. Die Hochschulreife wird ihm bestätigt.

# Übung 2

*Wandeln Sie die Präposition, die zum Verb gehört, in den folgenden Sätzen in ein Adverb mit „da-" um, und fügen Sie einen Dass-Satz an, indem Sie das folgende Substantiv mit der Endung „-ung" in ein Verb im Passiv umwandeln! Achten Sie dabei auf das Tempus!*

**Beispiel:**

Das führt zu einer Bewältigung der Probleme. →

*Das führt dazu, dass die Probleme bewältigt werden.*

1. Die Maßnahmen zielen auf eine Verbesserung der Bildungsmöglichkeiten.
2. Man kommt auf diesem Wege zu einer Unterscheidung mehrerer Kategorien.
3. Die damalige Entwicklung führte zu einer Untersuchung geistiger Prozesse.
4. Die Wirtschaftspolitik orientiert sich an der Durchsetzung marktwirtschaftlicher Prinzipien.
5. Die Wirksamkeit der Klärwerke beruht auf der völligen Beseitigung der organischen Stoffe auf biologischem Wege.
6. Dieses Argument benutzt die Industrie häufig zur Steigerung der vom Staat gewährten Zuschüsse.
7. Die Investitionstätigkeit der großen Städte leidet unter der Verringerung der Einnahmequellen.
8. Die schlechte Auftragslage führte zu seiner Entlassung aus dem Betrieb.
9. Alle an der Wirtschaft Beteiligten sollten intensiv hinwirken auf die Erhaltung der Arbeitsplätze.
10. Zu einem hohen Prozentsatz sorgt noch heute die Familie für die Ausbildung der Kinder.

# Übung 3

*Auch Funktionsverbgefüge können ins Passiv gesetzt werden.*
*Setzen Sie die folgenden Sätze ins Passiv!*

1. Die Industrie stellt an den Bewerber um eine Lehrstelle gewisse Anforderungen.
2. Man nimmt den Weiterbau dieses Kraftwerks zum Anlass zu einer Demonstration.
3. Die Graphik bringt die Entwicklung in den letzten Jahren zur Darstellung.

4. Bei der Produktion von Benzin bringen die Raffinerien neue Verfahren zur Anwendung.

5. Gegen den Ausbau des Straßennetzes trugen die Naturschützer neue Argumente vor.

6. Das Gesetz macht der Industrie zur Auflage, die Abwässer zu reinigen.

7. Die Opposition übte Kritik an dem starken Anwachsen der Verschuldung im vorgelegten Haushalt.

8. Man nimmt die Wahl des Präsidenten nach einem überkommenen Verfahren vor.

9. Die Tarifpartner nahmen Besprechungen über die Erhöhung der Löhne auf.

10. Im Zeitalter des Computers bringt man auch in der Soziologie mathematische Methoden zur Anwendung.


## Übung 4

*Setzen Sie an die Stelle des Substantivs mit dem Funktionsverb das Passiv eines Verbs, das dem Substantiv entspricht! Achten Sie auch auf das Tempus!*

**Beispiel 1:**

Diese Annahme hat durch die empirische Untersuchung eine Bestätigung erfahren.

→ *Diese Annahme ist durch die empirische Untersuchung bestätigt worden.*

**Beispiel 2:**

*Manchmal enthält der Satz auch noch ein Modalverb:*

Zunächst muss man die Substanz einer Analyse unterziehen. →

*Zunächst muss die Substanz analysiert werden.*

1. Die Vorlage eines neuen Beschäftigungsprogramms kommt im Parlament heute zur Beratung.

2. Dieser methodische Ansatz hat in der Literaturwissenschaft eine kontroverse Bewertung erfahren.

3. Erst nach dem Entstehen der Schrift als Kommunikationsmittel kamen die großen Staaten zur Entwicklung.

4. Das Urteil im Prozess um die Unterschlagungen in den Industriewerken kommt am Dienstag zur Verlesung.

5. In dem Prozess erbrachte der Staatsanwalt den Beweis für diesen Tatbestand.

6. Im Laufe der Geschichte der Wissenschaften trat eine fortlaufende Differenzierung in den einzelnen Bereichen ein.
7. Die Regierung sollte dem Phänomen der Arbeitslosigkeit mehr Beachtung
   schenken.
8. Auf die Frage nach der Wiederbelebung der Konjunktur muss man endlich
   eine Antwort finden.
9. Um das übermäßige Bevölkerungswachstum einzuschränken, muss die Regierung dafür sorgen, dass Methoden der Geburtenregelung Verbreitung finden.
10. Gestern erging an ihn die Aufforderung zu einer Untersuchung beim Amtsarzt.


**Übung 5**

*Bilden Sie aus dem Verb der folgenden Sätze ein Substantiv, und fügen Sie das
Funktionsverb ein, das in eckigen Klammern steht!
Die richtige Präposition (wenn nötig) finden Sie auf S. 68 ff.*

**Beispiel:**

Die Vorlage wird im Parlament beraten. [kommen] →

*Die Vorlage kommt im Parlament zur Beratung.*

1. Die vom Roten Kreuz gesammelten Hilfsgüter werden in der nächsten Woche verteilt. [kommen]
2. Eine Erhöhung der Steuern wird von der Regierung seit langem erwogen.
   [ziehen]
3. In diesem Kunstwerk wird die Verlorenheit des Menschen in der modernen
   Welt ausgedrückt. [finden]
4. In diesem Kapitel wird die Ausbreitung des Islam dargestellt. [gelangen]
5. Von unserem Staat sollte zur Verbesserung der Ernährungslage in einigen
   Ländern beigetragen werden. [leisten]
6. Der Patient wird im Waldkrankenhaus behandelt. [sein]
7. Der Ausbildung der Studenten wird mit der Kürzung des Lehrangebots nicht
   gedient. [erweisen]
8. Die finanziellen Mittel werden im Sozialbereich verwendet. [finden]
9. In großen Krankenhäusern werden am besten Reinigungsmaschinen eingesetzt. [gelangen]
10. Die klassischen Konservierungsverfahren wie Räuchern und Pökeln werden
    bei der Haltbarmachung von Lebensmitteln auch heute noch angewendet.
    [finden]

## 8.4.2 Ersatz für das Passiv mit Modalverben

Das Modalverb *können* mit dem Infinitiv Passiv kann durch folgende syntaktische Konstruktionen ersetzt werden:

a) *sich lassen* mit dem Infinitiv Aktiv Präsens

|  | Präsens: | Perfekt: |
|---|---|---|
| **Passiv:** | *Aus dem Blutbild können Krankheiten erkannt werden.* | *Aus dem Blutbild haben Krankheiten erkannt werden können.* |
| **Ersatz:** | *Aus dem Blutbild lassen sich Krankheiten erkennen.* | *Aus dem Blutbild haben sich Krankheiten erkennen lassen.* |

b) *sein* und der Infinitiv Aktiv Präsens mit *zu*

|  | Präsens: | Perfekt: |
|---|---|---|
| **Ersatz:** | *Aus dem Blutbild sind Krankheiten zu erkennen.* | *Aus dem Blutbild sind Krankheiten zu erkennen gewesen.* |

Diese Konstruktion kann auch das Modalverb *müssen* mit dem Infinitiv Passiv ersetzen. Das geschieht insbesondere im Rechtswesen:

> *Die Miete für den Wohnraum muss monatlich entrichtet werden.*
> *Die Miete für den Wohnraum ist monatlich zu entrichten.*

c) ein Adjektiv mit der Endsilbe *-bar*

> *Aus dem Blutbild sind Krankheiten erkennbar.*

Es können noch heute neue Adjektive mit dem Suffix *-bar* gebildet werden. Manche Adjektive auf *-lich* entsprechen denen auf *-bar*:

> *Die Erläuterungen sind verständlich.*
> ( = Die Erläuterungen können verstanden werden.)

### Übung 1

*Wandeln Sie die folgenden Sätze um!*
*Benutzen Sie*
*a) das Modalverb „können" und den Infinitiv Passiv,*
*b) das Verb „sein" mit dem Infinitiv mit „zu"!*
*Achten Sie auf das Tempus!*

## 8. Das Passiv

**Beispiel:**

Diese Verbindung ließ sich im Labor noch nicht herstellen. →

a) *Diese Verbindung konnte im Labor noch nicht hergestellt werden.*
b) *Diese Verbindung war im Labor noch nicht herzustellen.*

1. Die Gewebespannung lässt sich durch einen einfachen Versuch demonstrieren.
2. Unter dem Beruf lässt sich der abgegrenzte Tätigkeitsbereich des Einzelnen verstehen.
3. Die Frage nach den Methoden der Politischen Wissenschaft lässt sich nur schwer beantworten.
4. Manche Erfahrungen lassen sich nicht ignorieren.
5. Mit diesem Begriff lassen sich die Gegebenheiten richtig erfassen.
6. Die verschiedenen Eigenschaften der Produkte lassen sich nicht auf einen Nenner bringen.
7. Dieser wichtige Einzelfaktor hat sich in kurzen Worten nicht beschreiben lassen.
8. In den beiden letzten Weltkriegen ließ sich ein Zusammenhang zwischen überfüllten Baracken und der Zunahme von Tröpfcheninfektionen feststellen.
9. Für das Funktionieren des Rätesystems lassen sich aus geschichtlicher Erfahrung keine positiven Prognosen stellen.
10. Die Gesamtheit aller dieser Vorgänge lässt sich überhaupt nicht erfassen.

## Übung 2

*Die Endung „-bar" beim Adjektiv bedeutet oft, dass etwas gemacht werden kann oder gemacht werden muss.*
*Formen Sie die folgenden Sätze um!*
*Machen Sie aus dem Adjektiv einen Infinitiv!*
*Verwenden Sie*
a) *das Verb „sein" und den Infinitiv mit „zu",*
b) *den Infinitiv Passiv mit dem Modalverb „können"!*

**Beispiel:**

In einer Graphik ist diese Entwicklung nur schwer darstellbar. →

a) *In einer Graphik ist diese Entwicklung nur schwer darzustellen.*
b) *In einer Graphik kann diese Entwicklung nur schwer dargestellt werden.*

1. Die Meinung des einzelnen ist in einer Gruppensituation beeinflussbar.
2. Ohne Sprache sind Gedanken nicht artikulierbar.
3. Die Abgeordneten des Bundestages sind nicht abwählbar.
4. Nicht alle Ergebnisse von Tierversuchen sind auf den Menschen übertragbar.
5. Der Zustand völliger sozialer Gleichheit aller Menschen ist unerreichbar.
6. Eine solche Haltung ist bei diesen Verhandlungen durchaus vertretbar.
7. Der Zielbildungsprozess einer Betriebswirtschaft ist nicht leicht erfassbar.
8. Die Fakten im Bereich der Politik sind nur schwer überprüfbar.
9. Spuren von Quecksilber sind in dieser Flüssigkeit nachweisbar.
10. Die allgemeine politische Entwicklung ist nicht voraussagbar.

## Übung 3

*Wie die vorhergehende Übung!*

1. Einzelne Bedingungen dieses Vertrages sind nicht erfüllbar.
2. Das Verfahren ist auch auf andere Funktionen anwendbar.
3. So vielfältig verknüpfte Machtverhältnisse sind nicht genau analysierbar.
4. Der Verschiebungsvektor ist frei im Raum parallel zu sich verschiebbar.
5. Diese kleinen elektrischen Wellen sind erst nach vielfacher Verstärkung erfassbar.
6. Das Bildungswesen in der Bundesrepublik Deutschland ist nicht zentralisierbar.
7. Manche organischen Erkrankungen sind zurückführbar auf Störungen des seelischen Gleichgewichts.
8. Ohne die Möglichkeit einer Personalpolitik ist ein politisch orientierter Staat nicht denkbar.
9. Die Wurzeln eines nationalen Zusammengehörigkeitsgefühls sind nicht überschaubar.
10. Ob Drogen schädigende Wirkungen haben, ist heute entscheidbar.

## Übung 4

*Wandeln Sie die folgenden Sätze in Sätze um, die ein Adjektiv mit der Endung „-bar" enthalten!*

**Beispiel:**

Die politische Grundkonzeption einer Partei kann verändert werden. →

*Die politische Grundkonzeption einer Partei ist veränderbar.*

## 8. Das Passiv

1. Die Bedürfnisse dieser Gruppe können nur schwer artikuliert werden.
2. Diese Intentionen lassen sich nicht durchsetzen.
3. Ein soziales Zusammenleben lässt sich ohne Aggressionshemmung nicht vorstellen.
4. Stellte man die Verhältnisse graphisch dar, so kann die Veränderung der Größen unschwer erkannt werden.
5. Die zur Verfügung stehenden Mittel können in zwei Gruppen zusammengefasst werden.
6. Die Ergebnisse dieser Untersuchung können nachgeprüft werden.
7. Die Quadratur des Kreises kann nicht bewiesen werden.
8. Personen, die keinen eigenen Standpunkt gewonnen haben, sind leicht zu manipulieren.
9. Das Naturrecht lässt sich kaum fixieren.
10. Mythische Texte lassen sich nur schwer übersetzen.

## Übung 5

*Bilden Sie Sätze mit den folgenden Adjektiven!*
*Wandeln Sie diese Sätze in Passivsätze um!*

Bestimmbar, lesbar, nutzbar, durchführbar, realisierbar, durchschaubar, machbar, löslich, deutbar, definierbar.

## Übung 6

*Wiederholen Sie die Übung 2 auf Seite 161 f.!*

## Übung 7

*Wiederholen Sie die Übung 6 auf Seite 259 f.!*

## Übung 8

*Setzen Sie im folgenden Text die Sätze, deren Verben kursiv gedruckt sind, ins Passiv!*

Ausverkauf, Räumungsverkauf und Schlussverkauf *sind zu unterscheiden.* Ausverkauf ist der Verkauf von bestimmten Waren zu herabgesetzten Preisen, wenn man den Handel mit diesen Waren *aufgeben will.*

Räumungsverkauf ist ein stark verbilligter Verkauf von bestimmten Waren-vorräten, den man mit Umzug, Geschäftsaufgabe oder Brandschäden *begründet*. Der Räumungsverkauf *ist anzumelden*. Man *darf* ihn nur unter Angabe des Grundes und der Waren öffentlich *ankündigen*.

Den Schlussverkauf *kann* man ohne behördliche Genehmigung zweimal im Jahr *durchführen*. Der Beginn des Schlussverkaufs ist jeweils der letzte Montag im Januar (Winterschlussverkauf) und im Juli (Sommerschlussverkauf). Viele Kaufhäuser und Geschäfte *unterlaufen* den Schlussverkauf mit Hilfe von Sonder-angeboten, die man außerhalb der angegebenen Zeit *bringt*.

## 8.5 Texte zum Passiv

### Text 1

### Auswirkungen der Mikroelektronik

Alle bedeutenden Erfindungen haben einen großen Einfluss auf die Entwicklung der Industriegesellschaft ausgeübt. Als man begann, Dampfmaschinen in den Fabriken einzusetzen, bewirkte das nicht nur eine grundlegende Veränderung der Produktionsweise, sondern verursachte auch eine tiefgreifende soziale Umschichtung. Die Entwicklung des Otto-Motors ermöglichte die mobile Gesellschaft, die man sich ohne Massenmotorisierung nicht vorstellen kann. Die technologische Innovation im Bereich der Mikroelektronik, die unser Zeitalter prägt, verändert die Lebensgrundlagen wahrscheinlich so stark, dass man sich die kommende Entwicklung kaum mehr vorstellen kann.

Mit dieser Ungewissheit, diesem Unbehagen muss man sich u. a. das Misstrauen vieler Zeitgenossen gegenüber der elektronischen Datenverarbeitung erklären. Manche Menschen, die früher in der dynamischen Ausbreitung der Anwendung der Computer eine Möglichkeit sahen, sich von den Zwängen der Industriegesellschaft zu befreien, protestieren jetzt gegen die Einführung neuer Technologien. Man macht die Erfahrung, dass die neuen Technologien das Ausmaß der Nachteile und Gefährdungen für den Menschen vergrößern. Befürchtet man zu Recht, dass eine weitergehende Rationalisierung nur noch Arbeitsplätze für Spezialisten bereithält? Der „verdatete Mensch" kann gegen eine totale Überwachung wohl keinen Widerstand mehr leisten; darauf weisen warnende Stimmen hin. Die Politiker müssen versuchen, die neue Technik in Arbeitswelt und Staat zu kontrollieren. Kann der Datenschutz die Gefahren für den freien Bürger und den demokratischen Staat noch abwenden? Einige befürchten sogar, dass eines Tages die intelligenten Maschinen die Macht übernehmen, so wie es in der Literatur schon mancher Autor beschrieben hat. Und andere fragen besorgt: „Wenn nun jemand den Stecker aus der Dose zieht?"

Die Wirklichkeit bestätigt nie alle Befürchtungen, aber man darf die Kontrolle über die neuen Technologien nicht verlieren.

1. *Setzen Sie alle Sätze ins Passiv!*
2. *Stellen Sie einen Text her, in dem sowohl Aktiv- wie Passivformen vorhanden sind! Benutzen Sie auch Verben die kein Passiv haben, z. B. „aufkommen", „abhängen von", „mit sich bringen", „entstehen", „sich ergeben", „erwachsen aus", „geschehen", „hervorgehen"!*
3. *Worin liegt das Unbehagen an der Datenverarbeitung begründet? Stellen Sie Argumente aus dem Text zusammen und fügen Sie eigene hinzu!*

**Text 2**

**Trinkwasser**

Unter Trinkwasser versteht man nicht nur Wasser, das man wirklich trinken kann. Die gleichen Anforderungen, *die man an Trinkwasser stellt*, werden auch an das Wasser gestellt, das im Haushalt zur Bereitung von Mahlzeiten und zur Reinigung und Körperpflege benutzt wird.

Wenn es heute auch nur wenige Leute gibt, die das Wasser trinken, wie es aus der Wasserleitung fließt, so muss es doch als unser wichtigstes Lebensmittel gelten. Aus diesem Grunde unterliegt es auch dem Lebensmittelgesetz. Nach diesem Gesetz ist es verboten, für andere Trinkwasser zu gewinnen, das die Gesundheit schädigen kann.

Trinkwasser muss daher frei von Krankheitserregern sein. Es darf keine gesundheitsschädigenden Eigenschaften haben. Denn durch unsauberes Wasser kann eine Reihe von Infektionskrankheiten übertragen werden, etwa Typhus, um nur ein Beispiel zu nennen. Die Zahl der Keime im Trinkwasser *muss man deshalb durch ständige Kontrollen feststellen. Man kann nicht fordern*, dass das Wasser vollständig frei von allen Arten von Bakterien ist, aber ihre Zahl muss sich in engen Grenzen halten.

Trinkwasser soll appetitlich sein. Es soll dazu anregen, dass man es trinkt, d. h. es muss farblos, kühl, klar und geruchlos sein und sollte einen guten Geschmack haben. Naturreines Wasser *ist deshalb jedem anderen Wasser vorzuziehen.* Wenn man das Trinkwasser aus genügender Tiefe fördert, dann erfüllt es am besten die Anforderungen, die hier gestellt worden sind. Färbung und Trübung des Wassers werden nicht gewünscht, obwohl sie in den meisten Fällen für die Gesundheit ohne Belang sind. *Auf jeden Fall muss man die Unbedenklichkeit durch genaue Untersuchungen feststellen.*

Ein gewisser Salzgehalt ist durchaus erwünscht. Wie wir alle wissen, schmeckt destilliertes Wasser nicht. Der Salzgehalt darf aber auch nicht zu hoch sein.

Trinkwasser soll in genügender Menge und mit ausreichendem Druck zur Verfügung stehen. Bei nicht ausreichender Versorgung werden die Lebensmittel nur ungenügend gereinigt. Es kann auch zu einer Vernachlässigung der körperlichen Sauberkeit kommen. Es ist deshalb wichtig, dass es an Wasser nicht mangelt.

Unter den heutigen Umständen ist es in Mitteleuropa nicht leicht, die notwendige Menge Trinkwasser überall und an allen Orten zu fördern. Das Oberflächenwasser kann kaum noch genutzt werden, *da man in unsere Seen und Flüsse auch industrielle Abwässer einleitet*, die zum Teil nicht genügend geklärt sind, so dass in einigen Flüssen der Schadstoffanteil ungewöhnlich hoch ist und sie daher für die Wasserentnahme ausfallen.

Was das Grundwasser anbetrifft, so führt die ständige Verwendung von Kunstdüngern und Pestiziden zu einer Erhöhung des Salzgehalts in den Grundwässern.

Da der Wasserverbrauch sowohl der privaten Haushalte als auch der Industrie ständig angestiegen ist, wird die Wassermenge, *die bereitzustellen ist*, immer größer. Die Gemeinden sind gezwungen, immer mehr Tiefbrunnen zu bohren und immer mehr Wasser aus ihnen zu fördern. *Dadurch senkt man den Grundwasserspiegel.* Das hat aber Wirkungen auf die Vegetation. In Gegenden mit erhöhter Wasserentnahme fehlt den Pflanzen das Wasser, sogar Bäume sterben ab.

Es bereitet daher immer größere Schwierigkeiten, die notwendige Menge Trinkwasser in der geforderten Qualität zu fördern, ohne dass die Natur übermäßig geschädigt wird.

In manchen Gegenden der Welt *kann man die Wasserversorgung nicht mehr sicherstellen*. Es entstehen Verteilungskämpfe um das Wasser, die sogar zu kriegerischen Auseinandersetzungen führen können.

1. *Setzen Sie die kursiv gedruckten Sätze ins Passiv!*
2. *Fassen Sie die wesentlichen Inhaltsmomente jedes Abschnitts in je einem Satz zusammen!*
3. *Schreiben Sie anhand dieser Sätze eine Textwiedergabe!*
4. *Berichten Sie über die Wasserversorgung und die entsprechenden Probleme in Ihrem Lande!*

## Text 3

### Heil und Unheil durch Heilmittel

Seit dem Anfang unseres Jahrhunderts *hat man auf dem Gebiet der Arzneimittelbehandlung große Fortschritte erzielt. Viele früher unheilbare Krankheiten kann man heute heilen*, und die Gefahr der Infektionskrankheiten und der großen Seuchen ist sehr stark zurückgegangen, *weil man diese modernen Heilmittel einsetzen kann*. Durch diese Fortschritte in der Medizin sind dem Arzt neue, starke Waffen gegen die Krankheit in die Hand gegeben worden, aber er hat auch eine neue Verantwortung übernehmen müssen. Wir besitzen jetzt zum Beispiel Stoffe, die in die elementaren Vorgänge bei der Zellbildung eingreifen. *Sie eignen sich besonders für die Bekämpfung des Krebses*, sie können aber auch das Risiko einer tödlichen Knochenmarks-Schädigung mit sich bringen. Die modernen Antibiotika, *durch die man schon Hunderttausende*, die schwere Infektionskrankheiten hatten, *gerettet hat*, machen bei regelmäßiger Anwendung Bakterienstämme resistent. Diese Liste von ungünstigen Nebenwirkungen könnte noch verlängert werden. *Außerdem ist darauf hinzuweisen*, dass es auch heute noch viele Krankheiten gibt, gegen die wir nicht genug wirksame Medikamente haben. Man denke nur an Krebs und AIDS.

*Die hier gegebenen kurzen Hinweise auf die Erfolge und die Gefährdung durch Arzneien sollen der in der Öffentlichkeit weit verbreiteten Ansicht entgegentreten*, es gebe, abgesehen von Krebs und AIDS, für alle Krankheiten ein Heilmittel, und das Einnehmen von Medikamenten sei im Grunde doch ungefährlich.

Je mehr Medikamente *man einnimmt*, desto *häufiger kommt es zur Ausbildung von Allergien*, die schon außerordentlich verbreitet sind und die Ursache vieler Krankheiten darstellen. Von einer Allergie *spricht man*, wenn der Organismus einen Fremdkörper aufnimmt, gegen ihn Abwehrstoffe bildet und somit krankhaft auf die Fremdstoffe reagiert. Schon *früh erkannte man die Gefahren*, die von Arzneimitteln ausgehen. Hufeland warnte bereits um 1800 vor der Einnahme von Medikamenten, denn, so meinte er, sie bewirkten einen unnatürlichen Zustand im Körper. „Man braucht nie ein Arzneimittel ohne hinreichenden Grund zu nehmen", so schrieb er damals, „denn wer wollte sich ohne Not krank machen!" Nun gab es zur Zeit Hufelands allerdings nur sehr wenige brauchbare Arzneimittel, während wir heute sehr viele und unter ihnen sehr gut wirksame und unentbehrliche besitzen. Und wenn wirklich ernste und schwere Krankheiten vorliegen, *kann und soll man diese Heilmittel anwenden*.

Die meisten von den Ärzten beobachteten Arzneimittelschäden kommen aber nicht bei der Behandlung ernster Krankheiten vor, sondern bei der Anwendung von Medikamenten gegen geringfügige Beschwerden und Krankheitserscheinungen des Alltags. Es handelt sich dabei um die viel benutzten Tabletten gegen Schmerzen, um Beruhigungsmittel, Anregungsmittel oder Schlafmittel.

Vor zu vielen Medikamenten ist dringend zu warnen. Es gibt zweifellos heute einen Arzneimittelmissbrauch, manchmal sogar eine Tablettensucht. Wenn ein Patient zur Untersuchung kommt, dann sollte der Arzt ihn fragen, welche Medikamente *er schon einnimmt*. Oft erfährt man dann, dass bereits jahrelang die verschiedensten Arzneimittel benutzt werden. Viele Krankheiten entstehen aber erst durch das regelmäßige Einnehmen von Tabletten, *die der Körper ja abbauen muss*. Die öffentliche Werbung für Medikamente ist an diesem Zustand nicht schuldlos.

Der Missbrauch von Schlafmitteln ist besonders verbreitet. Es ist zwar verständlich, *wenn ein gesunder Mensch aus welchem Grunde auch immer gelegentlich ein Schlafmittel einnimmt*, aber das dauernde Einnehmen von Schlafmitteln zerstört die Fähigkeit zum normalen Einschlafen. Überdies gibt es kein Schlafmittel, das im Prinzip völlig ungefährlich wäre. Man denke an das Contergan, das nicht nur Nervenkrankheiten, sondern auch entsetzliche Missgeburten verursacht hat. *Schwangere Frauen und Kinder sollten überhaupt keine unnötigen Medikamente einnehmen*. Immer mehr Menschen bedrängen ihre Ärzte, ihnen gegen wirkliche oder vorgegebene Depressionen Psychopharmaka zu verschreiben. Oft geraten sie in Abhängigkeit von diesen Arzneimitteln.

Der gesunde Mensch hat gar keinen Grund, zu Medikamenten zu greifen. Und wenn man krank ist, dann sollte man zum Arzt gehen. Viele Menschen, die ihre Uhr, wenn sie nicht mehr geht, zum Uhrmacher bringen, glauben, sie könnten ihren kranken Organismus selbst behandeln und sich selbst die Heilmittel dazu aussuchen. Darin liegt bei ernsthaften Krankheiten eine große Gefahr. Denn nur der Arzt weiß, welche Medikamente in einem bestimmten Falle helfen, und nur er ist mit den Nebenwirkungen vertraut.

1. *Setzen Sie die kursiv gedruckten Sätze ins Passiv!*
2. *Fassen Sie den Inhalt in einer Textwiedergabe zusammen!*

**Text 4**

*Suchen Sie die Ihnen unbekannten Wörter aus dem Wörterbuch heraus!*

### Großstädtische Berufsstruktur und Arbeitsumwelt

Das Phänomen Großstadt *kann man nicht nur durch quantitative und ökologische Merkmale charakterisieren.* Die Großstadt ist darüber hinaus durch eine Vielzahl soziologischer Merkmale gekennzeichnet. Neben den sofort ins Auge fallenden typischen Kennzeichen, wie etwa Unüberschaubarkeit, Siedlungsdichte, Menschenansammlungen, Verkehrsdichte, Eile, gibt es eine Reihe von sozialen Merkmalen, die mehr oder weniger für jede Großstadt gelten.

Die Großstadt ist das ausgeprägteste Beispiel für die Struktur einer dynamischen Gesellschaft. Sie ist ein Teil, ja sogar ein Produkt der industriellen Gesellschaft. Die Entwicklung der menschlichen Beziehungen in der Großstadt hat ihre Ursache vermutlich nicht allein in der städtischen Situation, sondern in der industriellen Lebensordnung, die in der Stadt allerdings am weitesten entwickelt ist.

Das Wirtschafts- und Arbeitsleben in der Großstadt ist schon heute durch Verhältnisse charakterisiert, die sich in kleinen Gemeinden in der Zukunft erst allmählich einstellen werden. *Man hat darauf hingewiesen,* dass wir uns, was die Berufsstruktur anbetrifft, in einer Übergangszeit befinden. Wenn diese Entwicklung ihr Ende gefunden haben wird, werden 80 % aller Erwerbstätigen in Dienstleistungen und nur je 10 % in den primären und sekundären Beschäftigungsgruppen, d. h. in der Landwirtschaft und in der Industrie tätig sein. Die Zahl der Arbeitsplätze im öffentlichen Dienst und in den Dienstleistungsbetrieben steigt in den Großstädten ständig an. Nicht die Zahl der Arbeiter wächst, sondern die Zahl der Angestellten; das ist typisch für die städtische Berufsstruktur, ebenso wie die große Zahl von Beamten und freiberuflich Tätigen, *auf die man zu Recht in diesem Zusammenhang immer wieder aufmerksam gemacht hat.*

Die Arbeitswelt des Großstädters ist durch das Vorhandensein von Großbetrieben charakterisiert. Neben den industriellen Großbetrieben finden sich Großorganisationen, Großbüros der verschiedensten Art; denn ein so großes Gebilde wie eine moderne Großstadt *kann man ohne einen umfangreichen Verwaltungsapparat nicht funktionsfähig halten.* *Während man früher gern behauptete, dass man die Arbeit in einem Großbetrieb so erlebe,* dass sich der einzelne verloren fühle und seine Persönlichkeit vernichtet werde, haben Befragungen in den letzten Jahren immer wieder ergeben, dass die Arbeiter und Angestellten viel lieber in einem Großbetrieb als in einem Kleinbetrieb arbeiten würden. *Und das nicht nur, weil man im Großbetrieb eine größere soziale Sicherheit gewährt,* sondern auch, weil die Beziehungen innerhalb der Großbetriebe weitgehend versachlicht und geregelt sind. Zu einem größeren Sozialprestige kommt noch die Fülle von beruflichen Wahlmöglichkeiten, Aufstiegschancen und Ausbildungsmöglichkeiten, *die nur eine Großstadt bietet.*

Die Trennung von Arbeitsplatz und Wohnung, die sich im Laufe der Industrialisierung immer mehr durchsetzte, findet in der Großstadt ihre deutlichste Ausprägung. Schon früh lässt sich eine solche Trennung innerhalb der Stadt nachweisen. Heute geht sie jedoch über die Stadtgrenze selbst hinaus. Die Tatsache, dass ein großer Teil der Arbeitsplätze in der Großstadt von Pendlern, d. h. von nicht am Ort Ansässigen, eingenommen wird, wirft nicht nur die Frage nach der gesellschaftlichen Eingliederung dieser Menschen in das Stadtleben auf, sondern auch die ihrer politischen Beteiligung. Sie üben keinen politischen Einfluss auf die Umweltgestaltung der Gemeinde aus, in der sie ihren Lebensunterhalt verdienen, während die Gemeinde, in der sie durch Wahlrecht ihren Einfluss geltend machen dürfen, für sie eigentlich nur die Schlafstelle darstellt. In keiner der beiden Gemeinden sind die Pendler voll integrierte Elemente ihrer Gesellschaft.

Die erwähnte Trennung von Erwerbstätigkeit und Wohnung macht es möglich, Arbeit und Freizeit in der Stadt relativ deutlich voneinander zu trennen. *Eine solche Trennung verändert aber auch die Struktur der Familie und das Verhalten ihrer Mitglieder.*

1. *Der Text hat eine große Informationsdichte. Versuchen Sie dennoch, die einzelnen Abschnitte knapp zusammenzufassen.*
2. *Setzen Sie die kursiv gedruckten Stellen ins Passiv!*
3. *Unterstreichen Sie die im Text vorhandenen Passiv- und Ersatzpassiv-Formen. Erläutern Sie sie unter folgenden Aspekten: Tempus? Passiv mit „werden" oder „sein"? Ersatzpassiv? Verbindung mit Modalverb?*
4. *Diskutieren Sie die Frage, welche Probleme durch die Trennung von Wohnung und Arbeitsplatz für die Familie entstehen!*

## Text 5

### Umweltwissen und Verantwortung

In früheren Zeiten waren menschliche Eingriffe in die Umwelt von sehr viel geringerer Tragweite als in unserer Zeit. Heute ergeben sich aus unserem Handeln weit in die Zukunft reichende Wirkungen, die vielfach unumkehrbar sind. Unsere Art und Weise, Güter und Dienstleistungen für den Bedarf bereitzustellen, führt zu Produktions- und Wirtschaftsformen, die die Umwelt durch Abfall belasten und die nicht-erneuerbaren Ressourcen drastisch vermindern.

Da wir bewusst handeln und viele dieser Wirkungen erkennen oder erkennen könnten, erhebt sich die Frage, *inwieweit wir absehbare Folgen bei unseren zukünftigen Handlungen berücksichtigen müssen.* Wir müssen die Verantwortung für unser Tun übernehmen, *damit wir die Interessen der zukünftigen Menschheit und ihre Umwelt bewahren können.* Diese Interessen der Menschheit, heute und zukünftig, können nicht nur auf Erhaltung des derzeitigen Zustandes gerichtet sein, sondern schließen auch eine weitere Entfaltung des Systems ein. Entfaltungsfähigkeit eines Systems ist die Fähigkeit, sich so zu entwickeln, dass die Integrität erhalten wird und die Teilsysteme sich entsprechend ihrer Eigenart entwickeln können.

Um die Erhaltung und Entfaltungsfähigkeit eines Systems sicher zu stellen, *muss man Mindestanforderungen in Hinblick auf die folgenden Leitwerte erfüllen*:

- Existenz
- Handlungsfreiheit
- Sicherheit
- Wirksamkeit
- Wandlungsfähigkeit

Der Leitwert der **Existenz** bedeutet das Recht jedes Individuums auf ein Leben, das lebenswert ist. Das schließt Gesundheit und einen gewissen Wohlstand ein. Produktion, Dienstleistungen und Transport müssen, wenigstens im elementaren Bereich, funktionieren und die Behausung muss gesichert sein. Um diesen Zustand zu erreichen, *muss man verantwortlich handeln.*

Ein solches Tun setzt den Leitwert der **Handlungsfreiheit** voraus. Diese Freiheit ist die Freiheit des Einzelnen, aber auch die Unabhängigkeit der Gesellschaft. So können Umweltzustände, *die das Gesamtsystem bedrohen, nachdem man sie erkannt hat*, auch tatsächlich vermieden werden.

Ein solches Handeln ist nur möglich, wenn ein weiterer Leitwert, nämlich **Sicherheit**, gegeben ist. Das meint eine gewisse Stabilität, Kontinuität und Regelmäßigkeit. Es ist z. B. notwendig, für die Bevölkerung eine gewisse Wassermenge bereitzustellen. Sie muss, auch wenn der Verbrauch bisweilen nicht sparsam ist, immer zur Verfügung stehen. Auch eine Kontinuität in der Forschung ist notwendig, damit umweltschonende Verfahren in Produktion, Wärmeerzeugung und Transport vorangetrieben werden, *aber auch damit man überlebensbedrohende Zustände rechtzeitig erkennt.* Auch im politischen Bereich ist eine gewisse Ordnung unerlässlich, sonst kann die Entfaltung nicht gewährleistet werden.

Der Leitwert **Wirksamkeit** ist notwendig, *damit man sicherstellen kann*, dass die Bemühungen, die Existenz zu sichern und die Umwelt zugleich zu schützen, zu angemessenen Ergebnissen führen.

## 8. Das Passiv

Der Leitwert **Wandlungsfähigkeit** hat zum Ziel, *das System in den Stand zu setzen*, mit grundlegenden Veränderungen seiner Struktur und / oder seiner grundsätzlichen Verhaltensweisen fertig zu werden. Es muss die Möglichkeit geben, verfestigte Strukturen aufzulösen und einer neuen Generation eine Chance zu geben.

Aus der Fähigkeit, über sich selbst, sein Tun und die Wirkungen seines Tuns nachzudenken, erwächst ein weiterer Leitwert, der der **Verantwortung**. Aus der Verantwortung für andere Menschen, aus Rücksichtnahme gegenüber der Umwelt, der Entfaltungsfähigkeit der eigenen und anderer heutiger und zukünftiger Systeme soll ein Zusammenleben erwachsen, das auf mehr Menschlichkeit in dieser Welt zielt.

1.  *Setzen Sie die kursiv gedruckten Stellen ins Passiv!*
2.  *Fassen Sie den Text zusammen! Sie sollten sich jedoch zuvor mit der Terminologie vertraut gemacht haben.*
3.  *Bedenken Sie, ob man diese Leitwerte durch andere ergänzen oder ersetzen sollte. Fassen Sie Ihre Gedanken in einer Stellungnahme zusammen!*
4.  *Der Text bietet keinen Hinweis darauf, wie man das Angestrebte praktisch umsetzen könnte.*
    *Diskutieren Sie die Möglichkeiten der Realisierung!*

# 9. Literaturverzeichnis

Das Literaturverzeichnis gliedert sich in drei Teile. Im ersten werden sprachwissenschaftliche Werke und Aufsätze aufgeführt, denen der Verfasser verpflichtet ist, von denen er sich hat anregen lassen. Die angegebenen Titel können natürlich auch zur Vertiefung der Kenntnisse dienen.

Im zweiten Teil „Quellenschriften" sind die Titel verzeichnet, die den Verfasser zu Übungen und Texten angeregt haben. Es werden jeweils die Auflagen zitiert, denen die Texte und Sätze entnommen sind. Der dritte Teil nennt die in den einzelnen Kapiteln verwendeten Übungstexte.

Folgende Abkürzungen werden benutzt:

dtv   –   Deutscher Taschenbuchverlag
rde   –   Rowohlts deutsche Enzyklopädie

## 9.1 Sprachwissenschaftliche Werke

ADMONI, Wladimir: Der deutsche Sprachbau. München, 4. Aufl. 1982.

BAUSCH, Karl-Heinz / SCHEWE, Wolfgang / SPIEGEL, Heinz Rudi: Fachsprachen, DIN-Normungskunde. Heft 4, Berlin / Köln 1976.

BEHAGEL, Otto: Deutsche Syntax. Bd. I-IV, Heidelberg 1923-1932.

BENEŠ, Eduard: Fachtext, Fachstil und Fachsprache. In: Sprache und Gesellschaft, Jahrbuch 1970 des Instituts für deutsche Sprache, Düsseldorf 1971 (= Sprache der Gegenwart 13).

BRINKER, Klaus: Das Passiv im heutigen Deutsch. München 1971 (= Heutiges Deutsch, Reihe 1, Bd. 2).

BRINKMANN, Hennig: Die deutsche Sprache, Gestalt und Leistung. Düsseldorf, 2. Aufl. 1972 (= Sprache und Gemeinschaft, Grundlegung / Band 1).

DANIELS, Karlheinz: Substantivierungstendenzen in der deutschen Gegenwartssprache. Düsseldorf 1963.

DRACH, Erich: Grundgedanken der deutschen Satzlehre. Darmstadt 1963.

DROZD, Lubomir / SEIBICKE, Wilfried: Deutsche Fach- und Wissenschaftssprache. Wiesbaden 1973.

DSH – HANDBUCH FÜR PRÜFERINNEN UND PRÜFER. Hrsg. im Auftrag des Fachverbandes Deutsch als Fremdsprache, Münster 2001.

DUDEN, das große Wörterbuch der deutschen Sprache. Mannheim 1976 ff.

DUDEN, Band IV, Grammatik der deutschen Gegenwartssprache. Mannheim, 6. Aufl. 1998.

EGGERS, Hans: Beobachtungen zum „präpositionellen Attribut" in der deutschen Sprache der Gegenwart. In: Wirkendes Wort, Sammelband I, Sprachwissenschaft, Düsseldorf 1962, S. 277 ff.

EGGERS, Hans: Deutsche Sprache im 20. Jahrhundert. München 1973.

EHLICH, Konrad: Deutsch als Fremdsprache. Profilstrukturen einer neuen Disziplin. In: Info DaF 21 (1994), Nr. 1, S. 3 ff.

EHLICH, Konrad: Alltägliche Wissenschaftssprache. In: Info DaF 26 (1999), Nr. 1, S. 3 ff.

EHLICH, Konrad (Hg.): Deutsch im 3. Jahrtausend. München 2000.

EISENBERG, Peter: Grundriss der deutschen Grammatik.

    Band 1: Das Wort. Stuttgart / Weimar 1998.

    Band 2: Der Satz. Stuttgart / Weimar 1999.

ENGEL, Ulrich / SCHUMACHER, Helmut: Kleines Valenzlexikon deutscher Verben. Tübingen, 2. Aufl. 1978 (= Forschungsberichte des Instituts für deutsche Sprache 31).

ERBEN, Johannes: Abriss der deutschen Grammatik. München, 11. Aufl. 1972.

ERBEN, Johannes: Einführung in die deutsche Wortbildungslehre. Berlin, 3. Aufl. 1993 (= Grundlagen der Germanistik 17).

ERK, Heinrich: Zur Lexik wissenschaftlicher Fachtexte. Schriften der Arbeitsstelle für wissenschaftliche Didaktik des Goethe-Instituts.

    Band 4: Verben, Frequenz und Verwendungsweise. München 1972.

    Band 5: Substantive. München 1975.

    Band 6: Adjektive, Adverbien und andere Wortarten. München 1982.

    Band 9: Wortfamilien in wissenschaftlichen Texten. München 1985.

ERK, Heinrich: Satzpläne in wissenschaftlichen Texten. In: Wirkendes Wort (1978), Heft 3, S. 147 ff.

ETTINGER, Stefan / HESSKY, Regina: Deutsche Redewendungen. Tübingen 1999.

FLÄMIG, Walter: Zum Konjunktiv in der deutschen Sprache der Gegenwart. Inhalte und Gebrauchsweisen. Berlin 1959.

FLUCK, Hans-Rüdiger (Hg.): Technische Fachsprachen. Frankfurt/M. 1978.

FLUCK, Hans-Rüdiger: Fachdeutsch in Naturwissenschaft und Technik. Heidelberg 1984.

FLUCK, Hans-Rüdiger: Fachsprachen. Tübingen, 4. Aufl. 1991.

FOURQUET, Jean: Prolegomena zu einer deutschen Grammatik. Düsseldorf 1970 (= Sprache der Gegenwart 7).

GLINZ, Hans: Die innere Form des Deutschen. Bern / München, 6. Aufl. 1973.

GLINZ, Hans: Deutsche Syntax. Stuttgart, 2. Aufl. 1967 (= Sammlung Metzler, M 43).

GLÜCK, Helmut / SAUER, Wolfgang: Gegenwartsdeutsch. Stuttgart / Weimar, 2. Aufl. 1997.

GNUTZMANN, Claus / TURNER, John (Hg.): Fachsprachen und ihre Anwendung. Tübingen 1980.

GRAEFEN, Gabriele: Ein Wort, das „es" in sich hat. In: Zielsprache Deutsch (1995), Nr. 2.

GRAEFEN, Gabriele: Der wissenschaftliche Artikel. Textart und Textorganisation. Frankfurt/M. 1997.

GRÜTZ, Doris: Strategien zur Rezeption von Vorlesungen. Frankfurt/M. 1995.

HARTUNG, Wolfdietrich: Die zusammengesetzten Sätze des Deutschen. Berlin, 4. Aufl. 1970 (= Studia Grammatica IV).

HEIDOLPH, Karl Erich et al.: Grundzüge einer deutschen Grammatik. Berlin 1981.

HELBIG, Gerhard / BUSCHA, Joachim: Deutsche Grammatik. Ein Handbuch für den Ausländerunterricht. Leipzig, 13. Aufl. 1991.

HELBIG, Gerhard / HEINRICH, Gertraud: Das Vorgangspassiv. Leipzig 1972.

HELBIG, Gerhard / KEMPTER, Fritz: Das Zustandspassiv. Leipzig 1973.

HENTSCHEL, Elke / WEYDT, Harald: Handbuch der deutschen Grammatik. Berlin / New York, 2. Aufl. 1994.

HERINGER, Hans Jürgen: Die Opposition von „kommen" und „bringen" als Funktionsverben. Düsseldorf 1968 (= Sprache der Gegenwart 3).

HOFFMANN, Lothar: Kommunikationsmittel Fachsprache. Berlin, 3. Aufl. 1987.

HOPPE, Alfred: Inhalte und Ausdrucksformen der deutschen Sprache, Frankfurt/M. o. J.

HUNEKE, Hans-Werner / STEINIG, Wolfgang: Deutsch als Fremdsprache. Berlin 1997.

JÄGER, Siegfried: Empfehlungen zum Gebrauch des Konjunktivs. Düsseldorf 1970 (= Sprache der Gegenwart 10).

JUDE, Wilhelm K.: Deutsche Grammatik. Neufassung von Rainer F. SCHÖNHAAR, Braunschweig 1975.

KALVERKÄMPER, Hartwig: Die Problematik von Fachsprache und Gemeinsprache. In: Sprachwissenschaft 3 (1978), S. 406 ff.

KALVERKÄMPER, Hartwig / WEINRICH, Harald (Hg.): Deutsch als Wissenschaftssprache. Tübingen 1986.

KAUFMANN, Gerhard: Grammatik der deutschen Grundwortarten. München 1967.

KAUFMANN, Gerhard: Wie sag ich's auf Deutsch? München 1985.

KAUFMANN, Gerhard: Hat der deutsche Konjunktiv „ein voll ausgebautes Tempussystem"? In: Zielsprache Deutsch 2 (1971), S. 51 ff.

KAUFMANN, Gerhard: Zur Frage der Personenreferenz in der indirekten Rede. In: Zielsprache Deutsch 2 (1971), S. 153 ff.

KAUFMANN, Gerhard: Die indirekte Rede und mit ihr konkurrierende Formen der Redeerwähnung. München 1976 (= Heutiges Deutsch, Reihe III, Bd. 1).

KLANN-DELIUS, Gisela: Spracherwerb. Stuttgart 1999.

KLUTE, Wilfrid (Hg.): Fachsprache und Gemeinsprache. Frankfurt/M. 1975.

KOLB, Herbert: Das verkleidete Passiv. In: Sprache im technischen Zeitalter 19 (1966), S. 173 ff.

KRETZENBACHER, Heinz Leonhard: Rekapitulation. Tübingen 1990.

LANG, Wilhelm: Der Konjunktiv im Deutschen und sein Widerspiel. In: Der Deutschunterricht 13 (1961), Heft 3, S. 26 ff.

LEYS, Odo: Zur Systematisierung von *es*. In: Deutsche Sprache 7 (1979), Heft 1, S. 28 ff.

MENTRUP, Wolfgang (Hg.): Fachsprachen und Gemeinsprache. Düsseldorf 1979 (= Jahrbuch 1978 des Instituts für deutsche Sprache).

MÖHN, Dieter: Sprachliche Sozialisation und Kommunikation in der Industriegesellschaft. In: Muttersprache (1975), Heft 3, 169 ff.

MÖHN, Dieter / PELKA, Roland: Fachsprachen. Tübingen 1984.

MOSER, Hugo (Hg.): Satz und Wort im heutigen Deutsch. Düsseldorf 1967 (= Sprache der Gegenwart, Bd. I).

MUNSBERG, Klaus: Mündliche Fachkommunkation. Das Beispiel Chemie. Tübingen 1994.

NEUHOFF, Rolf: Bemerkungen über den Konjunktiv. In: Der Deutschunterricht 11 (1959), Heft 1, S. 68 ff.

ORTNER, Hanspeter: Syntaktisch hervorgehobene Konnektoren im Deutschen. In: Deutsche Sprache 11 (1983), Heft 1, S. 97 ff.

PAUL, Hermann: Deutsche Grammatik. Bd. I-V, Tübingen 1968.

POLENZ, Peter von: Funktionsverben im heutigen Deutsch. Düsseldorf 1963 (= Wirkendes Wort, Beiheft 5).

RATH, Rainer: Die Partizipialgruppe in der deutschen Gegenwartssprache. Düsseldorf 1971 (= Sprache der Gegenwart 12).

REGULA, Moritz: Grundlegung und Grundprobleme der Syntax. Heidelberg 1951.

REGULA, Moritz: Kurzgefasste erklärende Satzkunde des Neuhochdeutschen. Bern / München 1968.

RENICKE, Horst: Grundlegung der neuhochdeutschen Grammatik. Berlin, 2. Aufl. 1966.

ROELCKE, Thorsten: Fachsprachen. Berlin 1999.

ROESLER, Dietmar: Deutsch als Fremdsprache. Stuttgart 1994.

SAVIN, Emilia / ABAGER, Basilius / ROMAN, Alexandru: Gramatica practica a limbii germane. Bukarest 1968.

SCHENKER, Victor / VALENTIN, Paul / ZEMB, Jean-Marie: Manuel du germaniste. Bd. I: Grammaire. Paris 1967.

SCHÖNTHAL, Gisela: Das Passiv in der deutschen Standardsprache. München 1976 (= Heutiges Deutsch, Reihe 1, Bd. 7).

SCHRÖDER, Werner: Zu Wesen und Bedeutung des *würde* + Infinitiv-Gefüges. In: Wirkendes Wort, Sammelband I, Sprachwissenschaft, Düsseldorf 1962, S. 288 ff.

SCHULZ, Dora / GRIESBACH, Heinz: Grammatik der deutschen Sprache. München 1978.

TESTDAF, Grundlagen für die Entwicklung eines neuen Sprachtests. Hrsg. von Sibylle BOLTON, Goethe-Institut, München 2000.

WAHRIG, Gerhard: Deutsches Wörterbuch. München 1989.

WEBER, Heinrich: Das erweiterte Adjektiv- und Partizipialattribut im Deutschen. München 1971 (= Linguistische Reihe 4).

## 9.2   Quellenschriften

ARNOLD, Michael: Der Arztberuf. Stuttgart 1988.

BARABAS, Friedrich K. / ERLER, Michael: Die Familie. Weinheim / München 1994.

BALKHAUSEN, Dieter: Die dritte industrielle Revolution. Düsseldorf / Wien 1978.

BARGEL, Timo / RAMM, Michael: Das Studium der Medizin. Bonn 1994.

BECK, Ulrich: Was ist Globalisierung? Frankfurt/M., 6. Aufl. 1999.

BENNINGHOFF, Alfred: Anatomie. Bd. 1 / 2, München / Wien, 15. Aufl. 1994.

BOESCH, Hans: Weltwirtschaftsgeographie. Braunschweig, 4. Aufl. 1986.

BORCHERT, Günter: Klimageographie in Stichworten. Kiel 1978 (= Hirts Stichwortbücher).

BORNEFF, Joachim: Hygiene. Stuttgart, 5. Aufl. 1991.

BOSSEL, Hartmut: Umweltwissen. Berlin / Heidelberg 1990.

BROOKS, Rodney A.: Das Fleisch und die Maschine. FAZ vom 4.9.2000, S. 49.

BÜRGERLICHES GESETZBUCH (BGB). Becktexte, 44. Aufl. 1999.

BÜTTNER, Hans / HAMPE, Peter (Hg.): Die Globalisierung der Finanzmärkte. München 1997.

CAROSSA, Hans: Der Arzt Gion. Frankfurt/M. 1992.

DUMONT, Atlas der Weltgeschichte. Hrsg. von Jeremy BLACK, Köln 2000.

DWORATSCHEK, Sebastian: Grundlagen der Datenverarbeitung. Berlin / New York, 7. Aufl. 1986.

EIBL-EIBESFELDT, Irenäus: Der vorprogrammierte Mensch. Kiel 1985.

EIBL-EIBESFELDT, Irenäus: Die Biologie des menschlichen Verhaltens. München 1997.

EISENBERG, Peter: Grundriss der deutschen Grammatik.
   Band 1: Das Wort. Stuttgart / Weimar 1998.
   Band 2: Der Satz. Stuttgart / Weimar 1999.

EYSENCK, Jürgen: Wege und Abwege der Psychologie. Eschborn 1995.

FELDERER, Bernhard / HOMBURG, Stefan: Makroökonomik und neue Makroökonomik. Berlin, 6. Aufl. 1994.

FISCHER, Heinrich: Geschichte und Gegenwart in Entwicklungsreihen. Frankfurt/M. 1960.

FRAENKEL, Ernst / BRACHER, Karl-Dietrich (Hg.): Staat und Politik. Frankfurt/M. 1975 (= Fischer-Lexikon 2).

FRANZ, Wolfgang: Der Arbeitsmarkt. Mannheim 1993.

GEHLEN, Arnold: Die Seele im technischen Zeitalter. Frankfurt/M. 1976, Neuaufl. 2002.

GOETHE, Johann Wolfgang von: Werke. Hrsg. von Erich TRUNZ. München 1981.

GRIBBIN, John: Wissenschaft für die Westentasche. München / Zürich 2000.

GROTEHÜSCHEN, Frank: Der Klang der Superstrings. München 1999.

GSCHWENDER, Oliver: Internet für Philologen. Berlin 1999.

GUTENBERG, Erich: Grundlagen der Betriebswirtschaftslehre. Bd. 1-3, Heidelberg / New York 1966-1969.

HAAS, Hans W. / WILDENBERG, Detlev (Hg.): Informatik für Lehrer. Bd. 1 / 2, München / Wien 1982.

HABER, Heinz: Unser blauer Planet. Stuttgart 1965.

HANUSCH, Horst / KUHN, Thomas: Einführung in die Volkswirtschaftslehre. Berlin, 3. Aufl. 1994.

HARBECK, Gerd: Metzler Informatik. Grundband. Stuttgart 1984.

HARTMANN, Fritz et al. (Hg.): Medizin. Frankfurt/M. 1970 (= Fischer-Lexikon 16-18).

HARTMANN, Ludwig: Ökologie und Technik. Berlin / Heidelberg 1992.

HAWKING, Stephen: Die illustrierte kurze Geschichte der Zeit. Reinbek b. Hamburg 2000.

HAWKING, Stephen: Das Universum in der Nussschale. Hamburg 2001.

HEISENBERG, Werner: Das Naturbild der heutigen Physik. Hamburg 1972.

HERZ, Johann H. / Carter, G. M.: Regierungsformen des 20. Jahrhunderts. Stuttgart 1963.

HICKS, John R.: Einführung in die Volkswirtschaftslehre (= rde 155/156).

HILL, Paul Bernhard / KOPP, Johannes: Familiensoziologie. Stuttgart 1995.

HOEFER, Gerhard / SCHADE, Peter: Kleines Lexikon der Wirtschaft. Bad Homburg, 19. Aufl. 2000.

HOFF, Ferdinand: Moderne Medizin und gesunde Lebensführung. München 1967.

HOFFMANN, Bruce: Terrorismus. Frankfurt/M. 1999.

HOFSTÄTTER, Peter R. (Hg.): Psychologie. Frankfurt/M. 1972 (= Fischer-Lexikon 6).

JASPERS, Karl: Vom Ursprung und Ziel der Geschichte. München 1963.

JETTER, Dieter: Geschichte der Medizin. Stuttgart / New York 1992.

KELLENBENZ, Hermann: Deutsche Wirtschaftsgeschichte. Bd. 1, München 1977, Bd. 2, München 1981.

KENNEDY, J. Augus: Losses Internethandbuch. Berlin 2000.

KÖNIG, René: Grundformen der Gesellschaft: Die Gemeinde. Hamburg 1958.

KÖPF, Peter: Stichwort Globalisierung. München 1998.

KRACAUER, Siegfried: Von Caligari bis Hitler. Ein Beitrag zur Geschichte des deutschen Films. Hamburg 1958.

KÜHN, Alfred: Allgemeine Zoologie. München, 19. Aufl. 1974.

KURZWEIL, Ray: Homo s@piens. Köln, 2. Aufl. 1999.

LANGENSCHEIDTS INTERNET-WÖRTERBUCH Englisch-Deutsch. München 2001.

LEISEGANG, Hans: Zur Ethik des Abendlandes. Berlin 1949.

LEMNITZER, Konrad: Staatsbürgerliche Bildung. Kompendium. Seelze-Velber 2001.

LINDER, Hermann: Biologie. Hannover, 20. Aufl. 1989.

LORENZ, Konrad: Das sogenannte Böse. München, 10. Aufl. 1983 (= dtv 33017).

MANN, Thomas: Die Bekenntnisse des Hochstaplers Felix Krull. Frankfurt/M. 1954.

MENSCH – MASCHINEN – MECHANISMEN. Brockhaus. Leipzig / München 2000 (Reihe Mensch, Natur, Technik).

MEYER, Thomas: Mediokratie. Frankfurt/M. 2001.

MODEL, Otto / CREIFELDS, Carl: Staatsbürger-Taschenbuch. München, 30. Aufl. 2000.

MOLL, Karl-Joseph / MOLL, M.: Anatomie. Neckarsulm / Stuttgart, 13. Aufl. 1993.

MOORE-LAPPÉ, Frances: Diet for a small planet. New York 1975. (Deutsche Übersetzung: Die Öko-Diät. Frankfurt 1978).

NAVE-HERZ, Rosemarie / MARKEFTA, Manfred (Hg.): Handbuch der Familien- und Jugendforschung. Bd. 1 / 2, Neuwied / Frankfurt/M. 1989.

NIKKHAH, Guido: Studium der Humanmedizin. Stuttgart 1991.

NULTSCH, Wilhelm: Allgemeine Botanik. Stuttgart, 11. Aufl. 2000.

PORTMANN, Adolf: Zoologie und das neue Bild des Menschen. Hamburg 1956 (= rde 20).

RECHENBERG, Peter: Was ist Informatik? München / Wien, 3. Aufl. 2000.

RECHENDUDEN, der große. Bd. 1-4. Mannheim 1964-1969.

RERRICH, Maris S.: Balanceakt Familie. Freiburg i. Breisgau, 2. Aufl. 1990.

RIEGER, Elmar / LEIBFRIED, Stephan: Grundlagen der Sozialisierung. Frankfurt/M. 2001.

RITTERSHAUSEN, Heinrich: Wirtschaft. Frankfurt/M. 1958 (= Fischer-Lexikon 8).

ROLKE, Lothar / WOLFF, Volker: Wie die Medien die Wirklichkeit steuern und selber gesteuert werden. Opladen 1999.

RÖSEL, Gottfried: Deutsche Fachtexte aus Recht und Wirtschaft. München, 4. Aufl. 1971.

ROSEN, Harvey / WINDISCH, Rupert: Finanzwissenschaft I. München 1992.

RÜEGG, Walter: Soziologie. Frankfurt/M. 1969 (= Fischer-Funkkolleg 6).

SCHATZ, Heribert / JARREN, Otfried / KNAUP, Bettina: Machtkonzentration in der Multimediagesellschaft. Opladen 1997.

SCHELSKY, Helmut. Einsamkeit und Freiheit. Düsseldorf, 2. Aufl. 1970 (= rde 171/172).

SCHMIDT, Helmut: Globalisierung. Stuttgart 1999.

SCHNEIDER, Hans-Jochen: Lexikon der Informatik und Datenverarbeitung. München / Wien, 2. Aufl. 1986.

SCHOECK, Helmut: Der Neid. Die Urgeschichte des Bösen. München 1982.

SCHULTEN, Hans: Der Medizinstudent. Köln 1963.

SIMON, Wolf: Wahrnehmen, Erinnern, Vergessen. Eröffnungsvortrag des 43. Deutschen Historikertages. FAZ vom 4.9.2000.

SPUR, Günter: Technologie und Management. München / Wien 1998.

SPUR, Günter / KRAUSE, Frank-Lothar: CAD-Technik. Lehr- und Arbeitsbuch für die Rechnerunterstützung in Konstruktion und Arbeitsplanung. München / Wien 1984.

STRAFGESETZBUCH (StGB). Beck-Texte, 36. Aufl. 2000.

STOBBE, Alfred: Volkswirtschaftlehre. Bd. 3: Makroökonomik. Berlin / Heidelberg, 2. Aufl. 1987.

STOBBE, Alfred: Mikroökonomik. Berlin, 2. Aufl. 1991.

STROMMENGER, Eva / HIRMER, Max: Fünf Jahrtausende Mesopotamien. München 1962.

URBAN, Knut / PAUL, Günter: Physik im Wandel. Hamburg, 2. Aufl. 2000.

WELFENS, Paul J. J.: Grundlagen der Wirtschaftspolitik. Berlin / Heidelberg 1995.

WESTPHAL, Wilhelm H.: Kleines Lehrbuch der Physik ohne Anwendung höherer Mathematik. Berlin 1967.

WIDDER, Randolf / HOFMANN, Benedikt: Studium der Humanmedizin. Köln 1994.

WIESE, Benno von (Hg.): Deutsche Dichter der Moderne, ihr Leben und Werk. Berlin, 3. Aufl. 1975.

ZEHNDER, Matthias W.: Internet-Starter-Buch. Kilchberg 1999.

## 9.3    Verzeichnis der Übungstexte

Die in Klammern angeführten Bücher, Aufsätze, Zeitungsartikel etc. sind Quellenangaben. Der Verfasser hat sich von ihnen anregen lassen. Sie haben oft zu den Inhalten entscheidend beigetragen; z.t. sind auch Abschnitte von Texten übernommen worden. Die genauen Literaturangaben entnehme man Abschnitt 9.2.